기로에 선 대만
미중 패권경쟁 시대 대만의 전략

판스핑(范世平) 지음 | 김명진·한성현·전소민 옮김

蔡英文執政後的美中戰略 與習近平之挑戰
Copyright ⓒ 2022, 范世平
Korean translation rights arranged with 范世平(Van Shin-ping)
All rights reserved.

이 책의 한국어판 저작권은 대만 국토정책연구원 문화교육재단과의 독점 계약으로 GDC미디어에 있습니다.
저작권법에 의해 한국 내에서 보호를 받는 저작물이므로 무단 전재와 복제를 금합니다.

대륙전략연구소 총서 제15호

기로에 선 대만

미중 패권경쟁 시대 대만의 전략

판스핑(范世平) 지음 | 김명진·한성현·전소민 옮김

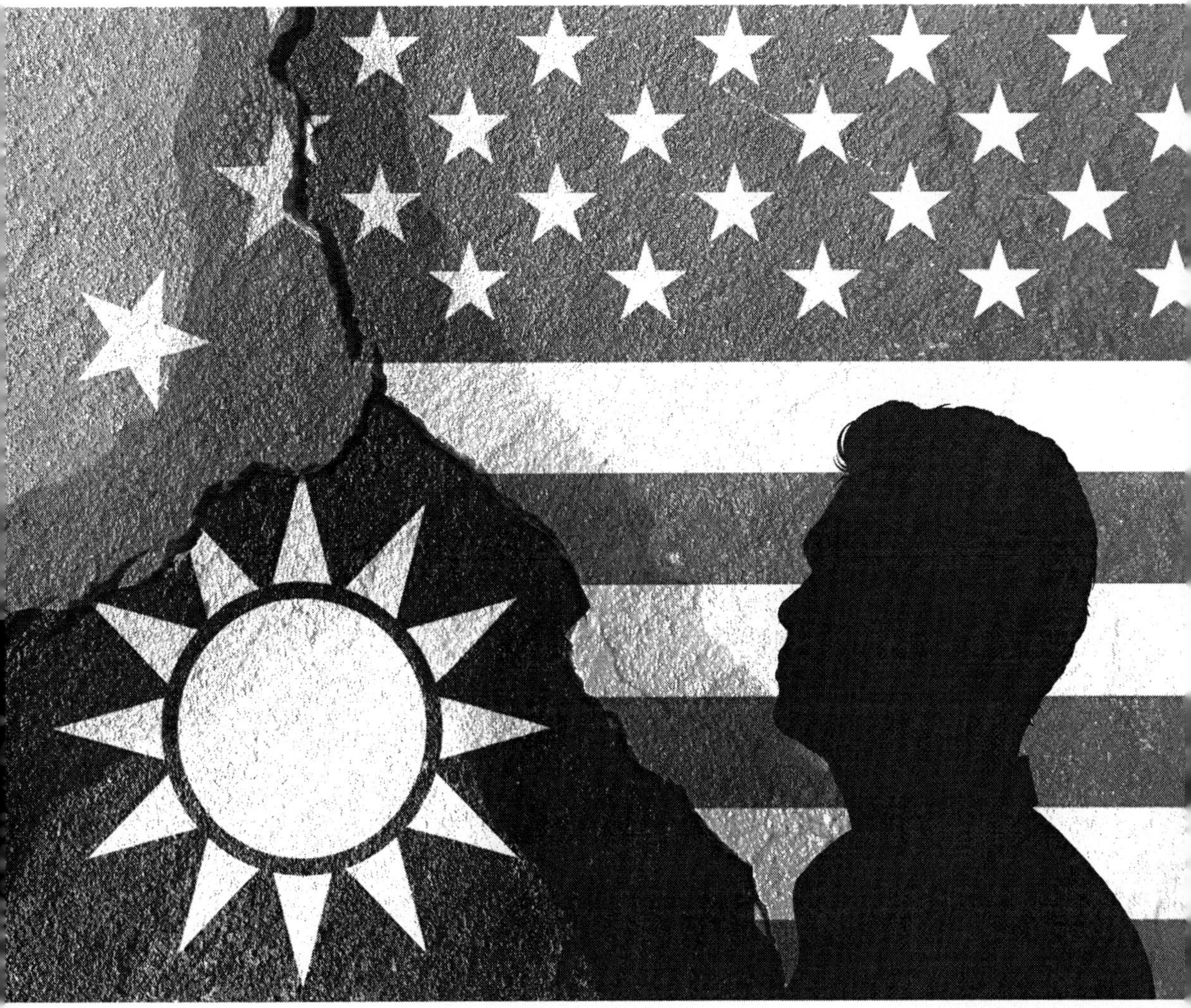

Global Defense Command
GDC Media

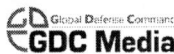

한국의 독자들에게

최근 몇 년 동안 대만과 한국은 민간교류뿐만 아니라 각급 기관간의 교류도 매우 밀접하게 발전하고 있다. 이러한 시기에 나의 책을 한국어로 출판하게 되어 영광스럽게 생각하며, 이 책을 통해 한국 친구들이 대만 정치와 미국·중국·대만 3각 관계를 더 깊이 이해할 수 있기를 바란다.

나는 사실 한국과 오랜 인연을 가지고 있다. 1994년에 국립대만정치대학 동아시아연구소에서 공부할 때부터 많은 한국 유학생들과 친분을 맺었고, 2013년에는 대만 외교부의 지원으로 한국외국어대학에서 방문학자로 체류하면서 한국을 좀 더 이해하는 계기가 되었다. 2011년부터 국립대만사범대학 교수로 재직하면서 한국 유학생들의 석박사 논문을 지도하였고, 한국의 많은 싱크탱크와 학술토론회를 통해 한국 학자들과 교류를 하였다. 또한, 2016년과 2020년에 실시된 대만의 총통선거가 한국에서도 큰 주목을 받으면서 여러 한국 언론과 인터뷰를 하기도 하였다.

이 책은 차이잉원(蔡英文) 총통의 첫 임기인 2016년부터 2020년까지 4년 동안 대만과 중국, 대만과 미국, 중국과 미국의 3각 관계를 분석한 것이며, 일부 이슈는 한반도 문제와도 연결되어 있다. 이 기간에 3국 관계에서 벌어진 주요한 사건들은 아래와 같다.

우선, 2015년 11월 7일 싱가포르에서 마잉주(馬英九) 대만 총통과 시진핑(習近平) 중국 국가주석이 1949년 양안(兩岸) 분단 이후 처음으로 정상회담을 실시하였다. 당시 시 주석은 이듬해 1월 16일에 있을 대만 총통선거에서 차이잉원의 당선을 예상하고 있었는데 이는 천수이벤 이후 8년만에 민진당이 재집권하는 것으로서 시진핑의 대만 업무가 성공적이지 못했음을 의미했다. 당시 시진핑의 권력은 아직 공고하지 않았고, 당내 원로들의 비판을 우려하여 시진핑은 '마시회(馬習會)'를 통해 이를 만회하고자 한 것이다.

둘째, 마잉주의 임기 8년 동안 양안 관계가 밀접하게 발전했지만 유권자들의 지지를 받지 못하였고, 2016년 총통선거에서는 차이잉원의 양안 정책이 오히려 대중의 지지를 얻었다. 특히 선거 전날(1월 15일) 발생한 '쯔위 사건'이 결정적인 역할을 했다. 이 선거로 민진당이 처음으로 입법원 의석의 과반을 차지하면서 외교와 양안 정책을 주도적으로 추진할 수 있는 동력을 마련하였다.

셋째, 2016년 11월 대통령 선거에서 승리한 트럼프가 1979년에 대만과 단교한 이래 처음으로 차이 총통과 전화통화를 하면서 중국의 불만을 야기했다. 시 주석은 대만 업무를 담당하는 고위 인사를 대폭 교체하였고, 2017년부터 대만에 강경한 태도를 취하기 시작했다. 특히 외교적 압박을 지속하고, 군용기와 함정의 무력시위를 확대하면서 양안의 대립이 첨예해졌다. 사실 차이 총통이 2016년 5월 20일 취임한 후부터 트럼프와 통화를 하기 전까지 중국은 대만에 대해 상당히 자제하고 신중한 태도를 보였지만 갑작스럽게 노선을 변경하였고, 이는 중국 고위층이 차이잉원 정부와의 관계에 대해 여전히 혼란을 겪고 있음을 시사했다.

넷째, 2017년 1월 취임한 트럼프는 초기에는 시진핑이 김정은과의 관계를 중재해 줄 것으로 기대했기 때문에 미중 관계가 안정적이었지만 2018년 6월 12일 트럼프와 김정은이 싱가포르에서 만난 이후 중국의 중요도가 감소하면서 미·중 관계가 급속히 악화되었다. 특히 트럼프 정부는 중국에 '무역전'과 '과학기술전'으로 압박을 가해 양국 관계가 악화일로로 치달았으며, 반대로 대만과 미국 관계가 크게 개선되면서 양안 관계는 더욱 나빠졌고, 2018년에 대만과 수교관계였던 3개국이 대만과 단교하고 중국과 수교했다.

다섯째, 2018년 11월 24일 실시된 현시(縣市)장 선거에서 민진당이 대패하고 국민당이 압승하자 차이잉원은 당 주석에서 물러나야 했고, 당내에서는 차이의 연임을 반대하는 목소리가 커지기 시작했다. 그러나 2019년에 발생한 4가지 사건으로 2020년 총통선거에서 차이는 대만 역사상 가장 많은 817만 표를 얻어 재선에 성공했을 뿐 아니라 민진당이 입법원 의석의 과반을 차지하면서 시 주석의 대만업무는 다시 좌절을 겪었다. 4가지 사건은 1월 시진핑의 '일국양제(一國兩制) 대만방안' 발표, 3월부터 연말까지 홍콩의 송환법(범죄인 인도법) 반대 시위, 9월 중국의 대만 수교국 2개 탈취, 11월 '왕리창(王立強) 간첩 사건'이다.

차이잉원은 첫 임기 동안 국제정세와 양안정세를 십분 활용하여 상황을 유리하게 이끌어 갈 수 있었다. 거기에는 차이의 신중한 성격, 미국과 영국 유학을 통해 습득된 국제관, 박사학위와 대학교수로서 이론적 바탕이 큰 역할을 했다. 또한, 차이는 과거 정부 대표로 국제무역협상에 참여한 바 있으며, 특히 리덩후이 총통 시기에는 국가안전회의 자문위원으로 외교와 양안 업무에 대한 경험을 축적했다. 이후 천수이볜 총통 시기 대륙위원회 주임위원으로 중국 업무를 지휘하고, 행정원 부원장을 역임하면서 다양한 위기관리능력을 갖추었다고 할 수 있다.

마지막으로 이 책이 출판되는 데 도움을 주신 대만 국책연구원의 텐홍마오 원장과 궈위런 부원장, 한국의 이창형 박사, 김명진 박사와 역자, 그리고 가족과 친지의 성원에 감사드린다. 또한 이 책의 후속작으로 '차이잉원 재임 시기의 미·중·대 3각 관계'를 집필 중인데 후속작도 한국어로 출판되어 한국 독자들을 다시 만날 수 있기를 기대하며, 더 많은 한국 친구들이 대만을 이해하는 데 도움이 되기를 바란다.

2023.12.
판스핑
范世平

책을 집필하며

    오랜 시간 학과 수업과 석·박사 논문지도, 회의와 강의, 그리고 시사 평론 투고로 바쁜 세월을 보냈다. 그래도, 학술연구에 대한 책임과 사명은 늘 마음속에 간직하고 있었다.

    2003년 박사 학위를 받고 조교수가 된 후 2006년에 진먼(金門)대학의 부교수가 되었고, 2011년에 대만국립사범대학의 정교수로 승진하였다. 정교수가 된 후 두 가지 새로운 목표를 설정하였다. 첫째 목표는 정치평론을 통해 더 많은 사람들과 정치적 관점을 나누는 것이고, 두 번째는 미국, 중국, 대만 3각 관계에 대한 정책 연구를 하는 것이었다.

    2012년부터 관련 논문을 쓰기 시작했고, 이를 엮어 2015년에 첫 번째 저서인 '시진핑의 대만정책과 차이잉원의 도전'을 출판했다. 이 책은 시진핑이 2012년 11월 중공 18차 당대회에서 당 총서기로 선출되기 전인 후진타오 시기의 대만 정책을 회고하고, 시진핑의 집권 초기의 대만 관련 정세를 분석하였다. 그리고 시진핑이 2013년 제12기 전인대에서 국가주석으로 선출된 후 2015년 상반기까지 3년간 미·중·대만 3각 관계를 평가하였다.

    첫 번째 저서는 2015년 5월에 출간되었는데, 반년 후 예정되어 있었던 2016년 1월 총통 선거에서 차이잉원이 국민당 대선후보 주리룬을 꺾고 당선될 것을 예상하였다. 그리고 시진핑을 주연으로, 차이잉원을 조연으로 설정하여, 시진핑을 차이잉원 총통의 최대의 도전요소로 평가하였다. 그러나 2016년 총통선거에서 689만표의 압도적인 득표로 당선되고, 대만의 중요성이 점점 커지자 차이잉원이 오히려 시진핑의 도전요소가 되었다. 그래서 나의 두 번째 책인 이 책에서는 시진핑과 차이잉원 모두를 주연으로 설정하였다.

2020년 1월 11일 대만은 총통과 입법위원 선거를 실시하였다. 당시 선거판에는 변수가 많았다. 국민당 후보 한궈위(韓國瑜)는 2018년 가오슝 시장에 당선되자마자 바로 총통 선거 후보가 되었고, 그에 대한 반대 여론도 거셌다. 차이잉원은 여론조사에서 한궈위에 우위를 보였다. 시진핑이 2012년 집권 후 대만의 두 번째 총통 선거이자 대만 업무에 대한 두 번째 시험대였다. 이 때문에 양안관계 분위기도 점차 긴장 속으로 접어들 때였다. 결과적으로 차이잉원이 817만표를 얻어 연임하였고, 민진당은 입법원 의석수에서 과반을 유지하였다. 시진핑의 대만 업무는 다시 한번 좌절을 맛보았다.

그러나 차이잉원이 2016년 집권 후 일례일휴(一例一休 : 노동자의 휴식 보장을 위한 정책), 연금개혁 및 역사바로잡기 등 정책으로 인한 사회 분열과 행정원장의 정책 설명 부실 등으로 민진당이 2018년 지방선거에서 참패하고, 차이 총통은 당내 압박으로 당 주석을 사퇴하게 되었다.

첫 번째 저서에서는 내가 예상한 대로 차이잉원의 집권 초기에 중국은 대만에 온건 정책을 펼쳤다. 그런데, 2016년 12월 차이잉원과 트럼프 미 대통간의 전화 통화 후 시진핑은 대만에 대해 전방위적인 외교, 군사적 압박을 가했다. 차이잉원은 대내외적으로 전례 없는 압박을 받았다.

그러나 차이잉원은 2019년에 발생한 6가지 사건을 활용하여 상황을 역전시켰다. 차이잉원은 영·미권에서 유학하고, 박사 학위를 취득한 후 대학에서의 연구 경험을 가지고 있다. 이를 통해 그녀는 관련 분야에 대한 이론적 바탕을 갖추고 있었고, 장기간 정부 대표로 국제무역 협상에 참여한 바, 다양한 실무경험까지 겸비하고 있었다. 특히 리덩후이 총통 시절 국가안전회의 자문위원으로서 외교와 양안관계 업무를 배웠고, 리덩후이의 후계자가 되었다. 2000년 천수이볜 총통 시절에는 대륙위원회 주임위원(主委)로 중국 업무를 담당하였고, 이후 행정원 부원장이 되어 다양한 위기관리능력을 축적하였다.

누군가는 '2016년의 트럼프-차이잉원 간의 통화가 없었다면 미·중·대만 삼각관계가 다르지 않았을까'라는 생각을 하는 사람도 있겠지만, 나는 이 의견에 반대한다. 중국과 대만은 상호 자제를 통해 장기간의 '냉랭한 평화'를 유지해왔지만, 트럼프가 미·

중 간의 무역전쟁을 하기로 마음먹은 상황에서 대만은 어느 한쪽을 선택해야 했다. 거기다가 미국 대통령의 전화를 일방적으로 거절할 수도 없는 일이다. 설령 당시 주리룬이 당선되었다고 하더라도 불가능할 일이었다. 미국은 대만이 중국에 가까워질 것을 우려할 것이고, 그래서 대만을 지지하지도 않을 것이기 때문이다. 주리룬이 당선되었다고 하더라도 그가 맞닥뜨릴 상황은 차이잉원에 비해 더 심각했을 것이다. 주리룬이 속한 국민당 내의 친중 원로들이 친미노선을 반대할 것이고, 중국은 계속해서 주리룬을 거세게 압박할 것은 자명할 것이기 때문이다.

지면을 빌려 추천글(중문판)을 써주신 국책연구원의 텐홍마오(田弘茂) 원장 겸 동사장께 감사를 드린다. 텐 원장은 풍부한 학술과 실무 경험을 갖추고, 국내외에서 주요한 직책을 역임하시고 국사(國師)로 칭송받고 있는 분으로 텐 원장의 지지와 성원에 다시 한 번 감사드리고, 국책연구원에서 이 책을 출판하게 된 것을 영광으로 생각한다.

또한 라이칭더(賴淸德) 부총통께서 이 책의 추천글(중문판)을 써주신 것을 영광스럽게 생각한다. 라이 부총통은 미국 하버드 대학에서 유학하고 풍부한 국제관을 갖추고 있고, 부총통에 취임한 이후 외국 방문 등 많은 외교 업무를 책임졌기 때문에 책의 내용에 많은 공감을 느끼셨을 것으로 생각한다.

그리고 쑤전창(蘇貞昌) 행정원장께도 바쁘신 와중에 추천글(중문판)을 써주신 데 특별한 감사를 전한다. 그는 2019년 1월 중국발 아프리카 돼지열병이 대만의 양돈 사업에 큰 영향을 미치는 상황에서 취임하였다. 쑤 행정원장은 취임 당일에 타오위안(桃園) 공항을 방문하여 세관에 엄격한 수하물 검사를 지시하였다. 이러한 즉각적인 대처로 차이잉원 정권의 지지도가 급격히 상승하였다.

또한 가족과 친구들의 지지에 진심으로 감사하고, 출판에 큰 지원을 해주신 국책기금회 궈위런(郭育仁) 집행장께도 감사드린다.

마지막으로 미·중·대만 삼각관계와 2016-2020년의 정세 변화에 관심이 있는 분들에게 도움이 되기를 바라고, 많은 학자들이 정책연구에 관심을 가져주기를 바란다.

판스핑
2022.6.15.

차 례

한국의 독자들에게_5
책을 집필하며_8

제1장　2015년말부터 2016년 대만 총통 선거전까지의 미·중·대만 정세　13

　제1절　차이잉원, 미·일 방문을 통해 당선 자신감 과시　15
　제2절　국민당 대선주자 훙슈주(洪秀柱)의 낙마　17
　제3절　마시회(馬習會)후 마잉주(馬英九)의 난처한 입장　23
　제4절　대선전 중국에 대한 차이잉원의 입장과 태도　34
　제5절　쯔위(周子瑜) 사건의 여파　36

제2장　차이잉원 당선 초기 중국의 대만정책 변화　45

　제1절　차이잉원 당선 이후 대중 정책　47
　제2절　왕이(王毅)의 '헌법설'에 드러난 대만 인식　50
　제3절　대만 안보에 대한 일본의 관심　62

제3장　차이잉원 정부 출범 후부터 트럼프와 통화 전까지의 양안관계　69

　제1절　차이잉원의 취임사에 대한 중국의 입장　71
　제2절　차이잉원과 시진핑의 위기 관리　74
　제3절　쌍성포럼(雙城論壇)과 양안관계　78
　제4절　대만의 ICAO 불참과 대중 정책 변화　83

제5절 쑹추위(宋楚瑜)의 APEC 참석과 양안관계	90
제6절 국대판의 실수에 대한 시진핑의 불만	95
제7절 차이잉원의 친미·우일·냉중(親美友日冷中) 정책	106

제4장 트럼프-차이잉원 통화 이후 중국의 대만 압박   109

제1절 트럼프-차이잉원 통화와 중국의 반발	111
제2절 트럼프-시진핑 회담과 미·중관계 악화	120
제3절 미·중 정상회담 이후 양안관계 변화	139
제4절 2017년 후반기 양안충돌과 북·중관계 악화	146

제5장 2018년 북·미 관계 개선 이후 미·중 충돌과 미·대만 관계강화   171

제1절 북·미 관계 개선으로 미·대만 관계 강화	173
제2절 중국의 대만 압박과 양안관계 악화	182
제3절 국민당-공산당 간의 관계 개선	218
제4절 민진당의 지방선거 참패	223
제5절 미·중 관계 악화	233
제6절 중국의 홍콩 언론 장악	246

제6장 2019년 시진핑의 압박과 2020년 대만 총통선거에 대한 영향   251

| 제1절 2019년 미·중·대만의 6대 사건 | 253 |
| 제2절 2019년 미·중·대만 관계 발전의 영향 | 275 |

제7장 마무리하며   293

참고문헌_313

제 1 장

2015년말부터 2016년 대만 총통 선거전까지의 미·중·대만 정세

2015년 말부터 2016년 1월 16일 대만 총통 선거 전까지 미·중·대만 삼각관계는 많은 변화가 있었다. 민진당 후보 차이잉원(蔡英文)이 미국과 일본 방문을 성공적으로 마무리하면서 승리에 대한 자신감을 나타냈고, 국민당은 갑자기 총통 선거 후보를 홍슈주(洪秀柱)에서 당 주석인 주리룬(朱立倫)으로 대체하여 중국을 당혹스럽게 하였다. 시진핑은 차이잉원이 당선될 것을 예상하고 대만 업무의 치적을 쌓기 위해 급하게 대만 총통 마잉주(馬英九)와 싱가포르에서 만났고, 차이잉원은 총통 선거전에 시진핑에게 호의를 보이면서 승리를 준비하였다.

그런 상황에서 2016년 1월 15일 대만 총통 선거 전날 저녁에 쯔위(저우쯔위, 周子瑜) 사건이 발생하였다. 쯔위는 한국 연예계에 진출한 대만 여성으로 그녀가 대만 국기를 흔드는 동영상이 공개되어 대만 선거 정국에 큰 영향을 미쳤고, 양안관계의 시한폭탄이 되었다.

제1절
차이잉원, 미·일 방문을 통해 당선 자신감 과시

차이잉원은 2015년 10월 6일 일본을 방문하여 7일에는 특별히 아베 총리의 고향인 야마구치현(山口県)을 방문하였는데, 아베의 친동생이자 중의원 의원인 기시 노부오가 전 일정을 수행하였다. 아베는 친대만 성향의 자민당 우파였기 때문에 차이잉원의 방일은 아베와의 관계를 강화하기 위한 행보였다.

1. 아베와 차이잉원의 비공개 면담

아베는 2010년 10월 31일 전 총리의 신분으로 백 여명의 대표단을 이끌고 대만을 방문한 적이 있다. 그는 당시 총통이었던 마잉주와 회견을 하고, 리덩후이(李登輝)와 민진당 주석인 차이잉원을 만났다. 아베는 리덩후이를 존경하여 그가 대만을 방문할 때마다 '가르침'을 청했다. 아베 총리의 경제정책인 아베노믹스(아베+이코노믹스)가 리덩후이의 제안이었다는 소문도 있다. 차이잉원은 리덩후이가 총통으로 재직할 당시 국가안전회의 자문위원으로 국가안보 업무를 경험한 바 있다.

따라서 아베와 차이는 같은 스승을 모신 특별한 관계로 차이가 일본을 방문했을 때 아베가 그녀를 융숭히 대접했으며, 자신의 친동생을 보내 수행하게 한 것도 그러한 이유 때문이다. 또한 10월 8일 차이가 노부오와 도큐호텔에서 오찬을 할 때 아베의 차량이 호텔에 들어가는 것이 언론에 보도되어 차이와 아베가 비밀리에 접촉한 것이 알려졌다. 민진당은 이를 부인하였지만 사실 차이와 아베가 비밀회담을 한다고 해도 놀랄만한 일은 아니다.

2. 미·일 순방으로 외교력 발휘

차이잉원은 2015년 5월 29일 미국을 방문하여 6월 3일 백악관에서 NSC 메데이로스(Evan Medeiros) 동아시아 선임보좌관, 러셀(Daniel Russel) 동아태 차관보,

라이스(Susan E. Rice) 국가안보보좌관와 회동하였고, 4일에는 국무부를 방문하여 블링컨(Antony Blinken) 부장관을 만났다. 차이는 대만 총통 후보 역사상 최고 예우를 받았고, 그녀에 대한 미국 정부의 호의가 돋보였다. 차이는 방미 후 일본을 방문하면서 양대 우방인 미국과 일본으로부터의 인정을 받고, 여론의 지지도 받았다. 반면 국민당 후보인 홍슈주는 총통 선거 전 미국과 일본 방문을 성사시키지 못해 외교 경험의 부족만 드러냈다.

3. 차이잉원 방일로 중·일 관계 경색

2015년 9월은 중·일 관계가 매우 냉각된 상황이었다. 9월 19일, 일본 참의원은 신안보법을 통과시키면서 중국을 적대국가로 지정하였고, 21일, 중국 외교부는 아주사 예하의 일본처를 폐지하였다. 2015년 9월 30일 언론은 중국이 5월 간첩죄 명목으로 2명의 일본인을 체포하였다고 보도하였다. 따라서 당시 차이가 일본을 방문하는 것은 냉각된 중·일 관계를 더욱 악화시키는 것이었다. 25일 중국 외교부 대변인 홍레이(洪磊)는 "중국은 차이잉원의 일본 방문에 대해 엄중하고 결연한 반대를 표하고, 일본이 어떤 사람이든, 어떤 명분이든 대만 독립과 관련해 여지를 주지 않기를 바란다"고 언급했다. 이러한 강경한 입장은 차이가 그해 5월 29일 미국을 방문했을 때와 큰 차이를 보였다. 그러나 아베는 차이의 방일을 취소하지 않았고, 오히려 친동생을 수행시킬 만큼 중시하였다.

한편 차이잉원은 9월 22일 신남향정책[1]을 발표하였는데 이는 일본이 적극적으로 남아시아 지역에 진출하는 정책과 일맥상통했다. 중국과 일본이 동남아에서 고속철 수출 경쟁을 벌이는 상황에서 중국은 손해를 감수하고 인도네시아 고속철 공사를 수주하였고, 일본은 이에 대만과 협력하여 동남아 진출을 추진하고자 하였다. 대만은 일본이 고속철을 수출한 최초의 사례였고, 미국은 중국의 남중국해 일대에

---

[1] 대만이 중국에 대한 경제의존도를 줄이기 위한 차이잉원 정부의 장기 경제발전 프로젝트로, 동남아지역과 대양주, 그리고 남아시아와의 교류를 적극 추진하는 정책으로, 차이잉원 정부는 2016년 9월 5일 이에 대한 구체계획을 발표했으며, 2017년부터 본격적으로 추진되었다.

서 확장에 불만을 가지고 있었기 때문에 이를 지지하였다. 따라서 차이잉원의 일본행은 미·일·대만와 ASEAN을 연결하여 신남향정책에 힘을 싣기 위한 것이었다.

제2절
국민당 대선주자 홍슈주(洪秀柱)의 낙마

저자는 첫 번째 저서에서 주리룬이 2015년 1월에 국민당 주석에 당선된 후 중국은 주리룬에게 두 가지 기대를 가지고 있었는데, 우선 2014년 해바라기 학생운동 이후 중단된 국공논단(國共論壇)을 빠른 시기에 회복하고, 둘째, 총통 선거 출마를 원했다고 기술한 바 있다. 2014년 지방선거에서 국민당이 참패했을 때에도 주리룬은 연임에 성공하였고, 당시 국민당에서 드물게 정치적 영향력을 가진 인사로 그가 출마하면 국민당이 연임할 수 있다고 보았기 때문이다. 또한 시진핑이 집권한 지 얼마 되지 않은 상황에서 민진당이 재집권하게 되면 대만 업무 실패로 내부적인 비판을 받을 수 있기 때문이다.

1. 주리룬의 우유부단

그러나 주리룬은 이 두 가지에 대해 결정을 내리지 못하고 있었다. 그 이유는 그가 2014년 11월 신베이(新北)시 시장에 연임되었는데, 취임 1년이 되지 않은 상황에서 선거에 뛰어들면 신베이시장직을 방기하는 것으로 의심받을 수 있고, 더욱이 시장선거에서 민진당 후보에 2만 표의 미세한 차이로 승리하였기 때문에 총통 선거에 나설 동력도 약했다.

만약 주리룬이 총통 선거에 참가한다면 선거 전에 국공논단과 주시회(朱習會:주리룬과 시진핑의 회담)를 개최할 수 없는 상황이었다. 선거직전에 '시진핑에게 업무지시를 받는다'고 민진당으로부터 공격을 받을 것은 자명했다. 그래서 그는 4월까지 총통 선거 참가 여부를 결정하지 못했고, 국공논단과 주시회도 계속 연기되었다. 결국, 주리룬은 마감일인 4월 20일까지 총통선거 후보 등록을 하지 않았고, 이어 4월 24일에 5월 3일 상하이에서 제10회 양안경제무역문화논단 즉, 국공논단을, 5월 4일 베이징에서 시진핑과 주시회를 개최한다고 발표하였다.

중국은 여전히 주리룬이 주시회 전후로 국민당 후보로 총통 선거에 나서기를 원했다. 왜냐하면 주리룬이 국민당에서 지지도가 가장 높았고, 만약 시진핑의 지원을 등에 업고 국민당 후보로 나서서 당선되면 시진핑의 대만에 대한 정치적 영향력을 증명할 수 있기 때문이다.

그러나 주리룬은 국공논단과 주시회 일정이 정해진 후에도 총통 선거 참가 여부에 대해 입장표명을 하지 않아 시진핑에게 실망을 안겨주었다.

주시회에서 주리룬은 '92공식[2])'은 양안이 '하나의 중국'에 속하나 그 의미는 다르다고 언급하였다. AP(Associated Press)뉴스는 양안이 '하나의 중국'에 속한다는 것은 궁극적으로 통일을 지지하는 것으로 해석하였다. 행정원 대륙위원회(이하 육위회) 주위(主委) 샤리엔(夏立言)은 5월 6일 이에 대해 중화민국내에서 누구도 말한 적이 없고, 정부의 정책도 아니라고 반박하였다. 샤리엔은 양안이 하나의 중국에 속한다는 것은 외부에서는 양안이 하나의 중화인민공화국에 속한다고 인식할 수 있다고 언급하였다. 주리룬은 주시회에서 시진핑에 대한 호의의 표시로 이러한 언급을 하였으나, 시진핑은 주리룬의 총통 당선 여부가 중요했기 때문에 여기에 대해서는 아무런 반응도 보이지 않았다.

2. 홍슈주의 경선 출마

중국은 주리룬이 총통 경선에 참여하기를 원했지만 그는 결정을 하지 못했고, 베이징 당국은 상황을 지켜볼 수밖에 없었다.

2015년 4월 20일 국민당이 2016년 총통 선거를 위한 당내경선을 시작할 때 입법원 부원장 홍슈주가 200만 대만 달러의 기탁금을 내고 후보등록을 했고, 6월 10

---

[2]) 1992년 중화인민공화국과 중화민국(대만)이 이룬 공통의 인식이라는 의미로, '하나의 중국'을 인정하되 각자의 명칭을 사용하기로 한 합의

일에 경선 출마를 선언했다. 홍슈주는 당내 유력 인사의 출마를 유도하기 위해서 후보 등록을 하는 것이라고 설명했지만 결국 주리룬, 왕진핑(王金平), 우둔이(吳敦義) 등은 후보등록을 하지 않았다.

경선 후보가 1명인 상황에서 국민당과 홍슈주의 당내 여론조사 지지율이 30% 초과하면 대선후보가 되는 것으로 합의하였고, 6월 14일 46.2%의 지지율로 하한선을 통과했다. 그러나 홍슈주의 지지율은 항상 차이잉원에게 뒤졌기 때문에 외부에서는 홍슈주의 당내 여론조사 결과가 나온 후에 합의를 통해 그를 사퇴시키고, 다른 유력 인사를 출마시킬 것으로 예상했다. 그러나 협상은 결렬되었고, 홍슈주가 총통 선거 참가를 선언했다. 7월 19일 실시된 국민당 19기 3차 전원회의에서 홍슈주가 최종 후보로 결정되었다.

중국은 국민당내 유력인사가 대선에 참가하지 않았고, 홍슈주가 차이잉원과 격차가 커서 국민당 후보가 될 것이라고 예상하지 못했기 때문에 적잖이 당황하였다.

3. 홍슈주의 양안 정책 공약

홍슈주는 2015년 5월 1일 일중동표(一中同表 : 하나의 중국에 대해 같은 해석을 한다)라는 양안관계 입장을 발표했다. 즉, 양안의 법리적 상태는 '주권은 중첩되고 헌법과 정치는 분리'된 상황이며, 양안은 중국 내 두 개의 헌정정부라고 하였다. 양안은 전체 중국의 일부분이며, 양안관계는 국제관계나 어느 일방의 내정이 아니고 전체 중국의 내부 관계라는 것이다. 따라서 양안은 일중각표(一中各表 : 하나의 중국에 대한 해석을 각자가 한다), 일중불표(一中不表)에서 일중동표로 전환해야 한다고 주장했다.

홍슈주는 '92공식'의 유효기간은 끝이 났고, 이를 더욱 발전시키기 위해서는 양안평화협정을 맺어 양안의 평화발전을 보장해야 한다고 언급했다. 홍슈주는 '양안관계의 위대한 화합이 없으면 중화민족의 위대한 부흥도 없고, 더욱이 대만의 밝은 미래는 보장할 수 없다'고 강조했다. 그는 6월 10일 국민당 중앙상무위원회에서 공약발표를 하고, 양안이 평화협정을 체결해야 한다고 재차 천명했다.

홍슈주는 외성인(국공 내전 이후 장개석 정부와 함께 대만으로 이주한 인구)으로 주로 대만 북부에서 정치활동을 하였고, 민진당과 대만독립을 반대했기 때문에 통일파에 속한다. 기본적으로 일중각표는 양안이 각자 해석하는 것이나, 일중동표는 양안이 같은 해석을 하는 것으로 반드시 일중에 대한 공통된 인식이 있어야 하므로 외부에서는 양안통일에 가까운 주장이라고 해석한다. 일각에서는 그가 주장한 평화협정을 통일협정, 항복협정이라고 비판했다.

홍슈주는 10월 2일 '중화민국 헌법은 궁극적으로 통일이며, 우리가 타인을 통일하는 것이지 타인에 의해 통일되는 것이 아니라고' 주장하였다. 이는 일중동표에 대한 쟁론이 거세지자 '궁극적 통일(終極統一)론'을 제창한 것이나 이것이 오히려 그를 더욱 통일파로 보이게 하였다.

가 궁극적 통일론

홍슈주의 궁극적 통일론은 차이잉원의 모호한 현상유지론에 되려 힘을 실어주었다. 사실 차이잉원은 선거전에서 친미·우일·방중(親美友日防中) 노선을 기조로 홍슈주의 반미·구일·친중(反美仇日親中) 노선과 대결하고 있었다. 한편, 타이난(臺南)시 시장 라이칭더가 9월 30일 시의회에서 대만독립을 세 차례나 강조하자 국민당은 이에 맹렬히 비판하면서 화살을 차이잉원에게 겨누고 그녀에게 "대만독립에 대한 입장을 명확하게 하라"고 요구하였다. 차이는 이를 피하지 않고 10월 3일 타이난을 방문하여 라이칭더와 함께 연단에 섰다. 차이는 국민당의 비판이 그 어떤 타격도 줄 수 없다고 여겼다. 그녀가 말하는 '현상유지'는 곧 '대만의 현재 독립 상태를 유지'하는 것이고, 그녀가 말하는 '중화민국 헌정체제'는 홍슈주의 '중화민국 헌법은 궁극적 통일'이라는 기조와 상반되었다.

기본적으로 차이잉원과 홍슈주는 모두 중화민국과 중화민국 헌법을 강조했지만 차이는 중화민국의 주권과 통치권이 대만 본섬과 펑후(澎湖), 진먼(金門), 그리고 마주(馬祖)에 한정된 것으로 여겼고, 홍슈주는 중화민국의 주권이 중국 대륙을 포함하는 것으로 인식했다. 차이는 중화민국의 미래는 독립의 현 상황을 유지하고 통일을 반대하는 것이나, 홍슈주는 양안이 통일을 해야 한다고 생각했다. 따라서

2016년 총통 선거는 헌법에 대한 논쟁과 더불어 양당 정책을 대만 여론으로부터의 검증을 받는 것이었다.

10월 10일 국경일 기념식은 마잉주가 총통 임기 내 마지막 행사였기 때문에 많은 준비를 하였다. 경축사에서 그는 지난 7년간의 치적을 구체적으로 나열하면서 차이잉원과 민진당을 비판하였고, 자신이 주장하는 현상유지가 사실이고, 차이잉원의 현상유지론은 허구라고 강조했다. 왜냐하면 차이가 주장하는 양안관계는 중화민국 헌정체제에 기반하지 않고, '92공식'도 수용하지 않기 때문이라는 것이다. 그는 더욱이 "중화민국 총통이라면 『중화민국헌법』에 따라 합의된 '92공식'을 당연히 수용해야 하는 것인데, 뭐가 그렇게 어렵냐?"며 큰 소리를 치기도 했다.

혹은 마잉주로서는 억울한 감정을 느낄 수도 있다. 마잉주는 자신의 양안정책이 진정으로 '좋은 정책'이나, 민중들이 이를 알아봐주지 않고, 민진당도 비판 공세를 가한다고 느꼈을 수도 있다. 심지어 2014년 3월 양안무역서비스 협정 체결을 반대하는 해바라기 학생운동이 일어나 그 해 11월 지방선거에서 참패했고, 2015년 총통 선거에서도 정세도 불리해졌으니 더더욱 그럴 것이다. 그래서 마잉주로서는 축하와 즐거움이 가득해야할 국경일 기념식이 원망과 비판으로 가득 차 무척이나 마음에 들지 않았을 것이다.

🔳 궁극적 통일론으로 무너진 훙슈주

훙슈주가 주장해온 양안 노선은 중국의 입맛에 맞았다. 중국 환구시보[3]도 6월 15일자 보도에서 훙슈주가 주장한 '일중동표(一中同表)'에 긍정적으로 평가한 바 있다. 그러나 베이징도 훙슈주의 '통일파' 색깔이 짙을수록 총통에 당선될 확률이 낮다는 것을 알고 있었다.

중국에서 가장 권위 있는 대만 연구 싱크탱크인 중국사회과학원 대만연구소의 저우즈화이(周志懷) 소장은 10월 12일, "대만 국민당 진영이 무엇이 옳고 그른지 모른채 대륙과 역행하는 정책을 내놓을지, 심지어 민진당과 유사한 양안 정책을 가지

---

[3] 1993년 창간된 중국의 글로벌 뉴스 전문 신문으로, 중국 공산당 기관지인 인민일보의 자매지

고 그들과 경쟁에 나설 것인지 등 우리로서는 진지하게 주시해 볼 필요가 있다"고 언급했다. 주리룬은 10월 7일, 훙슈주가 주장하는 양안정책은 국민당이 견지해온 정책과 거리가 있고, 대만의 주류 여론과도 거리가 있다고 주장했다.

결국, 국민당은 10월 17일 훙슈주가 총통 선거 후보로 선출된 지 3개월 만에 후보 자격을 박탈하였다. 그녀가 얼마나 화가 났을 지는 상상할만하다. 훙슈주의 측근인 장야중(張亞中) 국립대만대 정치학과 교수는 전날 16일에 국민당의 이러한 조치가 있음을 암시하는 언급을 했다. 그는 마잉주의 정책은 '은밀한 대만독립' 노선으로, 이를 훙슈주가 다시 바로잡으려 했으나 국민당이 주리룬을 데리고 오는 바람에 훙슈주의 노력에 찬물을 끼얹었었으며, 이는 곧 대만이 중화민국이라는 차이잉원의 주장과 다를 바 없는 '명백한 대만 독립노선'을 고수하는 것이라고 주장했다. 그는 국민당이 훙슈주를 부정하는 과정에서 중국 당국의 기대에 부응하지 못했고, 신임을 잃게 될 것이라고 언급했다. 양안이 분열해서는 안 된다는 주장조차 국민당 내에서 인정받지 못했기 때문이다.

다 국민당의 후보 교체

총통 선거까지 100일이 채 남지 않는 상황에서 국민당은 후보를 교체했다. 10월 17일 국민당은 임시 전국대표회의를 개최하여 주리룬을 총통 선거 후보로 선출하였고, 주리룬은 경선연설에서 차이의 현상유지론에 의문을 제기하며 '92공식', '일중각표'라는 마잉주 노선을 강조하였다. 또한 롄잔과 우보슝 등 원로가 참석하면서 주리룬이 기존의 양안카드(兩岸牌)를 들고 나왔음을 시사했다. 또한 주리룬은 차이잉원이 주장한 현상유지에서의 '현상'이 국민당이 주장하는 '92공식'하의 현상인지, 마잉주의 3불(不統, 不獨, 不武)의 현상인지 명확하지 않다고 비난했다.

10월 18일 주리룬은 차이잉원의 현상유지가 '양국론'과 '대만독립론'을 포함하는 것인지를 물으며 그녀를 향해 재차 포문을 열었다. 주리룬은 국민당의 현상유지는 '92공식'을 기초로 하였음을 강조하면서, "차이잉원 후보자는 '92공식'을 인정하지도 않고 '현상유지'를 하겠다고 한다, 중국이 아예 이를 받아들이지를 않는데 도대체 현상은 어떻게 유지할 것이냐"고 비판했다.

한편, 중국에서는 훙슈주가 물러나고 주리룬이 후보가 된 것에 대해 반신반의하는 태도였다. 주리룬은 중국이 총통 후보로 원했던 인물이고, 국민당내에서 여론지지도가 가장 높아 차이잉원과도 승부를 겨뤄볼 만했다. 그러나 마잉주 정부의 성과가 좋지 않았고 주리룬이 신베이시 시장으로서 성과도 뛰어나지 않은 상황에서 기존의 양안카드로 차이잉원과 대결할 수밖에 없었다. 국민당이 양안카드로 2008년과 2012년 총통 선거에서 승리한 바 있지만, 2016년에도 그 카드가 효과가 있을지는 알 수 없었다. 그리고 더 중요한 것은 선거 막바지에 교체된 주리룬이 얼마나 경쟁력이 있을지 더욱 알 수 없는 일이다.

제3절
마시회(馬習會)후 마잉주(馬英九)의 난처한 입장

세간의 주목을 받던 마잉주와 시진핑의 정상회담 '마시회(馬習會 : 마잉주와 시진핑의 회담)'가 2015년 11월 7일 싱가포르에서 개최되어 300여 개의 각국의 언론이 취재경쟁을 벌이는 등 국제적인 관심을 받았다.

1. 중국의 마시회 제안의 목적

11월 4일 대륙위원회(이하 육위회) 주위 샤리옌은 중국국무원대만사무판공실(이하 국대판) 주임 장즈쥔(張志軍)이 10월 14일 샤장회(夏張會 : 샤리옌과 장즈쥔의 회담)에서 마시회 개최를 먼저 제안하였다고 언급했다.

시진핑이 2012년 집권 후 적극적으로 추진한 부패 척결, 공금 전용 금지, 사치금지령 등은 내수 경제에 악영향을 미쳤다. 그외 저우융캉(周永康), 보시라이(薄熙來), 쉬차이허우(緒才厚), 궈보슝(郭伯雄) 등 장쩌민(江澤民)의 측근과 파벌들을 척결하고, 리웬차오(李源潮), 리커창(李克强), 왕양(汪洋) 등과 같은 후진타오(胡錦

濤)의 측근들을 권력의 중심에서 밀어내었으며, 대대적인 군대개혁을 시도하였다. 또한 중앙전면심화개혁영도소조, 국가안전위원회, 중앙군사위심화국방 및 군대개혁영도소조, 중앙사이버안전 및 정보화영도소조 등 새로운 권력기관을 설립하였는데, 시진핑 스스로가 그 책임자 자리에 앉아 기존 세력을 통제하고, 권력 집중을 도모하였다. 이러한 일련의 조치로 반시진핑(反習) 세력이 형성되었는데, 여기에는 고위급은 낙마한 장쩌민 측근, 중간계층은 뇌물을 받지 못하는 공무원, 하층에는 공금에 의존하는 기업 등이 포함된다.

이런 반시진핑(反習)세력은 늘 반전의 기회를 노리고 있었다. 그들은 만약 2016년에 차이잉원이 총통에 당선되고 민진당이 다시 집권하여 대만 독립 세력이 복권하면 이를 시진핑의 대만 업무의 중대한 실패로 간주하고 반격의 기회로 삼으려 했다.

시진핑 주석이 반부패 조사 강도를 계속해서 높여가고 2015년에 이르렀을 때 반시진핑 바람은 더욱 두드러졌다. 이에 시진핑은 2015년 1월에 M503항로(대만 영공을 근접하여 지나는 항로)를 발표하고, 3월에는 '92공식'을 인정하지 않으면 양안이 '요동칠 것(地動山搖)'이라고 언급하였다. 5월에 주시회에서 주리룬으로 하여금 "양안은 하나의 중국에 속한다"고 발언하게 하고, 6월에는 대만동포증을 소지하면 비자를 면제한다고 일방적으로 선포하였으며, 7월에는 카드식 대만동포증을 발급하였다. 그리고 8월에는 민진당 계열인 타이베이 시장 커원저(柯文哲)가 중국을 방문하게 하는 등 일련의 조치를 취한 후 대만 업무에서 '할 수 있는 일과 해야 할 일'을 모두 했고, 그 중 많은 부분이 전임 주석들은 하지도 못 했던 것이라고 발표했다. 자신은 할 수 있는 일을 다했기 때문에 차이잉원이 대만총통에 당선되더라도 잘못이 없다는 것을 미리 시사한 것이다.

반시진핑 세력이 반박할 수 없는 시진핑의 가장 큰 성과는 마잉주와 시진핑의 회담인 마시회이다. 왜냐하면 1949년 이후 최초의 양안 최고지도자 간의 회담이었다. 마오쩌둥, 덩샤오핑, 장쩌민, 후진타오도 해내지 못한 역사적 성과였다. 2005년 후진타오가 당시 국민당 주석인 롄잔과 회담을 하였지만 이는 단순히 당대당 지도자 수준의 회담이었고, 심지어 당시 국민당은 야당이었다. 반면, 마시회는 정부 지도자 간의 회담이고 집권당도 국민당이었다.

그리하여 중국 공산당(이하 중공)은 제19기 중앙위원회 제6차 전체회의를 2021년 11월 8일부터 11일까지 개최하고, 중국 공산당 창건 이래 세 번째의 역사결의를 통과시켜 시진핑이 중공 20기 이후에도 장기집권을 할 수 있는 토대를 마련하였다.

중공의 첫 번째 역사결의는 1945년 4월 20일 6차 7중전회가 통과한 '몇 가지 역사문제에 관한 결의'로 1921년 공산당 창당부터 1945년 항일전쟁 종료시까지 24년간의 당내노선과 권력투쟁에 대한 최종적인 결정이다. 두 번째 역사결의는 1981년 6월 27일 11차 6중전회에서 통과된 '건국 이래 당의 몇 가지 역사문제에 대한 결의'로 1949년 건국부터 1981년까지 32년을 대상으로 하고, 마오쩌둥 집권에 대한 공과를 나열했다.

시진핑의 세 번째 역사결의는 '당의 100년 분투의 주요 성과와 역사경험에 대한 중공중앙의 결의'로 약 3만 6천자 분량이며 내용의 3분의 2가 중공 제18차 당대회 이후 시진핑 동지를 핵심으로 한 공산당 중앙이 중국특색의 사회주의가 신시대에 진입할 수 있도록 선도하였다는 내용이었다. 대만정책과 양안관계에 대해서는 제한된 분량이었음에도 1949년 이래 양안 지도자간 최초로 정상회담(마시회)을 실시하여 직접적인 소통을 하였다는 내용이 포함되어 있다. 이를 볼 때 시진핑이 마시회를 대만 업무에 있어서 중요한 역사적 업적으로 인식함을 알 수 있다.

2. 마시회를 통한 중국의 의도

대부분 사람들이 마시회는 '92공식'의 기초를 강화하고, 양안 간 상호 신뢰 증진을 통해 양안관계를 공고히 하기 위한 것으로 인식하고 있다. 마잉주도 대만해협 평화를 공고히 하고, 양안의 현상을 유지하기 위함이라고 끊임없이 강조하였다. 차이잉원이 '92공식'을 인정하지 않았기 때문에 중국은 2016년 총통 선거 전에 우선 '92공식'의 틀을 확실히 해서 대만과 차이잉원을 제약할 필요가 있었다. 그러나 '92공식'은 대만 내에서 논란이 있었기 때문에 시진핑의 압박은 오히려 반감을 일으켰고, 더욱이 지지도가 낮은 마잉주를 통한 압박은 효과가 제한적이었다. 또한 '92공식' 합의시 쌍방이 협의를 체결하거나 공동성명을 발표하지 않고 단지 몇 시간의 회담을 했을 뿐이기에 실질적인 의미가 크지 않으며, 당시 양안관계는 긴박한 위기도 없었다. 대만 연합보에서 11월 8일 진행한 여론조사에 따르면 마시회 이후 양안관계의 발전에 대해 45%는 큰 변화가 없을 것이라고 답변했고, 28%는 진전이 있을 것으로 기대한다고 답변했다. 이 같은 상황을 종합해볼 때 중국이 급하게 마시회를 개최한 것은 '92공식' 강화나 양안관계 증진을 위한 것이 아님을 알 수 있다.

한편으로는 중국이 마시회를 통해 차이잉원에게 '92공식' 때문에 마시회가 가능했다는 메시지를 던짐으로써 차이잉원이 '92공식'을 지지하기만 하면 차시회(蔡習會 : 차이잉원과 시진핑의 회담)도 가능하다는 것을 암시하기 위함이라는 시각도 있다. 그러나 마시회의 개최 과정에서 양안의 밀실정치, 국회승인 절차 누락 등 여러 논란이 있었고, 게다가 압박이 오히려 차이잉원의 선거를 도왔기 때문에 이 또한 주된 이유는 아닌 것으로 보인다.

마시회에서 시진핑과 장즈쥔의 발언을 살펴보면 그들은 민진당과 차이잉원을 언급하지 않았다. 시진핑은 전례대로 "대만의 각 당파, 각 단체가 '92공식'을 정확히 인식하기를 바라고, 어떤 당파, 단체가 과거에 어떤 주장을 했던 '92공식'의 역사적 사실과 핵심 의미만 인정하면 교류할 의사가 있다"고만 강조했다. 따라서 마시회는 시진핑의 정치적 이익과 내부 선전을 위한 것이지 '92공식'의 틀을 확립하거나 차이잉원을 압박하기 위한 것이 아니고, 대만의 2016년 총통 선거에 영향을 미치기 위한 것도 아니라고 할 수 있다.

3. 시진핑의 정책결정 신속성

마시회의 진행과정을 보면 시진핑의 대만 정책 결정에 대한 탄력성과 신속성을 엿볼 수 있다. 앞에서 언급한 바와 같이 2015년 이후 일련의 對대만 조치에서도 정책결정의 신속성을 볼 수 있다.

마시회의 준비기간은 채 2개월이 되지 않았다. 시진핑이 직접 결정하였지만, 이를 지원하는 정책결정 기구가 있다는 것을 알 수 있는데, 일각에서는 이것이 중공중앙판공청(이하 중판)이라고 여기고 있다. 리잔수(栗戰書)는 중판 주임과 국가안전위원회 판공실 주임을 겸임하고 있고, 두 개 조직의 임무와 편제는 중첩되어 있으며, 시진핑의 비밀 비서실 같은 역할을 한다. 한편 시진핑의 주요 측근인 왕후닝은 중공중앙정책연구실 주임과 중공중앙전면심화개혁영도소조 비서장과 판공실 주임을 겸하고 있어 주요한 역할을 담당하고 있다. 실제 시진핑의 해외순방이나 마시회에서 리잔수와 왕후닝 두 사람이 시를 보좌하여 수행하였고, 대외 및 대만 업무에서 시진핑이 가장 신임하는 브레인이라고 할 수 있다.

또한, 중국이 과거 70년간 이루어지지 못했던 세기의 회담을 두 달 만에 개최할 수 있었던 것은 시진핑의 형식을 따지지 않는 개인적 특성도 반영되었다.

4. 마시회에서 마잉주의 의도

앞에서 기술한 것과 같이 마시회는 중국이 내부적 필요에 따라 주도적으로 제안했고, 대만입장에서는 급박한 사안이 아니었다. 이 때문에 전략적 협상이라는 측면에서 보면 마잉주 정부가 사전에 중국에게 일중각표를 인정하고, 중화민국의 존재를 직시하도록 하며, 대만 공격용 미사일을 철수하라는 등 시진핑에게 보다 많은 정치적 요구를 할 수 있었으나 마잉주는 그러지 않았다.

2013년 10월 중국 국대판(國臺辦) 주임과 대만 육위회(陸委會) 주임위원(주위)이 만났을 때 쌍방이 처음으로 서로 직함으로 호칭하였고, 2014년 2월 육위회 주위 왕위치(王郁琦)가 최초로 방중했을 때 중국 매체는 육위회의 명칭을 과거의 '양안 업무를 처리하는 대만의 기구'에서 '대륙위원회'라는 정식 명칭을 사용했다. 중국은 이에 대해 육위회 명칭만 예외적으로 적용한 것이고, 대만의 기타 기관은 적용하지 않을 것이라고 지속적으로 강조했다. 그러나 대만의 각계는 중국이 '양안이 각자 통치권을 행사한다'는 사실을 인정하는 상징적인 의미로 받아들이고, 더 많은 진전이 있을 것으로 인식했다. 따라서 마시회에 상당히 큰 기대를 가졌다.

그러나 기대와 달리 마시회에서 중국은 기존의 입장을 고수했고, 양안 지도자간에는 '직함'을 부르지 않고 '선생'이라고 불렀으며, 성과 면에서 그 어떤 진전도 없었다. 왜냐하면 중국은 마잉주가 마시회를 통해 1949년 양안 분리 후 양안 최고지도자의 최초 회담을 개최하여 장제스, 장징궈, 리덩후이와 천수이벤을 뛰어넘는 역사적 지위를 확보하고, 역사적 사명을 완성하는 기대를 가지고 있음을 이미 잘 알고 있었다. 2015년은 마잉주가 총통 임기의 마지막 해이기 때문에 시진핑보다 마시회 개최를 희망했고, 중국은 마잉주의 기대를 잘 알고 있었기 때문에 더 많은 정치적 양보나 인센티브를 제공하지 않았던 것이다.

마잉주는 마시회 기자회견에서 "양안 지도자가 지금과 같이 교류해야 하고, 앞으로 (이 회담이) 정기적 교류를 위한 첫걸음이 되기를 희망한다"고 언급하여 마시회를 통해 향후 양안 지도자의 회담을 제도화하기를 희망했으나 시진핑과 장즈쥔의 발언을 보면 중국의 생각은 달랐다. 중국은 대만의 2016년 선거에 대비해 마시회 개최를 계획하였고, 대만의 집권당은 향후 교체될 가능성이 있었기 때문에 양안 간 정상회담이 정례화하는 것을 원치 않았다. 향후 양안관계에 변화가 생길 때 언제든 재개 또는 중단할 수 있도록 하는 것이 대만 업무에서 주도권과 탄력성을 확보할 수 있기 때문이다.

중국중앙텔레비전(CCTV)은 마시회를 보도하면서 마잉주가 연설하는 순간 일중각표나 중화민국, 대만민주 등을 언급할 가능성이 있는 점을 고려하여 방송을 중단하였다. 그러나 마잉주는 자신이 중화민국의 총통이라는 사실, 그리고 중화민국은 주권을 가지고 있다는 점 등을 강조하거나, 중국이 국제사회에서 대만을 압박하고 있다는 점에 대해 전혀 언급하지 않았다. 그는 오히려 국제 언론매체 앞에서 주도적으로 '하나의 중국 원칙'을 언급했다. 시진핑이 공개 발언에서 '하나의 중국 원칙'을 언급하지 않았기 때문에 마잉주의 발언은 중국으로서는 오히려 의외였을 것이다. 민진당은 마잉주가 스스로를 낮추고, 중국에 영합했다고 비판했다.

앞서 언급한 바와 같이 마잉주는 마시회를 통해 자신의 양안정책에 큰 획을 긋고, 역사적 지위를 확보하며, 세계적인 관심을 끌고자 했다. 그래서 2015년 이후 '92공식'을 거듭 천명하고, 중국이 주도한 '아시아 인프라건설투자은행(AIIB)'에 참여하고, 항일전쟁 승리와 대만 광복을 기념하는 행사를 개최하면서 중국에 호의를 보였고, 마시회 성사로 보답을 받았다.

5. 시진핑과 마잉주의 입장 차이

중국은 마시회를 정상간 만남 즉, 양안 지도자간 최초 회견으로 규정하였기 때문에 원칙적인 정치적 문제만 언급하고 실무적인 의제는 다루지 않았다.

따라서 마시회에서 시진핑의 발언을 보면 '피는 물보다 진하다' 등 수사적인 표현뿐이고, 전체 발언도 약 5분 정도로 매우 짧았다. 이어진 장즈쥔의 기자회견도 예정보다 일찍 종료되었는데 신화사(新華社), 중평사(中評社), 대만왕바오(臺灣旺報) 등 친중 매체의 질문만 받았고, 답변도 원고를 읽는 것이 전부였다. 이는 중국이 마시회의 기념사진과 내부 홍보에만 관심이 있고 양안의 실무적인 사안은 협의할 의사가 없음을 나타낸다. 또한 이 기회를 활용하여 시진핑이 양안관계를 중시하는 것을 홍보하는데 목적이 있었다.

이에 비해 마잉주는 공개담화에서 임기 내 양안관계의 치적을 상세히 언급하고, 양안무역협의, 상호 정부기관 개설, 중국관광객 유치 등 실무적인 의제에 대해 중국의 긍정적인 답변을 바란다고 발언하였다. 또한 마잉주는 기자회견에서 시진핑에게 대만인의 국제NGO 활동 참여, 대만정부의 역내 경제 통합 논의 및 국제활동 참여, 대만 여권으로 UN 방문증 신청, 대만을 겨냥한 중국의 미사일 배치, 양안 간 직통전화 설치, 대만의 TPP 및 RCEP 참가 등 광범위한 문제를 제기했다고 언급했다. 심지어 중국 4년제 편입 학생의 대만 유학 문제, 대만 과기대학의 신입생 부족 문제 등도 언급하여 마치 양안 간에 수십 년간 누적된 문제를 마시회를 통해 한 번에 해결하려는 것처럼 보였다.

그러나 시진핑의 입장에서는 이러한 기술적인 문제는 마시회에서 의논할 내용이 아니었기 때문에 구체적인 답변을 하지 않았다. 따라서 시진핑은 각 의제에 있어서 원론적인 부분만 언급하였고, 이후 마잉주도 중화민국이 존재하는 사실, 대만인의 국가의식과 주권의식, 대만인의 자유민주법치에 대한 견지, 통일을 원치 않는 대만 여론 등 정치 문제만을 언급하였다.

마시회 이후 만찬 자리에서 마잉주는 마주(媽祖) 고량주와 진먼(金門) 고량주을 특별히 준비했으나 시진핑은 맛만 보았고, 만찬 후에는 지하 통로로 조용히 자리를 떠났다. 그러나 마잉주는 만찬 후 공개석상에서 술에 취한 듯 한 모습을 보였다.

마잉주와 시진핑은 '힘겨루기'를 끝낸 것처럼 보였다. 그들의 성장 배경과 당시 처지도 매우 달랐다. 시진핑은 세계적 지도자였고, 마잉주는 작은 지역의 지도자였다. 마시회를 취재했던 중국 언론인의 표현을 빌리자면 마잉주가 보여준 태도는 지방 관료의 수준이었다고 했는데, 전혀 이상한 소리도 아니다.

한편, 마잉주는 2012년 총통으로 두 번째 임기를 시작할 때부터 2014년 11월 베이징에서 개최되는 APEC 회의 계기에 마시회 개최를 희망한다고 지속적으로 언급했다. 왜냐면 총통의 신분이 아닌 '경제체(經濟體)의 지도자'로 공식적으로 시진핑과 만날 수 있기 때문이다. 만약 다른 계기에 마시회를 열면 중국이 상호 관직명으로 호칭하지 않을 것이고, 마잉주도 선생이라는 호칭을 수용할 수 없었기 때문에 APEC이 가장 이상적인 계기였던 것이다. 그러나 마잉주는 결국 싱가포르의 마시회에서 선생이라는 호칭을 수용하게 되었다.

만약 선생이라는 호칭을 미리 수용할 수 있었다면 2013년 시진핑이 막 집권하고, 마잉주가 2012년 연임에 성공한 직후에 마시회를 개최하는 것이 가장 유리했을 것이다. 그랬다면 마잉주의 정치적 영향력이 임기가 끝날 때까지 유지되었을 것이고, 국민당의 세력도 달라져서 더 큰 정치적 성과를 거둘 수 있었을 것이며, 주리룬도 총통 선거에서 그렇게 고생하지 않았을 것이다. 또한 막 집권한 시진핑에게 대만 업무의 역사적 성과를 선물하여 모두 윈윈할 수 있었음에도 마잉주는 그렇게 하지 못했다. 게다가 당시 상황으로 볼 때 시진핑이 권력을 공고히 하기 위해서는 업적이 필요했던 상황으로 마잉주보다 마시회 개최를 희망했을 것이기 때문에 만약 성공적으로 개최되었다면 국제사회의 관심을 받고, 일중각표에 대한 시진핑의 양보를 받을 수도 있었을 것이다. 그랬다면 마잉주는 역사적 지위를 확보하고, 마시회에서 실질적인 성과를 얻을 수 있었을 것이다. 또한, 중국이 만약 대만의 정치적 지위를 직시하고 중화민국의 존재를 부인하지 않았다면 해바라기 학생운동도 발생하지 않았을 것이고, 이후 전반적인 역사의 흐름이 달라졌을 것이다.

6. 마시회후 장즈쥔 발언의 요지

장즈쥔은 마시회후 기자회견에서 양안이 아직 통일되지 않았지만 중국의 주권과 영토는 분열된 적이 없으며, "양안은 하나의 국가이고 양안동포는 하나의 민족이며, 이러한 역사와 법적 기초는 변한 적도 변할 수도 없다, 분열을 시도하는 어떤 행위도 양안동포는 용인하지 않을 것이며, 국가주권과 영토완정 수호의 원칙적 문제에 대한 우리의 의지는 확고하다"고 언급하였다. 이어서 장즈쥔은 시진핑의 발언을 전하며, "우리는 양안 중국인이 자신의 문제를 해결할 능력과 지혜가 있음을 행동으로 증명할 것이고, 대륙과 대만이 하나의 중국으로 양안관계는 나라와 나라의 관계나 일중일대(一中一臺)가 아니며, 양안동포가 하나의 민족이라는 역사적 및 법적 기초는 변한 적이 없다"고 했다.

이 같은 발언은 중국은 중화민족이 존재하는 사실을 수용할 수 없으며, 국민당이 주장하는 '양안은 상호 통치권을 부인하지 않는다'는 주장과 '일중각표'는 성립될 수 없음을 지적한 것이며, 중국은 오히려 이 기회를 이용하여 마잉주에게 강경한 입장을 피력했다.

7. 마시회의 실질적 성과

금번 마시회의 유일한 성과는 양안이 직통전화 설치에 합의한 것으로 이는 1949년 양안이 분리된 이후 최초이며, 양안관계가 대치에서 상호신뢰로 발전하고 있음을 상징한다. 시진핑은 마잉주와의 비공개회담에서 "양안 간 직통전화의 설치로 쌍방이 적시에 소통하고, 오판을 방지하며 긴급한 문제를 처리할 수 있게 되었다. 양안 업무 주관 부서와 담당자를 우선 선정하자"고 언급했다. 양안 간 직통전화는 양국 정부 지도자간 설치되지 않고, 육위회와 국대판에 설치되었다. 사실상 육위회와 국대판은 평소에도 직접 통화를 할 수 있었기 때문에 직통전화 설치는 형식적인 의미만 있을 뿐이다. 중국이 양안 간 직통전화 설치를 국가 간이 아닌 국내에 설치하는 개념으로 인식한다는 것을 알 수 있다.

마시회 개최 이후 양안 간의 호의적 분위기는 오래 지속되지 않았다. 11월 19일 마닐라에서 개최된 APEC 회의에 대만은 최고대표로 샤오완창(蕭萬長)을 파견했으며, 과거 몇 년 동안 APEC 계기에 양안 최고대표가 회견을 하였으나 2015년에는 시진핑의 일정이 제한된다는 이유로 성사되지 않았다. 마시회를 통해 양안 간 정치적 상호신뢰가 형성되었다면 샤오시회(蕭習會 : 샤오완창과 시진핑의 회담)가 개최되어야 마땅한 일이었다. 11월 9일 육위회 주위(主委) 샤리옌은 대만이 APEC회의에서 샤오시회 개최를 제안했으나 중측이 동의하지 않았다고 발표했다. 한편 2013년 APEC 회의에서 합의된 국대판 주위와 육위회 주위간의 회담도 2015년 APEC에서는 실시되지 않았다. 11월 2일 샤리옌은 양안업무의 대표가 APEC 회의에서 만나는 것은 양안 간 상호교류의 일부이고, 양안관계 안정에 도움이 되며, 마닐라에서 샤장회(夏張會 : 샤리옌과 장즈쥔의 회담)를 개최할 것이라고 언급했으나 장즈쥔은 마닐라에 오지도 않았다. 이는 마시회가 일시적인 정치쇼에 불과했으며 정치적 성과도, 양안관계에 대한 영향력도 제한적이었음을 반증한다.

연합보(聯合報)가 11월 8일 실시한 여론조사에 따르면 국민들은 마시회에서 마잉주의 성과에 대해 37%가 만족하고 34%가 불만족한다고 답변했다. 빈과일보(苹果日報)의 8일 여론조사에 따르면 42.7%가 마시회가 양안관계의 중요한 돌파구라고 인식하고, 47.5%는 실질적인 진전이 없다고 인식했다. 마시회를 통해 대만에 대한 국제사회의 관심이 대폭 증가했지만 실질적인 성과는 부족했기 때문에 마잉주의 지지도나 주리룬의 총통 선거 정국에 큰 도움이 되지 않았고, 차이잉원도 영향을 받지 않았으며, 시진핑만 큰 이득을 보았다.

8. 미국과 일본의 마시회에 대한 태도

미국은 마시회에 대해 표면적으로는 성공적인 개최를 희망한다고 발표했지만 당시 미·중이 남중국해에서 갈등을 겪고 있었고, 미국은 정세를 관망하고 있었다.

주리룬은 마시회 이후 11월 9일에 총통 선거 후보자 신분으로 미국을 방문하여 대미 외교에서 차이잉원에 우위를 점하고자 했다. 당시 국민당이 집권당이었기 때문에 주미 공관은 주리룬의 방미에 행정적 지원을 아끼지 않았지만, 미국의 대우는 차이잉원이 6월에 방문했을 때와 완전히 판이했다. 11월 12일 미국 펜타곤은 미군의 B-52 전략폭격기 한 대가 중국의 남중국해 도서에 근접 비행을 했다는 사실을 인정했고, 킨 모이(Kin Moy) 미국재대만협회(AIT) 타이베이사무처장은 16일 대만의 국가우주센터를 공개적으로 방문하여 '대만과 미국의 위성 협력은 제한이 없다'고 강조했다.

이러한 조치를 볼 때 미국은 마시회 이후 양안 간 통일 협상이 진행될 가능성과 마잉주가 퇴임 전에 더 큰 정치적 행보를 보일 것을 우려하는 것처럼 보였다. 많은 중국 학자와 매체는 마시회 후에 천수이볜이 폐지했던 국가통일위원회와 국가통일강령을 복구해야 한다고 언급하였다. 아래 표 1은 국가통일강령의 3단계를 기술한 것으로, 마시회 이후 양안이 이미 중간단계를 완성했고, 마지막 단계로 진입해야 한다는 것을 의미한다.

표1. 국가통일강령 3단계 내용 정리표

단계	주요내용
초기단계 (호혜 교류단계)	1. 상호 정치 실체를 부정하지 않는다. 2. 중재기구를 설립하여, 양안 인민의 권익을 보호한다. 3. 대륙은 경제개혁을 적극 추진하고, 점진적으로 여론을 개방하고, 민주법치를 실행한다. 4. 양안은 적대상태를 청산하고, 하나의 중국 원칙하에 일체의 분쟁을 평화적 방식으로 해결하고, 국제사회에서 상호존중하고 배척하지 않으며, 상호신뢰와 협력단계로 진입한다.
중간단계 (상호신뢰 협력단계)	1. 양안은 동등한 정부 소통 체계를 설립한다. 2. 양안의 우편, 항공, 상업을 상호개방하고, 대륙의 동남연해 지역을 공동개발한다. 3. 양안은 상호협력하며 국제기구와 관련 활동에 참여한다. 4. 양안 고위인사의 상호방문을 추진한다.
최종단계 (통일협상단계)	양안 통일협상 기구를 설립하고, 양안 인민의 의사와 정치민주, 경제자유, 사회평등 및 군대국가화 원칙에 따라 통일대업을 협의하고, 헌정체제를 결정하여 민주, 자유, 부유한 중국을 건립한다.

자료출처 : '국가통일강령', 위키피디아, 2013년 7월 13일

한편, 일본은 세계에서 마시회에 가장 관심을 가진 국가로 정부뿐만 아니라 언론과 학계도 사태의 추이를 면밀히 관찰했다. 교도통신의 '중국관찰주간(中國觀察週刊)' 총편집인는 "일본은 대만해협의 불안정을 원치 않지만 중국과 대만의 통일도 우려한다. 대만이 중국에 합병되면 일본이 관할하는 센카쿠 열도에 불리하기 때문이며 따라서 일본 정부는 금번 마시회를 예의주시하고 있다"고 언급했다.

특히 류야저우(劉亞洲) 중국 국방대학 정치위원(政委) 상장은 2015년 10월 중공 중앙대외연락부의 '당대세계(當代世界)' 주간지에 "일본 경제의 두 가지 핵심동력이 모두 외부에 있는데, 에너지원 수입과 산업수출의 90% 이상이 대만해협을 통과하고 있다. 만약 앞으로 댜오위다오(일본명: 센카쿠)에서 충돌이 발생하고 양안이 상호 협력하여 공동으로 대응하면 일본은 앞뒤에서 공격을 받는 상황이 될 것이다. 댜오위다오 문제는 중국의 큰 관심사항이다."라고 기술했다. 이에 일본은 마시회의 결과에 더욱 관심을 가지게 했다.

제4절
대선전 중국에 대한 차이잉원의 입장과 태도

2015년 12월 25일 첫번째 총통 선거 정견발표회에 차이잉원, 주리룬, 쑹추위(宋楚瑜) 등 3명의 후보가 참가하였고, 최대 관심사는 차이잉원이 '92공식'에 대해 어떠한 입장을 밝힐 지였다.

1. 차이잉원의 '92공식'에 대한 입장 표명

차이잉원은 4월 15일 '양안 간 현상 유지'를 표명하고, 6월 3일 "중화민국의 헌정체제 하에서 양안관계의 평화안정 발전을 지속 추진한다"고 언급하였으며, 12월 22일에 '소통하고, 도발하지 않고, 돌발상황을 방지한다'는 3개 원칙에 따라 양안업무를 처리할 것이라고 강조하였다. 그러나 그녀는 '92공식'에 대해서는 언급하지 않았고, 국민당은 이에 대해 고의적으로 책임을 회피한다고 비판했다.

그러자 차이잉원은 주리룬이 질문을 하기 전에 먼저 '92공식'에 대해 언급하였는데 "민진당은 1992년 양안회담의 역사적 사실을 부인하지 않고, 당시 쌍방이 상호이해와 구동존이(求同存異) 자세를 견지했다는 것을 인정한다"고 말했다. 이는 과거 차이잉원이 '92공식' 자체를 부정한 입장에서 그 '역사적 사실'은 부인하지 않는 것으로 입장을 전환한 것이며, 27일 2차 정견토론회에서 관련 입장을 재차 표명하였다.

2. 커원저판 '92공식'

차이잉원의 '92공식'에 대한 입장과 8월 3일 타이베이 시장 커원저의 '92공식'에 대한 주장은 맥락을 같이 한다. 커원저는 "대륙이 제시한 '92공식'은 양안관계 평화발전의 기초이고, 본인은 이러한 입장에 이해와 존중을 표한다"라고 언급했다. 그의 뜻은 '92공식'이 양안평화발전의 기초라는 점은 중국이 일방적으로 주장한 것으로 대만의 입장과 일치하지는 않으며, '92공식이 양안관계 평화발전의 기초'라는 것에 이해와 존중을 표시한 것이지 '92공식' 자체를 인정한 것이 아니며, 또한 지지한다는 의미도 아니라고 선을 그었다.

중국이 커원저판 '92공식'을 수용한 것은 '92공식'에 대한 인정과 부정 외에 새로운 옵션으로 받아들인 것이고, 이후 시진핑이 차이잉원판 '92공식'을 수용할지 여부에도 관심이 집중되었다.

3. 총통 선거전 시진핑의 대대만 태도

앞서 기술한 바와 같이 만약 차이잉원이 2016년 1월 총통에 당선되면 시진핑 반대파는 이를 시진핑의 대만 업무 실패로 간주하고, 비판의 빌미로 삼을 수 있었다. 시진핑이 11월에 급하게 마시회를 개최하면서 내부적으로는 장쩌민과 후진타오가 하지 못한 역사적 업적을 이루었다고 홍보하면서 만약 차이잉원이 당선되더라도 시진핑 자신의 실책이 아님을 미리 암시했다. 한편, 시진핑은 국대판 등 대만 관련 부서가 2015년 1년간 차이잉원 실명을 거론하여 비판하지 않도록 하고, 차이잉원을 대만 독립분자로 규정하지 않음으로써 자제하는 태도를 보였다. 그렇지 않으면 차이잉원의 당선은 곧 대만 독립세력의 복귀가 될 것이고, 반대파에게 비판의 빌미를 제공할 수 있기 때문이다. 따라서 차이잉원이 '92공식'에 대해 호의를 표한 것은 시진핑의 정치이익에 부합하는 것이다.

중국 공산당은 유물주의로 '실제 권력이 있는 자와의 교류'를 강조한다. 따라서 커원저가 대만의 신흥 정치 스타로 대만 수도의 시장이 되면서 시진핑은 커원저판 '92공식'을 실무적으로 인정하였고, 차이잉원의 당선과 차이잉원판 '92공식'에 대해서도 부정이나 비판을 하지 않았다.

또한 2014년 7월 차이잉원은 '천하잡지(天下雜志)'와의 인터뷰시 "민진당의 가장 큰 도전은 2014년 지방선거를 잘 치르는 것이다. 선거에서 승리하면 중국도 민진당에 맞춰 조정을 할 것이다. 만약 그들이 2016년 총통 선거에서 민진당이 당선될 가능성이 높다고 판단하면 자연스럽게 그런 조건을 만들 것이다"고 언급하였다.

제5절
쯔위(周子瑜) 사건의 여파

2016년 1월 15일 총통 선거일 전날 대만의 연예인 쯔위가 소속된 한국 JYP 엔터테인먼트가 공개 사과 동영상을 발표하였다. 이 동영상은 다음날 총통 선거와 입법위원 선거에 직접적인 영향을 미쳤다.

1. 쯔위 사건의 경과

2015년 대만의 16세 여자 가수 쯔위가 한국의 아이돌 그룹 트와이스로 활동하면서 많은 한국 예능프로그램에서 자신이 대만 출신이고, 입국할 때 대한민국 국기와 중화민국의 국기를 들고 왔다고 이야기한 바 있다. 이 사건의 전개는 5단계로 나누어진다.

쯔위 사건의 시발점은 중국에서 활동중인 반대만독립 성향의 대만 연예인 황안(黃安)이 2015년 11월말 웨이보(新浪微博)에 쯔위가 대만의 독립을 지지하는 것으로 의심된다고 댓글을 올린 것에서 시작되었다. 이에 쯔위의 중국 팬들이 나서서 대만국기는 영상 제작업체가 추가한 것이라고 항변하였고, 이후 황안은 해당 SNS를 삭제하였다.

2개월 후인 2016년 1월 8일, 황안은 다시 SNS에 글을 남겼고, 이것이 쯔위 사건의 2단계이다. 황안은 대만의 산리(三立)방송국이 쯔위를 '대만의 빛'으로 홍보하는 것을 못 마땅해 했다. 황안은 트와이스의 중국 공연을 반대한다고 주장하면서 쯔위가 자신이 중국인이라고 명확히 밝히면 바로 게시글을 삭제하겠다고 언급했다.

황안의 2차 도발 이후 중국의 인터넷에서 '쯔위는 자신이 중국인이 아니라고 한다', '쯔위는 민진당이다' 등의 글이 올라오기 시작했고, 이것이 쯔위 사건의 3단계인 온라인상 공방 단계이다. 이 내용은 웨이보(新浪微博), 천애논단(天涯論壇), 바이두(百度) SNS 등 중국 인터넷에서 급속히 퍼져나갔고, 많은 네티즌의 관심을 받았다.

중국 화웨이그룹(華爲集團)은 Y6 스마트폰의 한국 광고 모델로 쯔위와 계약할 예정이었으나, 1월 11일 돌연 쯔위 및 소속 매니지먼트사와의 모든 계약을 중지한다고 발표했다. 13일 트와이스를 초청해 안후이 위성TV에 출연시키기로 한 회사는 1월 22일 녹화예정이던 프로그램을 취소한다고 발표하였고, JYP사는 이에 '중국과 대만 중 어느 한쪽을 선택할 수 없다'고 강조했다. 같은 날 황안은 대만의 둥선(東森) 신문과의 인터뷰에서 쯔위에게 "하나의 중국을 인정하고, 자신이 중국인임과 '92공식'을 인정하라"고 요구했다. 이것이 쯔위 사건의 4단계이다.

13일 저녁, JYP사는 웨이보에 중문으로 쯔위가 대만독립과 관련이 없고, 아직 미성년이라 정치적 입장을 밝히는 것이 적절치 않으며, 진상이 밝혀지기 전까지 중국에서 예정된 모든 연예활동을 취소하기로 결정했다고 성명을 발표했다. 그렇지만 사건은 일단락되지 않았고, 트와이스를 포함한 모든 JYP 소속 가수의 곡이 중국의 음원 사이트에서 잠정적으로 삭제되었다.

15일 저녁, 쯔위 사건은 5단계에 접어들었다. 16일 대만 총통 및 입법위원 선거 전날 저녁, 쯔위는 온라인에 동영상을 올려 중국 국민에게 사과를 하면서 자신은 중국인으로서 자부심을 느끼고 있고, 동시에 중국은 하나뿐이고, 양안은 일체임을 인정하며, 중국에서 모든 활동을 잠정 중단하고 반성의 시간을 갖겠다고 떨리는 목소리로 원고를 읽었다.

2. 황안의 의도

앞서 언급한 바와 같이 2015년 11월말 황안은 웨이보에 쯔위가 대만독립을 지지한다고 댓글을 남겼고, 이유는 국기를 들었기 때문이라고 했다. 그러나 쯔위의 팬들이 항의하자 황안은 해당 댓글을 삭제했다. 사실 황안도 이러한 지적이 매우 억지스럽고, 중국의 오랜 대만 관련 입장과도 배치된다는 것을 알고 있었다. 중국은 중화민국이 1949년 이후 지속 존재하고 있음을 인정하지 않지만 대만의 존재는 최소한 역사적 사실이다. 따라서 중국의 TV나 영화에서 청천백일기가 등장하는 것은 금기사항이 아니었고, 심지어 최근에는 중국에서는 '대만풍'이 유행해서 대만 국기를 드는 모습도 종종 볼 수 있었다. 따라서 쯔위가 대만 국기를 드는 것이 심각한 금기사항도 아니었다.

게다가 청천백일기를 드는 것이 '두 개의 중국'을 의미한다고 비난할 수 있겠지만, 그 자체가 대만독립을 의미하는 것은 아니며, 또한 진정한 대만독립 지지자라면 굳이 국기가 필요치 않다.

사실 최근 중국은 중화민국 영문명에도 'China'가 포함되어있고 이것이 대만독립을 의미하는 것이 아니기 때문에 중화민국에 대해 다소 수용적인 입장을 보였다. 일부 중국학자는 중화민국이 1949년 이후 대만에 존재하고 있는 그 사실을 직시해야 한다고 여기고 있다.

2014년 중국 국대판 주임 장즈쥔과 대만 육위회 주위 왕위치가 처음으로 상호 직함을 부르면서 중국이 대만 행정원 대륙위원회를 인정하였고, 또한 어느 정도 중화민국을 인정했다고 할 수 있다. 중국 관방매체도 종종 '대만의 소위 중화민국헌법'이라는 언급을 하고 있었고, 대만의 헌법이 그 자체로 존재하며 시행되고 있다는 사실을 인정하고 있다. 그렇기 때문에 황안이 중화민국 국기를 든 것을 대만독립이라고 지적한 것이 중국의 대만 정책에도 맞지 않는 다는 것이다.

대만 국민당도 대만의 국명은 중화민국이고, 청천백일기가 대만의 국기라는 입장이다. 국기를 드는 것이 대만 독립을 의미한다면 마잉주와 국민당도 대만 독립을 주장하는 것이고, 대만인 모두가 대만 독립을 추구하는 것이다. 이는 '잠재적인 내부의 적과 연합해서 주적을 공격 한다'는 중공의 통일전선 사고와도 부합하지 않고, 대만인 전체를 주적으로 삼는 것이다.

앞서 기술한 바와 같이 2015년 11월 황안은 쯔위가 국기를 든 것을 대만독립 주장이라고 지적한 후에 논란이 되자 곧 발언을 철회하였다. 그러나 2개월 후에 이 일을 다시 언급한 이유가 산리방송국이 쯔위를 '대만의 빛'으로 홍보했기 때문인데 이는 대만 독립과 아무런 관련이 없다. 우바오춘(吳寶春)도 대만의 빛으로 묘사되는데 왜 대만독립과 무관한가? 황안의 발언은 근거가 불충분하고 억지스러움에도 총통 선거일 9일전에 이러한 일을 벌인 이유는 무엇일까?

3. 중국에서 황안에 대한 관심

황안은 대만에서는 인기가 식었지만 중국에서는 나름대로 지명도가 있는 연예인이었다. 자칭 대만독립 반대 스타라고 주장하면서 인터넷상에 루광중(盧廣仲), 린여우자(林宥嘉), NONO 등 대만 연예인의 대만독립 행위를 폭로해서 중국 네티즌의 논쟁을 조장하고, 대만 매체의 관심을 받았다. 따라서 중공의 중앙선전부와 인터넷 통제 기관, 국대판은 황안의 일거수일투족을 그저 가볍게 보고 있지는 않았을 것이다. 특히, 황안이 쯔위 사건을 선동한데 대해 중국의 관련 기관에서는 충분히 파악하고 있었을 것이다.

4. 시진핑의 쯔위 사건에 대한 입장

시진핑이 과연 쯔위 사건의 발생을 원했을까? 당연히 원하지 않았을 것이다. 2013년 11월 대만의 연예인 장쉬안(張懸) 사건에서 볼 때 대만의 젊은이들은 정치, 국제뉴스보다 연예인의 뉴스에 관심이 많고, 대만 연예인이 중국의 압박을 받은 뉴스는 더욱 빨리 전파되어 반중 심리를 자극한다. 총통 선거 전에 쯔위 사건이 발생한 것은 오히려 차이잉원과 민진당의 표를 증가시켰고, 이는 대만 업무에서 시진핑의 실패만 부각시키는 것이다.

시진핑은 차이잉원이 당선될 것이라 보았고, 총통 선거가 아무 일 없이 조용히 끝나기를 바랐다. 그는 차이잉원이 너무 큰 표 차이로 이기지 않고, 민진당이 입법원에서 의석수 과반 이상을 차지하지 않기를 바랐을 뿐이었다.

5. 쯔위 사건의 배후

앞서 기술했듯이 시진핑은 쯔위 사건이 확산되는 것을 원치 않았음에도 중앙선전부와 국대판은 왜 쯔위 관련 내용이 온라인상에서 10일 이상 논란이 되도록 방치했을까? 황안은 대만 독립을 반대했기 때문에 오랫동안 중공중앙선전부(이하 중선부)와 국대판이 주목하고 있었는데 왜 선거 전 민감한 시기에 쯔위가 대만독립을 지지한다는 뉴스를 퍼뜨리게 방관했을까? 왜 군부와 밀접한 관계가 있는 화웨이 그룹은 쯔위와의 광고 계약을 즉각 취소했을까?

누군가 쯔위 사건에 대한 논란을 확산시켜 차이잉원과 민진당이 선거에 이기게 하고, 시진핑을 난처하게 한 것일까? 이를 계기로 시진핑의 대만 업무가 실패했음을 부각시키려 했던 것일까?

그렇다면 과연 누구의 짓일까? 국대판은 대만 선거정세에 신경을 쓰느라 황안과 쯔위 관련 뉴스에 신경 쓸 틈이 없었을 수도 있다. 그러나 중선부는 왜 방관하고 있었을까? 장기간 중선부 부장직을 역임했었던 중공중앙정치국 상무위원 류윈산(劉雲山)은 언론, 선전, 인터넷 등 분야와 밀접한 관련이 있었지만 그는 장쩌민 계열에 속한다. 시진핑이 집권 후에 장쩌민의 측근을 지속적으로 숙청했기 때문에 류

원산이 이 기회를 빌려 복수한 것일까? 시진핑이 2012년 집권 후 추진한 군대개혁으로 고위층의 불만을 샀고, 이들이 군부와 밀접한 관계가 있는 화웨이를 조종한 것일까? 시진핑이 쯔위 사건을 대응할 여유가 없을 때 급속도로 확산시키고, 선거 전날 JYP에게 쯔위의 사과 동영상을 방송하도록 하여 정치적 목적을 달성하려고 한 것일까? 이렇게 긴박하게 진행된 사건이 과연 우연의 일치라고 할 수 있을까.

6. JYP가 대선 전날 쯔위의 사과 동영상을 방송한 이유

한국 연예기획사 JYP는 왜 하필 대만 총통 선거 전날 쯔위의 사과 동영상을 공개했을까? 물론 JYP는 중국에서의 사업만 고려하고 대만의 총통 선거는 생각하지 않았을 수도 있고, 심지어 대만이 총통 선거를 치르는 것도 몰랐을 수도 있다. 그러나 중공의 중선부와 국대판은 몰랐을 리가 없고 이 동영상이 미치는 영향에 대해서는 너무나 잘 알았을 것이다. 이해하기 어려운 것은 해당 동영상을 대만 총통 선거 이후에 공개할 수는 없었을까 하는 것이다. 무엇 때문에 하필 대만 총통 선거 전날에 공개를 해야 했던 것일까?

최근 사례를 보면 대만 총통 선거 전날에는 민감하고, 개표 결과에 영향을 미치는 돌발사건이 발생하곤 했다. 2004년 3월 19일, 천수이볜과 뤼슈렌(呂秀蓮)이 총통 선거일 전날 오후 타이난에서 거리 유세를 할 때 천수이볜 후보자가 총격을 당하는 이른바 '319 총격 사건'이 발생했다. 당시 대만내에서는 천수이볜이 국민당과 중국이 보낸 저격수의 공격을 받은 것이라는 의심의 여론이 확산되었고, 대만 국민은 격분했다. 국민당의 렌잔과 신민당의 쑹추위가 통합하여 총통 선거에 참가하였기 때문에 많은 매체에서는 렌쑹 연합이 천뤼 연합을 이길 것이라고 여겼으나 그 총격 사건으로 전세가 역전되었고 천수이볜이 연임에 성공했다. 최근에도 이런 사례가 있었는데 중국 당국은 전혀 경각심을 가지지 못했을까?

7. 쯔위 사건의 파장

쯔위 사건은 일련의 우연에 의한 결과일 수 있다. 황안이 중국에서 지명도를 높이기 위해 쯔위를 선택했을 수도 있고, 중선부가 인터넷의 저력을 간과했을 수도 있다. 화웨이그룹과 안웨이(安徽) 위성TV는 실수가 두려워 쯔위를 공격했을 수 있고, JYP가 중국시장을 잃을까봐 쯔위의 사과 동영상을 내보냈을 수 있다. 어찌되었든 쯔위 사건으로 시진핑의 권력이 아직 공고하지 못하고, 각 기관간의 협력이 원활하지 않다는 것이 드러난 것은 자명하다.

쯔위 사건은 대만 국민들, 특히 젊은 층에게 큰 화제가 되었고, 차이잉원과 민진당에게 투표해서 중국의 압박에 대항하고자 했다. 쯔위의 사과 동영상이 발표된 당일 저녁, 대만 각지의 기차역과 버스터미널은 고향으로 돌아가 투표하려는 사람들로 붐볐다. 특히 투표할 의사가 없던 타이베이시의 대학생들도 인터넷을 통해 투표를 호소하였다. 결과적으로 차이잉원은 689만표를 득표해 381만표를 얻은 주리룬에 승리했고, 입법원의 112석 중 민진당이 68석을 차지하게 되었다.

시진핑은 1월 16일에서야 쯔위 사건의 엄중함을 깨달았을 것이나, 때는 이미 너무 늦어버렸다. 16일 개표 완료 후 황안의 신랑 웨이보는 차단되었고, 그와 관련된 네티즌들의 댓글도 삭제되었다. 황안은 16일 저녁 8시에 봉황위성TV와의 초청 좌담프로그램을 진행하는 것으로 예정되어있었지만, 그 마저도 취소되었으며, 과거 방영분이 재방송되었다.

이는 시진핑이 황안의 행동을 인정하지 않았을 뿐더러 사건이 터지고서야 시진핑이 나서 사후조치를 취했음을 의미한다. 황안도 과거 온라인상에서 보여주었던 공격적인 태도와 달리 발언의 수위를 조절하기 시작했다.

황안이 쯔위를 공격하는 발언은 오히려 민진당의 대승을 도왔다. 1월 18일 저녁 황안은 '대만동포에게 고하는 성명'을 통해 "중화민국 국기를 흔드는 것이 대만독립"이라고 발언한 적이 없다고 해명했으나 이는 사실과 달랐다. 황안은 쯔위가 중화민국 국기를 흔드는 것은 독립이라고 고발하였고, '대만동포에게 고하는 성명'에서는 "중화민국이 나의 국적"이라고 발언하면서 자가당착에 빠졌다. 연예인이 양안 간 복잡한 정세에서 정치에 관여하는 것은 매우 민감한 일이며, 오히려 피해를 보기 십상인 것이다.

8. 국대판과 중국 관방의 반응

1월 16일 오후, 대만 각지에서 투표가 진행될 때 국대판은 갑자기 "대만 내 일부 정치세력이 민간교류의 사건을 이용하여 양안 국민의 감정을 이간질하고 있으니 양안 동포들은 특별히 경계하기 바란다"는 성명을 발표하였다. 중국은 쯔위 사건 발생 이후 불리한 여론을 전환하고, 대만 선거에 과도한 영향을 미치는 것을 막으려는 의도였다.

그러나 쯔위 사건의 경과를 살펴보면 "중국 내부의 정치세력이 이를 이용하여 양안 민중의 감정을 이간질하였고, 중국 국민이 경계할 필요가 있다"고 고치는 것이 맞다. 국대판은 쯔위 사건이 대만 선거에 미치는 영향을 최소화하고, 또한 황안의 독립반대 언행을 저지하지 못한 책임을 모면할 수 있기를 바랐다. 쯔위 사건은 국대판이 사건의 배후 정체세력이 누군지도 모르는 상황에서 이같이 납득할 수 없는 주장을 펼쳤다.

차이잉원은 18일 언론에 쯔위 사건은 중국이 고의로 조작한 것이 아니라고 언급했다. 차이잉원의 말대로 쯔위 사건은 시진핑의 의도가 아닐 수도 있다. 그렇지만, 다른 곳에서 '잡음'이 날 가능성은 없는 것일까?

쯔위 사건으로 인해 차이잉원과 민진당이 대승을 했기 때문에 많은 중국 네티즌들이 쯔위 사건은 JYP 엔터테인먼트와 민진당이 협력해서 선거에 유리하도록 동영상을 제작했다는 댓글을 올렸다. 이는 중국과 시진핑이 실수를 만회하기 위한 것이고, 쯔위 사건에 대한 중국 내부의 모순적인 태도를 대변하는 것이다.

한편, 중국 CCTV의 유료 채널 '풍운음악(風雲音樂)'에서 1월 16일부터 쯔위와 트와이스의 공연과 MV 동영상을 다시 방송하여 쯔위에 대한 제재를 해제하기 시작했다. 중국은 이를 통해 양안관계를 개선하고, 쯔위 사건이 단순히 중국 내부 기관간 협력 부재와 정치 투쟁으로 인해 촉발되었다고 보여지기를 바랐던 것으로 보인다.

제2장
차이잉원 당선 초기 중국의 대만정책 변화

2016년 1월 16일 차이잉원은 689만표를 득표하여 총통에 당선되었고, 381만표를 얻은 국민당의 주리룬과 157만표를 얻은 친민당의 쑹추위를 큰 표차로 이겼고, 세 번째 정권교체에 성공하였다. 중국은 이미 마음의 준비를 하고 있었지만 차이잉원이 이렇게 큰 표차로 이길 것은 생각지 못하였다. 게다가 민진당이 입법원 의석에서 2012년 40석보다 28석이 증가한 68석으로 과반을 차지하였으며, 국민당은 64석에서 29석이 감소한 35석을 차지해 전세가 완전히 역전되었다. 차이잉원은 선거 이후 중국에 대해 자제하는 태도를 보이면서 중국의 매파를 자극하지 않았고, 시진핑이 상황을 오판하지 않기를 바랐다.

중국도 차이잉원이 당선된 초기에는 강경한 태도를 취하지 않았다. 중국 외교부장 왕이는 2월 25일 미국에서 차이잉원이 대만의 헌법과 헌정에 따라 총통에 당선되었다면 이는 '하나의 중국 원칙'을 인정하는 것이라고 공식적으로 표명하여 차이잉원의 양안정책을 지지하는 듯한 발언을 하였다. 그러나 중국의 입장은 변하지 않았으며, 정부관료, 언론, 학자 등 다양한 통로를 통해 차이잉원이 5월 20일 취임 연설에서 '92공식'과 '하나의 중국 원칙'을 인정하도록 지속적인 압력을 가했다. 차이잉원은 취임연설에서 모든 것을 수용하지는 않지만 간접적으로 언급하면서 중국의 양해를 구했다. 취임연설 이후 중국의 대만 전문가들은 긍정적인 평가를 하였지만 언론매체는 강하게 비판했다. 한편, 당시 시진핑은 국방개혁을 적극적으로 추진하고 있었고, 이는 대만의 권력 교체기에 민감하게 작용하였으며, 일본도 대만의 안보적 가치를 중시하기 시작했다.

제1절
차이잉원 당선 이후 대중 정책

2016년 4월 27일 차이잉원은 당선인 신분으로 육위회를 방문하면서 양안관계를 중시한다는 메시지를 중국에 전달하였다.

1. '92공식'에 대한 대만 여론의 반대

차이잉원은 육위회에서 민주선거의 원칙이 매우 중요하고, 국민들이 양안관계에서 새로운 변화를 바라고 있으며, 본인은 지속가능하고, 안정된 양안관계를 유지할 자신이 있다고 표명했다. 차이잉원은 자신이 주장하는 현상유지와 과거 8년간의 가장 큰 차이점은 향후 양안관계는 반드시 민주원칙과 보편적인 민의를 기초로 발전해야 하고, 당파를 초월해야 한다는 것이며, 그래야만 양안관계가 지속될 수 있고, 현상유지가 진정한 의미를 가진다고 주장했다. 따라서 차이잉원의 양안정책은 대만의 여론을 기반으로 한 것이며, 중국이 대만의 여론을 지속적으로 무시한다면 양안관계가 점점 멀어지고, 긴장 관계가 지속될 수 있다는 것이다.

2016년의 대만 총통 선거는 '92공식'에 대한 국민투표는 아니었지만 국민당 주리룬과 마잉주가 선거에서 특별한 공약 없이 '92공식'을 주요 정책으로 삼았고, 차이잉원에 대한 가장 큰 공격도 '92공식'이었다. 그러나 차이잉원이 92공식을 인정하지 않으면서도 대승을 거둔 것은 대만 국민이 이를 크게 개의치 않고, 국민당이 '92공식'을 내세운 압박이 효과가 없음을 나타낸다. 중국은 차이잉원이 '92공식'을 인정하기를 기대했지만 차이잉원은 여론을 거스를 수 없기 때문에 그럴 수 없었.

총통 선거가 끝난 후 3월 14일 '하나의 중국'에 대한 대만 여론조사에서 만약 양안이 중화인민공화국에 속한다고 하면 81.6%의 응답자가 수용할 수 없다고 답변했고, 중화민국에 속한다고 하면 60%가 수용할 수 없다고 답변했다. 3월 29일 육위회가 발표한 여론조사에서는 70%가 넘는(72.7%) 대만인이 중국이 주장하는 '양안은 하나의 중국에 속한다'라는 표현을 인정하지 않는 것으로 나타났다. 4월 14일 양안정책협회의 여론 조사에서는 59.7%의 대만인이 차이잉원의 취임연설에서 '양안이 하나의 중국에 속한다'는 언급을 하지 않아야 한다고 생각하는 것으로 나타났다.

이를 볼 때 '92공식'과 하나의 중국 원칙은 대만에서 일반적으로 환영받지 못하고 있다. 중국은 이를 고려하지 않고 차이잉원에게 인정을 강요하는 것은 대만 국민들의 중국에 대한 불만을 가중시킬 뿐이었다. 대만은 과거부터 이미 여론을 기초로 정책을 수립하는 민주사회로 차이잉원도 여론을 양안정책의 기초로 삼은 것이다. 반대로 중국은 여전히 상명하복의 권위주의 체제이기 때문에 차이잉원이 '92공식'을 인정하기만 하면 대만인 전체가 이를 받아들일 것이라고 여겼고, 이는 대만의 민주가치와 맞지 않는 것이었다.

2. 차이잉원의 양안정책에 대한 미국의 지지

2015년 4월 15일 차이잉원은 총통 선거 참가 성명을 내고, 민진당이 양안문제를 처리하는 기본 원칙은 '현상유지'라고 강조하면서 양안 간 현상을 파괴하지 않을 것임을 피력했다. 6월 3일 워싱턴 싱크탱크 CSIS(전략국제문제연구소)에서는 "중화민국 헌정체제 하에서 양안관계의 평화와 안정적인 발전을 지속 추진하겠다"고 하여 법적인 대만 독립을 추진하지 않겠다는 것을 표명했다. 2016년 1월 21일 차이잉원은 자유시보와의 인터뷰에서 "1992년 양안은 상호 이해를 견지하고, 구동존이(求同存異)의 자세로 소통과 협상을 진행하여 일부 공동 인식과 이해를 달성했으며, 본인은 이러한 역사적 사실을 이해하고 존중한다"고 언급하면서 '92공식'에 대한 구체적인 견해를 내놓았다. 또한 차이는 당선후 '양안협의감독조례' 상정을 추진하여 과거 민진당이 양안관계를 '국가간의 관계'로 정의했던 것을 '양안관계'로 수정하고자 하였다. 아울러 차이는 리덩후이의 주장(댜오위댜오가 일본 땅이라고 주장)을 수용하지 않고, 댜오위댜오(일본명 센카쿠)는 대만의 영토라고 주장하였다. 남중국해 영토분쟁 문제에서는 각국의 평화적 해결과 자제를 강조하여 공정하고 도발하지 않는 태도를 유지했다.

차이잉원의 이러한 행보는 미국의 지지를 받았다. 미국 국무부 아태 수석보좌관

수잔 손턴(Susan thornton)은 2016년 5월 3일 중앙통신사와의 인터뷰에서 "차이잉원은 국제사회에서 대만의 발전을 추진하고, 양안 간 현상을 유지하고, 베이징과 평화안정적 관계를 지속발전시킨다고 공개적으로 약속을 했다. 차이의 현재까지 행보는 매우 성공적이고 신뢰할 수 있다"고 언급했다. 이는 미국 정부가 5월 20일, 차이잉원 총통 취임 전에 이미 양안정책에 대해 기본적으로 인정한 것으로 볼 수 있다.

수잔 손턴은 "차이잉원의 취임 연설에 대해 미국이 간섭하는 것은 무례한 일이고, 취임연설은 대만이 민주국가로서 대만인의 단결과 미래에 대한 약속을 담아야 한다"고 언급하였고, 이는 미국이 차이잉원의 '520연설(취임연설)'에 개입하지 않았고, '92공식'을 언급하도록 압박하지 않았다는 것을 의미한다.

수잔 손턴은 '2000년 이후 양안관계에 많은 일이 있었지만, 2016년에는 과거와 달리 양안 간 교류가 새로운 수준에 도달했고, 미국은 향후 양안관계가 장기적으로 발전할 것으로 보고, 본인은 양안이 서로 경청하고, 상대방에게 많은 것을 배울 것이라 믿는다'고 강조하였다. 이는 미국이 대만의 주류 여론의 변화를 인지하고 존중하며, 중국도 이러한 여론을 경청하기를 바란다는 것이다.

마지막으로 수잔 손턴은 "본인은 현재 양안관계가 경색되었다고 보지 않고, 베이징과 차이잉원이 대치국면이라고 판단하지 않는다"고 언급했다. 따라서 미국은 양안관계에 대해 여전히 낙관적이고, 양안 간의 오판을 적극적으로 방지할 것임을 표명했다.

미국은 대만 총통 선거 직후인 2016년 1월 20일 블링컨(Antony Blinken) 국무부 부장관을 베이징으로 파견하고, 전 부장관 윌리엄 번스(William J. Burns)를 타이베이로 파견하여 미국이 양안관계에 적극적으로 개입하고, 양안 간 안정유지와 상호 오판을 피하기를 바라는 의지를 드러냈다.

3. 양안관계에 대한 시진핑의 의도

시진핑은 과거 푸젠(福建)성에서 17년간 근무한 경험이 있어 역사상 대만을 가장 잘 이해하는 중국 지도자로 알려졌다. 또한 2000년 천수이볜이 당선된 후 중국이 양안관계를 냉각시켜 대만사회에 반중 여론이 확산된 것을 기억하고 있다.

만약 차이잉원 집권 후 중국이 양안관계를 냉각시키거나 대만 수교국을 탈취하고, 대만의 국제조직 활동을 제한하고, 중국 관광객의 대만 방문을 제한하고, 대만에 경제제재를 가하는 등 압박을 가하면 대만을 미국과 일본 편으로 기울게 할 뿐이다. 또한 대만독립 지지여론이 격화될 뿐만 아니라 대만이 홍콩독립, 신장독립, 티베트독립, 파룬궁, 중국민주운동 등이 모두 합쳐진 반중(反中)의 근거지가 될 수 있다. 그렇게 되면 시진핑이 얘기한 '양안의 마음이 단합'되는 것은 실현되기 어렵고, 자신이 제시한 첫 번째 백년(2021년 중국공산당 창당 100주년)에 양안관계에서 아무런 성과가 없으면 득이 될 것이 없다.

2015년 이래 중국은 북한과의 관계 악화, 미국과 한국의 사드 방공미사일 배치, 일본의 동중국해와 남중국해에서 지속적 활동, 미국의 적극적인 아시아 회귀 전략(Pivot to Asia) 추진, 필리핀/베트남과 영해 주권분쟁 등 주변문제에 봉착해 있어 대만해협의 안정이 더욱 중요해졌다. 또한 중국 내부적으로는 2017년 중공 19차 당대회 개최를 앞두고 치열한 권력 투쟁, 경제성장 정체, 주식시장 붕괴 등 엄중한 도전에 직면해 있었기 때문에 안정적인 양안관계가 시진핑의 정치적 이익에 부합했다.

제2절
왕이(王毅)의 '헌법설'에 드러난 대만 인식

차이잉원이 2016년 취임 전, 3월 17일 중국은 갑자기 아프리카 감비아와의 수교를 선포하고, 양안 간 직통전화의 수신을 거부하였다. 4월 7일 AIIB 첫 은행장 진리췬(金立群)은 대만이 AIIB 가입을 원하면 비주권지역(非主權地區)이기 때문에 홍콩처럼 중국 재정부에 신청해야 한다고 언급했다. 4월 8일 중국은 케냐에서 보이스피싱 혐의에 대해 무죄를 선고받은 8명의 대만인을 베이징으로 송환해 재판을 강행했다. 4월 18일 벨기에 브뤼셀에서 열린 국제철강고위급회의에서 중국 대표단의 항의에 따라 대만 대표단이 퇴장당했고, 이러한 일련의 행동은 중국의 차이잉원에 대한 압박으로 해석되었다. 그러나 한편으로 시진핑은 차이잉원에 대해 상당한 자제와 호의를 보이며 양안 간 갈등을 원치 않음을 시사했다.

1. 대만 여론의 변화에 대한 중국의 인식

국민당 계열의 연합보가 2016년 3월 14일 발표한 여론조사에 따르면 대만인이 자신을 대만인으로 인식하는 비율이 20년 전 44%에서 대폭 증가한 73%로 최고기록을 세웠고, 자신을 중국인으로 보는 비율을 20년 전 31%에서 11%로 감소하여 역사상 가장 낮은 비율을 차지했다. 한편, 46%의 국민은 대만이 영원히 현상을 유지해야 한다고 주장했고, 19%는 가능한 빨리 독립을, 17%는 현상유지 이후 독립을 희망하였다. 독립을 희망하는 비율이 전년 대비 8% 증가하여 역사상 가장 높았다. 그리고 각 세대별 조사에서, 20세에서 29세까지의 젊은층은 스스로를 대만인으로 인식한다는 비율이 가장 높았고(85%), 최대한 빨리 독립(29%), 점진적 독립(25%)을 주장하는 비율도 30세 이상보다 높았다.

현재 대만의 주류 여론은 이미 구조적인 변화가 생겼고, 시진핑도 무시할 수 없는 상황이 되었다. 시진핑이 이를 무시할 경우 대만 업무에서 그는 어떠한 성과도 내지 못할 것이다.

가 왕이의 헌법설

2016년 1월 16일 차이잉원은 총통에 당선되었고, 경선과정에서 '92공식'과 '하나의 중국 원칙'을 인정하지 않았기 때문에 각계에서는 차이잉원에 대한 중국의 입장에 주목했다. 2월 25일 왕이 중국 외교부장의 워싱턴 CSIS 연구소에서 발언이 차이잉원 당선 이후 처음으로 베이징의 입장을 나타낸 것으로 볼 수 있다.

왕이는 '대만의 새로운 총통은 자신의 방식으로 표현할 수 있다. 그는 양안관계의 평화발전을 지속 추진하고, 자신의 헌법에 규정한 하나의 중국을 인정받기를 원하고 있다. 차이는 현행 "그들의 헌정'에 의해 선출되었기 때문에 헌법을 위반할 수 없고, 대륙과 대만이 하나의 국가라는 것은 명확하다"고 말했다. 또한 "자신의 헌정에 의해 당선된 대만지역 지도자가 헌법이 규정한 사실을 위반할 수 없고, 또한 지속가능하지도 않다"고 강조했다.

나 왕이의 헌법설은 차이잉원의 헌정설에 대한 호응

1장에서 언급한 바와 같이 차이잉원은 2015년 5월말부터 6월초까지 미국방문시 6월 3일 CSIS에서 "중화민국 헌정체제 하에서 양안관계의 평화와 안정적인 발전을 지속 추진하겠다"고 언급했고, 왕이도 같은 장소에서 연설 중에 '그들의 헌정'이라고 언급하였다.

왕이는 국대판 주임을 역임하여 양안관계를 잘 알고, 당시 외교부장으로서 오랫동안 외교부에서 근무하였기 때문에 CSIS가 매우 민감한 곳이고, 그가 말한 헌정설이 차이잉원이 언급한 헌정설과 연관되어 해석될 것이라는 것을 몰랐을 리 없다.

중화민국 헌법에 대해서 중국은 줄곧 '대만의 현재 규정'으로 표현하거나 '대만당국이 일컫는 헌법'으로 표현하면서 직접적으로 인정한 바가 없다. 주권국가만이 헌법을 가지고 있기 때문이다. 그러나 왕이는 국제사회의 공개무대에서 대만 헌법을 언급한 최초의 중국 관료가 되었고, 이는 상당한 정치적 리스크가 있다는 것을 왕이가 모를 리 없기 때문에 아무 이유 없이 이러한 위험을 감수하지 않았을 것이다. 유일한 가능성은 시진핑이 왕이에게 그렇게 발언하도록 지시한 것이다.

CSIS에서 왕이는 차이잉원이 '자신의 방식'으로 양안관계의 평화발전을 지속추진하기를 원하고, 과거의 방식에 구애받을 필요가 없다고 표명했다. 과거 중국은 줄곧 '92공식'을 양안관계의 지침처럼 강조하였으나 약간의 유연성을 보인 것이다. 특히 왕이는 연설내용에 '92공식'을 언급하지 않아 중국이 차이잉원에게 '92공식'을 강요하지 않는 것처럼 보였다.

앞서 언급한 바와 같이 2016년 1월 차이잉원은 자유시보와의 인터뷰에서 '1992년 양안은 소통과 협상을 통해 일부 공동 인식과 이해를 달성했으며, 이런 역사적 사실을 이해하고 존중한다'고 언급했다. 차이는 새로운 '92역사적 사실'로 과거의 '92공식'을 대체한 것이다. 시진핑은 2016년 3월 5일 전국인민대표회의(이후 전인대) 상하이조(組) 회의에서 "'92공식'의 역사적 사실과 그 핵심적인 의미를 인정하면, 양안의 쌍방 당사자는 공통의 정치적 기초가 있는 것"이라고 언급하였다. 시진핑과 차이잉원 모두 각각의 발언에서 '92 역사적 사실'을 강조하는 등 상당 부분 유사함을 보였다.

따라서 왕이의 헌법설은 차이잉원의 헌정설에 대한 호응이면서 차이잉원의 각도에서 '하나의 중국 원칙'을 해석하였으며, 차이잉원은 이를 반대하지도 않았다. 이는 시진핑이 차이잉원에 대해 호의를 베풀고 그의 정치적 지혜를 보인 것으로 볼 수 있다. 혹은 시진핑이 차이가 공개적으로 언급하기 불편한 점을 대신하여 얘기하고, 차이가 반대하지 않는다면 양안이 손잡고 나아갈 수 있다는 점을 보여주기 위함이었을 것이다. 따라서 왕이의 헌법설은 시진핑과 차이잉원이 서로의 호의를 이해하고, 윈윈하기를 바라는 것이었다.

2. 중앙판공청의 대만 업무 개입

2014년 3월 18일 해바라기 학생운동이 발생하고 국대판은 대만 정세에 대해 오판만 거듭하고 있었다. 예를 들어 11월 지방선거에서 국민당의 참패, 2015년 5월 주시회(朱習會)후 주리룬의 총통 선거 불출마 등이다. 게다가 중공중앙기율위원회(이하 중기위)가 2015년 6월 국대판에 강도 높은 감찰을 진행하여 많은 폐단을 발견하고 중앙판공청(이하 중판)이 국대판을 제치고 직접 대만 업무에 개입하였다.

중판 주임 리잔수는 시진핑과 오랜 인연이 있고, 시진핑 집권 후 신설된 국가안전위원회 판공실 주임도 겸임하는 등 시진핑의 집사 역할을 하였다. 미국에서 왕이의 연설도 중판이 직접 주도했고, 국대판과 주임 장즈쥔은 제외되었다고 할 수 있다. 왕이가 이미 국대판을 떠난 상황에서 미국에서 대만정책을 이야기한 것은 장즈쥔과 국대판을 '패싱'한 것과 다를 바 없다. 국대판 주임도 매년 미국을 방문하기 때문에 이런 중요한 대만정책 발표는 장즈쥔이 하는 것이 마땅하나 왕이가 이를 대신한 것이다.

3. 왕이의 헌법설에 대한 국대판의 반격

왕이가 CSIS에서 연설한지 5일 후인 2016년 3월 1일, 장즈쥔은 왕이가 언급한 헌법설의 핵심 메시지는 '양안이 하나의 중국에 속한다'이며, '왕이 외교부장의 발언을 오해하지 말기를 바라며, 우리의 방침은 변하지 않았다'고 반박하였으며, '92공식'은 2008년 이래 양안관계가 발전할 수 있는 중요한 기초라고 강조했다.

장즈쥔은 왕이의 발언이 잘못되었고, '92공식'을 언급하지 않은 것을 지적하는 것처럼 보였다. 왕이는 장즈쥔의 전임으로 2008년 3월에 취임하여 마잉주의 첫 번째 임기동안 업무하였으며, 당시 양안관계는 천수이볜 집권시기의 그늘에서 벗어나 빠르게 호전되고 있었다. 왕이는 2013년 3월에 외교부장으로 승진하여 국대판 주임이 외교부장이 되는 최초의 사례가 되었다. 장즈쥔은 왕이와 같이 외교부 부부장 겸 당조(黨組)서기에서 국대판 주임으로 승진하여 외부에서는 늘 두 사람을 비교하였다. 그러나 장즈쥔은 앞에서 언급한 것과 같이 2014년 3월 18일 해바라기 학생운동 이후 정세판단에서 실수를 반복하였다.

장기간 소외되었던 장즈쥔과 국대판은 반격의 기회를 잡아 '92공식'을 부각시키면서 왕이와 중판, 리잔수와 시진핑을 간접적으로 비판하였다. 장즈쥔의 주장이 옳았기 때문에 시진핑도 장즈쥔을 질책할 수 없었다.

가 양회기간 동안 '92공식' 재강조

중국인민정치협상회의 전국위원회(이하 정협)와 전인대로 이뤄진 양회는 국무원 총리 주관으로 주로 내정문제를 다루기 때문에 대만과 국제문제는 중점내용이 아니다.

그러나 2016년 3월 3일 양회시 전국정협 주석 위정성(兪正聲)이 "92공식과 대만 독립을 반대하는 정치적 기초를 견지한다"고 언급한 이후, 중국은 양회기간동안 '92공식'에 대한 글을 매일 한 편씩 내놓았다. 3월 5일 12회 전인대 제4차 회의 개막시 국무원 총리 리커창은 정치업무보고에서 2015년 보고에 포함된 '92공식 견지와 대만독립의 정치적 기초 반대'라는 기조를 유지하면서 '대만 독립을 결연히 반대'하고 '국가주권과 영토완정 수호'를 강조하였다.

시진핑은 3월 5일 전인대 상하이시대표단 회의에서 "우리는 어떤 형식의 대만 독립 행위도 억제할 것이며, 국가주권과 영토완정을 수호하고, 국가 분열의 역사적 비극이 재연되는 것을 허용치 않을 것이다"고 언급했다. 또한 "양안 동포는 양안관계의 평화발전을 기대하고 있고, 이를 실망시켜서는 안된다", "우리는 양안 각 분야별 교류협력을 지속 추진하여 양안 경제사회의 조화로운 발전을 심화할 것이다"고 하였다. 이는 왕이의 헌법설이 내부적으로 비판을 받은 후 시진핑은 대만에 대한 기존 입장을 재천명한 것이다. 시진핑의 발언 이후 거의 매일 성명발표와 평론, 기자회견을 통해 '92공식'을 강조하였다.

5일 저녁, CCTV 신문은 전인대에서 시진핑의 대만 관련 발언 내용을 반복해서 보도하였다. 6일, 신화사와 인민일보를 포함한 언론사들이 더욱 강경한 입장의 시사평론을 발표하여 차이잉원이 '하나의 중국 원칙'을 수용하도록 압박했다. 대만 관련 학자들은 '92공식'을 강조하면서 수용하지 않을 경우 큰 위기를 맞을 것이라고 위협했다. 그 외 대만 업무 관료들도 입장표명을 시작했는데 중국해협양안관계협회 (이하 해협회) 회장 천더밍(陳德銘)은 6일, 중국의 '92공식'과 정치적 입장은 변하지 않았으며, 이는 누구를 겨냥한 것이 아니라 양안 동포가 정치적 레드라인을 정확히 인지하게 하기 위함이라고 언급했다.

7일, 왕이는 전인대 저장성 대표단 회의에서 헌법설은 "대만문제는 중국의 내정 문제이고, 대륙과 대만이 하나의 중국에 속한다는 '92공식'의 기조를 견지할 것이고, 어떤 변화도 없다"고 언급했다. 왕이는 국대판의 강한 비판을 받은 이후 자신의 발언을 수정하였고, 헌법설은 완전히 자취를 감추었다.

같은 날 위정성은 전인대 대만성대표단 회의에서 중국은 '92공식'을 계속 견지하고, 어떤 형식의 대만 분열 활동도 반대 및 억제할 것이며, 하나의 중국을 인정하는 모든 대만의 정당 및 단체와 교류할 것이라고 언급했다. 8일, 장즈쥔도 전인대 대만성대표단 회의에 출석하여 '92공식'의 역사적 사실을 인정하지 않고, 양안이 하나의 중국에 속한다는 핵심 함의를 인정하지 않는 것은 양안관계의 평화발전과 대만해협의 안정을 변화시키려는 것이며, 중국은 '92공식'의 정치적 기반위에 양안 간 협상과 담판을 추진할 것이라고 표명했다.

나 중국과 감비아의 수교

2016년 3월 17일 밤, 중국과 아프리카의 감비아가 수교한다는 소식이 전해졌다. 감비아는 2013년 11월 14일 대만과의 외교관계를 일방적으로 단절하였고, 베이징은 감비아와 수교를 하지 않다가 2년 4개월 후에 갑자기 수교를 한 것은 다른 의도가 있는 것으로 보였다.

중국은 감비아와의 수교를 5월 20일 차이잉원의 총통 취임 이후에 하지 않고 급하게 진행한 이유는 무엇일까? 왜 하필 마잉주가 해외순방 중에 발표하여 마잉주 정부를 곤란하게 했을까?

사실 중국과 감비아의 수교는 중국이 쓸 수 있는 좋은 카드였다. 대만과 감비아가 단교한지 이미 2년이 지났고, 중-감 수교는 대만 외교에 충격을 주면서 양안관계에 치명적인 영향을 피할 수 있었다. 만약 중국 당국이 현재 대만과 수교 중인 국가와 수교를 맺는다면 파괴력이 매우 크겠지만 대만인의 반중 정서를 확대할 수 있기 때문이다. 중-감 수교의 가장 좋은 시점은 차이잉원이 5월 20일 취임연설 이후였을 것이다. 만약 차이잉원이 베이징의 기대에 반하는 연설을 할 경우 그 다음날 수교를 선포하면 차이잉원에게 타격을 주고, 그 파급효과도 가장 컸을 것이다. 또한 중국 내부의 매파의 목소리를 잠재우면서 차이잉원과 소통할 수 있는 여지를 확보할 수 있었을 것이다.

그러나 중국은 5월 20일 전에 중-감 수교 카드를 내밀었고, 차이잉원 집권 이후에 발생 가능한 단교에 대해 대만인들이 심리적인 준비를 하게 하였다. 따라서 차이잉원이 총통 취임 후 수교국과 단교상황이 발생하더라도 대만인들은 타격을 받지 않았고, 중국의 단교카드의 효과가 크지 않았다.

중국이 감비아와 급하게 수교한 것은 왕이가 '양국론'이나 '92공식' 부정에 동의했다는 비판을 방지하고, 그의 직위를 유지하기 위함이다. 아울러, 그 여파가 시진핑까지 미치는 것을 막기 위해 대만에 대해 강경조치를 취해야 했기 때문이다. 2월 25일 왕이의 CSIS 연설후 3월 17일 중국과 감비아 수교까지는 겨우 21일이 걸렸고, 3월 16일 제12차 전인대 제4차 회의가 끝난지 하루만이었다.

따라서 왕이는 개인의 정치적 이익을 위해 중-감 수교를 추진하면서 마잉주를 곤란하게 하고, 외교적 휴전상태를 종식시켰으며, 마시회의 정치적 효과를 감소시키고, 감비아와 수교하지 않겠다는 국민당과의 약속을 어겼으며, 차이잉원이 '92공식'과 '하나의 중국 원칙'을 더욱 반대하게 하였다.

다. 왕이의 헌법설로 본 시진핑의 권력 불안정

중국의 대만정책은 왕이와 장즈쥔의 대립으로, 중판과 국대판간의 권력투쟁으로, 반시진핑 세력과 시진핑간의 정치투쟁으로 확산되었고, 2월 25일에는 왕이의 헌법설이라는 유화책에서 3월 17일에 중-감 수교의 강경책으로 전환되었다. 한 달도 되지 않는 기간에 대대만 정책이 급변한 것은 시진핑의 권력이 그만큼 공고하지 못하다는 것을 나타낸다.

한편, 차이잉원은 중국의 내부 투쟁과 대만 정책의 변화 여부 등을 조용히 지켜보았다.

4. 중-감 수교에 대한 국민당의 반응

중공의 통일전선은 '피아를 구분하고, 각개격파하는' 것을 강조한다. 상대방 진영에서 적과 나를 반드시 구분해야만 '좌파와 연합하고 중도세력을 포섭하여 우파를 공격'할 수 있다. 2015년 1월 15일 발생한 쯔위 사건을 볼 때 만약 중화민국 국기인 청천백일기를 흔드는 것을 대만 독립으로 인식한다면 마잉주와 국민당도 대만독립 세력이 된다. 이는 대만내부에서 국민당과 민진당을 오히려 단합하게 하는 것으로 통일전선의 사고방식에 맞지 않는다.

중국이 5월 20일 마잉주 정부가 권력이양을 하기 전에 감비아와 수교한 것은 차이잉원에게 압박을 가하고, 또한 마잉주를 난처하게 했다. 마잉주가 중남미 해외순방에서 '92공식' 견지를 강조하면서 외교적 마찰을 피하는 동안 중국은 오히려 '92공식'의 기반 위에 갈등을 조장했다. 마잉주가 수교국들이 우리를 '중국'이라는 '정식국호'로 부른다고 발언할 때 감비아 외교부장관은 베이징에서 '하나의 중국 원칙' 하에 중국과 수교를 했다. 마잉주가 해외에서 마시회의 성과를 홍보할 때 국대판 주임 장즈쥔은 중-감 수교 당일 저녁, 양안 직통전화(마시회 개최후 설치)를 받지 않아 샤리엔 육위회 주임이 여론의 뭇매를 맞았다. 마잉주가 수교국에서 임기내 양안관계의 평화발전을 끊임없이 강조할 때 중국은 과거 마잉주에게 감비아와 수교하지 않겠다고 했었던 약속을 저버렸다.

2013년 11월 15일 중국 외교부 대변인 홍레이(洪磊)는 대만과 감비아의 단교에 대해 중국은 외국 매체를 통해 관련 소식을 들었으며, "감비아측과 접촉한 일이 없다"고 언급했다. 리바오둥(李保東) 중국 외교부 부부장은 같은 날 중국을 방문한 추진이(邱進益) 대만 전 총통부 부비서장, 어우홍롄(歐鴻鍊) 전 외교부장 등에게 대만과 감비아가 단교한 것에 대해 자신도 오전에 언론 매체를 통해 들었고, 사전에 인지하지 못했다고 말했다. 또한 2008년 이후 양안관계가 안정적으로 발전하면서 국제무대에서 서로 공격하지 않는다는 불문율이 있었고, 중국은 대만의 수교국을 결코 탈취하지 않을 것이며 감비아와도 수교하지 않을 것이라고 언급했었다.

중-감 수교에 대해 마잉주는 분노했고, 외교부는 불만을 표시했으며, 육위회는 항의를 제기하는 등 국민당은 매우 불만스러워했다. 결과적으로 국민당과 민진당이 모두 중국의 외교적 압박을 비판하였으며, 이는 중국의 통일전선 사고방식에 완전히 위배되는 것이었다.

가 중-감 수교 이후 대만내 반응

2016년 3월 14일 대만 여론조사에 따르면 '양안이 하나의 중국에 속한다'는 개념에 대해 양안이 모두 중화인민공화국에 속한다면 9.2%의 대만인만 수용가능하고, 81.6%가 수용불가라고 답변했으며 젊은 층일수록 수용불가로 응답한 비율이 높았다. 그리고 양안이 모두 중화민국에 속한다면 28.8%가 수용가능하고, 60%가 불가하다고 답변했으며, 젊은 층일수록 수용하기 어렵다는 답변이 많았다.

차이잉원은 '92공식'과 '하나의 중국 원칙'을 지지하지 않으면서도 이를 지지하는 주리룬 후보자를 300만표 이상의 표차로 이겼다. 대만인의 자기정체성과 독립의식은 역대 가장 높은 수준을 기록한데다가 대만인들이 '하나의 중국 원칙'에 대해 의문을 가지는 상황에서 차이잉원이라고 어떻게 여론을 거스를 수 있었겠는가? 만약 차이잉원이 중국 당국의 단교 위협에 굴복했다면 젊은 세대를 위주로 한 지지자들의 지지를 잃을 뿐만 아니라 독립파들의 비판을 받았을 것이다.

따라서 베이징은 중-감 수교가 차이잉원에게 경고 메시지가 되기를 바랐지만 효과를 보지 못했을 뿐만 아니라 오히려 차이잉원이 '92공식'과 '하나의 중국 원칙'을 더더욱 수용할 수 없게 하였다.

쯔위는 정치적 압박으로 할 수 없이 사과문을 발표했고, 일각에서는 모두 중국의 압박에 의해 사과한 것으로 인식하기 때문에 중국에 대한 대만인의 반감을 증가시켰다. 베이징이 감비아와 수교로 차이잉원에게 압박을 가하고, '92공식'과 '하나의 중국 원칙'을 지지하도록 강요하는 것은 대만국민들의 베이징에 대한 불만을 증폭시키고, 오히려 차이잉원을 지지하게 하였다.

한편, 대만사회에서는 '수교국 무용론'이 부각되기 시작하였다. 수교국들이 대만의 막대한 외교예산을 낭비시키면서 실질적 의의가 없으며, 종종 베이징과 수교를 빌미로 대만의 지원을 강요하고, 베이징이 대만을 위협하는 카드가 되었다는 인식이 팽배해졌다. 따라서 대만은 그들과 단교하더라도 미국, 일본 등과 실질적인 관계만 잘 유지하면 되고, 중국의 외교적 압박을 걱정할 필요가 없다는 것이다.

나 대만 정책을 둘러싼 중국내부의 갈등

중국내부의 일부 인사, 반시진핑 인사들은 압박을 통해 차이잉원이 '하나의 중국 원칙'을 수용하게 할 수 없을 것이라는 것을 알면서도 차이잉원 취임연설에 대해 다시 레드라인을 설정했다. 각종 대만 혐오 언론을 통해 대만에 대한 강경한 분위기를 형성했고, 매파들이 목소리를 높여 차이잉원의 취임연설 전에 시진핑이 대만에 강경한 조치, 심지어 대만을 겨냥한 군사훈련을 하도록 압박하였다. 만약 시진핑이 이를 따르지 않고 온건한 조치를 취하면 비판을 받을 것이고, 강경한 조치를 취하면 동북아 정세의 긴장을 초래하고, 양안관계가 전반적으로 악화되어 대외, 대만 업무 실패에 대한 책임을 져야 했다. 시진핑은 진퇴양난의 상황에 처했고, 게다가 2017년에 있을 중공 19차 당대회의 인사 배치에도 제약을 받을 수 있었다.

시진핑도 매파이고, 문화혁명 시절 홍위병식의 전랑(戰狼)사상을 가지고 있으나 중공 19차 당대회를 앞두고 미국과 전면적인 대결을 원치 않았다. 특히 미국이 11월 8일에 대통령 선거를 실시하는 상황에서 차이잉원과 대만을 과도하게 압박하여 미국 각계가 대만을 지지하고, 중국을 반대하는 상황을 원치 않았으며, 또한 미국 대선이 반중(反中) 경쟁의 장이 되는 것을 원치 않았다.

중국 인민일보는 2016년 5월 3일 시진핑이 중앙기율위, 즉 중기위에서 한 발언을 보도했다. 그는 "당내 야심가와 음모가가 존재한다는 사실을 반드시 짚고 넘어가야 한다. 일부는 지방에 독립왕국을 건설하고, 우두머리 행세를 하면서 당 중앙의 정책에 겉으로는 복종하면서 속으로는 따르지 않으며, 본인의 정치야심을 위해 수단과 방법을 가리지 않는다. 이런 이중적인 사람은 당과 인민에 큰 해가 된다"고 언급했다. 중국의 대만 관련 업무에 있어서도 야심가, 음모가, 이중적인 사람이 일부 존재하는 것으로 볼 수 있다.

차이잉원은 시진핑의 호의와 내부 압박을 인지하고, 민진당내 입법위원에게 중국의 모든 행위를 부정적으로 속단하지 말 것을 요구하였고, 시진핑도 내부 매파의 대만혐오 발언을 자제시켰다. 이렇게 차이잉원과 시진핑은 5월 20일 대만 총통 취임식 전에 어느 정도의 신뢰를 쌓았다. 따라서 파나마 부총통 겸 외교차관 아사벨 세인트 말로(Isabel Cecilia de Saint Malo Garcia de Alvrardo)가 5월 5일 워싱턴 소재 싱크탱크 외교관계협회(CFR : Council on Foreign Relations)에서 6월 26일 파나마 운하 확장 준공식에 양안 지도자들이 모두 참석하기를 바란다고 언급한 것에 대해 일각에서는 뜬금없게 느꼈을 수 있지만 전혀 근거가 없는 이야기는 아니었다.

5. 시진핑의 대만 업무 인사 교체

중기위의 순시조가 국대판을 감찰 조사한지 2개월 뒤인 2015년 10월 19일 '일부 간부의 문제에 대한 증거'를 입수했다고 주장하면서 감찰 결과를 발표하였다. 또한 시진핑이 대만 업무 인사를 교체하고, 전임 후진타오 시기의 퍼주기식 대만 업무 방식을 개선할 것이라는 소문이 전해졌다. 일부 대만 정당과 정치인도 연루되어 있었고, 특히 후진타오 시기 중국을 수차례 방문했던 롄잔 등 국민당 원로가 여론의 비판을 받았다.

가 차이잉원 당선후 궁칭가이(龔淸槪)에 대한 조사

2016년 1월 16일 대만 총통 선거에서 민진당이 총통과 입법위원 선거에서 모두 승리했다. 18일, 시진핑, 왕치산과 밀접한 관계가 있는 언론인 후슈리(胡舒立) 재신전매(財新傳媒) 사장은 보다 더 체계적이고 새로운 대만전략이 필요하다고 기고문에서 언급했다. 19일, 중기위 홈페이지는 국대판 부주임 궁칭가이(龔淸槪)가 중대한 기율위반으로 조사를 받는다고 공지하였다. 중기위 순시조가 감찰 결과를 보고한지 3개월만이다.

궁칭가이는 푸젠성 진장(晋江) 지역에서 장기간 근무하여 민난어(푸젠성 사투리)를 구사할 줄 알았고, 10억 위안 이상을 보유하고 있다고 알려져 공십억(龔十億)이라는 별명이 있을 정도로 부정부패가 심각했다. 특히 2009년부터 추진된 해협서안경제구 계획에서 핑탄(平潭)종합시범지역 관리위원회 주임을 맡아 부정축재에 대한 의심을 받았다. 그럼에도 2013년 10월에 국대판 부주임으로 승진하고, 중공 18차 당대회 후 대만 업무의 주요인사가 되었다. 시진핑이 장기간 푸젠성에 근무했기 때문에 직접 인사에 관여했다는 소문도 있었다. 한편, 궁칭가이의 부패 범위가 푸젠성에서 전국으로 확대되면서 많은 대만 사업가들의 피해가 속출했다.

1월 20일 언론은 시진핑이 국대판에 대한 불만으로 대대적인 개편이 있을 것이며, 그 이유는 2013년 3월 장즈쥔이 국대판 주임에 부임한 후 2014년 대만에서 해바라기 학생운동이 발생해 양안관계가 경색되었고, 2014년 장즈쥔이 대만을 방문했을 때 경찰과 민중의 충돌이 있었으며, 같은 해 지방선거에서 국민당이 참패하고, 민진당이 대승했기 때문이라고 보도하였다. 이러한 상황에 대해 국대판, 장즈쥔, 궁칭가이 모두 예측하지 못하였고, 시진핑에게 잘못된 정보를 보고하기도 하였다. 그 중 2014년 대만의 지방선거 전망에서 국대판은 국민당이 승리할 것이라 예측했지만 대패하였고, 6개 도시 시장선거에서 신베이(新北)시만 승리하였다. 게다가 2016년 대만 총통 선거에서 국민당이 집권에 실패하고 민진당이 입법위원 선거에서 최초로 과반수의 의석을 차지하는 등 국대판의 대만 정세에 대한 분석과 판단에 계속 착오가 생겼다. 2016년 12월에는 시진핑이 이에 대한 불만으로 국대판 주임 장즈쥔을 자신의 측근인 상하시위원회 시위(市委) 겸 통일전선부 부장인 샤하이린(沙海林)으로 교체할 것이라는 소문도 돌았다

나 궁칭가이에 대한 처벌

 2016년 12월에 교체될 것이라는 소문이 있던 국대판 주임 장즈쥔은 2018년 3월에서야 전인대 외사위원회 부주임위원으로 이동하였고, 4월에 해협회 회장을 맡게 되었다. 시진핑은 대만 업무에 대한 책임을 장즈쥔에게 묻지 않고, 궁칭가이를 처벌했다. 장즈쥔이 교체되지 않고 관직을 유지할 수 있었던 이유는 시진핑이 2012년 11월 중공 18차 당대회에서 집권 후 직접 국대판 주임으로 선임하였기 때문으로 장즈쥔이 경질되면 시진핑의 인사 실책이자 스스로 대만 업무의 실패를 인정하는 꼴이 되기 때문이다. 장즈쥔은 외교 업무 전문가라 대만문제에 대한 이해도가 낮고, 궁칭가이가 보좌를 잘못하여 그릇된 판단과 결정을 내렸다는 이유로 경질한 것이다.

제3절
대만 안보에 대한 일본의 관심

 시진핑은 2012년 11월 중공 제18차 당대회에서 총서기와 중앙군사위 주석으로 취임했고, 2013년 3월 제12대 전인대에서 국가주석과 국가중앙군사위 주석으로 선출되어 당정군을 장악하고, 명실상부한 중국의 제5대 지도자가 되었다. 시진핑은 집권 후 군사개혁을 적극적으로 추진하여 일본을 포함한 주변국에 위협을 주었다. 2013년 11월 일본을 겨냥해 동중국해 방공식별구역을 선포하여 일본의 우려를 가중시켰고, 대만에 대한 무력 위협도 증가하는 추세였다. 만약 대만이 중국에 점령되면 일본의 안보에 직접적인 위협이 되기 때문에 일본은 중국의 군사개혁을 주의 깊

게 관찰하였고, 대만의 안보에 더욱 관심을 가지기 시작했다.

1. 중국의 무력확장과 동북아정세

2014년 3월 15일 시진핑은 자신이 설립한 '중앙군사위 국방군대개혁심화영도소조'의 첫 전체회의를 개최하고 자신이 조장을 맡았다. 그동안 군내 인사문제는 장쩌민이 발탁한 쉬차이허우(徐才厚)와 궈보슝(郭伯雄)이 장악하여, 후진타오도 집권 10년간에도 개입하기가 어려웠다. 시진핑은 조직 개편을 통해 군내 뿌리내린 인사 폐습을 철폐하고, 쉬차이허우와 궈보슝 등 고위인사를 낙마시켜 군권을 장악하게 되었다.

가 조직개편

2015년 1월 11일 중국국방부는 군사위의 조직을 총참모부, 총정치부, 총후근부, 총장비부 등 4개 총부를 15개 직능부문으로 개편한다고 발표하였다. 15개 직능부문은 1청, 6부, 3위, 3실, 1서, 1국이며 각각 군사위판공청, 군사위연합참모부, 군사위정치공작부, 군사위후근보장부, 군사위장비발전부, 군사위훈련관리부, 군사위국방동원부, 군사위기율위원회, 군사위정법위원회, 군사위과기위원회, 군사위전략규획판공실, 군사위개혁편제판공실, 군사위국제군사협력판공실, 군사위심계서, 군사기관사무관리총국 등이다.

나 새로운 군종과 전구 신설

2015년 12월 31일 중국은 기존의 제2포병을 로켓군으로 명칭을 변경하였고, 해방군은 육군, 해군, 공군, 로켓군, 전략지원부대 등 5개 군종이 되었다. 그 외 2016년 2월 1일 중국인민해방군 전구 설립 대회를 베이징에서 개최하고 기존의 7대 군구를 동부전구, 서부전구, 남부전구, 북부전구, 중부전구 등 5개 전구로 축소하였다.

다 육군중심주의 철폐

중국은 군사개혁을 통해 뿌리 깊은 해방군의 '육군중심주의'를 폐지하였다. 과거의 군구 체계는 육군이 주도하였고, 해군, 공군, 로켓군은 사령부가 있었지만 육군 사령부는 없었다. 이는 육군중심주의에 기인한 것으로 육군이 모든 군을 관할했기 때문이다. 중국군내에서 육군의 지위는 매우 중요했고, 4대 총부의 부장과 7대 군구의 사령도 모두 육군 출신이 독점했다.

이는 과거 중국 공산당 창설 이후의 한국전쟁 파병, 러시아와의 진바오다오(珍寶島) 사건, 중국과 인도 간의 국경분쟁, 중국-베트남 전쟁 등 모든 전쟁을 육군이 주도했기 때문이다. 그러나 시진핑 집권 이후 군사위 총부 체제 개편, 육군지휘기구 설치, 전구 신설, 전구 연합작전지휘기구 설립, 해·공군과 로켓군 부대 지위 제고를 통해 육군의 역할을 축소하고, 해·공군의 역할을 증대시켰다.

현재 중국은 육지의 적이 감소하고, 동중국해, 남중국해, 대만해협에서 충돌 가능성이 점점 증가하고 있어 육군중심주의로는 전략적, 전술적 요구를 충족할 수 없다.

라 군사위의 지배력 강화

중앙군사위원회는 중국 최고의 군사지휘기구이나 과거에는 총참모부 등 4대 총부에 권력이 과도하게 집중되어 중앙군사위의 기능을 대신하고, 군사위의 지휘에 영향을 주거나 압도하기까지 했다. 이것이 후진타오가 군사위 주석을 맡고 있으면서도 실제 권력을 행사하지 못한 이유였다. 시진핑이 4대 총부를 15개 직능부문으로 개편하여 4대 총부의 권력을 해체하고, 중앙군사위의 지위와 권력을 복원한 것은 시진핑의 군부내 권력을 강화하기 위한 것이다.

마 합동작전 능력 강화

시진핑은 지난(齊南), 난징(南京), 광저우(廣州), 베이징(北京), 선양(瀋陽), 란저우(蘭州), 청두(成都) 등 7대 군구를 동, 서, 남, 북, 중부의 5대 전구로 개편하였다. 그는 '군위총관(軍委總管), 전구주전(戰區主戰), 군종주건(軍種主建)'을 강조하여 전구가 합동작전 지휘, 대형 합동훈련, 전구 소속 부대의 군사훈련을 담당하게 하였다. 전구의 역할은 다병종 합동작전을 지휘하여 반접근(Anti-Access) 및 반봉쇄 임무를 완수하는 것이다.

바 군사력의 대외확장

시진핑은 집권 후 군사개혁을 진행한 것 외에 대외적으로 적극적이고 강경한 군사력 배치를 통해 주변국의 우려와 반대를 야기하고 있다. 2014년 3월 27일 시진핑은 프랑스에서 "중국이라는 사자가 깨어났다"고 언급한 바 있고, 중국 국민도 중국이 곧 미국을 추월하여 세계 제일의 경제체가 될 것이라고 믿었다. 중공군은 2013년에 동중국해 방공식별구역을 선포하여 댜오위다오(일본명 센카쿠)와 대만해협을 분쟁지역으로 만들었고 일본에 강한 압박을 가했다. 또한 남중국해에 인공섬과 군사시설을 건설하고 부대를 주둔시켜 동남아 국가의 우려를 낳았고, 해외군사기지를 건설하고 원해훈련을 상시화하여 미국에 도전하였다.

2. 일본의 적극적인 방위조치

세계 제2차 대전후 일본은 평화헌법에 따라 비군사국으로 군대가 아닌 자위대를 보유하고 있고, 냉전시기에 일본의 주요 위협은 소련과 북한이지 중국이 아니었다. 1972년 중국과 일본이 수교하고 상호 군사교류를 시작하였고, 덩샤오핑, 장쩌민, 후진타오 시기에 중일의 군사교류는 매우 밀접했으며, 댜오위다오(일본명 센카쿠) 영유권 분쟁이 있기는 하였지만 서로 상당히 자제하였다. 일본은 실효지배를 하고 있음에도 섬에 어떠한 시설이나 인원을 배치하지 않았고, 중국도 댜오위다오에 대한 주권을 주장하였지만 구두성명으로 제한하였다.

가 2012년 중일관계의 악화

2012년 9월 10일 일본 총리 노다 요시히코가 댜오위다오 국유화를 결정한 이후 중일관계가 악화되었고, 중국은 순시선과 군용기를 파견하여 댜오위다오 주변 해역과 공역에 진입하였고, 일본의 해상보안청과 자위대와 종종 대치하면서 우발적인 충돌 가능성이 높아졌다.

같은 해 11월에 시진핑이 집권 후 중국은 2013년에 일본을 겨냥하여 동중국해 방공식별구역을 선포하였고, 일본은 중국을 군사적 위협으로 간주하기 시작하였다.

2012년 1월에 총리에 당선된 아베 신조 총리는 중국의 적의에 대해 경계심을 가지고 있었다.

아베는 2015년 6월 1일 기자 간담회에서 "안보법을 제정하는 것은 중국에 대응하기 위함이고, 미국과 협력하여 남중국해에서 중국을 억제하기 위한 것"이라고 언급하여 일본이 중국을 가상의 적으로 간주하고 있음을 암시했다. 7월 16일 일본 중의원은 신안보법을 통과시켜 군이 집단자위권을 행사할 수 있도록 하였고, 일본이 해외로 파병을 할 수 있는 근거를 마련하였다. 21일 내각은 최신 방위백서를 발표했는데, 중국이 동중국해와 남중국해에서 강압적인 태도로 자국의 일방적인 목표를 달성하기 위해 군비확충과 해양력 발전을 추구한다고 설명했다.

나 자위대의 요나구니지마(與那國島) 주둔

일본 방위성은 2016년 3월 28일 요나구니지마에 육상자위대 해안감시부대를 설치하고 총 160명을 배치하였으며, 주요임무는 지상레이더를 통해 부근의 함정과 항공기를 감시하는 것이다.

요나구니지마는 류큐 제도 서남부에 위치하고 있고, 류큐 제도와 일본 열도 전체를 통틀어 가장 서쪽에 위치한 섬이다. 요나구니지마는 도쿄에서 2,030km, 오키나와 본섬으로부터 500km, 이시가키섬으로부터 127km 떨어져 있다. 그러나 대만의 수아오(蘇澳)에서 111km, 화렌(花蓮)으로부터 110km 거리에 있어 날씨가 좋을 때는 이 곳에서 대만의 산맥을 볼 수 있고, 대만의 통신 신호, TV와 라디오 등 신호를 수신할 수 있다.

2차 대전 후 미군이 류큐 지역을 점령하고, 1972년에 류큐의 관할권을 일본에 반납할 때 요나구니지마 상공을 지나는 동경 123도를 대만과 일본의 방공식별구역 경계로 설정하여 현재에 이르고 있다. 따라서 요나구니지마 서쪽의 2/3 영토와 대만 사이의 공역은 중화민국 방공식별구역이고, 동쪽의 1/3 영토는 일본의 방공식별구역이며, 요나구니지마 서쪽 상공은 일본 영공과 대만의 방공식별구역이 중첩되는 상황이다. 따라서 일본 여객기가 요나구니 공항에 착륙시 대만 방공식별구역을 통과한 후에 섬에 착륙해야 한다.

다 요나구니지마 부대 주둔의 목적

일본 요미우리신문은 요나구니지마에 자위대가 최초로 주둔하는 것은 중국의 정보수집과 순찰함에 대한 대응 능력을 강화하고, 센카쿠 등 난세이 제도 도서의 방위를 강화하기 위한 것이라고 보도했다. 신설된 요나구니지마의 레이더기지는 동중국해 해역에 대한 정보 수집과 중국 함정의 서태평양 진출입을 감시하고, 센카쿠에 돌발상황 발생 시 군사기지로서 역할을 할 수도 있다.

오가와 기요시(小川淸史) 일본 육상자위대 서부방면 총감은 3월 28일 요나구니 자위대 창설 기념식에서 "난세이 제도 지역의 방위를 강화하는 것은 일본의 국방의지를 시현하는 데 목적이 있다"고 언급하였다. 같은 날 일본 방위상 나카타니 겐은 요나구니지마를 순시하면서 "지금까지 난세이 지역의 방위기능이 공백이었지만 해안감시대가 설립됨으로써 방위태세가 개선된 것"이라고 강조했고, 감시대를 설립한 것은 "엄중한 안보정세 하에 일본의 방위역량을 강화하기 위함"이라고 언급했.

일본은 향후 3년간 난세이 제도의 미야코 섬에는 병력 800명 규모의 지대함 미사일부대를, 이시가키 섬에는 600명을, 이리오모테 섬에는 550명의 부대를 배치할 계획이며, 난세이 제도에 총 2,000명의 자위대원이 주둔하게 된다. 중국이 센카쿠와 동중국해에서 활동을 지속하고 있고, 대만에 대한 군사위협을 증가시키고 있기 때문에 일본도 이 지역의 방위를 강화할 필요를 느낀 것이다.

라 일본 안보법이 대만해협에 미치는 영향

2016년 3월 29일 일본은 신안보법을 발효하였고, 향후 미국을 포함하여 일본과 밀접한 관계가 있는 국가가 군사공격을 받거나 일본이 존망위기에 처할 경우, 일본이 직접적인 공격을 받지 않더라도 집단자위권을 행사할 수 있고, 언제든 자위대를 타국에 파견할 수 있으며, 지역의 제한을 받지 않고 타국에 탄약을 포함한 후방지원을 제공할 수 있게 되었다. 집단자위권의 범위에 대만이 포함되는지 여부에 대해서 일본은 여전히 모호한 태도이나 현재 상황으로 볼 때 타국으로부터 공격을 받거나 일본 안보와 밀접한 관련이 있는 주변국은 한국과 대만 뿐이다.

최근 몇 년간 일본과 한국의 관계는 좋지 않았지만 대만과의 관계는 대폭 개선되었기 때문에 일본의 신안보법은 대만을 염두에 둔 것이라 할 수 있다. 특히 대만해협은 일본의 원유 수송에 있어서 중요한 교통로이고, 대만은 센카쿠, 규슈 열도와 연결되어 있어 일본의 동중국해 안보와 밀접한 관련이 있기 때문에 한국보다 대만의 중요성이 더 크다고 할 수 있다.

일본은 3월 28일 요나구니지마에 육상자위대 기지를 설립하고, 29일 신안보법을 시행하여 집단자위권을 행사할 수 있게 되었다. 따라서 만약 중국이 대만에 군사위협을 가하거나 무력행사, 미사일을 발사하면 이는 대만과 연결된 요나구니지마 내 군사시설을 직접적으로 위협하는 것이고, 일본은 국가안보를 이유로 대만에 대해 집단자위권을 행사할 수 있다. 이 때문에 대만입장에서는 안보 여건이 향상되었다고 할 수 있다.

중국 입장에서는 대만 무력침공시 대만의 자체 방위력과 서태평양의 미군 전력뿐만 아니라 일본의 군사력까지 고려해야 하게 되었다.

제3장
차이잉원 정부 출범 후부터 트럼프와 통화 전까지의 양안관계

차이잉원은 총통 선거시부터 중국에 도발하지 않았고, 대만 독립이 아닌 현상유지를 강조했다. 그리고 '92공식의 역사적 사실'을 존중하고, '중화민국의 헌정 체제'를 따를 것이며, 양안을 '국가 대 국가 관계'로 규정하지 않는다고 밝힌 바가 있다. 또한 그녀는 '92공식'은 대만에서 여전히 논란의 여지가 있어 주류 민심을 고려할 때 이를 받아들일 수 없다고 하였다. 2016년 5월 20일 차이잉원의 취임부터 12월 2일 차이잉원과 트럼프(Donald Trump)의 전화통화까지 중국도 대만에 대해 자제하는 모습을 보였다. 중국은 대만이 세계보건회의(World Health Assembly, WHA)에 대표단을 파견하고, 차이잉원이 파나마를 방문하는 것을 막지 않았으며, 타이베이시와 상하이시의 연례 포럼도 정상적으로 실시했다. 심지어 쑹추위(宋楚瑜)가 차이잉원을 대신하여 APEC에 참여하는 등 5월부터 9월까지 여러 가지 일들이 있었지만 중국은 강경하게 대응하지 않았다.

제1절
차이잉원의 취임사에 대한 중국의 입장

 2016년 5월 20일 차이잉원의 총통 취임사에서 최대 관심사였던 양안정책 내용은 전체 원고 분량에서 10분의 1도 되지 않았다. 차이잉원은 국민들의 관심이 국내정치와 경제이지, 양안문제가 아니라는 것을 잘 알고 있었다. 특히 그는 청년 문제에 많은 부분을 할애했는데 총통 및 입법위원 선거에서 청년층의 지지 덕분에 민진당이 압승했기 때문이다. 한편, 마잉주는 임기 마지막 날까지 양안문제와 '92공식'을 강조했다.

1. 차이잉원의 취임사 내용

 중국은 차이잉원의 520연설(총통 취임 연설)에서 '92공식', '하나의 중국 원칙', '양안은 비국가 간 관계' 등의 입장을 밝히기를 원했다. 그러나 차이잉원은 그에 대해 어떠한 언급도 하지 않았다.

 차이잉원의 양안관계의 입장은 2016년 1월에 진행된 자유시보와의 인터뷰에 잘 나타나 있다. 우선, "1992년 회담과 구동존이(求同存異)의 공통인식은 역사적 사실"이라고 언급했는데, '92역사설'은 차이잉원이 '92공식'에 대해 처음으로 언급한 것으로 마잉주의 '92공식'이 '현재진행형'이라면, 차이잉원은 과거의 역사적 사실로 표현하였다. 취임사에서 차이잉원은 '92 역사적 사실'을 두 번이나 언급했는데, 이는 시진핑이 3월 양회기간에 '92공식'의 역사적 사실을 언급한데 대한 화답을 볼 수 있다.

 두 번째로는 '양안의 정치 기반'은 '중화민국의 현행 헌법 체제'라는 것으로 이는 차이잉원이 전년 2015년 6월에 미국 CSIS에서 처음 언급했다. 대만 헌법에 '하나의 중국'이 명시되어 있지만 그 해석이 모호하기 때문에 중국은 차이잉원이 '하나의 중국'에 대해 명확한 입장을 밝히기를 희망했다. 따라서 차이잉원이 취임사에서 중화민국 헌법에 따라 양안 문제를 처리하겠다고 언급한 것은 베이징에 나름대로의 호의를 표한 것으로 볼 수 있다.

마지막으로, 차이잉원은 '양안협정 감독조례'을 언급했는데, 이 조례는 양안을 '한 나라 두 지역'으로 규정한 것으로 중화민국을 '대만 지역'과 '대륙 지역'으로 나누는 것이다. 이 또한 양안이 국가와 국가의 관계가 아니고, 양안은 한 나라에 속한다는 중측 입장에 대한 화답으로 볼 수 있다.

2. 차이잉원의 중국에 대한 호의

차이잉원은 취임사에서 "나는 중화민국 헌법에 따라 총통이 되었고, 중화민국의 주권과 영토를 수호할 책임이 있다. 동중국해 및 남중국해 문제는 갈등을 지양하고 공동개발을 추진해야 한다"고 주장했다. 이는 차이잉원이 남중국해 '11단선' 주장을 포기하지 않는다는 의미로 중국의 9단선 주장에 힘을 실어주었다. 중국의 '9단선' 주장은 1949년 이후 중화민국이 견지해 온 '11단선' 주장을 계승한 것이기 때문이다. 또한 중국이 1979년 댜오위다오 문제를 두고 '논란을 제쳐두고 공동개발하자(擱置爭議, 共同開發)'고 제안한 적이 있기 때문에 차이잉원의 언급은 중국에 호의를 표한 것으로 볼 수 있다. 또한 미국 주도의 TPP 뿐만 아니라 중국 주도의 RCEP에도 가입의사를 밝힌 것도 중국에 대한 호의의 표시였다.

주목할 점은, 차이잉원은 연설에서 끊임없이 민주주의를 언급하며 민주적 원칙과 보편적 민의를 "양안 정치의 기초"라고 강조했다. 이는 마 정부가 중국과 접촉시에 민주주의에 대한 언급을 회피했던 것과 달리 시진핑에게 대만의 여론이 지지하지 않기 때문에 '92공식'과 '하나의 중국 원칙'을 강요하지 말라는 메시지를 보낸 것이다.

3. 차이잉원의 취임사에 대한 중국의 입장

차이잉원은 5월 20일 오전 11시 30분에 총통 취임 연설을 마친 후, 중국의 대만 싱크탱크인 중국사회과학원 대만연구소 저우즈화이(周志懷) 소장은 12시 30분에 차이잉원이 연설에서 비록 '92공식'을 명확히 인정하지는 않았지만, "중화민국헌법, 양안인민관계조례, 및 기타 관련 법규에 의거해 양안 사무를 처리한다"는 발언은 양안 정책에 대한 탄력성을 보여주고, 중국에 대해 호의를 표한 것이며, 중국이 추구하는 방향과 일치한다고 언급했다.

중국 국무원 대만판공실은 오후 16:00에 "대만 당국의 새 지도자가 오늘 연설에서 1992년 양안회담을 언급하고, 현행 규정과 조례에 의거하여 양안관계를 처리할 것이며, 양안관계의 평화적이고 안정적인 발전을 지속적으로 추진할 것이라고 하였다. 그러나 양안관계에서 모호한 태도를 취하고, '92공식'의 핵심적인 함의를 인정하지 않았으며, 양안관계의 평화적이고 안정적인 발전을 위한 구체적인 방법을 제시하지 않았다. 이는 완성되지 않은 답안지나 마찬가지다."라는 내용의 성명을 발표하였다.

저우즈화이(周志懷)와 국무원 대만판공실(국대판)의 성명은 모두 차이 정부에 대해 호의를 표한 것으로 볼 수 있고, 그들이 빠르게 대응할 수 있었던 것은 차이잉원 연설의 내용을 사전에 알고 있었기 때문일 가능성이 매우 크다.

21일, 국무원 산하 국대판 및 해협회(海協會)는 언론 인터뷰에서 "'92공식'의 기초 하에 국대판과 대만의 육위회, 해협회와 대만의 해협교류기금회(이하 해기회)가 연락 및 협의 체계를 유지할 수 있다"고 밝혔다. 중국 관영매체인 환구시보(環球時報)도 21일 '차이잉원은 전진한 것인가, 후퇴한 것인가'라는 제하의 사설을 통해 중국 입장에서 가장 중요한 것은 차이잉원이 '하나의 중국'에 대해 더욱 명확하게 입장을 밝히는 것이라고 보도하였다. 중국의 관영통신사인 신화사는 21일 논평에서 대만의 새 지도자가 언급한 "'하나의 중국 원칙을 실현하는 공동의 정치기초'에 대해 반드시 동의해야 한다"고 강조하면서 차이잉원은 취임사에서 '92공식'과 '양안은 같은 중국에 속한다'는 핵심적 명제를 명확히 수용하지 않고 있으며, "1992년 양안회담 언급과 일정 수준의 이해를 공유한다"는 발언도 그 구체적인 내용을 밝히지 않았다고 지적했다.

이에 따라 중국 여론이 비판적인 방향으로 변했는데, 주로 중국 내부의 강경파들로 인한 것이다. 양안관계는 잠깐 동안은 냉각되었지만, 비교적 긍정적인 추세는 유지하였다.

제2절

차이잉원과 시진핑의 위기 관리

2016년 5월부터 9월까지 5개월 동안 차이잉원과 시진핑은 서로를 이해하려고 노력했다. 물론 수많은 해프닝이 있었지만, 갈등이 확산되지 않도록 위기관리를 했다.

1. 차이정부의 WHA 참여

5월 6일 WHA가 중국의 동의 하에 대만을 초청하고, 23일 제네바에서 개최되는 회의에 참가하게 한 것은 시진핑이 호의를 보인 것이다. 마잉주는 2008년 대통령에 당선된 후 '92공식'을 수용하면서 2009년 대만이 중국의 동의 하에 '중화타이베이'라는 이름으로 WHA 옵서버가 될 수 있었고, 마 정부는 이를 중요한 외교적 성과로 간주했다. 외부에서는 차이잉원이 '92공식'을 인정하지 않았기 때문에 중국이 대만의 2016년 WHA 참가를 저지할 것이라는 관측이 있었다.

따라서 중국이 WHA가 대만에 보낸 초청장에 '유엔총회 결의 제2758호', 'WHA 결의 제251호' 중의 '하나의 중국 원칙'을 명시하게 한 점은 이해할 만하다. '2758호 결의'는 1971년 10월 제26차 유엔총회에서 채택된 것으로 "중화인민공화국 정부의 대표가 유엔기구 내 유일한 합법적 대표임을 인정하고, 장제스의 대표가 유엔기구와 그 산하 기구에서 불법 점거한 직위를 즉시 철폐하라"고 요구했다.

차이잉원이 '92공식'을 인정하지 않은 상황에서 WHA가 차이 정부에 초청장을 보낸 것을 중국은 내부와 국민당에게 어떻게 설명해야 했을까? 중국 정부는 나름대로의 프레임을 짜야 했다. 차이정부가 만약 WHA에 대표단을 보낸다면, '하나의 중국 원칙'을 묵인하는 것과 같기 때문에 중국은 내부와 국민당에 설명이 가능하다. 한편, 차이잉원 입장에서는 '하나의 중국 원칙'을 인정한 적이 없고, '2758호 결의'에는 '장제스'만 적시되어있으며, 대만과 중화민국에 대한 언급이 없기에 중국이 이를 어떻게 해석하든 대만으로서는 참견할 수도 없으며 그렇다고 결의안을 수용할 수도 없는 노릇이었다. 차이잉원 정부는 8일 초청장 내용에 대해 엄중한 반대를 표한 후에 대표단을 파견함으로써 대만의 독립파들도 납득할 수 있었다.

이렇게 민진당과 공산당이 각자 필요한 것을 취해야만 앞으로도 협력이 가능하다. 따라서 이번 WHA의 초청장과 이전 왕이의 '헌법설'은 공통점이 있었는데 그것은 '각자의 입장에서 해석'이다. 물론 미국도 대만이 WHA를 떠나는 것을 원치 않았기 때문에 일정한 역할을 했고, 미·중·대만 3자가 타협한 결과라고 할 수 있다.

이것이 중국의 음모라는 시각도 있었는데 만약 차이 총통이 5월 20일 취임사에서 '92공식'을 언급하지 않으면 대만이 초청장을 받아도 22일 WHA에 참석할 수 없다는 것이다. 그러나 결과적으로 대만은 전 일정에 참가하였고, 어떠한 제지도 당하지 않았다.

중국은 차이 정부의 대표단을 WHA에 참여하게 하면서 차이 총통과 시진핑이 상호 신뢰를 증진하였고, 5월 5일 산마로 파나마 부통령 겸 외무장관이 워싱턴 싱크탱크 외교관계협회(Council on Foreign Relations, 약칭 CFR)에서 6월 26일 파나마 운하 확장 준공식에 양안 지도자들이 모두 참석하기를 희망한다고 언급한 것은 이러한 양안 간의 관계 개선을 반영한 것이다.

2. 차이잉원의 파나마 순방

6월 25일 차이잉원이 파나마로부터 운하 준공식에 초청받았을 때, 국민당과 언론은 파나마가 중국과 수교를 원하고 있기 때문에 차이잉원이 파나마에 가면 냉대를 받고, 중국의 압박을 받을 것이라고 지적하였다. 그러나 결과적으로 베이징의 정치적 개입은 없었고, 파나마 정부도 충분한 예우를 갖추었다. 차이 총통은 취임 후 첫 해외 방문을 성공적으로 마쳤다.

3. 양안 간 갈등 사례

2016년 7월에 양안 뿐만 아니라 심지어 국제적인 문제가 된 굵직한 해프닝이 발생했지만 양안은 자제하는 모습을 보였다.

가 대만 군함의 슝펑 미사일 오발사건

7월 1일 대만 해군의 초계함인 '진장함(金江艦:PGG-610'이 슝펑(雄風)-3 함대함 미사일을 오발하는 사고가 발생했다. 함대함 미사일은 대만 어선을 관통하였고 이로 인해 어민 1명이 사망하였다. 이는 국제적으로도 높은 관심을 불러일으켰는데, 중국이 이를 차이 총통의 의도적인 군사도발이라고 판단하고 강력히 반발할 것으로 보았기 때문이다. 차이 정권이 등장하자마자 양안 간에 충돌로 확대될 수 있는 상황이 발생한 것이다. 그러나 이날 장즈쥔 국대판 주임이 "이 사건은 매우 엄중하고 책임 있는 설명이 필요하다"고 한 것 외에는 중국 당국은 별다른 반응을 보이지 않았다.

중국은 이번 '슝펑-3 오발 사건'을 차이잉원 정부의 '고의적 도발'이 아닌 '오발 사건'으로 평가했다. 중국이 이 사건을 문제 삼으려 했다면 충분히 그럴 수 있었다. 예를 들어 차이잉원이 고의로 도발을 감행한 대만해협의 '문제유발자'로 낙인을 찍고, 동부전구의 전비태세를 증강하며, 대만해협에 미사일 발사를 하는 등 강력한 보복 조치를 취할 수 있었다. 그러나 결론적으로 중국은 상당히 자제하며 군부와 민간의 강경파 목소리도 제지하였다.

나 시진핑의 발언

7월 1일 중국공산당 창건 95주년 기념대회에서 시 주석은 양안관계를 언급했지만 '92공식, 대만독립 반대'라는 기존 입장을 재확인했을 뿐 차이 총통에 대한 비판은 없었다. 시진핑의 대만 업무에 대한 성과가 많지 않았고, 또는 차이 총통 집권 후 양안관계가 어떻게 진행될 지 예측할 수 없었기 때문일 수도 있다.

다 다이리런 사건

7월 6일, 중국공산당 공청단 공식 '웨이보'에 대만 배우 다이리런(戴立忍: Leon Dai)이 대만 독립을 지지하였다는 의혹이 제기되어 중국 네티즌들의 거센 반발을 샀고, 인민일보, 공식 웨이보, 중국국방보에도 그를 향한 비판의 목소리가 이어졌다. 중국 감독 자오웨이(趙威)가 연출한 영화 '다른 사랑은 없다'의 제작진은 15일 오후 공식입장을 통해 "다이리런이 자신의 입장을 명확하게 해명하지 못하여 계약 취소를 결정했고, 캐스팅 과정에서 세심히 살피지 못하고 물의를 일으켜 진심으로 사과한다"고 전했다.

이어서 제작진은 다이리런의 남자 주인공 캐스팅을 취소하였지만 중국에서는 더 이상 사건이 확대되지 않았고, 다이리런의 여자친구인 구이룬메이(桂綸鎂 : Gwei Lun-mei)의 엔터테인먼트 사업에도 영향을 주지 않았다. 구이룬메이는 중국에서 인지도가 매우 높기 때문에 만약 '대만독립분자의 여자친구'라는 꼬리표가 붙는다면 사업에 큰 영향을 미치게 된다. 이는 중국 공산당 선전 당국이 다이리런 사건이 양안 민중의 대립으로 확대되는 것을 원치 않았음을 보여준다.

라 중국관광객 버스 화재 사건

7월 19일에 대만에서 관광버스 화재로 24명의 중국인이 사망하였으나, 중국은 대만과 차이 정부를 크게 비판하지 않았고, 대만을 비판하는 여론을 의도적으로 제지하였다. 대만에 와서 장례를 준비하는 유족들도 상당히 자제하는 태도를 보였다. 이는 중국이 우발적 사건을 부풀릴 의도가 없고, 양안 사회와 국민들이 상호 비판하는 상황을 피하기 위함이었다.

4. 차이잉원의 중국에 대한 호의

중국은 차이잉원의 집권 초기에 상당히 자제하면서 심지어 선의를 보이기도 하였고, 차이잉원 또한 중국에 대한 호의를 보였다.

가 차이 정부의 양안 간 신남향 정책 협력 제안

차이잉원은 8월 17일 총통부에서 '대외경제무역전략회의'를 소집하여 '신남향정책강령'을 채택하고 그 내용에 '양안 간 선의의 상호작용과 협력'을 명시하였다. 황중옌(黃重諺) 총통부 대변인은 "향후 적절한 시기에 중국과 관련 분야의 의제들을 협의하고 대화함으로써, '신남향정책'과 양안관계가 상생할 수 있도록 할 것"이라고 말했다. 이것은 차이잉원이 중국에 선의를 보인 것으로 중국이 대만의 신남향정책을 양안 간 경제 무역 관계를 냉각시키는 계기로 활용하는 것을 원치 않았기 때문이다.

나 차이 정부의 UN 불가입 선언

리다웨이 대만 외교부장은 8월 18일 '대만 UN 협력추진회'의 이사장인 차이밍셴(蔡明憲)을 만나 "정부로서는 9월 UN 총회에 참석하겠지만, 금번 계기에 UN 가입을 추진하지는 않을 것"이라고 밝혔다. 이 발언은 민진당 내 대만 독립파의 불만을 샀고 차이밍셴 또한 "여론조사에 따르면 80%가 넘는 대만 국민들이 정부가 적극적으로 'UN가입'을 추진하기를 바라고 있으며, 차이잉원 및 정부가 더욱 강해질 필요가 있고, 중국은 앞으로도 대만에 불리한 조치만 취할 것이기 때문에 중국을 너무 고려하여 손해 볼 필요가 없다"고 밝혔다. 심지어 많은 독립을 지지하는 인사들이 차이잉원에게 리다웨이를 사퇴시켜야 한다고 호소했지만, 차이잉원 또한 UN 가입을 추진하지 않았으며, 이 또한 중국에 보내는 호의였음을 알 수 있다.

제3절
쌍성포럼(雙城論壇)과 양안관계

2016년 8월 23일부터 25일까지 타이베이에서 타이베이시와 상하이시 간의 '쌍성포럼'이 개최되었다. 이 날은 공교롭게도 중국 금문도 포격의 58주년이 되는 날이었다.

1. 양안 간 교류 단절을 원치 않은 중국

중국은 차이잉원이 총통이 된 이후에도 '쌍성포럼'은 계속 이어나가고 싶어했는데, 시진핑이 520 취임연설 후 양안 공식채널 간 교류에 대해 여전히 여지를 남겨둔 점을 보면 그렇다. 중국이 '쌍성포럼'까지 막아버린다면 양안 간 공식교류가 완전히 중단되는 등 관계가 악화되는데 이는 대만 업무에 하등 도움이 되지 않는다. 특히 중국의 통일정책이 '평화통일'이라면 양안 교류의 중단은 평화통일을 더욱 요원하게 하고, 시진핑이 대만 업무와 관련하여 어떤 성과를 낼 수도 없고, 나아가 반대파들의 비난도 피할 수 없다.

시진핑은 마시회에서 양안관계는 "뼈가 부러져도 힘줄로 이어진 관계"라고 언급한바 있는데, 쌍성포럼이 그 힘줄에 해당한다. 당시 양안관계가 단절된 것처럼 보였지만 사실 미약하나마 명맥을 유지하고 있었다. 중국이 이번 쌍성포럼에 참여하고 싶어도 대놓고 드러내지 않은 것은 외부에서 오해를 할까 우려되었기 때문이다. 대만 정부가 520 취임연설 이후에도 양안교류가 유지된다고 대외에 홍보할 수도 있기 때문이다. 중국은 한편으로는 '쌍성포럼'이 유지되기를 원하면서도 동시에 차이 정부로부터 이용당하는 것을 바라지 않았다. 이에 중국은 샤하이린(역: 沙海林, 당시 중국공산당 상해 상임위원회 위원)의 대만 방문을 로우키로 처리하면서 양안관계가 곧 회복될 것이라는 인상을 주지 않으려고 했다.

2. 정치쇼가 되어버린 '쌍성포럼'

이번 '쌍성포럼'에 대한 중국의 기본입장과 조치는 다음과 같은 특징을 가지고 있다.

가 샤하이린의 지위

520 취임연설 이후 양안 간 관계가 냉랭해지면서, 외부에서는 '쌍성포럼'의 개최 여부에 대해 많은 관심을 가졌다. 특히 중국이 대만에 누구를 파견할 것인지에 주목했는데, 결과적으로는 중국공산당 상하이시위원회 상무위원이자 통일전선부장인 샤하이린으로 결정되었고, 결코 낮은 급은 아니었다. 중국공산당은 당이 정부를 이끄는 '이당영정(以黨領政)'의 체제이기 때문에, 관료의 직함은 정부(政)의 직함보다는 당(黨)의 직함을 보아야 한다. 예를 들어 당시 리위안차오(李源潮)는 국가 부

주석으로서 대만의 부총통과 동등한 지위를 가졌지만, 당직은 중앙 정치국 위원으로서 정치국 상무위원 7명의 위치보다 낮다. 반대로 장가오리(張高麗)는 관직은 국무원 부총리로서 대만의 행정원 부원장에 해당하지만, 당직은 중앙 정치국 상무위원으로서 당과 국가의 지도자 수준인 '정국급(正國級)' 대우를 받는다.

과거의 상하이는 '쌍성포럼'에 부시장을 파견했으며, 샤하이린은 정부의 직함상 타이베이시 지방청장과 동등해보이지만, 당직을 보면 부시장보다 높은 위치에 있다. 왜냐하면 7월 투광샤오(屠光紹)가 부시장직을 이임한 뒤 상해시 부시장 중에는 상하이시 상무위원이 없었기 때문이다. 게다가 샤하이린은 대사를 역임한 경험이 있고, 의전 서열상 차관급에 속하기 때문에 상하이시가 타이베이시를 낮게 보거나 의전상 불균형한 문제는 없다.

나 쌍성포럼에 대한 중국의 의도

외부에서는 중국의 '쌍성포럼' 참여 의사가 차이잉원에게 보내는 일종의 신호라고 해석했다. 타이베이 시장인 커원저가 차이잉원과는 달리 '92공식'을 인정했기 때문에 중국이 그와의 교류를 원했다는 것이다. 중국은 대만측 초청에 아무런 반응을 보이지 않음으로써 차이잉원에게 '92공식'을 인정하게끔 압박하려는 의도가 있었을 가능성이 높았다는 것이다. 그러나 이는 다소 현실을 다소 과장하여 해석한 측면이 있다.

먼저, 커원저가 '92공식'을 인정했다는 것은 사실이 아니다. 제1장 제4절에서 언급한 대로 커원저판 '92공식'은 그가 '92공식'을 인정한 것이 아니라 간접적이고 완곡한 방식으로 자신의 입장을 밝힌 것뿐이었다.

'쌍성포럼'이 개최된 이후에도 중국은 로우키를 유지했고, 커원저의 발언에 대해 '만족스럽지는 않지만 수용할 만하다'는 입장을 내비쳤다. 중국은 커원저의 모호한 발언이 '92공식'을 지지하는 것으로 평가하지는 않았다. 이러한 점을 볼 때 중국도 상당히 유연한 면이 있다는 점을 알 수 있다. 2015년 커원저는 지지율이 높았고 공산당은 '실제 권력이 있는 자와 교류'하는 원칙에 따라 커원저에게 조금의 양보는 할 수 있었다. 2016년에는 커원저의 인기가 떨어졌지만 중국에게 있어 그는 여전히 이용가치가 있었다.

결과적으로 중국이 포럼에 참여했지만 차이잉원을 견제하는 효과는 없었다. 왜냐하면 2016년 커원저는 여론 지지도가 바닥을 치고 있었기 때문에 쌍성포럼도 커원저에게 별 도움이 되지는 않았다. 이 때문에 쌍성포럼은 차이잉원에게 어떤 압박도 줄 수 없었다.

다 보여주기 정도만 원했던 중국

이번 쌍성포럼은 3일 동안 진행되었지만, 첫째 날 상하이 대표단이 대만에 도착하고, 셋째 날에 대만을 떠나는 일정을 고려하면 실제 '포럼'은 하루만 진행되었다. 중국은 이 행사가 형식적인 의미만 가지면 충분하다고 여겼다. 즉 중국으로서는 타이베이에 '체크인'만 하면 소기의 목적을 달성하는 것이었다.

1) '쌍성포럼'의 공허한 성과

이번 '쌍성포럼'에서는 하루 동안 3개의 MOU에 서명하고 몇 번의 큰 토론회를 개최했지만 실질적으로 손에 잡히는 성과는 없었다. 과거 포럼에서 체결한 많은 MOU들도 대부분 추진되지 않았는데 이번 포럼의 성과 또한 매우 공허했다. 마라톤 대회에 대해서는 양쪽의 참가 인원 정도만 이야기되었고, 영화제 교류는 대략적인 골격만 논의되었다. 타이베이의 원산(文山)구와 상하이의 송장(松江)구 간의 교류는 구체적인 내용도 정해지지 않았다.

2) '쌍성포럼'에 무관심한 타이베이 시민

대만 사람들은 '통일전선'이라는 용어에 대해 매우 민감하기 때문에, 통일전선부장의 신분인 샤하이린은 대만 언론의 관심을 받았다. 그러나 TV 시사 평론 프로그램에서도 이 주제에 대한 논의가 거의 없었는데 이는 타이베이 시민들도 포럼에 대해 알거나 관심이 있는 사람이 적기 때문이다.

이 때문에 커원저가 포럼에서 얻을 수 있는 정치적 성과가 크지 않았다. 대만의 정치인들에게 있어 양안 문제는 메인 이슈가 아닌 그저 불꽃놀이와 같은 부차적 효과에 불과하다. 다른 정책에서 탁월한 성과가 있어야 양안 문제라는 불꽃놀이가 더욱 빛이 난다. 기본적인 정책집행이 잘 되지 않는 상태에서 양안 정책에 의지하여 정치적인 성과를 기대하는 것은 불가능하다는 얘기다. 2015년 상하이에서 개최된 '쌍성포럼'에 참석한 커원저는 당시 높은 득표율로 시장에 당선되어 의기양양한 모습이었고, 언론 매체로부터의 스포트라이트도 쏟아졌다. 그러나 2016년에는 6개 도시 대상 여론조사에서 지지율 최하위를 차지하였다. 국민들은 여전히 국내정책 문제에 관심이 많았고, 양안문제에 대한 관심은 더더욱 줄어들었다. 커원저는 이번 포럼에서 개회사를 단 3분만 할애하였다.

3) 대만에 친근함을 보인 샤하이린

대만 언론은 과거 포럼에 부시장급이 참석한 사실과 비교하며 통일전선부장이라는 샤하이린의 낮은 지위를 조명하였다. 그는 대만인들이 '통전(역: 통일전선)'이라는 두 글자에 매우 민감한 것을 알고, 대만 도착 후에는 '상하이시장 대리' 라는 직함으로 바꾸는 등 유연한 반응을 보였다. 뿐만 아니라, 대만인들에게 친근함을 표하기 위해 대만어로 '최고'라는 뜻의 슘짠(雄讚)을 썼지만, 오히려 '통짠(統戰 : 통일전선을 줄인말)'으로 들려 또 다른 해프닝을 낳기도 했다. 대만 국민들이 '통일전선'이라는 글자에 대해 매우 민감하다는 것을 보여주는 예이다. 커원저는 "면역력이 좋으면 세균을 두려워하지 않는다"고 끊임없이 강조하면서 샤하린의 통일전선부장이라는 신분에 대한 국민들의 우려를 줄이려고 노력했다.

4) '92공식'을 지속 강조한 샤하이린

개회식에서 샤하이린은 시정(市政) 문제에 대해 연설했지만, 사실상 요지는 '92공식'이었다. 그는 인터뷰 시에도 끊임없이 양 도시 간의 교류는 "서로 다른 국가 간의 도시 교류가 아니다"라는 점을 강조했다. 또한 그는 커원저의 '92공식'을 포함한 양안에 대한 입장에 긍정적인 평가를 하였고, '양안은 일가친척'이라는 언급에 공감을 표하였다.

한편 커원저는 양 도시 간에 '상호 인식, 상호 이해, 상호 존중, 상호 협력'이라는

'4가지 상호(四個相互)'를 강조하며 상하이시와 타이베이시 간의 관계에 대해 연설했다. 그러나 '92공식'에 대해서는 어떠한 입장도 표명하지 않았다.

5) 양안 도시 간 교류의 서광

앞서 언급한 것 같이 커원저가 '92공식'을 해석한 '커원저 모델'은 민진당의 다른 현·시의 지방정부 관료들에게 참고가 되었다. '커원저 모델'에 따라 중국과 교류하면, 도시간의 새로운 전환점을 맞이할 수 있을지, 혹은 양안관계의 새로운 동력이 될지 주목해 볼 만하다.

특히 샤하이린은 정치적 합의만 있다면 민진당이 집권하는 지방정부와도 교류를 추진할 수 있을 것이라고 언급했다. 따라서 '커원저 모델'이 제시하는 정치적 기초를 민진당 소속의 현·시장들이 수용할 지 여부가 향후 민진당과 중국공산당의 도시 간 교류의 향방을 결정지을 것이다.

라 기회를 놓친 주리룬

샤하이린은 8월 25일 다분히 의도를 가지고 당시 신베이 시장인 주리룬을 만났으나 주리룬은 이에 소극적으로 대응했다. 주리룬은 마중도 나가지 않았을 뿐만 아니라, 대화에서 '92공식'도 언급하지 않았다. 이는 외부의 시선을 의식하고 그의 "친중적" 정치 성향을 부각시키지 않으려는 의도였다. 그러나 만약 주리룬이 접견실에 국기를 걸어두고, 일중각표(一中各表)와 중화민국에 대해 이야기하고, 공개 인터뷰를 진행하여 샤하이린이 자리를 박차고 나가게 하였다면 자신의 지지도를 단번에 끌어올리고, 심지어 2020년 총통선거에서 다시 재기할 수 있는 기회를 만들 수 있었을지도 모른다. 그러나 안타깝게도 주리룬은 그렇게 하지 않았는데, 그가 전통적이고 보수적임을 보여주는 대목이었다.

제4절
대만의 ICAO 불참과 대중 정책 변화

2016년 9월 27일부터 10월 7일까지 캐나다 몬트리올에서 개최된 '국제민간항공기구(ICAO)' 총회가 개최되었으나, 중국의 방해로 인해 대만은 참석할 수 없었다. 이는 중국이 차이잉원의 외교활동을 차단하는 행보를 시작한 것이다. 2013년 마잉주 총통은 '92공식'을 인정했기에 대만을 '의장 특별 초청자' 자격으로 초청했으나 2016년에 이르러 중국은 '92공식'을 인정하지 않는 차이잉원을 ICAO에 초청하지 않았다. 그렇지 않으면 시진핑이 차이잉원에게 너무 온건하다는 비판을 피할 수 없기 때문이다. 물론 미국, 일본 등 다른 국가들이 대만의 ICAO 참가에 지지하는 입장을 표명하였기에 리다웨이(李大維) 대만 외교부장은 다소 낙관적인 전망을 하였으나, 2015년부터 중국의 류팡(柳芳)이 ICAO 사무총장으로 보직하고 있었기 때문에 중국으로서는 그 정도 상황은 충분히 통제할 수 있었다.

차이잉원은 집권 후 중국에 대해 인내와 선의를 보였기 때문에 독립파 인사들로부터 비판을 받았다. 이는 차이잉원도 당내 강경파들로부터의 견제를 받고 있었음을 보여준다. 대만이 2016년 ICAO 총회에 참석하지 못하자 독립파들은 중국에 강경한 태도를 취하도록 더 큰 압박을 가하였다. 이에 따라 차이잉원과 시진핑은 서로 대치하는 방향으로 치닫게 되었다.

1. 환구시보의 경고

중국 공산당 매체 '환구시보'는 9월 27일, 'ICAO 장외 대기, 대만 당국이 자초한 수치'라는 제목의 사설에서 "대만 당국이 ICAO의 초청을 받지 못한상황에서 허수핑(何淑萍) 민항국 부국장을 파견해 장외에서 대기하게 하였다"면서 "대만 당국은 문전박대의 굴욕으로 얻은 교훈을 바탕으로 현실을 직시하고 양안관계의 장기적인 이익을 위한 길로 돌아서야 할 것"이라고 강조했다.

또한 "대만이 ICAO에 참가하지 못한 것은 작은 에피소드에 불과하다"며, "대만 당국이 '92공식'을 인정하지 않는다면, 대만의 국제적 위치는 더욱 고립될 것이고, 과거 중국이 제공해온 혜택도 점차 줄어들 것"이라고 했다. 아울러, "중국은 단호하고 체계적으로 대만 독립을 조장하는 행위에 강경한 태도를 유지할 것이며, 대만의 고난은 아직 시작되지 않았다"고 경고했다.

2. 중국 국대판의 반응

중국 국대판은 9월 23일 대만이 ICAO에 참가하지 못한 책임은 차이잉원에게 있고, 그녀가 '92공식'을 인정하지 않았기 때문이라고 언급했다. 또한 국대판은 "대만은 국제 항공 안전에 관련된 데이터와 정보를 획득하는데 아무런 문제가 없다"고 하면서 마치 대만 국민들에게 ICAO에의 참석 여부가 중요하지도 않고 실질적인 영향도 없다고 주장했다. 또한 민진당에게는 "중국을 과도하게 비판하고 그릇된 방향으로 민심을 유도하는 것은 옳지 않다"고 하였다. 중국도 민진당이 중국을 공공의 적으로 만들어 내부단합을 강화한다고 판단하는 것이다. 그런데 중국은 무엇을 우려하는 것일까? 중국이 차이잉원을 압박하고자 한다면 대만 국민들의 반응까지 걱정할 필요가 있을까? 민진당이 국민들의 분노를 자극시키는 것을 신경 쓰는 이유가 무엇일까? ICAO 총회 불참이 실질적인 영향이 없다고 상기시키는 이유가 무엇일까? 이는 시진핑이 차이잉원에게 보내는 신호로 시진핑 자신도 강경파로부터 압박과 고충을 겪고 있으며, 차이잉원이 상황을 오판하지 말고 독립파의 주장에 따라 천수이볜과 같은 급진적인 독립을 추구하지 말라는 의사를 전달한 것이다.

이에 대한 차이잉원 반응은 의연했다. 그녀는 강한 유감과 불만을 표명했으나 감정적인 발언이나 비판은 하지 않았다. 양측 모두 자제하는 모습을 보이면서 대립 국면으로 발전하지는 않았다.

3. 차이잉원의 국경일 연설

차이잉원의 2016년 국경일 연설은 사전에 예고한 바와 같이 취임연설과 특별히 달라진 점이 없었다. 차이잉원은 양안관계를 지탱하는 '네 가지 정치적 기초'를 제시하였다. 그 주요 내용은 첫째, 1992년의 양안회담의 역사적 사실과 구동존이에 대한 공동의 인식; 둘째, 중화민국의 현행 헌정체제; 셋째, 과거 20년 간의 양안 간 협의와 교류 성과; 넷째 대만의 민주원칙과 보편적 민의를 거론했다. 사실, 차이잉원의 취임사 내용은 1월 말에 있었던 자유시보와의 인터뷰 및 2015년 6월 미국 CSIS에서의 연설 내용과도 매우 유사했다. 이는 차이잉원의 양안 정책이 일관성, 신뢰성, 예측 가능성이 있다는 점을 보여주고자 하는 것이다.

차이잉원의 국경절 연설은 2016년 9월 29일 창당 기념식에서 발표한 축사, 10월 4일 미국 월스트리트저널의 인터뷰, 10월 6일 일본 요미우리신문의 인터뷰 내용과도 맥을 같이 한다.

가 차이잉원의 강온양면 전술

차이잉원은 9월 29일 민진당 창당기념일 축사에서 "우리가 반드시 지켜야하는 가치가 있다"고 하면서 "우리는 중국의 압력에 맞서 다른 국가와의 관계를 발전시켜야 하며, 중국에 대한 과도한 의존도에서 벗어나 건강하고 정상적인 경제적 관계를 형성해야 한다"고 강조했다. 이는 차이잉원의 총통 취임 이래 중국을 대상으로 한 가장 강경한 발언으로, 중국을 '중국 대륙'이 아닌 '중국'으로 표현했다. 이는 차이잉원이 당내 독립파부터 많은 압력을 받았기 때문으로 해석된다. 9월 12일 전 총통 자문위원이었던 구콴민(辜寬敏)은 차이잉원에게 "총통직을 4년만 하라"고 공격하기도 했다.

차이잉원은 총통 취임사에서 "92공식은 역사적 사실"이라고 언급하고 주요 직위에 비(非)민진당 인사들을 임명하였다. 이 중에는 리다웨이(李大維) 외교부장과 장샤오웨(張小月) 육위회 위원장 등이 있다. 5월 25일, 린팅자이(林延在) 보건부장은 WHA 연설에서 '중화타이베이'라고 자칭하고, '대만'을 언급하지 않았다. 6월 25일, 차이잉원은 파나마 방문과 미국을 경유하는 등 의도적으로 로우키(low-key) 행보를 유지하였다. 9월 14일 언론보도에 따르면, 달라이라마는 차이잉원의 상황을 이해한다고 하면서 대만 방문을 일시 보류하였다. 9월 20일에는 차이잉원이 베이징과 상해까지 공격 가능한 준중거리 탄도미사일인 '윈펑미사일'의 개발을 일시 중단한다는 소식이 전했다. 중국에 대한 이러한 일련의 양보를 하였지만, 결과적으로 9월 23일 리다웨이는 대만이 9월 27일 개최하는 ICAO회의에 참석할 수 없다고 공표했다. 차이잉원은 독립파의 압박에 대응하여 과거처럼 유화책만 쓰지 않고 강온 양면책을 동시에 사용하기 시작했다.

나 총통 취임 연설의 취지

차이잉원은 10월 4일 미국의 월스트리트저널과의 인터뷰에서 "5월 20일 총통 취임 연설은 면밀한 분석과 판단, 대만 내부의 공감을 거쳐 최대한의 선의와 유연성을 보인 것이며, 대만과 중국의 입장 차이를 대폭 줄였다"고 말했다. 차이잉원은 인터뷰에서 이러한 입장을 세 번이나 언급하면서 강조하였다. 또한, 10월 6일에는 일본의 요미우리신문과의 인터뷰에서도 "대만 사회의 최대한의 유연성과 공감대를 취임 연설에서 구체적으로 표현했다"고 강조했다. 이는 차이잉원이 취임 연설의 기조를 유지하면서 국경일 연설에서도 큰 변화가 없을 것이라는 점을 시사했으며, '92공식'도 인정할 수 없다는 것을 의미했다.

다 중국에 대한 차이잉원의 기본입장

차이잉원은 월스트리트저널과의 인터뷰에서 "우리는 이전에 현상 유지를 약속했고, 이 약속은 변함이 없을 것이며 선의도 역시 변하지 않을 것이다. 그러나 우리는 압력에 굴복하지 않을 것이며, 대립의 길을 가는 것을 원하지도 않는다"고 했고, 세 번이나 반복하면서 강조했다. 또한 요미우리신문과의 인터뷰에서 "첫째, 양안관계에서 취임 연설에서 언급했던 약속을 지킬 것이다. 둘째, 선의로 중국을 대하고 함께 문제를 해결하길 희망한다. 셋째, 우리 대만과 대만인은 중국의 압박에 굴복하지 않을 것이다. 넷째, 평화적이고, 상호협력하는 가운데 공동으로 문제를 해결하는 관계를 유지하기를 희망한다"고 발언했다.

이를 통해 차이잉원이 중국에 대해 '비굴하지도, 거만하지도 않은' 태도를 가지고 있음을 알 수 있다. 과거 천수이볜 집권시기처럼 미·중 사이에서 '트러블메이커'가

되어 적으로 둘러싸인 상황을 만들지 않고, 또한 마잉주 집권시기처럼 중국에 과도하게 의존하여 무시당하거나 미국의 의심을 받지 않을 것이다

라 중국의 태도 변화

차이잉원은 월스트리트저널과의 인터뷰에서 "총통 취임 연설 이후, 중국이 어느 정도 차분하고 이성적인 모습을 보여 주었고, 저의 파나마 방문 당시에도 중국측으로부터의 큰 방해가 없었다. 그 이후로도 중국은 호의적인 태도를 보였다"고 하면서, "다만 최근 들어 중국이 다시 과거로 복귀한 느낌이다. ICAO 사건 뿐만 아니라 … 다시 말해 억압이나 이간질"이라고 언급했다. 차이잉원은 인터뷰에서 이러한 입장을 세 번이나 반복하면서 강조하였다.

한편, 차이잉원은 요미우리신문과의 인터뷰에서 "총통 취임 연설 이후, 일정 기간 동안 중국이 이성적이고 차분하게 양안관계를 다루고 있다는 것을 실감했다. 그러나 최근 들어 과거와 같이 대만에게 압박을 가해 정치적인 성과를 얻으려는 행태로 돌아오는 것 같으며, 이는 서로가 윈윈할 수 없는 방법"이라고 언급했다.

이는 차이잉원이 취임 연설 이후 중국의 반응을 긍정적으로 보았고, 시진핑의 선의를 느꼈다는 점을 알 수 있다. 실제로 7월 1일에 발생한 슝펑-3 미사일 오발사고와 19일에 일어난 중국 관광 버스 화재 사고에서 중국은 의도적으로 양측 간 갈등이 증폭되지 않도록 노력하였다. 그러나 차이잉원은 시진핑이 당내 강경파들의 압박으로 인해 2016년 ICAO에 대만의 참가를 방해하는 등 대만에 강경한 태도를 취할 수밖에 없었다고 평가했다.

마 양안 간 대화 재개 제안

차이잉원은 중국에 대한 태도는 강경한 편이지만, 양안관계가 파국으로 치닫는 것을 원치 않았다. 중국의 표현을 빌리자면 유연하지만 노선을 이탈하지 않는 것이다. 차이잉원은 '월스트리트저널'과의 인터뷰에서 "양측이 빠른 시일 내 대화를 할 수 있기 바란다. 불필요한 오해를 해소하고, 직면한 많은 문제에 대해 양측이 소통

할 수 있는 방법을 찾기를 바란다"고 말했다. 또한, 차이잉원은 '요미우리신문'과의 인터뷰에서 "최근 양측 사이에 오해가 발생하고 있는데, 상호 대화가 필요하다고 느꼈고, 중측이 현명한 선택을 해주기를 바란다"고 답변했다. 차이잉원은 차분하게 대응하면서 대만이 ICAO 회의 참석에 실패한 후 급진적으로 대만독립 노선을 걸을 것이라고 중국이 오판하지 않기를 바랐다.

바. '92공식' 탈피 제안

4월 27일, 차이잉원은 총통 취임 전 대만 육위회를 방문하여 민주 선거 원칙의 중요성을 강조하고, 여론은 양안관계에 대해 새로운 것을 기대하고 있으며, 지속가능하고 위기상황이 없는 양안관계를 유지할 자신이 있다고 언급했다. 차이잉원은 그녀가 말하는 '현상유지'가 과거 8년의 현상유지와 다른 점은 앞으로 양안관계는 민주주의 원칙과 보편적 민의를 기반으로 진행될 것이며, 당파적 입장을 초월해야 한다고 강조했다. 그렇게 해야만 양안관계가 지속가능하고, 진정한 의미의 '현상유지'가 될 수 있다고 강조했다.

차이잉원은 '월스트리트저널'과의 인터뷰에서 "중국이 대만 민주사회 국민들의 사고 방식을 이해하길 바란다. 만약 대만을 과도하게 압박하고, 대만 정부가 국민을 대표하여 보내는 선의와 유연성을 이해하지 못한다면 양국관계가 경직될 것으로 우려된다"고 말했다.

차이잉원은 '요미우리신문'과의 인터뷰에서 "지금 세대의 젊은이들은 대만에서 태어나고 성장한 사람들로, 자란 사람들로 대만에 대한 애착을 가지고 있으며, 이는 삶의 경험을 통해 자연스럽게 형성된 인간성이고, 바꿀 수 없는 것"이라고 말했다. 또한 "이들은 자유와 민주적 환경에서 성장하여, 자체적인 판단 능력과 독립적인 사고 능력을 가지고 있으며, 예전처럼 주입된 가치가 아닌 스스로 인정할 수 있는 가치만을 수용 한다"고 강조했다. 아울러 "현재 젊은 세대들은 다른 사람들이 가진 생각이나 가치를 그대로 받아들이는 것이 아니라, 스스로 경험을 통해 독립적인 시각을 형성한다. 리더들이 특정한 가치를 강요하는 것이 아니라, 그들이 그 가치를 경험하고 받아드릴 수 있도록 해야 한다. 그들은 직면한 많은 문제에 대해 개방적인 태도를 지니고, 다양한 가치와 문화를 수용할 수 있다."라고 언급하였다.

차이잉원의 발언은 대만이 다양한 사회이고, 획일화된 가치를 선호하지 않는다는 것을 중국에게 알려주는 것이다. 대만인들은 '92공식'과 같은 유일한 옵션을 좋아하지 않고, 특히 일방적으로 '92공식'을 강요하는 것을 원치 않는다. 중국이 이를 계속 고집할 경우 양안관계는 점점 멀어지고, 대만인들은 '92공식'을 더욱 거부할 것이라는 점을 상기시킨 것이다. 차이잉원은 젊은 층의 지지로 당선되었기 때문에 젊은 층의 여론을 무시하면서 '92공식' 또는 '하나의 중국 원칙'을 강압적으로 받아들일 수 없다. 그렇게 될 경우 지지기반이 무너질 것이다.

제5절
쑹추위(宋楚瑜)의 APEC 참석과 양안관계

2016년 11월 22일부터 23일까지 APEC 회의가 페루 리마에서 개최될 예정이었다. 차이잉원은 민진당의 반대에도 불구하고 쑹추위를 대표로 지명했다. 쑹추위는 '92공식'을 지지하기 때문에 차이잉원이 중국에 호의를 표한 것으로 볼 수 있다. 만약 중국이 대만의 ICAO 회의 참여를 제지하고, 쑹추위의 APEC 참석까지 제지하였다면, 차이잉원은 더 이상 물러날 곳이 없었을 것이고, 양안관계는 더욱 냉각되었을 것이다.

1. 양안관계의 안정을 원하는 시진핑

차이잉원은 민진당 반대파들의 만류에도 불구하고, 쑹추위를 APEC에 참석시키기로 결정하였지만, 오히려 국민당의 반발이 더 컸다.

가 국민당의 반발

필자가 알기로는 국민당 세력들이 중국 국대판에 쑹추위의 APEC 참가를 반대하도록 지속적으로 요구했다. '92공식'을 인정하지 않는 차이잉원이 지명한 인물이 APEC에 참석하는 것을 중국에서 용인한다면 '92공식'을 지지하는 국민당의 입장이 난처해지기 때문이다. 페루와 중국의 관계가 밀접하므로 만약 중국이 반대하면 대만은 APEC 회의에 참석할 수 없었을 것이다. 11월 14일, 차이잉원이 쑹추위를 총통 자문위원으로 지명하고 대만의 APEC 대표가 되자 국민당은 더욱 강력하게 반대하였다.

국민당을 지지하는 한 학자는 중국내 소식통을 인용하여 "쑹추위는 APEC에 참석할 수 없을 것이다. 트럼프가 대통령이 된 후 미국은 아시아에서 물러나고, 대만을 더 이상 지원하지 않을 것이기 때문에 중국은 차이잉원을 외면하고 외교적으로 실패하도록 할 것"이라고 주장했다.

나 쑹추위의 APEC 참여 저지에 실패한 국대판

국대판은 국민당의 압박을 받아 쑹추위의 APEC 참석을 저지하려 했다. 대만을 연구하는 중국의 학자들은 국민당 인사들의 요구 하에 쑹추위의 APEC 참석을 반대하는 발언을 쏟아냈다. 일례로 10월 초에 인민일보 해외판 사설에서 "대만 당국이 APEC에 참석하기 위해서는 먼저 '하나의 중국'이라는 틀과 관련 관례들을 존중해야 한다. 쑹추위의 APEC 참석 가능성은 높지 않고, 참석하더라도 형식적인 참석일 뿐이며, 마잉주 집권시기의 '후렌회(후진타오-롄잔 회담)', '시샤오회(시진핑-샤오완창 회담)'처럼 APEC에서 함께하는 장면은 재연될 수 없다"고 언급했다.

(1) 양안관계에 대한 시진핑의 입장

시진핑은 2017년 중국 공산당 19차 당대회를 개최하기 전에 권력을 장악하는 것이 급선무였고, 이 때문에 양안관계의 안정이 매우 중요했다. 시진핑은 자신의 권력을 확고히 하는 것에 중점을 두었기에, 대만 문제는 그의 주요 관심사는 아니었다.

시진핑은 대만의 ICAO 참석을 반대한 데에 이어 쑹추위의 APEC 참석까지 반대한다면 차이잉원에게 더 이상 선택지가 없으며, 이로 인해 양안관계가 극도로 냉각될 것임을 알고 있었다. 대만의 독립파들은 차이잉원의 온건한 양안정책에 불만을 가지고 있었기 때문에 만약 차이잉원의 양안정책인 '현상유지'가 베이징의 호응을 받지 못한다면 독립파들의 주장에 더욱 힘이 실릴 것이고, 차이잉원은 어쩔 수 없이 더욱 독립노선으로 기울 것이다. 그에 따라 중국 내부에서는 강경파들의 목소리가 커질 것이고 무력통일을 주장하는 목소리가 커질 것이다. 또는 대만의 독립파들이 지지하는 자를 2020년 총통 선거에 출마시켜 중국의 대만 업무를 더욱 어렵게 만들고, 양안관계 또한 악화될 것이 자명했다.

시진핑은 11월 1일에 베이징에 방문한 홍슈주 국민당 주석을 접견한 자리에서 "대만 독립 문제를 처리하지 않으면 중국 공산당은 인민에 의해 전복될 것"이라고 말했다. 이 메시지는 차이잉원에게 전하는 것이었다. 이 시점에 대만의 독립파를 저지 할 수 있는 사람은 차이잉원 뿐이기 때문이다. 시진핑의 뜻은 내부에서 반독립파와 무력통일파의 압박이 있으니 대만 내부에서 독립파들의 목소리가 커질수록 대만 침공에 대한 압박이 커질 것이라는 의미였다. 다만, 현재로서는 승산이 없기 때문에 공격해서 이기지 못하면 자신이 권좌에서 물러나야 했고, 따라서 차이잉원이 대만의 독립파를 억제할 수 있다면 양안관계에서 지각변동은 없을 것인바, APEC에서 쑹시회도 이루어질 수 있다는 것이다.

(2) 시진핑의 우려

중국이 대만을 압박하여 쑹추위가 APEC에 참석하지 못하게 한다면, 대만의 독립세력은 더욱 정당성을 갖추게 되고, 차이잉원으로서도 중국에 대해 호의를 유지하는 것이 어려워진다. 그리고 '92공식'은 대만내에서 더 이상 설자리를 잃을 것이며 국민당은 집권이 불가능해진다. 결과적으로 차이잉원 총통이 재선되고, 민진당이 장기 집권을 하게 되는 것이다. 그리되면 2017년 19차 당대회와 2022년 20차 당대회에서 시진핑이 내놓을 대만 업무 성과는 전무할 것이며, 대만 독립세력의 목소리도 커질 것이다. 또한 내부에서 반시진핑 세력의 비판이 커져서 시진핑의 권력 안정에 불리한 환경이 조성된다.

다 대만의 APEC 참석 허용

대만이 9월 27일에 ICAO 총회에 참석하지 못한 것은 시진핑이 내부 강경파의 압박 때문에 차이잉원 정권에 강경한 태도를 보인 것이다. 그러나 이후 쑹추위의 APEC 참석을 허용함으로써 양안이 적대적인 상황에 빠지는 것을 원치 않는다는 것을 암시하였다.

2. 쑹추위와 시진핑의 만남

쑹추위와 시진핑은 11월 19일 APEC의 기업인자문위원회(ABAC) 및 정상회담이 시작되기 전에 만났다. 대만 대표단의 고문인 리훙쥔(李鴻鈞)은 금번 회담이 "자연스럽고 우호적인 만남"이라고 평가하였다. 회담은 10분 이상 진행되었고, 서로의 안부를 물었을 뿐만 아니라 중국에 양안 간 경제무역 교류에 대한 내용, 그리고 특히 대만의 중소기업에 대한 관심을 요청했다. 이튿날 마샤오광 국대판 대변인은 '두 사람이 오찬실에서 자연스럽고 간단한 인사만 나누었다'고 언급했다.

가 쑹시회(宋習會 : 쑹추위와 시진핑의 회담) 관련 언론의 관심

쑹추위와 시진핑의 만남에 대해 대만 언론은 대대적으로 보도하였다. 쑹추위의 딸 쑹전마이(宋鎮邁)와 시진핑의 부인 펑리위안이 즐거운 분위기 속에서 담소를 나눈 사실도 보도되었다. 쑹추위는 또한 APEC 참석 계기를 활용하여 푸틴 러시아 대통령, 아베 신조 일본 총리, 두테르테 필리핀 대통령 등과 만나 대화를 나누었다.

나 쑹시회에 대한 오판

우쿤위(吳崑玉) 친민당 문화선전부 부주임은 쑹추위와 시진핑의 만남 이후에 자신의 페이스북에 "처음엔 갈 수 없고, 만날 수 없다고 하더니 결국 쑹추위와 시진핑이 만나서 대화를 나누었다고 한다. 국민당 진영의 고위급과 전문가들은 왜 아무

말이 없는가?"라는 글을 남겼다. 추측컨대 시진핑이 국대판의 준비 일정을 무시하고 쑹추위를 만난 것이다.

또한, 중국매체와 대만 관련 학자 및 대만 국민당 진영 인사들이 시진핑의 대만 관련 입장에 대해 잘 모른다는 것을 알 수 있다. 대만을 연구하는 중국 학자들은 최고위층의 생각을 알지 못해 다시 한 번 정세를 오판하였다. 또한 국민당 진영의 인사들은 시진핑이 차이잉원에게 강경한 태도를 보일 것을 기대하면서 시간은 대만 편이 아니라는 말만 반복하고 있다. 이러한 상황에서 정세판단은 정확성이 떨어질 수밖에 없다.

다 쑹시회에 대한 논란

쑹시회가 열린 11월 24일, 대만의 언론 왕바오(旺報)는 쑹추위가 자신이 시진핑과 10분간 회동했다고 주장하지만 실제는 1분도 채 안 되었다고 중국 외교계 인사를 인용해 보도했다. 국민당 진영은 쑹추위의 발표가 거짓이라면서 차이잉원과 독립파들을 공격했다. 이상한 점은 중국의 외교계 인사는 왜 신분을 감추고, 중국 외교부는 왜 쑹추위의 거짓말에 어떠한 반응도 없냐는 것이다.

베이징 주재 대만 기자들이 주로 연락하는 기관이 중국 국대판임을 감안한다면 왕바오 보도에서 언급한 외교계 인사는 국대판 소속일 가능성이 높다.

그렇다면 중국 국대판이 왜 '쑹시회는 1분간 실시했다'라는 말을 흘렸을까? 그들은 쑹추위에게 불만을 가지고 있었기 때문에 쑹추위가 사실을 과장한다고 비판한 것이다. 국대판이 불만을 가진 이유는 첫째, 국대판은 쑹추위가 APEC에 참석할 수 없다고 판단했고, 이를 언론에 유출했는데 결국은 시진핑이 동의해서 참석했기 때문이다. 둘째, 대만 국민당 진영이 국대판에 쑹추위가 APEC에 가지 못하게 해달라고 요청했지만 실패했고, 이를 만회하기 위해서이다. 셋째, 쑹추위와 시진핑은 중앙판공청을 통해 직접 연락을 하면서 국대판을 '패싱'하였기 때문에 쑹추위에게 불만을 표출한 것이다.

물론 국민당 진영이 뉴스를 퍼뜨려 쑹추위의 기세를 꺾으려 했을 가능성도 배제할 수 없다. 쑹추위가 APEC 참석과 시진핑과의 만남으로 세력을 키워 국민당의 새로운 주인이 되는 것은 국민당과 훙슈주에게 좋지 않은 일이기 때문이다.

🔒 저우즈화이의 유화책

저우즈화이 중국 사회과학원 대만연구소 소장은 11월 30일 중국은 '92공식' 외에 '하나의 중국 원칙'을 실현할 수 있는 양안 간 새로운 공동인식을 수립하는 데에 반대하지 않는다고 말했다. 이는 사실상 차이잉원의 취임연설에 언급한 '중화민국 헌법', 즉 '하나의 중국 헌법'과 동일한 입장이다. 차이잉원이 강조한 '양안인민관계 조례'는 양안이 국가 간의 관계가 아니라고 규정하는데 저우즈화이의 주장도 양안 관계에 새로운 가능성을 부여하였다.

제6절

국대판의 실수에 대한 시진핑의 불만

2016년 후반기 국대판이 취한 조치들은 대만 국민의 지지는커녕 오히려 중국에 대한 반감만 확대시켜 시진핑의 불만을 야기했다.

1. 대만여행업자들의 912 시위

9월 12일 대만여행업자들은 차이잉원 집권 이후 중국 여행객이 대폭 감소해서 경영상 문제가 생겼고, 정부가 해결해줄 것을 요구하며 거리시위를 했다. 912 시위는 11개의 여행 관련 사회단체로 구성된 '백만관광산업자구회'가 추진하였는데, 9월 7일 기자회견을 열어 문제해결을 요구했다. 이 시위로 차이잉원이 '92공식'을 인정하지 않아 여행업이 타격을 입은 것이 부각되었고, 중국 국대판이 배후에서 지원한 증거는 없지만 국대판 입장에서는 반길만한 일이었다.

가 대만여론의 반대

대만의 여론은 여행업자들의 시위가 정당성이 부족하다고 생각했다. 왜냐하면 그들은 과거에 수입이 좋았을 때는 쥐 죽은 듯이 있었는데, 중국 국가여행국과 지방여행국 관료들을 귀빈으로 환대하였으며, 중국 여행업자와도 종종 담합을 하기도 했다. 그런데 이제 와서 중국 여행객 감소의 책임을 정부에게 지우는 것은 합리적이지 않다고 생각하는 것이다.

또한 중국 여행객의 관광으로 발생한 이익을 장기간 일부 업자들이 독점했고, 직원들과 공유하지 않았다. 대만 국민들은 중국 여행객으로 인해 이득을 보는 것이 없기 때문에 중국인의 관광에 관심이 없었고, 오히려 중국 관광객으로 인해 관광지가 붐비고, 차가 막히고, 비용이 증가하고, 중국인들이 질서를 지키지 않고 소란을 피우는 등 부작용이 더 많다고 생각했다.

특히 2014년 해바라기 학생운동이 일어나고 대만사회는 반중 분위기가 확대되면서 그해 연말 지방선거에서 국민당이 참패했고, 양안관계에 경종을 울렸다. 그리고 각종 여론조사에서 '92공식'을 인정하지 않는 차이잉원이 당선될 확률이 지속적으로 높아졌다. 차이가 당선되면 중국 여행객이 줄어들 것이 뻔했고, 선거전부터 이런 소문이 떠돌았다. 따라서 업자들이 위기의식을 가지고 미리 준비를 했어야 했고, 그에 대한 책임은 본인이 져야 하는 것이다.

나 시위의 영향력 제한

여행 관련 기관은 중국 여행객이 대만에서 매년 2,000억 대만달러의 경제적 가치와 1만개 이상의 취업을 창출하였지만, 현재는 약 10-20%의 여행객만 방문하여 약 10만 가구의 생계에 영향을 미칠 것이라고 주장했다. 관련 기관은 거리시위에 약 2만 명 이상이 참가했다고 추정했으나 실제로는 7천명 정도였으며, 참가 인원이 적어 차이 정부가 느끼는 압박도 크지 않았다.

다 중국 여행객의 경제적 효과 제한

9월 9일 중국 산시성에서 방문한 24명의 관광객이 단체에서 이탈하여 기차를 타고 화롄에서 타이베이로 이동하였다. 여행객들은 가이드가 안내하는 보석쇼핑 일정을 원하지 않아 단체에서 이탈했다고 하였다.

사실 중국 여행객은 대부분 저가 단체여행으로 일반적인 단체비행은 약 3,000위안, 약 15,000대만달러이며, 그보다 더 낮은 것도 있다. 이 비용은 항공권과 최저수준의 숙식에 해당하는 금액이다. 그래서 업자들은 이익을 최대화하기 위해 쇼핑센터 방문 일정을 반드시 포함시켰다. 무리한 여행과 쇼핑 일정을 소화하기 위해 버스 기사와 차량의 피로도가 증가했고, 사고도 빈번히 발생했다.

중국 여행업자들은 해외여행의 시장을 독점하기 위해 많은 국가에 투자를 했고, 특히 동남아 국가에서 성행했다. 중국 여행객이 목적지에 도착 후 현지 여행사, 가이드, 관광버스, 숙소, 식당, 쇼핑센터 등이 모두 중국 여행업자가 현지에 투자한 시설을 이용하게 된다. 이러한 방식은 중국 업자들이 관련 수익을 독점하는 반면 현지 여행업자들의 수익을 감소시키게 된다. 결과적으로 엄청난 수의 중국 관광객이 해외여행을 하더라도 현지에 미치는 경제적 효과는 매우 제한적이라는 것이다.

2008년부터 중국 여행객은 대규모로 대만을 방문했고, 이러한 방식에서 벗어날 수 없었다. 중국 단체여행 비용이 매우 낮기 때문에 사업을 포기하는 대만 여행사가 많았다. 살아남은 여행사도 대부분이 중국자본으로 운영되었고, 사장은 홍콩인, 직원은 대만인이었다. 2016년 8월 24일 중국 여행객만 전담하는 '창세기국제여행사'가 폐업을 선포했는데 사장은 홍콩인이었고, 빚만 남기고 홍콩으로 도주했.

이런 여행사들이 다시 쇼핑센터, 호텔, 식당, 관광버스, 또는 상호투자 등의 방식으로 투자를 하기 시작하여 시장을 독점하고 이익공동체를 형성했다. 독점이 범죄는 아니지만 저가 단체여행을 목표로 편의를 제공하면서 이익을 독점할 수 있다. 만약 관련 업종들 등이 독립적으로 영업을 하면 서로 감시, 감독하는 효과가 있을 수 있다. 그러나 독점의 경우에는 외부에서 이를 간과하기가 쉽지 않다.

따라서 대만 여론은 중국 여행객이 감소하지 않더라도 일부 업자에게 이익이 독점되고, 대만이 이득을 보기는 어렵다고 판단했다. 대만업자들은 이 기회에 중국여행객의 대만 관광 문제를 재고하고, 시장을 분산시킬 필요가 있다. 또한 앞으로 다른 여행 시장을 개발할 때에도 같은 실수를 반복하지 않아야 할 것이다

2. 훙시회(洪習會 : 훙슈주와 시진핑의 회담) 개최

국공논단은 국민당과 중국공산당이 공식적으로 교류하는 기제이고, 과거에는 양안경제무역문화논단으로 불리다가 2016년에 양안평화발전논단으로 개명되었다. 11월 2일 베이징에서 개최되었고, 훙슈주 국민당 주석은 1일 시진핑과 만났다.

가 훙슈주와 시진핑의 만남

훙슈주는 총통 선거 때부터 '일중동표(一中同表)'를 주장했고, 이후 언론에서 강한 국민당 성향으로 평가되었다. 9월에 개최된 국민당 제19차 전국대표대회에서 통과된 '평화강령'에는 일중각표도 포함되지 않아 당내 인사 우둔이, 왕진핑의 비평을 받았고, 훙시회를 개최하기 위해 중국에 아부했다는 의심을 샀다.

1) 중국 내부의 훙시회에 대한 시각

훙슈주는 시진핑과의 만남이 지지율을 올리는데 도움이 될 것으로 생각했기 때문에 훙시회가 개최 되기를 바랐다.

훙시회 개최에 대해서 중국내부에서는 찬반 의견이 팽팽했다. 찬성하는 쪽은 훙슈주가 대만정계에서 소수의 통일파이기 때문에 시진핑이 반드시 만나서 2017년 당주석 선거에 당선되도록 지지해야 한다고 생각했다. 만약 훙슈주가 연임에 성공하면 통일파가 대만의 두 번째 정당을 이끌 수 있고, 통일파가 대만에서 명맥을 유지할 수 있기 때문이다.

반대하는 쪽은 훙슈주가 당주석이 되면 국민당이 신당화가 되어 정권 탈환이 어렵다는 것이다. 게다가 국민당 본토파의 반대로 훙이 낙선하게 되면 시진핑의 지지가 아무런 효과가 없고, 국민당의 탈중국화가 가속화될 수 있기 때문이다. 사실 시진핑이 정말 바라는 것은 국민당이 2020년에 재집권을 하는 것이었다.

2) 중국의 훙시회에 대한 목적

결론적으로 시진핑은 훙슈주를 만나기로 결정했다. 진창룽 등 중국학자의 시각과 같이 국민당이 단기간내 집권하기 어렵고, 훙슈주와 면담 여부가 영향이 크지 않다고 보았기 때문에 훙시회를 통해 '92공식'이 대만에서 아직 건재하고, 시진핑의 대만 업무가 진전이 있으며, 대만 업무에 대한 성과를 2017년 중공 19차 당대회의 정치보고에 포함시키고 싶었던 것이다. 시진핑에게는 국민당의 존망이 중요한 것이 아니라 국민당의 이용가치가 중요한 것이었다.

시진핑이 훙슈주를 만나서 '정의는 사람의 마음속에 있다'고 하면서 국민당이 '하나의 중국 원칙'을 준수하면 민심이 지지하든 그렇지 않든 중요하지 않다고 강조했다. 이는 국민당에 대한 격려이면서 동시에 시진핑이 국민당의 재집권 가능성을 낮게 판단하고 있음을 암시한 것이다.

2015년 중국은 항일전쟁 전승 70주년을 경축하기 위해 천안문에서 열병식을 거행했고, 국민당 명예주석 렌잔 부부를 초청하여 중국 공산당이 항일전쟁의 주축이었음을 알리고자 했다. 같은 해 마시회도 시진핑이 양안 지도자가 만나는 역사적 성과를 달성해서 양안문제에서 후진타오를 넘어서기를 원했다.

2017년 중공 19차 당대회에서 시진핑은 국내외 정세가 안정적으로 유지되어 1기 총서기 임기가 순조롭게 마무리되기를 바랐다. 그러나 2016년 10월 11일 수천 명의 퇴역 군인들이 베이징의 국방부를 포위하고 처우개선을 요구하는 시위를 벌였다. 10월부터 친중 성향의 홍콩 청바오(成報)는 중국 정치국 상무위원 장더장(張德江)이 13년간 홍콩을 망쳤다는 비난을 잇달아 보도하였다. 장더장은 중앙홍콩마카오업무협조그룹 조장이고, 장쩌민의 애장으로 시진핑과 장쩌민의 암투가 여전하다는 것을 알 수 있다. 만약 홍콩이 중국 공산당의 권력 투쟁의 장이라면 대만은 더 말할 나위가 없다. 따라서 시진핑은 안정적인 양안관계가 필요했고, 훙시회는 이에 적합했다.

3) 국민당의 훙시회에 대한 시각

훙시회가 개최되기 전 입법원의 국민당 의원단은 훙슈주와 면담을 요청했다. 그들은 훙슈주가 시진핑을 만났을 때 공개적으로 일중각표를 주장하기를 바랐고, 중화민국을 당당히 언급하기를 바랐다.

나 훙슈주의 방중 목적

훙슈주는 중산릉 방문시 1년 전 주리룬이 베이징에서 쑨원의 의관묘에서 언급한 것과 같이 '민국 105년 10월 31일'로 제문을 시작하여 중화민국이 현재진행형임을 강조했고, 이어서 '쑨원이 청을 전복하고 중화민국을 건설했다'고 언급하여 롄잔, 우보슝과 같은 주장을 하였다. 훙시회에서 훙슈주는 일중동표를 언급하지 않고, "하나의 중국 원칙이라는 공동인식을 견지하고, 하나의 중국의 함의에 대해 각자 해석한다"고 발언하여 또 다른 일중각표를 주장하는 것처럼 보였다. 훙슈주는 양쪽의 입장을 모두 고려하여 안전한 카드를 제시한 것이다.

1) 스팅푸 사건

10월 31일 훙슈주가 난징의 중산릉을 방문했을 때 스팅푸(史庭福)라는 남성이 중화민국 국기를 들고, 중화민국 만세, 삼민주의 만세, 삼민주의 통일 중국을 외쳤고, 그는 곧바로 공안에 끌려갔다. 최근 많은 중국인들이 1949년 이전 국민당이 통치하던 시기의 자유와 다원주의를 그리워하고, 국민당 지지자들은 시진핑 집권 후 언론 통제에 대해 불만을 가지고 있었다. 이런 상황은 국민당과 공산당이 모두 걱정하는 것으로 국민당에 의한 대륙 광복을 환영하는 것은 중국 공산당의 정당성을 부정하는 것이기 때문이다.

2) 훙슈주 방중의 의문점

국민당이 추천한 3개의 대만 매체가 중국으로부터 동행을 허가받았지만 갑자기 훙시회 취재를 금지당했고, 훙슈주는 당황스러웠지만 항의를 할 수 없었다. 시진핑은 훙슈주를 융숭히 대접했지만 매우 무시하는 태도였고, 이는 훙슈주가 국민당 당권을 장악할 수도 없거나, 2017년에 주석직에서도 물러날 가능성이 있었기 때문이다. 따라서 중국매체도 훙슈주의 중국방문을 크게 보도하지 않았다. 시진핑은 훙슈주가 제의한 '평화협의'에 대해서 아무런 반응도 없었다. 또한 직접 만찬을 주관하지 않았고, 훙슈주와 시진핑 간의 단독(소인수) 회담도 없었다. 그리고 국민당은 훙시회가 오후 3시에 개최된다고 발표하였으나 국대판은 31일 저녁에 갑자기 4시로 연기시켰다.

3) 대만에서 훙시회의 영향

차이잉원 입장에서 훙시회는 아무런 정치적 압박이 없었다. 현재 양안관계가 냉각되었고, 중국 여행객이 감소했지만 대만 국민에 대한 영향이 제한적이었고, 국민당이 양안관계를 개선시킬 것을 기대할 수도 없기 때문이다.

다 국대판의 대만정책에 대한 시진핑의 반대

5월 20일 차이잉원 정부가 집권 후 양안관계가 냉각되고, 중국 여행객이 대폭 감소하였다. 9월 18일 국민당 집권 현·시장 방문단이 중국을 방문하여 환대를 받았고, 10월 2일 국대판의 국민당이 장악한 현·시 여행 소식이 전해져 중국이 대만의 국민당 현·시에 대해서만 특별대우를 한다는 논란이 일었고, 10월 10일 북경관광 휴가농업협회의 방문단이 대만을 방문하고, 11월 21일 중국의 선발대가 방문하는 등 일련의 사건들이 있었다.

1. 국민당 8개 현·시장의 베이징 방문

9월 18일 화롄현장, 신주현장, 먀오리현장, 롄장현장, 난텅현장, 타이동 부현장, 진먼 부현장, 신베이 부시장 등 8명의 국민당 소속 현·시장이 중국을 방문하여 국대판 주임 장즈쥔과 전국정협 주석 위정성을 예방하였다. 이들의 방문은 '92공식'에 대한 지지를 강조하고, '92공식'을 인정하는 현·시에 중국 여행객의 관광 확대를 요청하기 위함이다.

1) 방문단에 대한 중국의 해석

위정성은 국가지도자급이고 시진핑이 조장으로 있는 중공중앙대만업무 영도소조의 부조장으로 그가 직접 접견한 것은 방문단을 매우 중시한다는 의미가 있다. 또한 중국이 방문단을 환대한 목적이 차이잉원 집권 후에도 대만내부에 '92공식'을 지지하는 인사가 있다는 것을 내부에 홍보를 위한 것이었다. 한편, 베이징의 이러한 조치는 차이잉원에게 큰 영향이 없었는데, 9월 12일 여행업자 시위는 차이잉원이 '92공식'을 인정하도록 강요하지 못했고, 베이징도 차이잉원이 독립파의 압박을 받는 상황에서 8명의 현·시장이 영향력이 제한됨을 알고 있었다.

2) 8대 혜택 정책

장즈쥔과 위정성의 발언은 여전히 '92공식'에 관한 것이었고, 중국이 방문단에게 제시한 '8대 혜택'은 실질적인 내용이 없었다. 그렇지만 중국은 8개 국민당 현·시가 민진당화되는 것은 바라지 않았다.

중국은 8개 현·시에 특별대우를 해주고 싶었지만 8개 현·시는 즉시 언론으로부터 '92공식 특구'라는 비판을 받았고, 중국 여행객과 농산물 구매는 중국의 통일전선 도구였음이 드러났다. 결과적으로 국민당이 장악한 현·시의 여론도 중국의 혜택 정책에 명확한 지지를 보내지 않았고, 민진당이 집권한 현·시의 여론도 별다른 반응이 없었다.

이번 '92공식' 인정 방문단은 중국을 도와 '92공식'을 언급하고, 구체적인 실천계획이 없는 답변만 받아왔다.

나. 중국 방문단의 국민당 현·시 방문

10월 10일 베이징시 대만판공실이 조직한 '베이징관광휴가농업협회' 방문단이 8일간 대만을 방문하여, 차이잉원 집권 후 처음으로 대만을 방문한 대표단이 되었다. 한편 베이징에서 방문한 10명의 '우호도시 농산품과 특산품 시찰단'이 '중화전국공급협력공사' 대만사무판공실 부주임 류팅의 인솔하에 11월 21일부터 7박 8일간의 일정으로 대만을 방문하였다. 이들의 전 일정은 농산품과 지방특산품을 참관이었다.

1) 방문단의 특징

'베이징관광휴가농업협회'는 민간 농업교류를 명분으로 대만을 방문하였지만 대표단장은 베이징시 대만판공실 조사연구원 덩진숭이었고, 성원은 베이징시 농촌공

작위원회 서기 주임 순원제, 신농촌건설감독처 부처장 정통푸, 신농촌경제연구중심 조사연구종합처 처장 장잉치 등 관료 신분이었고, 모두 동 협의의 이사로 등록되어 있었다.

한편, '중화전국공급협력공사'의 전신은 1949년 11월 중국 건립이후 설립된 '중앙협력사업관리국'으로 마오쩌둥이 사유제를 폐지하고, 사회주의를 추진하기 위한 주요기구중의 하나였다. 이 공사는 국무원의 지휘를 받고, 행정등급은 '부급(正部級)'으로 주요업무는 중국 각지의 공급협력사를 총괄하는 것이다. 이번 구매단의 성원은 상하이시 과일식품공사, 난퉁시 과일식품공사, 중국 차유통협회, 알리바바 소속 인터넷회사 텐마오 테크놀리지와 농업무 시장경제정보사 처장 왕송 등이 있다. 시찰단은 신베이시 핑린구의 차, 화롄현 원주민 예술품 및 농산품, 타이동현 관산진의 쌀, 신주현의 선초, 먀오리현의 대추, 난터우현의 고산차, 진먼현의 사탕과 고량주, 렌장현의 술 등 농특산물을 참관하였다.

2) 방문단의 일정

10월 10일 대만을 방문한 '베이징관광휴가농업협회' 방문단은 난터우현 등 국민당 집정 현·시를 방문하였지만 자이, 가오슝, 평동, 평후 등 민진당 집권 현·시도 방문하였다. 그들은 오히려 민진당 집권 현·시에 머무르는 시간이 더 길었다.

11월 21일 방문한 시찰단의 첫 방문지는 주리룬이 집정하는 신베이시로 민진당이 집권하는 현·시는 '지나만 가고 소비는 하지 않는다'고 밝혔지만 실제로는 타이베이시 타오위안시, 타이중시 등 민진당 집권 도시에서 식사와 관광을 하였다.

따라서 국대판의 국민당 현·시 여행과 국민당 현·시 특별대우는 말은 쉬우나 실천하기는 어려운 방식이었다.

3) 방문단의 태도

10월 10일 방문한 '베이징관광휴가농업협회' 방문단의 일정은 매우 로우키를 유지하였으며, 관광과 농업 교류 위주로 기타 업무는 언급을 피하였다. 일정은 모두 단순 참관이었고 어떠한 구매의향서도 체결하지 않았으며 실제 구매도 이뤄지지 않왔기 때문에 '국민당 현·시 특별대우'가 실제 중공중앙의 정책인지 의심케 하였다.

11월 21일 방문한 시찰단도 대만 입국 후 언론의 인터뷰를 거부하고 로우키를 유지하면서 마잉주 정부 시기의 구매단과 판이한 태도를 보였다.

다 국민당 현·시 여행의 허점

10월 1일 국경절 연휴에 즈음하여 중국은 10월 2일 갑자기 '국대판 국민당 현·시 여행'이 추진될 것이라는 소문이 돌았고, 이미 광고까지 나왔다. 9월 18일에 대만의 국민당 8개 현·시장이 베이징을 방문한지 채 보름이 되기 전에 결과가 나와서 대만 각계는 매우 의아해했다.

1) '국대판의 국민당 현·시 여행'의 계획 부실

10월 2일 저장성 닝포의 모 여행사가 '국대판 국민당 현·시 여행'을 추진했고, '보물섬 여행, 국민당의 재발견 : 대만여행 6일'로 광고하면서 공공연히 국대판의 간판으로 국민당을 지원하는 것이었지만 내용은 허점이 많았다. 우선, 국민당 현·시장 방문단에 참가했던 타이동현, 신주현 등 2개 현을 방문일정에서 제외하였고, 오히려 민진당이 집정하는 신주시, 타이중시에서 숙박을 하고, 신주시 사찰과 타이중의 야시장을 방문하였다.

또한 지리적으로 국민당과 민진당 집권 지역을 구분하기 애매한 곳이 많았기 때문에 중국의 국민당 현·시 특별대우가 실현 가능성이 높지 않음을 알 수 있다.

2) '국대판의 국민당 현·시 여행'의 실현 가능성

'국대판 국민당 현·시 여행' 계획은 실제 실행에도 여러 가지 어려움이 있었다. 여행사의 계획에 따르면 신베이에서 기차로 화롄으로 이동하고, 다음날 바로 예류로 이동하는 매우 빠듯한 일정이었다. 단체관광 비용은 3,999위안밖에 되지 않는데 6일간 4성급 호텔에서 숙박을 하고, 나머지 2일은 오성급 호텔에서 묵기 때문에 이윤을 남기기가 어려운 구조였다. 이런 형태의 저가 단체여행이나 방문단이라면 과거 중국 단체여행의 전철을 되밟는 것이다.

게다가 타이베이시와 아리산을 방문하지 않는 일정은 인기가 낮고 방문자 수가 적을 수밖에 없다. 따라서 국민당 현·시 여행은 정치적으로 강행할 수는 있겠지만 지속적인 운영은 어려울 것이다.

3) '국민당 현·시 여행'과 국대판의 관계

10월 2일 닝보의 여행사가 추진한 '국대판 국민당 현·시 여행'은 과연 국대판의 정책일까? 이후 동 여행사가 '국대판 국민당 현·시 여행'을 실제로 추진하지 않았음이 알려졌고, 기타 여행사도 마찬가지였으며 국대판도 이를 인정하지 않았다.

국대판은 9월 18일에 이미 8개의 국민당 현·시에 중국 관광객을 보낼 것이라고 약속했기 때문에 국민당 현·시 여행에 대해 부인할 수 없지만 진행 방식에 대해서는 구체적인 계획이 없는 상황이었다.

라 장즈쥔의 국민당 현·시 특별대우 관련 언급

국대판 주임 장즈쥔은 10월 31일 방중한 국민당 주석 훙슈주에게 국민당 8개 현·시장이 비즈니스 기회를 요구했고 이에 특별대우를 약속했으나, 현재는 이를 추진하기에 어려움이 있다고 언급했다. 위정성과 장즈쥔의 약속이 공수표였음이 드러났고, 시진핑도 특별대우를 주는 계획에 동의하지는 않았을 것이다.

'국민당 현·시 특별대우'는 후진타오 시기의 교류 방식에서 벗어나지 못하였다. 시진핑은 과거 방식이 성공적이지 못했기 때문에 차이잉원이 큰 표차로 당선되었다고 생각하고 있었다. 후진타오 시기에 대만 상품 구매를 적극 추진했지만 대만의 민심을 얻지 못했고, 민진당이 2016년 총통 선거와 입법원 선거에서 승리했기 때문에 대만 업무 실패의 책임이 자신이 아닌 후진타오에 있다고 넌지시 시사하였다.

국민당이 집권한 현·시에 특별대우를 주는 것은 실행하기가 매우 어렵거니와 효과도 제한적이며, 민진당의 비판을 받고, 대만 국민들의 반감만 증가시킬 뿐이었다. 아울러, 시진핑도 이를 지지하지 않기 때문에 중국은 이 정책을 중단하기로 결정했다. 대만 업무에서 국대판이 남긴 또 하나의 오점이었다.

제7절
차이잉원의 친미·우일·냉중(親美友日冷中) 정책

차이잉원은 집권 후 기본적으로 친미·우일·냉중을 대외전략으로 삼았다.

가 양안 교역 관계

중국해관총서의 통계에 따르면 마잉주 정부 말기 2015년 양안교역액은 1,885.6억 달러로 전년 대비 4.9% 감소하였고 수출입이 모두 증가에서 감소로 돌아섰다. 그중 중국의 대만에 대한 수출은 449억달러로 2014년에 비해 3% 하락했고, 수입은 1,436.6억달러로 5.5% 하락하였다. 한편 2015년 중국 자본의 대대만 투자액은 4년 이래 최저치를 기록했는데 전년 대비 27.1% 감소하였다. 양안 간 교역관계는 1990년대부터 큰 발전을 이루었지만 2015년부터 쇠퇴기에 접어들었다.

중국은 여전히 대만의 최대 교역대상국이고, 전체 교역액에서 대중 수출입이 차지하는 비중은 2008년부터 20-22% 전후를 유지하고 있다. 2015년 양안의 수출입은 대만 전체 교역에서 22.7%를 차지했지만 수출 비중이 점차 하락하기 시작했다. 사실 양안 교역의 전성기는 끝나가고 있었다. 이는 양안의 상품 간 격차가 감소되었고, 중국이 공급망을 다변화하여 대만으로부터 수입이 줄었기 때문이다.

한편 중국의 노동 및 토지 자본이 증가하고 세계공장이 동남아로 대체되고 있기 때문에 대만 기업도 동남아로 이전하는 추세였다. 양안 무역은 정치요소의 영향을 받기 때문에 대만내부에서도 우려가 많았지만 동남아에서는 이러한 우려가 없기 때문이다. 게다가 일본도 최근 아세안과 협력을 강화하고 있는데, 대만이 허브가 되어 대만·일본이 아세안에 공을 들이고 있고, 일본의 대대만 투자액이 지속적으로 증가하고 있다. 일본 입장에서는 이 기회를 빌려 대만-일본 관계를 심화하고, 대만의 대중 의존도를 낮춤으로써 대만 사회가 친중으로 기우는 것을 방지할 수 있었다. 물론 이 배후에는 미국의 동아태 전략과 TPP라는 프레임이 있었다.

나 대중 의존도 감소

민진당 집권 후 양안 교역관계의 중요성이 감소하고, 미국, 일본, 아세안과의 교역이 이를 대체하기 시작했다. 양안교역은 양안관계의 중요한 매개로 이데올로기를 따지지 않기 때문에 비교적 단순하다. 만약 양안의 교역관계가 냉각되면 양안의 중요한 연계와 유대가 단절되고, 장기적으로 볼 때 양안관계가 점점 소원해질 것이다.

차이잉원은 총통 선거 전에 조건부로 미국 돼지고기 수입을 개방하고, 가급적 빨리 미국 주도의 TPP에 가입할 것이라고 언급하였고, 앞으로 미국과의 교역관계가 더욱 확대될 것이다. TPP에 참여하는 12개 국가의 무역대표는 2016년 2월 4일 뉴질랜드에서 협의를 체결하고 TPP 설립을 정식으로 선포하였다. 대만이 가입한다면 미국, 한국, 대만, 필리핀, 베트남 등이 중국을 포위하는 TPP 경제 포위망을 형성하게 된다. 상대적으로 중국 주도의 RCEP는 진도가 상대적으로 늦어 많은 아세안 국가가 TPP에 가입할 가능성이 높다.

한편 차이잉원은 신남향정책을 통해 중국과의 교역관계를 대체함과 동시에, 동남아 관광객에게 무비자 서비스를 제공하고, 이슬람 시장을 개척하여 중국 관광객에 대한 의존도를 줄이기를 바랐다. 중국 관광객의 대만여행은 대부분 홍콩자본의 여행사와 쇼핑센터가 이익을 독점하고 있어 많은 대만업자들이 관련 시장에서 퇴출하였다.

따라서 양안의 교역이 감소하면서 차이잉원은 양안의 교역관계를 냉정하게 바라볼 수 있는 계기가 되었다. 양안 교역이 감소하고, 중국 관광객이 줄어드는데도 대만 경제에 미치는 영향이 제한적이라면, 대만 경제의 대중 의존도를 낮출 수 있을 것이고, 장기적으로는 베이징의 대만 업무에도 큰 도전이 될 것이다.

다 차이잉원의 대중 태도

차이잉원이 법적인 대만독립을 추진하지 않고, 도발하지 않으면서 대만의 민주적 성과가 뛰어나면 중국으로서는 대만을 무력공격하거나 위협할 정당성이 없다. 중국은 대국외교를 추진하기 때문에 대만에 무력위협을 가하는 이유가 충분치 않고, 지역 위기를 조성하면 대국 지위에 해를 끼칠 것이다.

특히 중국의 군사도발은 대만해협이 중국의 내해가 되는 것을 원치 않는 미국과 일본도 대적해야 한다. 미국은 대만과 긴밀한 군사협력을 진행하고 있고, 미국 입장에서 대만은 매우 중요한 전략적 지위를 가지고 있다. 또한, 대만해협은 일본 석유 수송의 생명선이고, 센카쿠, 오키나와 군도와 연결되어 있어 일본의 동남해 안보와 밀접한 관련되어 있으며, 일본도 집단방위권에 대만 해협을 제외하지 않았다.

차이이원 집권 후 양안정책의 수립은 대만의 여론에 따를 것이다. 중국이 대만의 여론을 무시한다면 양안관계는 점점 소원해질 것이고, 장기적으로는 긴장 속 평화 정세가 유지될 것이다.

라 대만국민의 양안관계에 대한 태도

대만 국민은 차이잉원 집권 후 양안관계에 대해 중국 관광객이 감소한 것 외에 큰 차이를 느끼지 못하고 있다. 중국 관광객이 감소한 것은 오히려 주변환경이 조용해지고, 깨끗해졌기 때문에 결코 나쁜 일이 아니다. 육위회와 국대판의 핫라인이 연결되지 않고, 해기회와 해협회의 연락이 중단된 것은 대만 국민들은 전혀 개의치 않는다. 또한, '92공식'에 대해서는 실질적인 의미를 이해하지 못하고, 중국이 차이잉원에게 인정을 강요하고 협박하는 것에 불만을 가지고 있기 때문에 차이잉원에게 '92공식'을 인정할 것을 요구하지도 않는다. 사실, 만약 대만인들이 '92공식'의 핵심 가치인 '하나의 중국 원칙'을 이해한다면 오히려 '92공식'을 인정하지 않을 것이다.

대만의 친국민당 매체는 대만인이 차이잉원에 대해 느끼는 가장 큰 불만은 양안관계의 경색이고, '92공식'을 인정하지 않는 것 때문이라고 보도했지만 이는 사실과 거리가 멀다. 차이잉원 집권 후 지지율이 떨어지는 것은 양안관계와 무관하고, 내정 문제 때문이다.

제4장
트럼프-차이잉원 통화 이후 중국의 대만 압박

트럼프가 2016년 11월 9일 대통령 선거에서 당선되고, 공화당이 정권을 잡았다. 미국의 중국 노선에도 큰 변화가 생겼다. 정치인 커리어를 밟지 않은 트럼프는 태도나 입장이 불분명하고, 행보를 예측하기 어려운 면이 있어 미·중·대만이라는 삼각관계 미치는 영향도 컸다. 트럼프는 12월 6일 차이잉원 대만 총통과 전화통화를 함으로써 중국의 강렬한 반발을 야기했다. 2017년 2월 9일 트럼프와 시진핑의 첫 회담이 성과없이 종료됐고, 이후 중국은 대만에 대해 강경한 입장으로 돌아섰다. 미국을 강하게 압박할 수 없기 때문에 대만에 대해 화풀이 한 것이다. 대만과 미국의 관계가 지속적으로 긴밀해지는 상황에서, 중국은 그해 5월 대만의 WHA 참여를 방해하고, 6월에 대만의 수교국인 파나마와 수교하였으며, 7월에는 대만해협에 대규모의 군용기를 파견하여 대만을 위협하였다. 그리고 같은 해 9월에는 리밍저 사건[4]으로 세상이 떠들썩했다. 그러나 이런 압박은 차이잉원의 태도를 변화시키지 못했고, 대만인들로 하여금 중국을 더욱 혐오하게 하였다. 중국이 대만에 대해 심각하게 오판하고 있음이 자명했다. 그러나 시진핑은 이를 자신의 잘못으로 인정할 수 없었기 때문에 국가대만판공실(국대판)에 그 책임을 물었고, 10월 11일에 류제이 주유엔중국대사를 불러들여 국대판 수석 상무부주임으로 임명하였다.

---

[4] 리밍저는 대만의 인권운동가로, 2017년 3월 중국 광둥성에서 체포되어 당해 9월 1심 재판에서 유죄를 선고받았다.

제1절
트럼프-차이잉원 통화와 중국의 반발

트럼프는 12월 6일에 차이잉원과 통화에서 그녀를 '대만 총통'으로 불렀고, 역사에 남을 만한 일이었다. 11일 트럼프는 언론 인터뷰에서 '나는 하나의 중국 정책을 이해하나, 왜 그 정책에 속박을 받아야 하는지는 알 수 없다'고 발언하여 중국을 긴장시켰다.

1. 트럼프의 대만 카드 활용

트럼프가 왜 대선시는 언급조차 하지 않던 대만 카드를 당선 이후에서야 꺼내었을까? 트럼프의 대만카드는 '일석오조'의 효과를 지니고 있다고 생각된다. 첫째 대만은 민감한 의제로 그 파급효과가 크기 때문에 트럼프 같은 기업인 출신의 사업적 마인드에 부합한다. 둘째, 오바마와 달리 중국에 강경한 태도를 보임으로써 집권 이후 개혁 추진에 유리하다. 셋째, 전통적인 공화당의 친대만 인식에 부합한다. 트럼프는 대선 당시 공화당과 거리를 두었고, 심지어 서로 비방하기도 하였으나 당선 후 양측의 노선은 점점 하나로 수렴해가고 있었다. 우선 트럼프가 외교 업무에 익숙치 않기 때문에 공화당 당료들의 의견을 존중하였다. 트럼프가 임명한 라인스 프리버스(Reince Priebus) 백악관 비서실장도 친대만파로 2015년 10월에 차이잉원과 만난 적이 있고, 『대만관계법』, 『대대만 6개 보장』 등 관련 내용을 적극적으로 공화당 당장에 포함시킨 인물이었다. 트럼프 당선후 설립된 백악관 국가무역위원회의 위원장 직은 캘리포니아 경영대학교 교수 출신인 피터 나바로가 맡았고, 미국무역대표는 로버트 라이트하이저, 국가정보국 국장은 댄 코츠가 맡았는데 모두 반중친대만 성향의 강경파들이었다. 넷째, 중국에 대한 협상카드를 늘렸다. 트럼프가 차이잉원을 지지함으로써 중국의 매파들은 시진핑에게 대만을 무력으로 통일하라는 압박을 가할 것이고 시진핑은 현 상황에서 승산이 없기 때문에 전쟁에서 패배하거나 단순히 대치상황으로 끝날 경우 주석직을 내려놓아야 하는 위험부담이 있었다. 시진핑으로서는 트럼프가 적당한 선에서 끝내주기를 바랄 뿐이기에 중국에 대한 트럼프의 강경책은 협상력이 커진 것이나 다름없었다. 다섯째, 트럼프가 차이잉원에게 호의를 보임으로써 이후 차이 정부가 더 많은 무기와 미국산 육류를 수입하도록 할 수 있다. 따라서 트럼프의 대만 카드는 실보다 득이 많았다.

한편, 트럼프는 친러파인 틸러슨을 국무장관에 임명하면서 러시아와 함께 중국을 '견제'하려 했고, 북한을 직접 공격할 수도 있었기 때문에 중국으로서는 큰 압박으로 작용하였다. 아울러 트럼프는 중국산 물품에 대해 추가 관세를 부과할 것이라고 언급하면서 중국의 환율 조작을 비판하기도 하였다.

당초 중국은 트럼프가 취임 이후 오바마가 추진했던 '아시아로의 회귀(Pivot to Asia)' 정책을 중단하여 아태지역에서 중국의 입지가 커질 것이라고 생각했으나, 상황은 정반대였다. 트럼프는 경제적으로 반중을, 그의 외교안보 측근들은 정치적으로 반중 정책이라는 협주곡을 연주했다.

2. 2016년 12월 미국과 일본의 대만 지지

12월 16일 오바마는 연말 기자회견에서 "하나의 중국이라는 것은 중국이 가진 국가개념의 핵심이다. 중국은 대만을 중국의 일부분으로 여기지만 대만을 하나의 '실체'로 받아들여야 하는 것을 안다. 대만은 고유의 체제운영 방식이 있다. 대만인들이 이 운영방식을 지속하고 일정한 수준의 자치권을 보장받는다면 대만이 독립을 선포하는 일은 없을 것이다"고 언급했다.

많은 사람들이 오바마의 발언을 '하나의 중국 원칙'을 지지하고, 대만이 중국의 지방정부화될 것이라는 개념으로 인식했다. 그러나 오바마는 '하나의 중국 원칙'이 중국의 핵심가치라고 하였지만, 그것이 미국의 입장이라고 말하지는 않았다. 또한 미국이 공개적으로 대만을 국가로 인정할 수 없기 때문에 '실체'라는 모호한 표현을 사용한 것이고, 전 대만 총통이었던 리덩후이도 대만을 하나의 '정치적 실체(政體)'라고 표현한 적이 있다. 오바마의 발언은 베이징도 대만을 실체로 인식하고 있고,

(미국이) 홍콩을 대하는 방식으로 대만을 대할 수 없다는 뜻이다. 자치권이라는 단어가 대만을 지방 정부화하는 느낌이 다소 없지는 않지만, 미국이 공개적으로 대만이 주권을 가지고 있다고 할 수 없기 때문에 자치라고 표현한 것이다. 한편 오바마는 '대만은 매우 성공적인 경제체이고, 국민들이 고도의 자기결정권을 가지고 있다'고 언급한 바 있다. 대만이 자기결정권을 가진다는 의미는 중국에 예속되어 있지 않다는 것이다. 결국 오바마는 중국이 대만의 자치를 훼손하는 것은 도리어 대만이 독립을 추진하도록 압박하는 것이고, 오히려 대만독립을 도우는 것이라는 점을 애둘러 표현한 것이다.

한편 오바마는 12월 23일 '2017년 국가수권법'에 서명하면서 대만과 미국의 군사교류가 처음으로 입법화되었고, 양국간 고위급 군사교류 계획이 명시되었다. 향후 국방부 차관보 이상의 관리와 현역 장교는 대만과 교류를 할 수 있고, 대만의 국방부장도 워싱턴을 방문할 수 있으며, 대만군이 미군이 주관하는 림팩훈련에 참가할 수 있게 되었다.

그 외 12월 28일 일본정부는 1972년 대만과 단교 이후 양국간 외교업무를 담당하던 기존의 '교류협회'를 '일본대만교류협회'로 명칭을 명확히 하였고, 대만에 대한 아베정부의 지지를 다시 한 번 확인시켰다.

3. 중국과 상투메 프린시페와의 수교

2016년 12월에 미국과 일본이 모두 대만 카드를 활용했고, 특히 트럼프가 차이잉원에게 호의를 보이면서 중국 내부의 반시진핑파와 매파가 시진핑의 실책을 비판하게 하였다. 궁지에 몰린 시진핑은 내부에 보여줄 무언가가 필요했으나 트럼프에게 강하게 반발할 수 없었기 때문에 대만에다가 칼을 빼 들 수밖에 없었다. 트럼프는 매우 강경하고 예측이 어려웠기 때문에 중국 정부는 트럼프가 취임하기 전부터 트럼프와 진흙탕 싸움을 할 수는 없었다. 이에 중국은 상투메 프린시페를 부추겨 12월 21일에 대만과 단교하게 하고, 그 대가로 2억 달러를 지원하였다. 왕이 중국 외교부장은 상투메 프린시페가 정확한 결단을 내려 '하나의 중국 원칙'을 지키게 된 것을 높이 평가한다고 발언하였다. 한편, 12월 17일 중국 공군은 H-6K 전략폭격기가 대만 다우(大武)산을 배경으로 비행하는 사진을 보도하였고, 18일에는 H-6K가 란위(蘭嶼)도 상공을 비행하는 사진을 발표하였고, 25일에는 랴오닝호 항모와 수척의 호위함을 최초로 대만 동부해역으로 파견하였다.

그러나 중국은 대만에 과한 대응으로 부작용이 생길 것을 우려하였다. 중국이 인구 15만밖에 안되는 아프리카의 작은 나라와 수교를 추진한 것은 아이러니하게도 대만 독립파가 차이잉원의 현상유지 정책이 실패했다고 강하게 비판하고, 중국에 너무 온건하다고 공격하는 것을 방지하기 위함이었다. 이는 트럼프가 대만을 추켜세우면서 기세가 오른 대만 독립파들이 차이잉원으로 하여금 국명을 헌법화하도록 압박하고, 심지어 민진당 강성파로 외교부장을 교체할 것을 요구할 수도 있다. 혹은 대만 법리 독립에 대한 희망이 증가할 수 있는 상황이라 시진핑으로서는 차이잉원이 너무나도 필요했고, 독립파를 가라앉히길 바랐던 것이다.

만약 대만독립의 목소리가 더 커지면 중국 내부의 퇴역장군 왕홍광(王洪光) 같은 매파가 무력통일을 주장할 것이고, 대만에 무력을 행사할 뜻이 없는 시진핑은 상당히 난처한 입장에 처하게 된다. 시진핑은 중공 19차 당대회 이전에 양안관계 및 자신의 권력이 안정적으로 유지되기를 바라지만 만약 매파를 누르지 못하면 양안관계는 큰 혼란이 발생할 것이다. 한편 트럼프의 안보 분야 관료들은 모두 친대만파로 차이잉원이 중국의 압박을 받으면 대만에 더욱 유리한 조치를 취할 것이고, 시진핑으로서는 어쩔 수 없이 이에 대한 대응조치를 취해야 하는 곤란한 상황이 생길 수밖에 없다. 따라서 시진핑은 대만의 수교국을 탈취하면서, 그 부작용이 크지 않은 상투메 프린시페를 고른 것이다.

사실, 트럼프와 차이잉원의 통화 이후 중국군도 시진핑을 계속 곤란하게 만들었다. 12월 15일 남중국해에서 미국 무인잠수정을 인양한 후에 중국의 매파들은 기세가 등등했다. 전 중국 국방대학 전략연구소장인 양이(楊毅) 소장은 "중국은 가져가야 할 것(무인잠수정)은 가져간다. 미국은 우리를 막을 수 없다"며 목소리를 높였다. 그러나 17일 중국 국방부는 적절한 방식으로 미국에 이를 반환할 것이라고 밝혔고, 트럼프는 돌려줄 필요 없다고 하면서 중국이 이를 '훔친 것'이라는 점을 강조했다. 인민해방군의 일선 지휘관은 중국이 미국에 대해 강경한 태도를 보여주고, 무인잠수정을 미국과 협상할 수 있는 카드로 사용할 수 있을 것이라고 생각했지만, 결과적으로 미국 매체로부터 중국이 남중국해 공해상에서 자의적인 망동을 저질렀다고 비판을 받았고, 미군이 남중국해에서 전력증강을 하도록 빌미만 제공했다. 그 외 2016년 11월말 가오슝에서 싱가포르로 향하던 화물선이 홍콩에 정박했을 때 싱가포르의 Terrex AV-81 장갑차 9대가 홍콩에 구류되었고, 이 사실이 12월말에 언론에 폭로되어 중국과 싱가포르 간의 외교문제로 비화하였다. 이는 중국군의 대만과 싱가포르의 군사교류에 대한 불만으로 야기된 문제였지만 그 결과는 시진핑이 바라지 않는 것이었다.

4. 시진핑의 대만 업무 인사 조정

2016년 12월 5일 중국 국대판의 압박 하에 대만 기업 '하이바왕(海霸王)그룹'은 하나의 중국을 인정한다고 공개 입장 표명을 하였다. 이는 대만인들에게 11년 전 대만의 '치메이(奇美)그룹' 회장 쉬원룽(許文龍)이 강압에 못 이겨 대만독립을 반대하는 입장을 표명한 사건을 상기시켰다. 이에 대해 대만 국민들은 반감을 느꼈고, 외부에서는 시진핑의 대만에 대한 조치가 더 이상 다른 대책이 없다고 느꼈다. 한편 3장에서 언급한 것처럼 시진핑은 차이잉원이 2016년 5월에 취임한 직후인 9월-11월 국대판이 추진한 '대만 국민당-민진당 집권 도시별 차별대우'에 불만을 가지고 있었다. 12월 24일 국대판이 베이징에서 주관한 '대만 농산품 및 관광박람회'에 난터우(南投)현, 신주(新竹)현, 화롄(花蓮)현 등 국민당이 집권하는 8개 도시만 참가하였는데, 장즈쥔 국대판 주임은 개막식에서 '양안관계의 성격에 대해 정확하게 인지하고 있는 것'이 8개 도시의 공통점이라고 언급하였다. 장즈쥔은 또한 이번 행사의 기간이 짧고 규모가 작으나 이후 여러 가지 형식으로 개최될 것이라고 언급하였다. 결과적으로 행사는 매우 작은 규모로 급하게 마무리되었고, 성과는 커녕 외부로부터의 비판만 받았다.

가 시진핑의 국대판에 대한 불만

국대판은 지도자와 조직의 사고방식이 구시대적이고, 시대변화에 적절히 대응하지 못해 대만 국민의 급변하는 여론을 읽지 못했다. 시진핑은 중공 19차 당대회 이전에 양안관계에서 문제가 발생하지 않기를 바랐지만 트럼프는 일을 만들고 싶어했다. 그러나 장즈쥔과 국대판의 대응능력이 떨어졌고, 특히 대부분의 부서장이 천윈린(陣雲林) 시기의 사람들이었다.

나 시진핑의 대만 업무 인사 조정

트럼프의 대만 카드에 대응하고, 트럼프-차이잉원 통화의 정치적 책임을 묻기 위해 시진핑은 2017년 2월부터 대만 업무 관련 기관의 인사를 조정하기 시작했다.

1) 장즈쥔의 걱정

장즈쥔 중국 국대판 주임은 2017년 설날 CCTV 중국신문에 출연하여 2017년 양안관계는 복잡하고 엄중하며, 양안이 불확실성과 위험이 증가되었다고 발언하였다.

장즈쥔은 또한 이후 대만 업무에서 아래와 같은 '4개의 지속'을 강조하였다. 첫째, '하나의 중국 원칙'을 담은 '92공식'에 대한 견지를 지속하여 양안관계와 평화발전의 정치적 기초를 수호하고, 둘째, 어떤 형식의 대만 분립독립에 대한 반대를 지속하여 대만해협의 평화안정과 중국 영토와 주권의 완정을 수호하며, 셋째 양안 간 분야별 교류협력 추진을 지속하여 양안의 경제사회 융합발전을 촉진하고, 넷째, 양안 국민의 실질적 문제에 대한 연구와 해결을 지속하여 양안 동포의 복지를 증진한다는 것이다.

그러나 장즈쥔의 진정한 의도는 '국대판 주임 자리를 지키기 위한 노력을 지속'하는 것이다. 2016년 12월 29일 대만의 차이쉰(財訊) 잡지는 장즈쥔이 2017년 2월에 개최되는 중공중앙대만업무영도소조에서 물러나고, 2016년 8월 대만을 방문한 바 있는 중공상해시위원회 통일전선부장 샤하이린(沙海林)이 그의 자리를 대체할 것이라고 보도한바 있다. 장즈쥔은 2018년 3월 13차 전국인민대회 시기에 임기가 만료되나 언론은 장즈쥔이 2014년 3월 18일 해바라기 학생운동 이후 대만의 민심에 대해 여러 차례 오판을 하여 시진핑의 신뢰를 잃었다.

샤하이린은 쌍성포럼(雙城論壇) 참석차 대만을 방문했을 때 대만에 우호적인 태도를 보였고, 주아이슬란드중국대사를 역임하여 국제적 감각도 있었기에 국대판 주임을 맡을 조건을 갖추고 있었다.

2) 쩡리중(鄭立中)과 궁칭가이(龔淸槪)의 낙마

2017년 2월 22일 대만사무판공실 부주임 궁칭가이의 뇌물수수 혐의 건에 대한 재판이 허난법원에서 열렸다. 궁 부주임은 5,352만 위안의 뇌물을 받은 혐의를 받고 있었다. 중앙기율위는 그에게 조사불응, 회원제 클럽과 골프장 이용에 대한 규정 위반, 공금횡령, 주식 및 부동산 등 개인재산 불성실 보고, 선물 수수, 직권을 이용하여 자녀의 경영활동에 편익제공, 장기간 사기업의 고급차 점유, 불법 거래, 직책을 이용하여 타인으로부터 이익 편취, 재물 수수, 미신 활동, 중공 18차 당대회 이후에도 불법 지속 등 8개의 죄명을 통보하였다.

다음날인 23일 쩡리중 중국해협양안관계협회(해협회) 상무부회장은 '엄중한 기율 위반'으로 제12차 전국정협 제54차 주석회의에서 전국정협상무위원, 홍콩마카오대만 교민위원회 부주임 직과 정협위원 직책을 박탈당했다. 부패 사건으로 조사를 받은 것 때문이었다. 트럼프와 차이잉원의 통화가 이뤄지고 두 달후 국가대만판공실의 양대 지도자가 사법 재판을 받은 것은 시기적으로 매우 공교로웠다.

쩡리중은 푸젠성 샤푸(霞浦) 출신으로 궁칭가이와 같이 푸젠성에서 관료 커리어를 시작했고, 푸젠성 발전계획 위원회 주임과 장저우(漳州)시 위원회 서기, 중앙푸젠성위원회 상무위원 및 샤먼(廈門)시 위원을 역임하고, 2005년 5월 대만판공실 상무부주임으로 승진하였다.

쩡리중은 후진타오 시기 대만 업무의 가장 큰 공신으로 주요업적은 국민당이 2008년 5월에 재집권한 것이며, 6월에 해협회 상무부회장까지 맡아 대만 업무에서 큰 권력을 장악했다. 마잉주가 집권한 이후 쩡리중은 여러 차례 대만을 방문하였다. 적극적으로 지방을 방문하여 민난어로 대만의 농·어민과 교류하여 대만 매체와 각계의 호감을 받았다.

　마잉주가 2012년 1월 14일 연임에 성공하자 쩡리중은 그 공을 인정받아 2013년 3월에 전국정협 위원, 상무위원으로 승진하였고 전국정협 홍콩마카오대만 교민위원회 부주임에 임명되었다. 11월 쩡리중은 국가대만판공실 부주임에서 면직되었으나 해협회 상무부회장을 계속 맡았다. 장쩌민이 대만 업무에서 2000년에 민진당의 천수이볜이 집권하고, 2004년에 연임하여 크게 실패하였기 때문에 후진타오는 대만 업무를 국가주석과 당총서기 10년 임기의 가장 큰 성과로 보았다.

　시진핑이 쩡리중과 궁칭가이를 처벌한 것은 후진타오 시기 대만 업무가 실제로는 많은 폐단을 낳았고, 양안 간 정경유착을 조장했다는 것을 시사하기도 했다. 또한 그로 인해 대만 국민들의 불만을 사고, 2014년 대만에서 해바라기 학생운동이 발생하는 데 일조했으며, 민진당이 2016년 재집권에 성공하고 입법원 과반 의석을 차지하게 하였다는 것이다. 따라서 대만 업무에서 일련의 실패에 대한 책임이 시진핑이 아닌 후진타오에게 있다는 것을 알리고자 하는 것이었다.

3) 대만 업무에 외부인사 중용

　2017년 2월 중순, 중국 사회과학원 대만연구소 소장 저우즈화이(周志懷)가 퇴임하고 중국현대국제관계연구원의 부원장인 양밍제(楊明杰)가 그 자리에 임명되었다.

　양밍제는 52세로, 60년대생의 학자가 중국 싱크탱크의 주력 세대로 부각되었음을 의미했다. 전임인 저우즈화이는 57세에 임명된 반면, 양밍제는 더 젊은 나이에 부국장급에서 국장급으로 승진한 것이다. 그는 베이징대학에서 학사, 현대국제관계학원에서 박사 학위를 취득했으며, 역대 대만연구소 소장 중 최고 학력자이다. 둘째, 현대국제관계학원은 중국 국가안전부의 직속기관으로 그는 동 기관에서 26년을 근무하였고, 이전 대만연구소 소장이었던 위커리(余克禮)도 국가안전부로부터 전입을 왔는데, 이는 국가안전부가 심도 있게 대만 연구를 하고 있음을 암시하는 것이다. 셋째, 양밍제가 과거에 대만 연구보다는 국방, 대테러 분야를 주로 연구한 것을 볼 때 시진핑이 과거와 달리 다양한 분야의 전문가를 임명하는 것을 알 수 있다. 또한 양밍제는 미국 외교 정책에 관해 깊이 있는 연구를 하였는데, 2016년말 트럼프가 대만카드를 쓰기 시작한 후 미·중관계에서 대만의 중요성이 나날이 증가함에도 당시 대만연구 기관에는 마땅한 인사가 없어서 시진핑으로서는 인사조정을 할 수밖에 없었다.

2월 17일 전 국무위원 다이빙궈가 전국대만연구회의 회장직에 임명되었다. 동 연구회는 대만연구와 관련한 중국의 전국단위 민간조직으로 중국내에서도 그 위상이 높다. 다이빙궈는 외교부 부부장과 외교담당 국무위원을 역임했다. 시진핑은 다이빙궈를 중용하여 트럼프 취임 후 더욱 복잡해지는 미·중·대만 삼각관계를 담당하게 한 것이다.

4월 하순, 국가에너지국 부국장인 정자제(鄭柵潔)가 국대판 부주임으로 보직되었다. 그는 푸젠성 출신이자 장기간 푸젠성에서 근무했음에도 대만 업무에는 일체 관여하지 않았다. 대만 업무에 대한 시진핑 용인술을 볼 수 있는 대목이다.

4) 천더밍의 설명

앞서 언급했듯이 중국의 대만 업무와 관련한 인사 조정이 지속되자 외부에서는 시진핑이 국대판의 업무에 불만을 가지고 있다는 소문이 돌았다. 3월 6일 해협회 회장 천더밍은 그런 사실이 없고, 시진핑이 직접 국대판의 업무에 만족한다고 말했다고 해명했다. 시진핑이 대만판공실 업무 처리에 만족했다면 인사교체를 단행할 이유가 없기 때문에 천더밍의 발언의 진위에 의문이 생길 수밖에 없다.

쩡리중 국대판 상무부주임의 이임과 관련해서 천더밍은 그가 개인적 이유로 면직되었고, 국대판과 해협회 업무와는 무관하다고 언급했다. 가정문제 등 개인적 이유였다면 스스로 퇴직을 요청하고, 자신이 직접 설명해야 마땅했다. 천밍더의 설명은 의심만 가중시킬 뿐이었다.

5. 대만국민의 '92공식'에 대한 인식

트럼프와 차이잉원의 통화 후 2017년 1월 대만의 친국민당 성향의 천하잡지는 '정세조사'를 발표하였다. 조사에서는 차이잉원 정부가 양안관계에서 '92공식'을 언급하지 않고, 현상유지를 강조하는 데에 대한 대만인들의 찬성여부를 물었다. 57.4%가 동의하였고, 부동의는 32.9%를 차지하였는데, 나이가 젊을수록 찬성하는 사람이 많았다. 차이잉원이 집권 후 양안관계가 긴장 국면이고, 중국 관광객이 감소하였지만, 그럼에도 불구하고 대만인들은 차이잉원이 '92공식'을 수용하는 것을 원치 않는다는 것이다. 따라서 차이잉원의 지지율 저조는 그의 양안 정책과 관계가 없고, '92공식' 지지여부와도 무관하다는 것이다. 동 조사에서는 또한 대만인이 생각하는 10대 위기를 설문하였는데 현재 양안관계의 향방은 6번째로 8.3%를 차지했다. 1위는 경제 불경기로 41%를 차지하여 대만인들이 차이 정부 집권 후 양안관계에 대해서는 관심이 없음을 나타냈다.

이번 여론조사는 대만의 장점도 조사하였는데 2위가 포용적이고 다원화된 문화로 대만이 가치가 다원화된 사회임이 부각되었다. 반면 중국은 '92공식'을 유일한 가치로 고수하면서 대만의 민의와 대치되었다.

양안관계가 나쁘면 대만 경제에 영향을 미칠 수 있지만 53.5%의 피조사자는 대만경제의 대중국 의존도가 과도하다고 우려하였고, 39.5%는 걱정하지 않았다. 따라서 대만경제가 나쁘다고 대만인들이 양안관계 개선이나 '92공식' 수용을 통해서 경제를 진흥하기를 원하는 것은 아니라는 것이다. 따라서 국대판이 대만 업무에서 매일 '92공식'을 강조하고, 구체적이고 효과적인 대책을 수립하지 않는다면 대만의 변화무쌍한 여론을 대응할 수 없을 것이다.

제2절
트럼프-시진핑 회담과 미·중관계 악화

트럼프는 취임 22일후인 2017년 2월 9일에야 시진핑과 전화통화를 했다. 트럼프는 이미 16개국 정상과 통화를 한 상태였고, 시진핑은 마음이 조급했다. 트럼프는 이를 통해 중국을 중시하지 않는다는 메시지를 전달했다.

1. 시진핑의 통화 목적

트럼프는 2016년 1월에 '하나의 중국 원칙'을 수용하지 않을 수 있다는 메시지를 보내 시진핑의 대미 외교가 내부적으로 비판을 받았다. 따라서 시진핑은 2017년 3월 양회 개최 전에 트럼프가 '하나의 중국'을 지지해주기를 원했다. 중국 매체들은 트럼프와 시진핑의 통화를 크게 보도했고, 트럼프가 '하나의 중국'을 수용할지가 관심의 초점이 되었다. 트럼프는 자신이 '하나의 중국'을 수용하는지 여부가 시진핑에게 매우 중요하다는 것을 알고 있었다.

시진핑의 요청하에 따라 트럼프는 '우리의 하나의 중국 정책을 존중한다'고 밝혔다. 트럼프의 대만 카드가 효과가 있었다고 할 수 있다. 시진핑이 타격을 받았기 때문에 직접 트럼프에게 입장 표명을 요구한 것이며, 이는 앞으로도 트럼프가 대만 카드로 중국을 견제할 수 있다는 것을 의미했다. 한편, 미국의 '하나의 중국 정책'은 중국의 '하나의 중국 원칙'과 다르다. 중국은 중화인민공화국이 중국의 유일한 합법 정부이고 대만이 중국의 일부라는 것을 강조하지만 미국은 중국과 3개 공동성명을 합의했지만 대만에 대해서도 『대만관계법』과 『대대만 6개 보장』을 유지하고 있기 때문에 이는 '하나의 중국에 대해 각자 해석한다(대만의 하나의 중국에 대한 입장)'와 같은 입장이다.

가 시진핑의 정상회담 조기개최 희망

2017년 4월 6-7일간 진행된 트럼프와 시진핑의 회담에 세계의 이목이 집중되었다. 이 회의는 형식상으로는 트럼프가 초청하였지만 트럼프가 일본 아베 총리와 이미 두 차례나 만난 뒤였기 때문에 시진핑의 마음이 더 급했다. 반시진핑파는 시진핑의 대미 업무 실패를 비판할 수 있기 때문에 시진핑은 베이다이허 회의(연례 공산당 정치원로 및 고위급 회의)를 개최하기 전에 반드시 트럼프와 만나야 했다. 시진핑 입장에서는 트럼프와 회담의 주요목적이 대내홍보였기 때문에 트럼프가 2017년 내에 중국 방문 초청을 수락했을 때 이미 목적을 달성하였다.

트럼프는 경선때부터 취임 이후까지 중국을 계속 비판하였지만 중국의 관영매체는 이에 일언반구의 반박도 없었고, 시진핑이 3월 19일 미 국무장관 틸러슨을 만났을 때도 주한미군 사드배치와 '하나의 중국 원칙' 등에 대한 언급은 없었다. 시진핑은 미·중 정상회담 전에 분위기를 악화시켜 트럼프가 정상회담을 취소하는 상황을 만들고 싶지 않았던 것이다.

나 미·중 정상회담의 성과

트럼프-시진핑의 정상회담은 큰 성과가 없었다. 유일한 성과는 쌍방이 외교안보, 경제협력, 사이버 안보, 사회문화 등 4개 대화 매커니즘을 수립하여, 미·중관계 발전의 플랫폼으로 만들기로 합의한 것이다. 그러나 트럼프는 회의가 진행되는 동안에 시진핑을 곤란하게 하였다.

1) 미국의 시리아 공격

국제사회가 미·중 정상회담에 주목할 때 트럼프는 시리아에 대한 미사일 공격을 선포하여 언론 보도의 초점을 전환시켰고, 미·중 정상회담에 대한 관심이 대폭 감소하였다.

중국이 시리아에 대한 무력제재를 반대하는 상황에서 트럼프가 시리아를 공격하였고, 시진핑과 만찬 중에 이를 통보하면서 시진핑을 난처하게 하였다.

또한 트럼프는 시진핑에게 중국이 김정은의 미사일 발사를 제지하지 않으면 미국이 평양에 대해 참수작전을 할 수 있다는 것을 암시하였다. 북한을 통제할 수 없는 시진핑은 난처해졌다. 다른 한편으로 트럼프가 김정은과 직접 만나 소통하게 되면 시진핑은 더 큰 내부적 비판을 받을 것이다.

2) 대만문제에 대한 미국의 태도

미·중 정상회담에서 두 정상은 대만문제나 하나의 중국 문제를 언급하지 않았고,

이는 차이잉원 정부에 긍정적인 신호였다. 많은 사람들이 중국이 북한을 억제하는 대가로 미국이 대대만 지지와 무기판매를 축소시키고, '하나의 중국 원칙'을 수용할 것이라는 예측이 있었지만 그런 일은 일어나지 않았다.

중국 외교부장 왕이는 미·중 정상회담에 대한 언론 인터뷰에서 미국이 미·중 3개 공동성명과 '하나의 중국 정책'에 기초하여 대만 문제를 적절히 처리하고, 미·중관계가 영향을 받는 일이 없기를 바란다고 주장했지만 미국은 아무런 답변도 하지 않았다.

트럼프가 대만카드를 활용하면서 고의로 대만문제와 미·중관계를 분리시킨다면 대만에게는 오히려 유리한 상황이다. 중국은 늘 대만문제로 미국을 위협하고 협상 카드로 사용했기 때문에 이러한 상황은 1979년 미·중 수교 이후에 처음이라고 할 수 있다. 최근 트럼프가 미·중관계와 미대 관계를 분리해서 진행하는 것은 중요한 역사적 의미가 있고, 미국이 중국을 대응하는 강도를 높힌 것이다. 특히 왕이가 중국이 관례적으로 사용하는 '하나의 중국 원칙'을 쓰지 않고, 미국이 사용하는 '하나의 중국 정책'이라는 단어를 사용한 것은 의미심장한 일이다.

2. 트럼프-시진핑 회담후 시진핑의 정책 변화

전술했듯이 트럼프는 미·중 정상회담 동안 시진핑을 난처하게 하였고, 시진핑은 대미, 대대만 업무에서 정세를 오판한 것에 대해 내부적인 비판을 받았기 때문에 트럼프에 대한 적절한 대응조치를 해야 했다.

가 트럼프의 대대만 태도 변화

트럼프의 외교안보라인은 의심의 여지없이 친대만, 반중이지만 트럼프는 여전히 중국이 북한문제를 해결해주기를 바라고 있었기 때문에 2017년부터 대만에 대한 태도가 애매해졌다. 미·중 정상회담후 차이잉원은 4월 27일 로이터 신문과 인터뷰에서 트럼프와 다시 대화할 것이냐는 질문에 "트럼프 대통령과 통화할 기회가 있기를 바라지만 이는 정무적 필요와 미국 정부의 판단에 따라 정해질 것이다"라고 답변했다.

다음날 로이터는 트럼프에게 차이잉원과 다시 통화할 것이냐는 질문을 했고, 트럼프는 "나는 시진핑 주석과 매우 좋은 관계를 맺었고, 시 주석이 중대문제(북한문제)를 해결하는데 적극 협조할 것이라고 믿고 있으며, 갈등을 만들고 싶지 않다"고 답변했다.

많은 사람들이 차이잉원이 트럼프와 통화를 거절당하고, 체면을 잃었다고 비판했고, 국민당은 차이잉원이 '트러블메이커'라며 질책했다.

1) 로이터의 관심

로이터는 차이잉원을 취재할 때 트럼프와 차이잉원이 다시 통화할 것인지를 중점적으로 물었다. 다음날 트럼프에게도 같은 질문을 하였다. 글로벌 뉴스통신사인 로이터는 트럼프와 차이잉원 간의 전화통화 가능성을 대대적으로 보도하였다.

2) 차이잉원과 트럼프의 의도

차이잉원은 로이터의 질문에 단순히 수동적으로 답변을 한 것이지 주도적으로 트럼프와 통화를 원한 것은 아니다. 그는 트럼프와의 통화도 조건이 맞아야 하는 것이며 일방적으로 요구할 일은 아니라고 생각했다.

트럼프도 로이터의 질문에 직접적인 거부는 표하지 않았고, 당시는 중국의 대북제재를 압박하는 것이 중요하기 때문에 차이와의 통화가 적절한 때가 아니라고 암시하였다. 트럼프도 차이잉원의 전화를 받지 않겠다는 말은 하지 않고 여지를 남겼다.

3) 트럼프의 중국에 대한 압박

베이징은 트럼프가 차이잉원과 통화하지 않겠다는 언급에 만족했지만 트럼프는 재차 중국에 북한이 미사일을 발사하지 않도록 제재하라고 압박을 하였다. 그러나 북한은 4월 29에 다시 미사일을 발사했고, 트럼프는 자신의 트위터 계정에 "북한이 오늘 미사일을 시험발사하였다. 비록 발사는 실패했지만 중국과 시 주석의 기대를 저버렸다"고 올렸다. 트럼프는 김정은이 시진핑을 안중에 두지 않기 때문에 중국이 종이호랑이로 보이지 않으려면 북한에 대해 제재를 강화해야 하며, 그렇게 하지 않으면 자신이 차이잉원과 언제든 통화할 수 있다는 메시지를 전달했다. 그러나 문제는 중국이 만일 대북제재를 강화하면 김정은은 중국 해역 쪽으로 미사일을 발사할 수 있었다. 중국은 더 난처해질 수 있는 상황을 우려했다. 북한이 미·중 정상회담 이후 중국에 대한 비판의 강도를 계속 높여 왔기 때문이다.

중국 외교부장 왕이는 4월 28일 안보리 장관급 회의에 참석하여 "한반도 핵문제 해결의 열쇠는 중국에 있지 않다"고 강조하면서 북한문제에 대한 책임을 회피하였다. 회의에 참석한 틸러슨 미국 국무장관은 중국으로서는 북한과 무역관계가 있기 때문에 특별한 역할을 할 수 있다고 발언했다. 이는 중국이 북한 문제를 해결하지 않으면, 미국이 김정은과 직접 접촉할 수 있다는 의미이다.

나 트럼프의 러시아 내통사건

5월 18일 로드 로젠스타인(Rod Rosentstein) 미국 법무부 부장관은 로버트 뮬러(Robert Mueller) 전 연방수사국장을 특별검찰관으로 임명하여 러시아의 미국 대통령 선거 개입과 트럼프 캠프와의 관련설을 조사하게 했다. 이로써 러시아와 내통사건이 불거졌고 트럼프는 정치적 위기를 맞게 되었다.

제임스 코미(James Comey) 전 연방수사국장도 6월 9일 상원 정보위원회에 증인으로 출석하였고, 트럼프 정부의 러시아 내통 사건이 일파만파로 커져 탄핵 여론이 다시 일었다. 트럼프가 정치적 위기에 처해 수습에 여념이 없을 때 중국은 대만문제에서 미국에 도발하는 한편, 국제사회에서 주도적 지위 확보를 위해 노력했다.

다 일대일로 정상포럼을 통한 중국의 국제적 지위 확대

일대일로 국제협력 정상포럼이 5월 14-15일간 베이징에서 개최되었고, 29개국 정상이 참석하였다.

1) 일대일로 정상포럼을 통한 중국의 국제영향력 증가

일대일로 계획은 지난 4년간 추진되었으나 실크로드 경제벨트, 해상실크로드 등의 수사 외에 구체적인 계획이 없었다. 그러나 당시는 세계적인 경기불황 상태였고, 많은 국가들이 관심과 기대를 가졌다. 시진핑은 포럼에서도 "일대일로 건설은 전략적 접점을 찾아 서로 보완하는 것"이라고 발언하였지만 구체적인 방법에 대한 언급은 없었다.

시진핑은 실크로드 기금 1,000억 위안을 추가로 투자할 것이라고 표명했다. 영국 파이낸셜타임즈는 중국 상무부의 통계를 인용하여 2016년 중국이 일대일로 관련 53개국에 대한 투자가 2% 감소하였고, 2017년에는 18% 감소하였다고 보도하였고, 일각에서는 중국이 실제 1,000억 위안을 투자할지 의문이 제기되었다. 프랑스, 독일, 영국, 포르투칼, 에스토니아, 이집트 등 국가는 회의가 종료되기 전에 '일대일로 라운드테이블 정상회의' 공동성명에 서명을 거부했다. 왜냐하면 유럽연합 국가는 중국의 공개입찰 절차가 투명하지 않다고 우려하고 있었기 때문이었고, 중국과 유럽연합의 대표들 간 공동성명 내용에 대한 합의가 이루어지지 않아 정상회의 폐막이 1시간 연기되었다. 중국의 관영매체를 포함한 모든 매체는 이에 대한 보도를 일체 하지 않았다.

특히 트럼프가 1월에 오바마가 2010년에 설계한 TPP에서 탈퇴하면서 자국 보호무역주의를 추진하자 갑자기 중국이 '세계화'의 대명사가 되었다. 이는 정상회의가 정치적인 쇼에 불과하지만 중국의 국제사회 영향력에 큰 도움을 주었고, 외부에서는 중국이 이미 미국을 대신하여 세계의 '리더'가 되고 있다고 간주했다.

2) 일대일로 정상포럼을 통한 시진핑의 권력 공고화

시진핑은 막대한 경비를 투입하여 일대일로 정상포럼을 준비했다. 그는 과거 조공국들이 황제를 알현하는 듯한 모습을 연출하면서 일대일로의 성공을 과시하고자 했으며, 중공 19차 당대회 전에 권력을 공고히 하려는 의도도 있었다. 일대일로는 시진핑의 주요한 업적으로 중국공산당 19차 당대회 개최전에 널리 홍보할 필요가 있었다.

3) 일대일로 정상포럼에 북한 초청

의외였던 것은 북한이 일대일로의 범위에 해당하지 않음에도 중국이 북한을 정상포럼에 초청하였다는 것이다. 이는 어떤 의미에서는 미국에게 중국과 북한이 일정한 관계를 유지하고 있다는 메시지를 전달하기 위해서이다. 중국은 트럼프의 뜻에 따라 북한을 제재하거나, 미국을 도와 북한에게 악역을 자처하는 것을 원치 않았다. 중국에게 아무런 이익이 되지 않기 때문이다.

3. 트럼프-시진핑 정상회담 후 미·중관계

2017년 6월 21일 첫 미·중 외교안보대화가 워싱턴에서 개최되었고, 7월 9일 트럼프와 시진핑이 베를린 G20 정상회의에서 만났고, 첫 미·중 포괄적경제대화가 7월 19일에 워싱턴에서 개최되었다.

가 미·중 외교안보대화

미·중 외교안보대화가 개최되기 전 6월 중순에 미국은 여러 경로를 통해 트럼프-시진핑 회의 이후 북한에 대한 중국의 압박이 부족하다는 불만을 제기하였다.

1) 미국 의회의 신대만 정책 추진

미국 국무장관 틸러슨은 6월 14일 상원 외교위원회 청문회에서 미·중 양국이 '하나의 중국 정책'에 대한 해석에 있어 다소 차이가 있지만 미국은 미·중 교류에 있어서 『대만관계법』을 준수하고, 이에 따라 대만에 대한 약속을 이행하고 있으며, 양안 어느 일방이 현상을 변경하고 안정을 파괴하는 것을 반대한다고 강조했다. 틸러슨의 발언은 미국의 '하나의 중국 정책'과 중국의 '하나의 중국 원칙'이 다르고, 미국은 자국의 입장을 견지하고 있다는 것을 강조한 것이다. 스티브 섀벗(Steve Chabot) 공화당 상원의원은 회의 중 대만은 실질적인 독립국가이고 미국의 긴밀한 우방이라고 강조하였고, 틸러슨은 섀벗의 대만 현상에 대한 발언에 동의한다고 하였다. 섀벗은 의도적으로 틸러슨이 대만의 정치적 지위에 대해 입장을 표명하게 한 것이다.

　6월 15일 미국 상원 외교위원회 아태위는『대만여행법(Taiwan Travel Act)』을 만장일치로 통과시켜 미국과 대만의 모든 직급 관리의 상호방문을 촉진하기로 하였다. 기존에는『대만관계법』의 여행 규정에 따라 미·대만 고위층의 상호방문에 대한 제한이 있었기에 소통이 부족했다는 것이다. 아태위는『대만여행법』을 통해 미국과 대만이 모든 직급의 방문을 촉진해야한다고 설명했다. 1979년 미국과 대만이 단교한 후 대만의 총통, 부총통, 행정원장, 외교부장과 국방부장은 워싱턴을 방문할 수 없었고, 미국의 경우 국방, 외교 등 민감 분야 관료들은 가급적 대만 방문을 삼가하였으며, 통상, 교육, 환경 등 분야 위주의 관료들로 대만과의 직접적인 교류를 진행해왔다.『대만여행법』은 미·대만 양국 고위급 교류에 상당히 중요한 의미를 가지기에, 중국은 강한 반대입장을 표명했다.

　동 법안은 이후 하원의 외교위원회에 상정되고, 상·하원을 모두 통과할 경우 트럼프의 서명 후에 정식 법률로 발효되고, 구속력 있는 법안이 된다. 2016년 9월에 유사한 법안이 상하원에서 발의되었지만 통과하지 못했고, 이번에 다시 발의된 것이다.

2) 웜비어 사망과 북·미관계 악화

　미국의 한 대학생인 오토 웜비어(Otto Warmbier)가 북한에 구류된지 17개월만인 6월 13일에 석방되었고, 미국에 도착한지 1주일이 되지 않아 사망했다. 존 맥케인(John McCain) 공화당 하원의원은 19일 성명을 발표하고 "이는 매우 명확한 사실이다. 미국 시민인 웜비어가 김정은 정권에 의해 피살된 것이다. 미국은 자국 시민이 적대세력에 의해 살해된 것을 용납해서는 안된다"며 분노를 표출했다.

　이에 따라 트럼프도 트위터에 미국은 북한 정권의 만행을 재차 규탄한다고 올렸다. 백안관에서도 웜비어 사건은 치욕적이며, 일어나서는 안 되는 일로, 조금만 빨리 미국으로 데려왔다면 결과가 달라졌을 것이라고 했다. 트럼프는 북한문제에서 국내의 압박에 부딪혔고, 이러한 압박은 중국의 대북제재에 대한 불만으로 옮겨졌다.

　그 외 틸러슨 국무장관과 매티스 국방장관은 6월 21일 미·중 외교안보대화 후 기자회견에서 북한을 강한 어조로 비판했다. 매티스는 북한의 웜비어에 대한 조치를 3번에 걸쳐 도발이라고 표현하였고, 이는 어떠한 도덕과 법도 넘어서는 극악무도한 짓이라고 비난하였다.

3) 대북문제 관련 미국의 대중 태도

트럼프는 북한문제에서 시진핑과 협력하기 위해 기존의 대중국 무역제재를 잠정 연기하였고, 남중국해에서 중국의 행위를 묵인하였지만 결국 중국의 대북제재는 매우 제한적이었다. 트럼프는 중국과 건설적이고 성과 있는 관계를 원했고, 중국이 북한을 압박하기를 원했지만 성사되지 않았다.

수잔 손턴(Susan Thornton) 미국 국무부 동아태 차관보는 미·중 외교안보대화가 개최되기 전 6월 20일에 "북한문제를 최우선 의제로 하여 중국과 구체적인 협력을 증진하기를 바라고, 이를 통해 북핵과 미사일 위협을 평화적으로 해결하기 바란다"고 강조하였다. 그는 미국이 북한문제에서 중국의 협조를 받지 못한다면 국제사회는 중국이 미국과의 건설적 관계를 원하지 않는 것으로 의심할 것이라고 부언했다. 틸러슨은 6월 21일 미·중 외교안보대화 기자회견에서 중국은 미국이 북한을 당면 안보위협으로 간주하는 것을 알고 있으며, 중국이 긴장정세가 심화되고, 외교적 책임을 지지 않으려면 북한정권에 대해 더 강한 경제적·외교적 압박을 가할 것을 재차 촉구한다고 언급했다.

트럼프는 6월 20일 트위터에 시진핑이 북한문제에 도움을 준데 감사하고, 효과는 없지만 중국이 노력한 것을 알고 있다고 올렸다. 또한 6월 21일 미국 주중대사 예정자인 테리 브랜스타드(Terry Branstad)에게 "우리는 중국과 좋은 관계이고, 나는 시진핑 주석을 좋아한다. 북한문제에서 더 많은 중국의 도움을 원했지만 어려운 것 같다. 그렇지만 나는 중국 국가주석을 좋아한다"고 말했다. 트럼프는 표면적으로 시진핑에 대한 호감을 표했지만 사실은 더 많은 기대를 가지고 있고, 실망감을 전달했다.

미국 전략국제문제연구소(CSIS)의 China Power 책임자인 보니 글레이저(Bonnie S. Glaser)는 6월 21일 북한문제로 인해 중국에 대한 입장이 바뀌고 있고,

트럼프는 중국과 협력을 통해 북한문제를 해결하기를 원했으나, 중국이 최선을 다하지 않고 있다고 지적했다. 따라서 많은 트럼프의 관료들은 트럼프의 중국에 대한 태도를 우려하기 시작했다.

뉴욕타임즈는 6월 22일자 신문에서 시진핑과 트럼프의 밀월이 조만간 끝날 것이라고 보도했다. 북한이 만약 6차 핵실험을 실시하면 미·중관계에 큰 변화가 생길 것이다. 그러나 미국의 북한에 대한 태도는 여전히 애매하고, 직접 북한 문제를 처리할지 결정을 내리지 못하고 있었다.

나 미·중 외교안보대화에서 미·중의 태도

6월 21일 워싱턴에서 개최된 미·중 외교안보대화는 4월 7일 트럼프와 시진핑이 만났을 때 합의한 것으로 미·중 간 4번째 대화중 하나였다 미국은 틸러슨 국무장관 틸러슨과 매티스 국방부장관이, 중국은 양제츠 외교담당 국무위원과 팡펑후이 중앙군사위 연합참모부 참모장이 대표로 참석했다. 오바마 시기 형식적이었던 미·중 전략경제대화와 다르게 특정 주제를 가지고 깊이 있는 논의를 진행했다.

1) 미·중의 협상

트럼프는 6월 22일 양제츠를 접견하고 중국의 일대일로 관련 계획에 동참하기를 원한다고 언급했다. 이는 트럼프가 처음으로 미국이 일대일로에 참여하기를 원한다고 밝힌 것이다. 오바마는 이 정책을 좋아하지 않았으며, 오히려 반대했다. 양제츠는 트럼프가 얼마 전 베이징에서 개최한 일대일로 국제협력 정상포럼에 대표를 보내어 참석시킨 것에 대해 감사의 뜻을 전했으며, 중국은 일대일로 계획에서 미국과 협력하기를 바란다고 강조했다.

또한, 양제츠는 북한문제에 대해 미국을 포함한 관련국과 지속적으로 협력하고, 공동으로 한반도의 긴장정세를 완화시키기를 원하며, 관련 문제가 원만히 해결되도록 노력할 것이라고 언급했다. 또한 미·중은 모두 첫 외교안보대화에 대해 건설적이었고, 성과가 풍성하다고 여기고 있다고 했다. 트럼프는 이에 트럼프-시진핑 정상회담 이후에 미·중이 각 분야에서 협력이 강화되는 것을 기쁘게 생각하며, G20

회의에서 시진핑과 다시 만나기를 기대한다고 했다. 아울러, 2017년내 시진핑의 초청에 따라 중국을 방문할 것이라고 했다.

트럼프와 양제츠는 표면적으로는 상호 간의 예의와 존중을 표했지만 외교적인 수사에 불과했으며, 미·중 외교안보대화의 성과도 제한적이었다.

2) 미·중간 북한문제 협상

이번 미·중 외교안보대화는 개막식도, 공동기자회견도 없었으나 과거와 달리 성과 목록을 발표하였다.

가) 중국의 책임 회피

중국 대표단은 워싱턴에서 기자회견을 하지 않았고, 경솽 외교부 대변인이 베이징에서 성명을 발표했다. 경솽은 중국은 다른 나라에 경제, 외교적 압박을 가하지 않고, 한반도 핵문제를 해결하는 열쇠는 베이징에 있지 않다고 강조했다.

이번 외교안보대화에 대해서 언론은 아래와 같이 보도했다. "중국은 한반도 비핵화를 지지하고, 한반도 평화안정을 수호하며, 협상을 통해 문제를 해결하는 입장을 견지하고 있으며, 빠른 시일내에 대화를 재개하기를 촉구한다. 중국은 쌍궤병행과 쌍중단 제안을 강조했으며 이미 국제사회의 인정과 지지를 받았고, 관련 당사국이 이를 수용하기를 바란다. 중국은 미국이 한국에 사드 방공시스템을 설치하는 것을 반대하며 관련 배치를 중단할 것을 요구한다."

중국은 2017년 2월에 이미 북한의 주요 외화벌이 수단인 석탄의 수입을 중단하였고, 지금까지 해야 할 책임을 다 했기 때문에 북한문제의 책임이 중국에 있지 않다고 인식하고 있다. 북한은 중국과 주한미군간의 완충지대이기 때문에 북한이 남한과 미국에 의해 통일되는 것을 원하지 않았다. 한편, 북한의 미사일 발사도 중국의 골칫거리였다. 과거에는 탄도미사일을 모두 동해쪽으로 발사하였는데, 만약 중국의 보하이만 쪽으로 발사하면 중국에 직접적인 위협이 될 수 있다. 북한의 핵무기가 미국을 공격하는 것은 어렵지만 김정은이 중국의 제재에 불만을 가지고 백두산을 넘어 중국으로 발사하는 것은 매우 쉬운 일이다. 따라서 어떤 의미에서 북한은 미국보다 중국에 더 위협적이라고 할 수 있다. 따라서 중국은 북한에 대해 제재를 가하고 있지만 북한정권이 무너지는 것을 원치 않고, 또한 북한이 중국에 적대적이 되거나 미국과 가까워지는 것을 원하지 않았다.

나) 북한문제에 대한 미·중의 인식차이

미국은 북한에 대한 중국의 제재가 충분치 않다고 보고 있었다. 북한에 들어가는 원유 대부분을 중국이 제공하고 있기 때문에 중국이 대북 원유공급을 완전 중단하기를 바라고 있었다. 또한 미국은 중국 기업을 포함하여 북한과 교역하는 기업이나 개인을 제재할 준비를 하고 있다. 그러나 중국은 개인을 제재하는 것에 반대를 표했고, 중국공산당 내부의 복잡한 이익관계까지 영향을 미칠 것을 우려하였다. 중앙정치국 상무위원중 장가오리, 장더장, 류윈산 등은 북한과 밀접한 관계가 있었고, 북·중 간에는 역사적인 유대관계가 있기 때문에 미국이 대북제재를 강화하는 것에 반대하고 있었다. 따라서 이번 미·중 외교안보대화에서 북한문제에 대한 양국의 인식차이는 좁혀지지 않았다.

3) 대만문제

수잔 손턴(Susan Thornton)은 6월 20일 미·중 외교안보대화 개최전 인터뷰에서 중국이 대만 관련 의제를 제의할 것으로 예상되고, 미국은 '하나의 중국 정책'을 지키고, 어느 일방이 현상을 변경하는 것을 반대하며, 『대만관계법』에 의거한 대만에 대한 약속을 지킬 것이라고 언급했다. 이는 6월 14일 국무장관 틸러슨이 의회청문회에서 한 발언과 같다.

그렇지만 대만문제는 이번 외교안보대화의 주요 이슈가 아니었다. 중국은 대만문제에서 원칙적 입장만 강조하면서 미국이 관련 약속을 지키고, 문제를 원만하게 해결하기를 바란다고 언급했다. 이에 미국은 '하나의 중국 정책'을 견지한다고 표명하였고 틸러슨과 매티스는 6월 21일 기자회견에서 대만에 대해 언급하지 않았다. 대만외교부는 미국과 대만관계를 견고하며 다양한 소통채널을 유지하고 있었다. 금번 미·중 외교안보대화에 대해서 대만은 사전에 미국과 소통하였고, 미국은 회의 후에 대만에 관련 내용을 통보하였다고 강조하였다.

4) 남중국해 문제

2016년 7월 12일 국제중재재판소가 필리핀이 제기한 남중국해 영유권소송에 대해 판결을 한 이후 중국은 남중국해에서 인공섬과 군사기지 건설을 가속화하고 있고, 주변국의 우려를 사고 있다.

중국은 남중국해 섬에서 12해리 범위 내에 미군함이 항해하면 항의와 퇴거 조치를 하고 있다. 남중국해와 동중국해 상공의 국제공역을 미 군용기가 비행할 때도 중국 전투기의 견제와 제지를 받아 왔었다. 그런데 트럼프가 집권한 이후에는 관련 태도가 애매해졌다. 6월 8일 두 대의 미국 공군 B-1B 전략폭격기가 괌에서 남중국해로 비행하여 미 해군 알레이버크(Arleigh Burke)급 이지스 구축함인 스트레트함(USS Strerett DDG-104)과 합동훈련을 실시하였고, 중국은 이에 항의했다. 미 국방부는 남중국해 문제에서 소극적으로 대응하기를 원치 않았고, 이는 미·중 외교안보대화에 좋지 않은 영향을 미쳤다.

이번 외교안보대화에서 남중국해 문제가 언급되었지만 각자 입장이 달랐다. 틸러슨은 미국은 남중국해를 군사기지화하여 현상을 변경하는 것에 반대하고, 과도하게 주권을 주장하는 것도 반대한다고 표명했다. 매티스는 양측이 남중국해 관련 문제에 대한 인식이 다름을 인정하고 협력 분야 확대, 투명도와 상호 이해를 증진하면서 국제법이 허락하는 범위 내에서 비행과 항행의 자유 작전을 실시할 것이라고 주장했다.

중국은 남사군도와 인근 해역에 대해 논쟁의 여지가 없는 영유권을 가지고 있고, 영토주권과 해양권을 보호하기 위한 조치를 취할 권한이 있으며, 미국은 영유권 분쟁에서 입장 표명을 않는다는 약속을 지켜야 한다고 강조했다.

5) 외교안보대화에 대한 미·중 각측의 평가

이번 외교안보대화는 비교적 성과가 있었고, 군사교류가 양국관계의 중요한 부분이 되었다. 미·중 국방장관은 2017년내 상호방문을 합의하였고, 던포드(Joseph

Dunford) 미 합참의장도 방중하기로 하였다.

　중국은 이번 대화에 대한 보도에서 미·중 양국이 첫 미·중 외교안보대화를 건설적이고 성과있는 회의로 평가하고 있다고 강조했다. 중국은 이 대화 기제를 지속적으로 유지하여 상호신뢰를 증진하고, 공감대를 형성해가며, 협력을 촉진하고, 갈등을 관리하여 미·중관계의 발전을 도모하자는데 양측이 동의하였다고 강조하였다. 또한 양제츠는 6월 22일 트럼프와 회담에서 미·중 양국이 모두 첫 미·중 외교안보대화를 건설적이고 성과있는 회의로 보고 있다고 언급하였다.

　틸러슨 국무장관은 6월 21일 이번 미·중 외교안보대화 기자회견에서 양국이 성과있는 회담을 하였고, 미·중이 향후 40년간 교류와 공존할 수 있는 여건을 마련하였다고 발언했다. 매티스도 양국 국방관계 개선을 위해 노력할 것이며, 이 대화가 미·중관계의 안정에 역할을 할 것이라고 강조하였다. 또한 양국은 상호호혜와 협력이 가능하며 경쟁은 있겠지만 충돌은 피할 수 있다고 하였다.

　비록 이번 미·중 외교안보대화가 실질적인 의미가 크지 않고, 이견도 많지만 양측은 모두 이 대화를 유지하기를 원하고 있었다.

다. G20에서 트럼프와 시진핑의 회담 성과

　7월 9일 트럼프와 시진핑은 4월 7일 첫 정상회담 이후 3개월 만에 독일 함부르크에서 개최된 G20 정상회의에서 다시 만났다. 그러나 북한은 7월 4일 미국 국경일에 2017년 들어 11번째 미사일을 발사하였고, 화성-14형 탄도미사일 발사에 최초로 성공하였다. 트럼프는 5일 트위터에 1분기 중국과 북한 간의 무역액이 40% 가까이 성장하였으며 미·중간의 협력이 그 정도 수준밖에 되지 않는다고 지적하였다. 미·중 정상회담을 앞두고 분위기가 냉각되었다.

1) 미국의 대대만 군사교류 강화

　미국 상원 군사위원회는 6월 28일 2018년 국방수권법안을 통과시키고, 미국-대만이 군함의 정박을 상호허용하고, 미국 군함이 정기적으로 가오슝 등 대만 항구에 정박할 것과 미 태평양사령부가 대만 함정의 정박 요구를 수용해야 한다고 강조하였다. 이 법안은 상원을 통과하고 트럼프가 서명하면 정식 법률로 발효될 것이다. 물론 이 법안은 중국의 강렬한 반대를 일으켰다. 1979년 미국과 대만이 단교 후 『대만관계법』에 따라 미국이 대만에 방어성 무기를 판매하고, 양국군이 일정 수준의 교류를 유지하고 있지만 공개적으로 진행하는 경우는 드물었다. 만약 이 법안이 통과하면 미국과 대만의 군사교류가 공개화·정상화되는 것이다. 그리고 미국 군함이 대만 항구에 정박하면 1979년 이전 미군이 대만에 주둔했던 상황이 재현될 것이다. 또한 대만 해군이 만약 미군항에 정박할 수 있다면 중국이 대만을 공격할 때 미군 기지로 대피하여 전력을 보전할 수 있을 것이다.

미 의회 뿐만 아니라 행정부도 대만과 군사교류를 적극적으로 추진하였다. 6월 29일 미국 정부는 14.2억 달러 상당의 AGM-88B 미사일을 포함한 8개 무기를 대만에 판매한다고 발표하였다.

이는 트럼프 집권 후 처음으로 대만에 무기를 수출하는 것이었다. 수출 품목은 대부분 대만이 오랫동안 구매를 원했지만 성사되지 않았던 최신무기들이었다. 트럼프는 G20 정상회담 전 대만에 대한 무기수출 계획을 발표하였다. 시진핑이 홍콩 반환 20주년 행사에 참석한 시기에, 또한 시진핑과 정상회담 전에 이를 발표함으로써 다시 대만카드를 사용한 것이다.

2) 미국의 중국 기업 제재

므누신(Steven Mnuchin) 미국 재무장관은 6월 29일 중국의 단둥은행을 제재대상으로 선포하고, 단둥은행과 미국 금융기관간의 거래를 금지하였다. 미국은 이 은행이 북한의 돈세탁을 지원하고, 핵 개발을 돕고 있다고 판단했다. 또한 중국의 개인 2명과 1개 해운사도 제재대상으로 지목하였다. 이는 트럼프 집권 후 북한 문제를 이유로 중국에 처음으로 제재를 가한 것이며, 트럼프-시진핑 회담 개최의 불확실성을 가중시켰다.

3) 트럼프-시진핑 정상회담

그러나 전술한 부담요소들은 트럼프-시진핑 회담에서 크게 작용하지 않았다. 트럼프는 시진핑에게 감사를 표하며 "당신과 친구가 되어 기쁘다"고 말하며, 중국이 북한에 대해 조치를 취하고 있는 것을 평가한다고 하였다. 또한 북한에 대해 "우리는 결국 승리할 것이지만 시간이 생각보다 길어질 수 있다. 그러나 어찌됐건 최후에는 성공할 것이다"고 언급하였다. 미·중 무역문제에 대해서는 미국입장에서는 매우 중요한 문제이고 중국은 위대한 무역 대상으로 "양측에 모두 이익이 되는 일을 할 수 있다"고 하였다. 시진핑은 이에 미·중관계의 안정은 세계의 평화번영에 기여하고 있으며, 북한과 담판은 매우 중요하다고 강조하면서, 인민해방군은 미국이 주최하는 림팩(RIMPAC) 훈련에 참가할 것이라고 언급하였다.

라. 미·중 포괄적 경제대화의 성과

미·중 포괄적 경제대화가 2017년 7월 19일에 최초로 개최되었고, 미국은 므누신 재무장관과 윌버 로스 상무장관이 대표로 참가하고, 중국은 경제무역을 주관하는 국무원 부총리 왕양이 대표로 참가하였다.

1) 미·중 무역관계 개선

트럼프는 선거 기간부터 취임 후까지 중국의 무역정책을 강력하게 비판해왔고, 중국에서 수입하는 상품에 45%의 고관세를 부과할 것이라고 수차례 언급한바 있다. 4월 트럼프-시진핑 회담시 트럼프는 대중 무역문제에 대한 태도를 바꾸어 대중 무역제재를 잠정 연기하는 대가로 중국이 대북 제재를 강화하기를 원했다.

미·중 양국은 5월 12일 공동으로 무역 '백년계획'의 관세인하목록(Early Harvest List)을 제안하였고, 중국은 7월 16일부터 미국산 소고기 수입과 미국의 전자상거래업자가 중국시장에 진출하는데 합의하였다.

중국은 약속대로 6월 20일에 미국산 소고기 수입에 동의하였고 이는 2003년 이래 처음으로 개방한 것이다. 시진핑은 공산당 19차 당대회 개최 전에 미국과의 관계가 경직되는 것을 원하지 않았을 것이다. 그러나 북한문제로 인한 양국의 갈등이 완화되지 않았고, 트럼프는 중국과 무역문제에서 많은 양보를 했지만 아무런 성과가 없다고 여기기 시작했다.

2) 미국의 강경한 입장

언론보도에 따르면 미측은 개막식 축사에서 비관적인 메시지를 전달했다. 로스는 미국이 미·중간 무역적자를 심각하게 보고 있다고 강조했으며, 중국을 압박하는 태도를 보였다. 이에 중국은 관련 문제에 대해 협력하여 무역 불균형을 줄일 것이며, 특히 왕양이 개회사에서 "양국이 필요한 것은 협력이며, 대결은 양쪽 모두에게 손해"라고 강조했다.

3) 공동기자회견 취소

미·중 양측은 폐막식 후에 계획되어 있던 공동기자회견을 취소한다고 발표하였고, 미국 재무장관과 상무장관이 당일 저녁 성명을 발표하였을 뿐 양측이 사전에 계획했던 공동성명은 없었다.

미국의 발표내용은 외교적 수사 외에 중측이 약속한 세부사항에 대해서는 언급하지 않았고, 진전된 부분에 대한 언급도 없었다. 미국은 중국과 무역문제에서 '균형, 공정, 호혜'를 분쟁 해결 원칙으로 유지할 것이고, 미국의 노동자와 사업체를 위해 공평한 경쟁 기회를 만들 것이며, 4월의 트럼프-시진핑 회담에서 목표를 달성하기 위해 노력할 것이라고 강조하였다.

4. 미·중관계와 북한문제

미국은 북한이 서울을 공격할 수 있기 때문에 북한을 직접 공격하거나 김정은 참수작전을 실행할 수 없다. 미국은 북한과 거래하는 중국 은행과 기업에 제재를 하고 있으나 이는 트럼프 정부가 북한에 조치를 취한다는 것을 보여주기 위한 형식적인 조치일 뿐이었다. 미국의 조치는 중국에 큰 영향을 주지 못했다. 중국의 입장은 이미 북한에 제재를 가했지만 효과가 없었고, 중국의 책임이 아니라는 것이었다. 미국은 북한 문제의 책임을 중국에 떠넘겼고, 중국은 다시 미국에 책임을 전가하였다.

가 북한의 진정한 지원자는 러시아

북한의 핵실험과 탄도미사일 발사가 지속되고 있지만 미국은 일본과 알라스카에 사드방공미사일 시스템을 배치하고 있기 때문에 미 본토에는 직접적인 위협이 되지 않았다. 그러나 북한이 핵실험을 지속하거나 더 큰 도발행위를 할 경우에는 상응한 조치를 취할 수밖에 없다.

사실상 북한의 진정한 지원자는 러시아로 러·북 양국은 과거부터 큰 갈등이 없었고, 러시아가 북한에 과학기술 분야에서 지원을 제공하고 있었다. 그러나 중국과 북한은 갈등이 끊임없었고, 김정은 집권 이후에는 더욱 악화되었다. 중·러관계는 표면적으로 긴밀해 보이지만 실제로는 간극이 있었다. 중국의 일대일로 정책이 과거 소련의 위성국들과 러시아와의 관계에 영향을 미치기 때문이다. 따라서 김정은의 배후 지지자는 러시아의 푸틴이라고 할 수 있었다. 미국과 러시아 간의 관계는 트럼프 집권 이후 악화되었지만, 푸틴과 김정은은 긴밀히 협력하여 미국을 긴장케 하였다. 북한문제에서 러시아의 중요성이 부각되었다.

따라서 중국은 북한에 대한 제재를 강화하기를 원치 않았고, 북한이 중국을 배신하는 것과 북·러관계가 더 긴밀해지는 것을 우려하였다.

나 8월 이후 트럼프의 김정은에 대한 태도 변화

트럼프는 김정은 정권을 붕괴시킬 수 없다면 북한과 협상을 진행하는 것이 낫다고 판단했다. 틸러슨 국무장관은 8월 2일 미국은 북한의 적이 아니고, 북한정권을 붕괴시킬 의도가 없으며, 대화를 통해 긴장을 해소하기를 원한다고 표명했다. 만약 북·미가 담판을 통해 북한이 핵실험 중단과 핵무기 동결을 조건으로 유엔의 제재 취소를 이끌어낼 수 있다면 트럼프는 평화적 방법으로 북한문제를 해결하고 북한을 미국편으로 끌어들여 중·러를 긴장시키고, 지지율을 높일 수 있다. 사실, 1994년 미국의 클린턴 대통령은 카터 전 대통령을 평양에 파견하여 김일성이 핵무기 개발을 포기하도록 설득한 적이 있고, 1999년 9월에 김정일은 미사일 시험발사 중단을 선포하면서 미국이 대북제재를 해제한 적이 있었다.

그렇게 된다면 북한이 이미 실시한 핵실험과 미사일 발사는 미국이 암묵적으로 수용하는 기정사실이 되고, 김정은도 미국과 대등하게 협상하는 정치적 목적을 달성할 수 있다. 중국은 당연히 북한이 미국에 경도되는 것을 원치 않기 때문에 평양에 대한 지지를 확대할 것이다. 김정은은 양쪽에서 실리를 취하고, 결과적으로 미·중·러가 모두 북한을 끌어들이기 위해 노력하는 양상을 보일 것인데, 과거 김일성과 김정은이 사용하던 수법이기도 하였다.

제3절
미·중 정상회담 이후 양안관계 변화

지난 4월 트럼프-시진핑의 정상회담 이후 양국관계는 표면적으로는 좋아보였지만 실제는 그렇지는 못했다. 미국은 중국의 대북 제재에 소극적인 태도에 불만을 가지고 강하게 압박을 하였으며, 중국은 이에 반발하여 미국이 아닌 대만에 화풀이를 했다. 한편, '일대일로 정상포럼'의 성공적 개최로 시진핑의 자신감이 커졌고, 대만에 대한 압박 수위를 높여 공산당내 강경파의 지지를 이끌어냈다. 아울러, 장즈쥔(張志軍) 국대판 주임과 새로운 대만 업무 지도부들은 시진핑의 신임을 얻기 위해 좌경화 노선을 걷기 시작했다.

1. 대만의 WHA 참가 방해

장즈쥔은 5월 9일 "지난해 5월 20일 이후 대만 당국은 '92공식'과 양안이 같은 중국에 속한다는 것을 인정하지 않아 양안 간 소통메커니즘이 중단되었고, 이러한 상황에서 대만이 세계보건총회(WHA)에 참가할 수 있는 전제가 존재하지 않는바, 책임이 어느 쪽에 있는지는 잘 알 것"이라고 언급했다.

가 의기양양한 장즈쥔

제2장에서 전술한 바와 같이, 2016년 2월 25일 왕이 중국 외교부장은 대만 정부에 차이잉원이 대만의 '헌법'과 '헌정'에 따라 총통에 당선됨으로써 그녀가 양안이 '하나의 중국'에 속한다는 점을 지지하였고 이는 양안관계 발전을 촉진한다고 언급했다. 이는 사실상 중국이 차이잉원을 돕는 것과 같다. 차이잉원이 '92공식'의 수용 여부를 굳이 대외공표할 필요가 없기 때문이다. 이렇게 중요한 대만 정책에 대한 언급이 장즈쥔이 아닌 왕이의 입을 통해서 나왔다는 점이 눈에 띈다. 장즈쥔은 자신의 지위가 불안함을 느끼게 하고, 또 어떻게 대처해야 할지 몰랐을 것이다. 게다가 세간에는 그가 교체될 것이라는 소문이 끊이지 않고 있었기에, 그가 할 수 있는 유일한 방법은 대만에 강경하게 대응하고, 반드시 대만이 WHA에 참석하는 것을 막는 것이었다. 장즈쥔이 이와 관련한 입장을 대외에 선포할 때 사람들에게 강렬한 인상을 심어주었고, 오랫동안 보지 못했던 웃음을 보이기도 했다.

나 WHA에 참가와 무관한 '92공식'

사실 장즈쥔이 5월 9일에 한 발언 중 잘못된 내용이 있다. 왜냐하면 3장에서 자세히 언급한 바와 같이 2016년 5월 23일 차이 정부는 WHA에 참가할 수 있었고, 당시에도 '92공식'을 인정하지 않았기 때문이다. 2016년 5월 6일 대만이 WHA 초청장을 받을 수 있었던 것은 당시 마잉주 총통이 집권하고 마 총통이 '92공식'을 받아들였기 때문이라는 세간의 지적도 있지만, 그렇다면 초청장은 왜 2015년과 판이하게 다른가? '유엔 결의안 제2758호[5]'가 나왔는가? 이는 차이 총통이 취임하고 맞춤형 대응이라고 볼 수 있다. 차이 총통의 '92공식' 인정 여부와 상관없이 WHA 참여할 수 있다는 것을 의미한다.

그렇다면 왜 2016년은 되고 2017년은 안 되는 건가? 차이잉원-트럼프 간의 통화로 시진핑은 물러설 수가 없었고 대만에 대해 강경한 입장을 취해야 했다. 한편,

---

[5] 1971년 이 결의에 의거 대만(중화민국)은 유엔에서의 모든 지위와 권리를 상실하였고, 중국(중화인민공화국)이 그 자리를 대체하였다.

미국은 대만이 WHA에 계속 남을 수 있도록 지지해 왔고, 중국이 WHA 문제를 가지고 대만을 압박하는 것을 원치 않았다. 그래서 중국의 이번 조치는 미국에 대한 보복이기도 하고, 이전에 차이잉원-트럼프 통화와 미·중 관계가 냉각된 것에 대한 불만을 나타낸 것이자, 중국도 미국의 심기를 건드릴 수 있는 능력을 가지고 있다는 걸 보여주기 위함이었다.

차이잉원은 2017년 5월 초 WHA에 참가하고 싶다는 대만의 의사를 장문의 트윗을 올려 중국에 '만약 대만이 WHA에 가지 못할 경우 중국의 억압으로 인한 것이며, 중국이 '비정한 카드'를 만지작거린 것이라는 메시지를 발신했다. 특히 안펑산(安峰山) 국대판 대변인은 5월 8일 "중국은 시종일관 대만 동포의 건강과 복지를 매우 중시한다"고 말했고, 다음날 장즈쥔은 대만이 WHA에 참가할 수 없다고 선언하여 전체 대만인의 '건강과 복지'를 희생시켰고, 대만인들은 중국이 언행일치가 되지 않는다고 생각했다. 2016년에는 차이잉원 정부가 WHA에 참여할 수 있었지만 2017년에는 그렇지 못한 것이 중국 때문이라는 점도 부각됐다.

다 강경해지는 차이잉원의 대중국 정책

차이잉원은 더 이상 중국에 대해 물러설 수 없다고 생각하여, 발언이 나날이 강경해졌다. 차이 총통은 6월 16일 '민시TV'의 창사기념일에 궈베이훙(郭倍宏) 등 독립파 인사들과 마주한 자리에서 대만의 자주성과 주권적 입장을 견지하며, 절대 압박에 굴복하지 않을 것을 강조하며, 오히려 "대만 총통으로서 외부의 압박을 견디고 일어설 것"이라고 강조하였다. 차이잉원은 점차 중국과의 상호교류를 축소하기 시작하였고, 피아구분과 방어 조치를 강화하였다. 양안관계의 중요성을 낮추기 위하여, 미국과 일본과의 관계를 부각하였다.

2. 우둔이(吳敦义)의 주석 당선과 중국의 반응

우둔이는 지난 5월 20일 높은 득표율로 국민당 주석직에 당선됐지만 시진핑은 21일 새벽에야 축전을 보내왔다. 특히 시진핑의 축전이 우둔이를 칭할 때 당신을 뜻하는 '닌(您)'이라는 존칭어 대신 친구끼리도 편하게 사용하는 '니(你)'를 사용하였는데, 이는 외교결례라는 지적이 있었다. 우둔이에 대한 중국의 무지와 의구심만 나타냈다.

가 우둔이에 대한 중국의 태도

우둔이(吳敦义)는 중국에 가본 적이 없으며, 양안 문제에서 의도적으로 거리를 두었다. 리덩후이(李登輝)는 당 주석이 되었을 때 국민당의 탈중국화와 현지화를 끊임없이 주장했고, 우둔이 역시 리덩후이가 적극 발탁한 현지 정치 엘리트이기도 하다. 2000년 천수이볜 총통이 당선되고 리덩후이가 당 주석을 사임하고 롄잔(連戰)이 물려받았으며, 2004년 천수이볜 총통이 재선에 성공하였으나 양안관계가 침체되어 '양안카드'가 국민당의 조커로 부각되었다. 2005년 4월 롄잔은 대규모 대표단을 이끌고 중국으로 건너가 후진타오(胡錦涛) 공산당 총서기를 만나 세계가 주목하는 '롄후회(連胡會, 롄잔과 후진타오의 회동)'를 성사시켰다. 이는 1949년 중국이 둘로 나누어진 뒤 양당 주석 간의 첫 만남이기 때문이었다.

이후 마잉주, 주리룬, 홍슈주 등 3명의 비대만 출신의 당 주석들이 이 '양안 카드'를 계속 추진했다. 그래서 우둔이라는 대만 출신 당주석은 친중 노선을 이어갈 것인가, 아니면 리덩후이의 바통을 이어받을 것인가? 중국은 여전히 의심의 눈초리를 거두지 않고 있다.

나 우둔이의 응답

기본적으로 시진핑이 보낸 축전 내용은 '92공식' 고수와 '대만독립에 대한 확고한 반대'만 언급되었을 뿐, '하나의 중국 원칙'이 언급되지 않았다. 이는 우둔이가 대만 야당 인사로서 처한 상황을 어느 정도 배려한 중국의 선의적인 조치다. 그러나 우둔이는 답전에서 '하나의 중국'을 각자가 대표한다는 '일중각표(一中各表)'의 유래를 적극적으로 언급하고 '대만 독립 반대'에 대한 어떠한 언급도 없었기에 시진핑은 크게 불만스러워했다.

우둔이는 시 주석에게 보낸 답전에서 '일중각표'를 재확인함으로써 중국에 대한 그의 부드럽지만 강경한 입장을 보여주었는데, 이는 중국이 줄곧 '각표'를 받아들이지 않았고 '하나의 중국', 즉 '일중(一中)'만을 강조했기 때문이다. 그러나 과거 마잉주, 홍슈주, 주리룬은 중국 공산당 총서기에게 보낸 답전에서 "양안 동포는 모두 중화민족에 속한다"고 언급했지만, 우는 '양안 인민'이라고만 언급했을 뿐 '양안 동포'라는 단어는 언급하지 않았다.

우둔이는 차이잉원이 당시 여론조사에서 열세였지만 '92공식'이라는 양안정책을 인정하지 않았기에 여러 차례 여론조사에서 60%의 대중들에게 지지를 받았고, 전년도 총통선거에서 '92공식'으로 주리룬이 많은 가산점을 받은 것도 아니었다. 그렇기에 '92공식'도 만약 '일중각표'가 없을 경우 국민당에게 그렇게 좋은 패도 아니라는 것을 알고 있었던 것이다. 그래서 우둔이는 각표를 부각시켰고, 중국도 그러한 움직임을 눈 여겨 보고 있었다.

나 중국의 우려

중국은 홍슈주(洪秀柱)의 낙선과 함께 국민당 내 '통일파'들과 골수 남색진영들이 사라질까 우려하고 있었다. 홍슈주가 당 주석을 맡은 1년 동안의 남색성향이 짙은 발언들, 예를 들면 "양안은 평화협정을 체결해야 한다" 등의 발언들이 통일파들의 기세를 크게 상승시켰다. 앞으로 우둔이가 왕진핑(王金平)과 결합하면 국민당은 더욱 본토화(또는 대만화)될 것이고, 그때가 되면 대만 내부에는 대만 독립과 중화 독립이라는 두 가지 입장만 남게 될 것이며, 통일파는 대만 정계에서 더욱 주변화될 것이다.

3. 중국과 파나마의 수교

지난 6월 13일 후안 카를로스 바렐라 파나마 대통령이 대만과의 단교를 선언하고, 곧바로 이사벨 데 생말로 파나마 부통령 겸 외무장관이 베이징에서 중국과 수교하는 등 사건이 긴박하게 돌아갔다. 들리는 바에 의하면 데 생말로 부통령은 베이징에 갈 때 수행원들을 대동하지 않았고 참여한 파나마 관료들도 4명밖에 되지 않았다.

파나마측에서 혹여 불상사가 생기지 않도록 철통보안을 유지한 것을 알 수 있다.

가 중국-파나마 수교의 효과

시진핑은 중국과 파나마 수교로 일석다조(一石多鳥)의 효과를 얻었다. 먼저 트럼프에게 복수한 것이다. 트럼프는 중국이 무력을 통한 시리아 문제 해결에 반대한다는 입장에도 불구하고, 4월 7일 '미·중 정상회담' 때 미사일로 시리아를 타격하여 시진핑을 상당히 난감하게 만들었다. 파나마는 미국의 '막내 동생'격으로, 파나마의 독립 및 건국부터 파나마 운하까지 모두 미국이 직접 설계했다. 그러나 지금 미국의 '뒷마당'은 중국의 것이 되었다.

둘째, 중국은 최근 3년간 파나마에 256억 달러를 투자하고 28억 달러 상당의 무이자 차관도 제공했다. 중국이 이렇게 대량의 돈을 퍼붓는 것은 대만과 겨루는 것이 아니라, 미국으로 하여금 중국-파나마 수교를 막지 못하게 하기 위해서였다. 오랫동안 미국은 중국과 파나마 간의 수교를 최선을 다해 막았다. 그러나 중국이 줄 수 있는 것을 미국이 줄 수 없을 때 파나마는 당연히 미국에게서 등을 돌릴 수 있었다. 게다가 트럼프가 등장하고 미국-멕시코 국경에 장벽을 건설하면서 미국과 라틴 아메리카간의 관계가 원만하지 않게 되자 파나마의 눈은 더욱 중국을 향하게 되었다. 트럼프는 국무부와 국가안보부서의 인력 공백을 제때에 메우지 않아 정확한 정세파악이 되지 않았고, 설상가상으로 '러시아 스캔들'로 골머리를 앓고 있어서 다른 것을 돌볼 겨를도 없었다. 시진핑은 그 기회를 잘 포착했다. 심지어 일부 국무부와 안보부서에서 트럼프에 불만을 품고 대만-파나마 단교의 심각성을 의도적으로 은닉하여 트럼프에게 물을 먹였을 가능성도 배제할 수 없다. 요컨대 시진핑은 이번에 미국의 뒷마당을 노린 것은 확실히 나쁘지 않은 한 수였고, 8월 베이다이허 회의가 개최되기 전에 업적을 세우면서 그의 입지를 더 확고히 했다.

나 시진핑의 의도

앞서 언급했듯이 지난 4월 미·중 정상회담에서 미국은 의도적으로 대만 문제를 중시하지 않았다. 시 주석은 기존의 대만에 대한 입장을 되풀이할 수는 없었기에 중국 내부에서 어느 정도의 비난이 있었을 것이다. 그래서 대만에 대한 시진핑의 확고한 입장을 보여주기 위해 대만에 칼을 들이대야 하는 상황이었다. 이는 중국 내부 필요를 위해서였고, 중국-파나마 수교를 긴박하게 처리해야 할 이유가 없었다.

중국은 대만과 파나마 간 단교를 만들어내고 차이잉원에 대한 강경한 태도를 보였다. 물론 시진핑은 차이잉원이 이 일로 '92공식'을 지지하지 않을 것이라는 점은 잘 알고 있다. 대만 민심은 중국을 더욱 혐오할 것이고 국민당은 그 중간에서 더욱 난처하게 될 것이다. 그러나 시진핑은 개의치 않았다. 당시 차이잉원의 여론조사 지지율이 낮아 자신감이 부족했고, 시진핑이 작은 꼼수로 차이잉원을 난감하게 했다. 중국도 점점 차이잉원이 중국에 대한 과도한 보복행위를 하지 않을 것이라는 점을 점차 알게 되었다.

다 대만-파나마 단교에 대한 트럼프의 태도

대만과 파나마의 단교에 대해 트럼프가 어떻게 생각하는지는 알 수는 없다. 앞서 언급한 바와 같이 파나마는 '미국의 뒷마당'이라 할 수 있고, 미국은 과거에도 줄곧 대만과의 단교를 반대해왔지만, 2017년 6월에 왜 이러한 일이 발생한 것을 좌시하고 어떠한 행동도 취하지 않았을까?

대만-파나마 단교 이후 일주일 만인 지난 6월 19일, 파나마 대통령이 미국을 방문해 트럼프와 백악관에서 만났다. 이는 파나마-중국 수교 이후 처음으로 미국-파나마 정상이 만난 자리였지만, 언론발표와 백악관의 보도자료에도 대만-파나마 단교에 대한 언급은 없었다. 백악관이 낸 보도자료에서는 트럼프가 바렐라 대통령에게 파나마 운하의 확장건설을 축하하며, 미국과 파나마 기업에게 이익이 되고 역내 경제 성장의 핵심 동력이 될 것이라고 했다. 트럼프는 또 파나마 운하의 운영 상황과 양국 간의 우정과 파트너십을 높이 평가했다. 중국과 파키스탄의 수교에도 신경 쓰지 않고, 관련 소식을 알아도 개입을 꺼렸던 것은 중국이 북한에 더 많은 제재를 가하도록 하는 기회로 삼겠다는 취지로 분석된다. 그렇다면 대만 외교가 트럼프에게는 중국과 정치적 거래를 할 수 있는 카드인 것으로, 대만은 크게 경각심을 가져야 할 소식이다. 다른 중남미 지역의 대만 수교국도 위태롭지는 않은가? 트럼프는 이 지역에서 중국의 외교 판도를 계속 좌시할 것인가? 트럼프의 행동은 예측할 수가 없기 때문에 대만은 경계심을 가지고 있었다.

라. 트럼프의 국방수권법안 서명

미 상원에 이어 하원은 7월 14일에 2018년도 국방수권법안(NDAA)를 통과시켰다. 미 정부는 이 법안에 따라 2018년 9월 1일 전까지 의회에 보고서를 제출해야 했고, 미국 해군 함정의 대만 입항 여부 타당성에 대해 평가를 해야 했다. 그리고 대만 군함이 미국 하와이, 괌, 그리고 여타 적당한 지역으로 입항하는 데에 대한 타당성 평가도 포함되었다. 또 다른 개정된 문안에서는 일반적인 절차를 준수하고 방산수출 프로세스의 정상화를 위해 대만 정부가 요구하는 모든 방위물자와 서비스는 미 국방부의 심사를 받고 국무부와도 협의해야 한다고도 규정했다.

이후 상원과 하원이 문안 조율에 성공해야 해당 법안이 트럼프에게 보내져서 서명되거나, 혹은 부결될 수 있었다. 과연 트럼프가 서명할 것인가? 12월 현재 북한 문제로 미·중 양국관계에 균열이 일어나고 대만과 파나마의 단교까지 겹쳤다. 이에 트럼프가 이 법안에 서명함으로써 중국에 대한 불만을 표출하고, 중국으로서는 상당한 위협을 느낄 것이다. 그 다음 시진핑은 미국에 반격하지 못하고 대만에 칼을 빼들어 수교국을 줄여나갈 수밖에 없었다.

제4절
2017년 후반기 양안충돌과 북·중관계 악화

2017년 7월 이후 해방군이 대만에 대한 무력시위를 확대하고, 양안관계의 갈등이 확대되었으며, 국공 관계도 악화되었다. 또한 북한의 수소탄 발사로 동북아 정세가 악화되었으나 중국이 이를 저지하지 못하여 트럼프의 불만을 샀고, 미·중관계도 더욱 나빠졌다.

1. 해방군 군사훈련의 목적

2017년 후반기부터 해방군은 시진핑의 대만 강경정책에 따라 무력시위를 확대하고, 대만해협에서 군용기의 비행을 증가시켰다. 이를 통해 차이잉원 정부를 위협하고 대만의 대응능력을 테스트하였다.

가 중국 군용기의 대만 위협비행

일본 항공자위대의 발표에 따르면 7월 20일 하루 동안 8대의 H-6 폭격기가 대만 주변해역에서 비행하였고, 그 중 4대는 남쪽에서 북쪽으로 나머지 4대는 북쪽에서 남쪽으로 비행하며 바시해협과 미야코 해협을 통과하였다.

주요 특징은 우선, 2016년 11월과 12월에는 2기 편대가 출현했으나, 2017년 대마도 해협 통과시와 7월 13일 대만 동부해역 비행시 6대로 증가하였고, 7월 20일에는 8대로 늘렸다.

둘째, 이번에 폭격기 편대는 Y-8 전자전기와 Y-8 정보수집기가 대만 임무에 최초로 참가하였고, 남쪽에서 북쪽으로 비행하였다.

셋째, 이번 H-6폭격기 편대는 대만과 일본의 공역을 따라 비행하면서 다수의 합동훈련을 실시하여 이례적인 모습을 보였다. 미군의 항공기와 함정도 대만 주변 해공역에서 자주 활동하였는데 5월에 미군 EP-3C정찰기와 RC135가 대만해협 중간선 주변에서 비행하면서 중국의 대규모 해공군 훈련에 대응하였고, 미군 이지스 구축함이 7월에 대만해협 중간선에서 중국 랴오닝함의 훈련을 근접감시하였다. 따라서 중국의 군용기가 대만 주변 공역을 비행하는 것은 대만 뿐만 아니라 일본과 미국에 대응하기 위한 것이다.

나 시진핑의 해방군에 대한 6가지 요구사항

8월 1일 중국 인민해방군 창설 90주년 기념식에서 시진핑은 '어떤 사람, 어떤 조직, 어떤 정당, 어떤 시기, 어떤 형식으로도 중국 영토의 어떤 일부분도 분열시킬 수 없다'는 '6개의 금기'를 제시하면서 중국이 어떤 침략에도 승리할 수 있는 자신감을 강조하였다.

6개의 금기는 중국군의 주권문제에 대한 입장을 나타내는 것이다. 그러나 과거 중국 지도자들이 부대순시에서 '반독촉통(反獨促統: 독립을 반대하고 통일을 촉진한다)'을 군대와 직접 연관시키거나 군대의 주요 임무로 언급한 경우는 매우 드물었다. 이는 중국이 대만 무력통일에 대한 정당성을 강화하려는 것처럼 보이나 단기간 내 실행할 가능성은 낮기 때문에 실제 목적은 분열세력을 위협하고, 시진핑이 추진하는 군대개혁의 정당성을 강화하기 위한 것으로 볼 수 있다. 군사개혁의 목적이 대만 독립 반대이면 누구도 군사개혁을 반대하거나 비판할 수 없기 때문이다.

대만과 홍콩의 독립문제에서 중국이 큰 성과를 보지 못하는 상황에서 시진핑은 6월 30일 홍콩 주둔군을 시찰하고, 7월 7일에는 랴오닝 항모를 홍콩으로 보내 위협하였다. 시진핑은 무력과시를 통해 대만과 홍콩을 위협하면서 군사개혁의 성과를 과시하고, 군부를 장악하여 반대파들을 저지하고자 하였다.

6월 중순과 8월 하순 중국과 인도의 국경분쟁이 발생하여 중·인관계가 악화되었고, 달라이라마 망명정부와 티베트 독립세력의 활동 공간이 확대되었다. 또한, 일대일로 전략으로 신장 위구르 지역의 문호가 개방되면서 해외 신장독립세력이 신장으로 진입이 용이해지면서 한족과 위구르족 간의 갈등이 통제하기 어려운 상황이 되었다. 이러한 상황으로 중국군은 반독촉통 분야에서의 역할을 점점 확대시켜 나갔으며, 시진핑의 군사개혁 추진에도 명분을 제공하였다.

2. 국민당 신임 주석 우둔이 취임과 중국의 반응

국민당은 8월 20일 제20회 1차 전국 당대회를 열고 신임 당주석 우둔이의 취임을 발표하였다. 그는 취임연설에서 '92공식'을 강조하면서 일중각표(一中各表 : 하나의 중국에 대해서 각자 해석한다)는 언급하지 않았다. 그러나 새로운 정책강령을 과거 '92공식 심화'에서 '92공식, 일중각표'로 수정하여 베이징의 주목을 받았다. 중국은 우둔이가 '각표'의 의미를 최대한 희석시키고, 일중을 강조하고, 대만독립에 대한 반대 입장을 명확히 밝히기를 원했지만 우둔이는 그렇게 하지 않았다.

과거 국민당 신임 당주석 취임시 중국 공산당은 당 총서기 명의의 축하서신을 보내왔으나 우둔이 취임에는 축하서신이 없었다. 따라서 국공간의 교류 관례가 이미 무너졌고, 중국과 국민당의 관계도 갈수록 소원해지고 있음을 알 수 있다.

가 우둔이의 대중 태도

6월 4일 중국의 톈안먼 사건 28주년에 차이잉원은 페이스북에 "중국의 굴기는 사실이나, 민주의 결핍은 유감"이라는 글을 올리고, 중국이 3월에 체포한 대만의 사회운동가 리밍저를 석방할 것을 촉구하였다. 대만의 정당 '시대역량'도 "정상으로의 조속한 회귀를 희망하며, 중국 민주 파이팅"이라는 글을 올렸다. 마잉주 조차도 "톈안먼 사건의 '정상화' 없이는 통일 협의도 없다"고 언급하면서 리밍저 석방을 호소했다. 대만 정계에서 리밍저 사건, 즉 '2017년판 톈안먼 사태'에 대해 항의의 목소리를 이어나갈 때 우둔이는 일언반구의 언급도 없었다. 왜냐하면 그는 시진핑과 만나기 위해 시진핑에게 호감을 전하고, 국공포럼을 제안하고 있었기 때문이다. 그런 그에게 시진핑은 축전조차 보내지 않았다.

이는 1988년 국민당 제13차 전당대회시 중공중앙으로부터 축전을 받아왔던 관행이 깨진 것이다. 심지어 리덩후이가 1995년 미국을 방문하고 양안이 충돌한 이후 1997년 국민당이 제15회 전당대회를 개최했을 때에도 장쩌민은 중공 총서기 명의로 축전을 보낸 바 있다.

나 신당과 중국의 관계

8월 20일, 신당(新黨) 창설 24주년 기념대회를 열렸다. 위무밍(郁慕明) 신당 주석은 신당이 '통일파가 노력하여 대만독립세력을 무너뜨리고 중화를 진흥하자'는 목소리를 높여야 한다고 주장하였고, 부주석 리성평은 신당의 새로운 노선은 '평화통일, 대만 보장'이라고 언급하였다.

중국 국가대만판공실 대변인 안평산은 "신당이 창당이후 24년간 양안의 평화통일, 하나의 중국 견지, 대만 독립 반대를 주장하고 있고, 우리는 이를 높이 평가한다"는 반응을 보였다. 또한 중국은 "신당을 포함해 하나의 중국 원칙과 조국 통일을 지지하고 대만독립을 반대하는 대만의 어떠한 정당, 단체, 조직, 인사와 소통을 통해 양안관계의 발전과 대만해협의 안정을 수호하고, 조국의 평화통일과 위대한 중화민족의 부흥을 도모할 것"이라고 강조하였다.

중국이 대만 업무를 30년간 수행하였으나 민진당뿐만 아니라 국민당과 교류하지 않고, 신당과 소통하고자 했던 것은 대만 업무에서 그들이 할 수 있는 일이 점점 줄어든다는 것을 의미했다. 아울러 이는 '좌파와 연합하고, 중도를 포섭하여 우파를 공격한다'는 중국의 전통적인 통일전선 방식에도 어긋난다.

다 중국의 일중각표 부정

우둔이가 8월 20일 국민당 전당대회에서 새 정당강령을 발표하고, 일중각표를 언급하면서 전년도에 훙슈주가 제시한 평화협의를 폐지하였다. 그러나 신화사는 7월 20일 일중각표를 금지어로 선정하였다. 홍콩의 중평사(中評社)는 22일 일중각표는 과거 국민당이 견지한 입장이고 양안이나 국공양당의 공동인식이 아니며, 중공은 일중각표를 수용한 바가 없고, 앞으로도 그럴 것이라고 지적했다. 신화사는 훙슈주가 일중각표를 주장하지 않은 것을 높이 평가하였다.

3. 리밍저 사건에 대한 대만인의 태도

앞서 말했듯이 대만 사회운동가 리밍저는 3월 19일 마카오 입경 후에 소식이 끊겼고, 가족들이 기자회견을 열면서 대만사회의 관심이 집중되었다. 29일 중국 국대판 대변인 마샤오광이 정례 기자회견에서 "대만 주민 리밍저가 국가보안에 저촉되는 활동을 한 혐의로 관련 기관의 조사를 받고 있고, 건강은 양호한 상태이다"라고 발표하였다. 그러나 사건의 전말이나 리밍저의 소재는 밝히지 않았다. 5월 26일에서야 국대판은 리밍저가 국가전복죄로 후난성 안전기관에 체포되었다고 밝혔다. 리밍저가 체포된지 2개월후에야 구체적인 소식이 전해졌고, 대만인은 중국 정부의 인권 무시와 대만인에 대한 중국의 인권보장이 취약함을 알게 되었다. 국대판은 5월 리밍저의 체포사실을 발표한 이후 어떤 소식도 전하지 않았다. 중국은 리밍저 사건을 통해 대만과 차이잉원 정부를 공격하고, 중국의 대대만 강경 입장을 전달하였다.

가 리밍저 재판 소식

리밍저의 처 리징위는 9월 6일 오전에 자신을 리밍저 담당 변호사 장중웨이라고 소개한 사람의 전화를 받았고, 후난성 웨양 시에 와서 리밍저의 재판을 방청하라는 얘기를 전해 들었다.

후난성 웨양(岳陽)시 중급인민법원은 7일 공고를 통해 11일 오전에 제14재판장에서 리밍저에 대한 공개재판이 있을 것이라고 발표하였다. 그제서야 리밍저 안이 조사단계에서 이미 기소와 재판 단계로 넘어갔음을 알게 되었다.

리밍저가 체포된지 173일만에야 이런 소식이 가족에 전해졌고, 부인 리징위는 6일에 기자회견에서 남편을 빨리 만나고 싶다고 언급했다.

대만사회가 리밍저 사건으로부터 관심이 멀어져가고 있을 때 중국이 리밍저에 대한 재판을 진행하면서 다시 한 번 대만 사회의 관심을 받았다. 웨양시 중급인민법원은 리밍저 재판을 위해 엄중한 보안과 경비를 진행하였다고 한다.

10월 18일에 중공이 19차 당대회를 앞두고 있었고, 양안관계를 안정적으로 유지해야 할 시기임에도 재판을 당대회 이후로 연기하지 않고 급하게 진행한 이유는 무엇일까?

리징위는 장중웨이 변호사가 당지부 서기와 웨양시 제7대 인민대회대표라고 밝혔다. 장 변호사는 당과 정(政)의 배경을 가진 자였다. 그런데 리징위가 4월 초 리밍저를 보기 위해 중국을 방문했을 때는 대만동포증이 취소되었다는 사실을 알게 되었으나, 9월에는 또 중국 입경이 가능하였다. 이는 중국의 고위간부의 조치가 없었다면 어려운 일이다.

리징위는 원래 9월 10일에 제네바의 유엔인권이사회 강제실종 실무그룹회의에 참석하고, 11일에는 리밍저 사건에 대한 회의에 참석하기로 되어 있었다. 따라서 중국은 같은 날 재판을 열어 리징위의 유럽행을 저지하려 한 것이다. 리징위는 5월에 이미 미국에 가서 리밍저에 대한 지원을 호소하고 국제사회의 관심을 끌었기 때문에 유럽에 가면 그 여파가 더 커질 것이기 때문이다.

나 리징위의 중국 입경

10일 아침 리징위는 타이베이 쑹산공항에서 이륙하여 상하이 훙챠오 공항을 경유하여 창사로 향했다. 그녀와 함께 변호사 판즈청, 해기회 과장 린수민, 대리과장 왕전종, 전 입법위언 왕리핑, 변호사 수이민과 뤼페이링이 동행했다. 리밍저의 어머니는 10일 타오위안 공항에서 창사로 갔고, 변호사 우웬룽과 해기회 고위위원 딩메이췬, 리청위가 동행했다.

다 리징위의 태도 변화

리징위는 10일 쑹산공항에서 출발할때는 한마디도 없이 매우 침울했다. 이는 6일 기자회견에서 강경하게 발언하던 모습과는 사뭇 달랐다. 당시 그녀는 대만 인권촉진회 비서장 추이샹, 인권공약시행감독연맹 집행장 황이비와 함께 "중국 정권에 항의하며, 리밍저를 즉각 석방하라"고 목소리를 높였고, 대만인들에게 함께 중국에 대항하고 리밍저를 지지해줄 것을 촉구하였다. 리징위는 사회의 리밍저에 대한 관심에 감사를 표하고, 대만사회가 본인에 대한 가장 든든한 지원자라고 강조했다.

리징위는 출발전 9일 성명에서 이미 태도를 바꾸었고, 최악의 상황을 고려한 듯했다. 그녀는 국민들에게 리밍저가 법정에서 강요에 의해 불리한 발언을 하더라도 이해를 바란다고 당부했다. 그녀는 중국에 도발하고 항의하려고 가는 것이 아니라 리밍저가 안전하고 편안하게 귀국하기를 바랄 뿐이라고 얘기했다. 그리고 본인이 실종되거나 인질이 되더라도 구하기 위해 사회 자원을 낭비하지 말기를 당부했다.

라 리밍저 사건에 대한 중국의 태도

중국 검찰은 리밍저가 인터넷을 통해 중국 국내사건을 조작하여 국가전복을 선동하고 사회주의제도를 파괴하려고 시도했다고 지적했다. 리밍저는 중국의 현행제도를 악의적으로 공격한 죄를 인정하였고, 중국 사법기관의 공정한 판결에 감사한다고 밝혔다.

이런 상황은 대만인들로 하여금 양안 간의 차이를 분명하게 느끼게 하였다. 비록 중국이 지적한 대로 리밍저의 혐의가 사실이고 범죄 증거가 있더라도, 이는 모두 언론의 자유의 범위에 속하는 것이다. 그가 몇 권의 책을 가지고 독서회를 하면서 서방의 민주자유 이념을 홍보하였을 뿐 어떠한 구체적인 행동을 취한 것이 아니기 때문이다. 대만에서 1979년에 미려도 사건이 발생했을 때 비민주적인 탄압이 있기도 했는데, 이를 보면 현재 중국의 정치분위기가 '정치사상범'까지도 일망타진하려 했던 당시 대만의 백색테러 상황과 유사하다고 할 수 있다. 양안 간의 정치 발전 수준의 차이가 40년 이상 난다는 것이다.

리밍저는 외성인[6] 2세대로 신당의 당원으로 활동한 적이 있고, 중국에 대해 애정을 가지고 있었다. 그는 중국의 민주화를 바랐지만 결국 국가전복죄의 희생자가 되었다. 이는 중국이 민주통일파를 대만독립파보다 더 두려워하는 것을 나타낸다.

4. 상하이-타이베이 음악제 취소

리밍저는 9월 11일 중국 정치재판을 받은 지 2주가 지나지 않은 24일 오후 대만대 운동장에서 개최 예정인 '상하이-타이베이 음악제'에 참석하려 하였으나 행사가 취소되었다. 이 행사는 타이베이시와 상하이시 정부가 7월에 쌍성포럼을 실시한 후 문화교류차원에서 추진한 음악회였다.

가 대만대 학생의 반대

국립대만대는 3,700만 위안을 들여 체육관을 보수하면서 일주일간 이를 폐쇄하였다. 3만여 명 학생들의 체육 수업에 영향을 미쳤고, 교수와 학생, 주민들이 체육관을 사용할 수 없게 되었다.

국립대만대의 체육관 사용규정을 보면, 수업이 가장 우선순위이고, 2순위는 학생과 교직원, 3순위는 외부 기관이고, 원칙적으로 휴일에만 대여가 가능했다. 대만대

---

[6] 중국 본토에서 대만으로 건너온 사람들을 지칭

가 음악회를 위해 1주일간 체육관 대여를 해준 것은 본말이 전도된 조치였다. 또한 체육관 대여에 대한 어떠한 공지도 없었기 때문에 대만대 학생들은 부적절한 조치라고 비판했다.

나 음악회의 목적

국립대만대 체육실은 65만 위안의 대여료를 받았기 때문에 교수와 학생들이 반대하지 않을 것이라고 생각했다. 그러나 학교가 학생의 권익을 희생시키면서 외부 단체에 이익을 제공한 행위는 비난받아 마땅했다.

이 행사는 정치적 의도도 분명했다. 중화인민공화국 상하이시 인민정부 대만사무 판공실에서 행사를 주최하고, 행사명도 '상하이-타이베이 음악제'로, 중국의 연예인 다수를 초청했을 뿐 아니라 타이베이시를 중국의 일부로 간주하기도 하였다. 국립대만대는 애국을 강조하는 민주운동의 근원지로 많은 졸업생들이 대만 민주와 독립운동을 이끌고 있었기에 대학교측의 결정에 학생들의 반대가 있을 수밖에 없다.

다 상하이시 대만판공실의 오판

행사를 주최한 상하이시 대만판공실은 국립대만대를 대만 민주화와 본토화 운동의 요람으로 여기고 있었다. 이번 음악회를 주최한 책임자인 리원후이 상하이시 대만판공실 주임은 양안의 젊은이들이 대만대학교에서 손을 잡고, 어깨를 나란히 하며 '용적전인(龍的傳人)'을 합창하는 그림을 보여준다면 시진핑의 대만 업무에 큰 성과로 홍보할 수 있고, 자신도 국가대만판공실 주임으로 승진할 수 있는 기회가 있을 것이라고 생각했을 것이다.

리원후이는 대만대학교의 동의를 얻어 체육관을 대여하고 커원저 타이베이시장의 협조를 받으면 아무런 문제가 없을 것으로 생각했다. 중국의 학교는 교장이 모든 것을 결정하면 학생들은 반대할 수 없고, 상하이시 정부가 주관하는 행사에 누구도 반대할 수 없기 때문이다. 그러나 대만에서는 이러한 방식이 통하지 않기에, 대만에 대한 중국의 무지함만 여실히 드러났다.

행사 개최 전에 많은 네티즌들이 대만인들이 대만국기를 들고 참가함으로써 행사에 참석하는 중국 가수들에게 대만이 독립적인 주권국가임을 알리자고 촉구하기도 했다. 또한 공동주관 부서인 타이베이시 문화국도 문제없다고 했기 때문에 주최측이 이를 금지하거나 제지할 수도 없다. 행사가 진행되면 충돌이 뻔히 보이는 상황에서 상하이시 대만판공실은 행사강행을 고집했다. 중평사 등 중국 매체를 통해 행사 개최를 홍보했지만, 결국 행사는 취소되었다.

라 통일촉진당의 대만대 학생 비판

대만의 통일촉진당은 음악회가 취소된 것에 매우 불만스러워했고, 심지어 흉기로 대만대학교 학생들을 테러하여 학생 여러 명이 상해를 입었다. 이번 일로 통일촉진당은 대만사회내 공공의 적으로 만들었다.

마 중국의 오판

중국이 이번 음악회에 아무런 제한을 두지 않고 대만 또는 중국 국기를 사용하게 했다면, 오히려 이는 중국의 다양성과 자신감을 홍보할 수 있었기에 민진당이 오히려 걱정할 일이었다. 중국은 막대한 자금을 들여 유명스타를 초청하고, 고가의 장비를 동원한 행사를 기획하여 대만인들이 무료로 관람하게 하면 대만인들의 마음을 살 수 있을 것이라 생각했다. 그러나 이는 완전히 잘못된 생각이었다.

5. 라이칭더의 대만 독립지지 발언

9월 4일 린추안(林全) 행정원장은 차이잉원에게 사직서를 제출하였고, 차이는 8일에 타이난 시장 라이칭더를 후임으로 지명하였다. 라이는 26일에 입법원 청문회에서 본인은 대만 독립을 지지한다고 대담하게 밝히면서 여론의 관심을 받았다. 27일 중국 국가대만판공실은 기자회견에서 라이칭더의 발언을 반박하였다. 29일 라이는 입장을 바꿔 대만독립은 개인의 주장이고 양안정책은 총통의 권한이라고 언급하였다.

🟦가 라이의 입장 표명

9월 26일 라이칭더가 행정원장에 취임한 후 첫 질의에서 입법위는 양안관계에 대한 입장을 물었다. 그는 아무런 거리낌 없이 자신이 대만 독립을 주장하는 정치인이고, 대만독립주의자라고 답변했다. 대만은 이미 주권이 독립된 국가이고, 현재 국명은 중화민국이며 양안은 어느 일방에게 예속된 관계가 아니기 때문에 별도로 독립을 선포할 필요도 없으며, 앞으로의 미래는 2,300만 대만 국민들의 결정에 달려있다는 것이다.

양안업무는 행정원장의 직무가 아니고 총통의 업무이다. 이해관계가 매우 복잡하게 얽혀있어 정치적으로 득보다는 실이 많은 업무이다. 따라서 대부분 정치인들이 기존의 정부입장을 되풀이할 뿐 개인적 입장을 함부로 표명하지 않는 편이다.

🟦나 차이잉원의 입장

라이칭더의 입장 표명에 대해 차이잉원이 사전에 알고, 지지하였을까? 부인할 수 없는 것은 라이칭더가 자신이 대만독립주의자라고 주장한 것 외에도 민진당이 1999년 공표한 대만미래결의문의 내용도 언급했다. 차이잉원이 민진당 주석이기 때문에 차이와 라이의 기본 입장은 다르지 않다고 볼 수 있다. 린허밍 총통부 대변인은 라이칭더의 입장 발표 이후 중화민국이 주권을 가진 독립국가라고 언급하였다. 차이잉원도 총통 선거 유세 중 대만은 중화민국이고 중화민국이 대만이라고 주장하였기 때문에 라이칭더가 대만이 주권독립국가라고 주장하는 것은 차이의 입장과 상당히 유사하다고 할 수 있다.

🟦다 라이칭더의 반격

국가대만판공실 대변인 마샤오광은 27일 라이칭더의 발언에 대해 대만은 국가였던 적이 없으며 영원히 국가가 될 수 없다고 대응했다. 라이는 즉각 기자회견을 열고 대만은 주권 독립국가이고, 이는 팩트라고 반박했다.

국대판은 기자회견에서 직접적으로 라이칭더를 비판하지 않았지만 라이칭더는 능동적으로 반격했다. 라이칭더는 마샤오광의 발언이 대만인들을 분노케 하였기 때문에 국대판을 비판해서 지지도를 높이려고 했을 수도 있다.

라 라이칭더의 차이잉원에 대한 지지

라이칭더는 29일 "야당위원들이 본인이 행정원장으로서 개인입장을 표명해서는 안 된다고 주장하는 데 동의한다. 따라서 이후 질의에서 개인 입장에 대한 질문을 삼가해 달라"고 말했다. 그는 또한 개인적인 입장에 대해 묻는다면 "달라진 것이 없다"며, 행정원장으로서 답변한다면 "차이 총통의 지시에 따라 양안관계의 정책과 안정 유지"를 시행한다고 말했다. 라이칭더는 "대만독립을 주장하는 정치인"이라는 이미지에서 벗어나 양안관계 문제를 차이잉원에게 일임하기 시작했다.

총통부 국책고문 황쿤후(黃崑虎)는 30일에 가을음악회를 열었고, 여기에 현직 총통과 행정원장이 함께 참석하여 주목을 받았다. 라이칭더는 음악회 계기에 차이 총통에게 국가를 위해 봉사할 수 있는 기회를 준데 감사를 표하며, "어떤 위치에 있어도 대만의 미래에 대한 생각은 영원히 변치 않을 것이다"라고 말했다.

차이잉원도 라이칭더 원장과 함께 음악회에 참가한 것을 기쁘게 생각하고, 라이 원장이 취임한 이래 업무에 최선을 다해주어 고맙다고 답했다.

라이칭더는 차이총통이 양안정책의 주도자임을 재차 표시하고, 차이잉원은 라이를 높이 평가하면서 두 사람의 관계가 안정적임을 과시했다. 특히, 라이칭더가 행정원장에 취임한 이후 차이 총통의 여론 지지도가 높아졌다.

차이잉원은 10월 1일 중앙통신사와의 인터뷰에서 29일 라이칭더가 입법원에서 '대만독립 정치업무자'라고 밝힌 후 이 문제를 가지고 짧게나마 논의한 바가 있다고 했다. 차이는 총통으로서 행정원의 업무나 원장의 발언에 관여하지 않을 것이라고 부연했다. 차이잉원은 라이칭더와 소통을 하고 있고, 직권상의 업무 분장에 대해서 잘 알고 있으며, "행정원장은 경험이 풍부하고, 정책방향을 잘 알고 있기 때문에 많은 얘기를 할 필요가 없다"고 말했다. 또한 차이잉원은 이후에 라이칭더가 관련 입장을 구체적으로 설명할 것이라고 했다.

차이잉원은 이틀 연속으로 공개적으로 라이칭더에 대한 신뢰와 긍정을 보여주었고, 일각에서 제기하는 우려들을 해소시켰다.

6. 북한의 수소탄 발사후 북·중관계 악화

북한은 오랜 침묵을 깨고 9월 3일을 수소탄을 발사하였고, 시기로 볼 때 중국을 겨냥한 것이었다. 시진핑은 당시 샤먼에서 중공 19차 당대회 전에 러시아, 인도, 브라질, 남아프리카공화국 등 정상을 초청하여 브릭스(BRICs) 정상회의를 개최하여 중국의 영향력을 과시하고, 그의 권력을 공고히 하고자 했다.

가 중국의 속수무책

김정은의 핵실험으로 브릭스 정상회의에 대한 세간의 관심이 떨어졌고, 시진핑은 난처해졌다. 북한의 핵실험은 북·중 국경 인근에서 실시되었기 때문에 중국은 핵실험으로 인한 지진과 방사능의 영향을 받을 수밖에 없었다. 김정은은 중국이 북한의 붕괴를 원하지 않기 때문에 경제지원과 석유를 지원한다는 것을 잘 알고 있었다. 중국은 북한에 불만을 전달했지만, 그렇다고 대북 제재를 강화할 수도 없었다.

나 인도가 브릭스 정상회의의 최대 수혜자

브릭스 5개국 정상회의가 개최되기 전, 중국과 인도의 국경 일대에서 긴장이 심화되었다. 이 때문에 인도 총리 모디가 브릭스 정상회의 참석을 거부할 수도 있었다. 5개국 정상회의에서 한 국가가 빠지면 회의의 의미가 감소되기 때문에 중국은 중·인 국경지역의 도로 공사를 중단함으로써 양국 간의 갈등을 완화시켰고, 다른 한편으로는 인도에 경제원조를 약속하면서 모디의 참석을 유도하였다. 인도는 당해 브릭스 회의에서 체면과 실리를 모두 챙김으로써 가장 큰 수혜자가 되었다.

다 북한의 핵실험에 대한 트럼프의 대응

북한의 핵실험 후 트럼프는 트위터에 글을 올려 김정은을 비판했고, 시진핑이 대북제재를 성실히 이행하지 않는다고 지적했다. 트럼프는 북한문제에서 매티스 국방장관과 의견 대립이 있었고, 내부적인 갈등이 끊이지 않았다. 김정은은 트럼프가 북한을 공격할 수 없다는 것을 알고, 지속적으로 갈등을 심화시켜 미국과의 협상력을 높이고, 자신의 요구를 관철시키고자 하였다.

라 일본과 한국의 대응

북한의 핵실험에 대해 일본의 반응이 가장 강렬했고, 아베 총리는 북한 문제를 통해 내부 결속력을 다지고, 지지도를 회복하기를 원했다.

한국의 문재인 대통령은 취임 후 줄곧 북한과 대화를 원했지만 김정은은 한국을 대화상대로 보지 않았기 때문에 이를 수락하지 않았다. 한국의 북한에 대한 태도도 다소 강경해졌고, 각종 군사훈련을 실시하였다.

마 김정은의 쑹타오 접견 거부

중국 공산당 19차 당대회가 10월 24일 개막 예정이었다. 트럼프가 11월 8일 중국을 방문함으로써 시진핑의 체면도 세워주었으나, 실제 성과는 제한적이었다. 10일 시진핑은 베트남에서 열린 APEC에 참가하여 미국과 대등한 영향력을 보였지만 북한과의 갈등은 점점 격화되었다.

쑹타오 중앙대외연락부 부장이 시진핑의 특사 자격으로 11월 17일 북한을 4일간 방문하였으나 김정은은 쑹 부장의 접견을 거부하고, 자신은 자동차 공장을 시찰하였다.

쿵쉬안유가 8월에 우다웨이의 뒤를 이어 한반도사무특별대표에 취임했으나 북한 방문을 거부당하고 있는 상황이었기에, 쑹타오의 이번 방문이 주목을 받았다.

2007년 중국 공산당 17차 당대회 후 류윈산 중앙선전부 부장은 평양을 방문하고 당일에 김정일을 만났다. 2012년 18차 당대회 이후 리젠궈 전인대 상무위원회 부위원장 겸 비서장은 평양에 도착한 다음날 김정은과 만났다. 그러나 쑹타오는 18일에 노동당 중앙위원회 부위원장 리주용만 만났다. 쑹타오는 중앙위원이고, 류윈산이나 리젠궈 중앙정치국 위원과 비교하면 당내 직위가 낮기 때문에 김정은이 접견을 원치 않았다는 분석도 있었다. 그러나 19차 당대회 이후 쑹타오가 시진핑의 특사 신분으로 베트남과 라오스를 방문했을 때 베트남 총서기와 라오스 인민혁명당 총서기를 만났다. 따라서 김정은이 쑹타오를 만나지 않은 것은 중국이 유엔의 대북제재에 참여한데 대한 불만의 표시였기에 시진핑을 난처하게 했고 체면까지 떨어뜨렸다.

7. 류제이의 국가대만판공실 부주석 취임

10월 11일 중국은 주유엔 대사 류제이를 국가대만판공실 수석 상무부주임에 임명하고, 정부급(正部級)으로 승진시킨다고 발표하였다. 국가대만판공실 주임 장즈쥔이 이임할 것이라는 소문이 사실이었고, 류제이가 바로 주임에 취임하지 않았지만 19차 당대회 이후 주임에 임명될 것이 확실해졌다.

가 시진핑의 대만 업무에 대한 중시

북한의 핵실험 규모가 점점 커졌기 때문에 미국 주도의 서방국가들은 대북 경제제재를 강화하기를 원했다. 중국도 이를 쉽사리 거부할 수 없는 입장이라 제재에 동참하면서 북·중 관계의 긴장이 고조되었다. 중국은 북한문제에서 매우 난처한 입장이었고, 류제이가 유엔에서 국익을 끝까지 고수한다는 것은 쉽지 않은 일이었다.

따라서 시진핑이 류제이를 국가대만판공실 부주임에 임명한 것은 유엔에서의 그의 공적을 치하함과 동시에 시진핑이 대만 문제를 중시하고 있음을 보여주는 일이었다.

나 국가대만판공실 개혁의 필요성

북한 위기가 현재 진행중이라 중국은 류제이를 유엔에 두어야 하는 상황이었지만 국대판 부주임에 임명하였다. 이를 볼 때 시진핑은 대만 업무에 있어서 성과 창출의 압박을 받았던 것으로 보인다. 국가대만판공실 내부 관료들은 대다수가 자칭린과 천윈린의 측근 출신으로 장쩌민과 밀접한 관련이 있고, 진부한 사상을 가지고 있었다. 이에 새로운 정세 하에서 미·중·일·대만이라는 4개국 관계에 적절히 대응하기 어려웠다. 특히 트럼프 집권이후 불확실성이 커져 국가대만판공실은 새로운 지도부와 개혁이 필요했고 류제이가 그 막중한 책임을 지게 되었다.

전술했듯이 2월에 대만문제 전문가가 아닌 양밍제 현대국제관계원 부원장이 중국 사회과학원 대만연구소 소장에 취임하였고, 전국대만연구회 회장에는 전 국무위원 다이빙궈를 임명하여 대만 업무 체계에 큰 변화가 있었다. 시진핑이 대만 업무에서 돌파구를 찾고 있었음은 분명했다.

다 류제이 취임 후 대만 업무 전망

류제이는 유엔에서 근무할 때 태도나 화법이 날카로운 편으로, 중국 외교부의 '분노의 아이콘'으로 불리기도 했다. 그렇기에 일각에서는 양안이 다시 외교 각축전으로 돌아갈 것이라고 전망하기도 했다. 그러나 중국 관료가 상부의 동의나 묵인 없이 자신의 '개성'을 표출할 수 있겠는가? 그의 대만 업무를 전망함에 있어 시진핑의 견해와 입장이 여전히 최우선적으로 중요하다고 볼 수 있다.

라 시진핑의 대만 업무에서의 성과

왕자이시 전 국가대만판공실 부주임은 현 중국전국대만연구회 부회장이며, 군인 출신으로 대만에 대한 태도도 강경하다. 그는 10월초 환구시보와의 인터뷰에서 대만문제를 해결하는 것은 매우 복잡한 업무로 대만의 정세 변화를 살펴야 하고, 중국 내부의 요소도 고려해야 한다고 밝혔다. 대만문제를 해결하기 위해서 긴박감과 인내심을 동시에 가져야 하며, 구체적인 통일시간표를 정하는 것은 어려운 일이라고 말했다. 무력통일에 대해서는 대부분의 대륙 동포들이 이성적이고 냉정하게 무력통일을 바라볼 것이라며 유보적인 태도를 유지했다. 그는 향후 양안관계는 갈등이 증가하겠지만 대세는 통제가 가능하다고 언급하였다.

중국이 무력통일을 원한다면 국대판은 존재가치가 없어지기 때문에 차라리 중앙군사위 소속 기관으로 개편하고 상장을 주임으로 임명하면 된다. 무력통일이 단기간 내 불가능하다면 평화통일밖에 방법이 없고, 이는 대만 국민들에게 희망을 거는 수밖에 없다.

그러나 차이잉원이 2016년 취임한 이후 양안관계는 냉각되었고, 차이잉원이 2020년 연임하고, 2024년에 라이칭더가 이어받아 2028년에 연임하면 민진당은 전후로 16년을 집권하게 되는데 그렇다면 양안관계는 계속 악화될 것인가? 시진핑이 대대만 업무에 아무런 성과가 없다면 자신의 역사적 지위에 불리하기 때문에 대만 업무에서 새로운 조치가 필요했다.

국가대만판공실 주임 장즈쥔이 취임한 이후 대만 업무에서 실수가 반복되었다. 예하의 부주임과 국장이 모두 천원린의 측근으로 장즈쥔은 잘못된 정보를 받았을 가능성이 높으며 2014년 해바라기 학생운동부터 지금까지 국대판의 대만 정세에 대한 오판이 계속되고 있다.

장즈쥔은 시진핑에 대한 충성심이 강하고 장쩌민파가 아니기 때문에 성과를 내고 싶었지만 오히려 반대의 결과만 초래했다.

마 19대 당대회와 대만정책

10월 18일 시진핑이 중공 19차 당대회에서 한 정치보고를 보면 대만 관련 언급에 큰 변화가 없었고, 강경한 태도도 보이지 않았다.

우선 시진핑은 '92공식'을 네 차례나 언급하였다. 마샤오광 국가대만판공실 대변인은 차이잉원이 국경절 축사에서 '92공식'을 언급하지 않은 것을 비판했기 때문에 대만의 많은 매체는 중국의 대만정책이 강경해질 것으로 예상했으나 시진핑의 보고에서는 기존 노선의 변화가 없었다.

둘째, 시진핑이 마시회를 중시함을 알수 있다. 그는 대만 관련 발언에서 양안 지도자의 역사적인 만남을 처음부터 언급하였다. 그는 차이잉원이 2016년 당선되기 전 마잉주와 만나 자신의 역사적 지위를 확보하고 대만 업무와 관련한 성과를 원했다. 왜냐하면 대만 업무에서 2014년 해바라기 학생운동 이후 아무런 성과가 없다는 당 내부의 비판을 우려했기 때문이다.

셋째, 시진핑은 평화통일을 견지하였다. 최근 중국이 무력통일, 통일시간표 등을 언급하고 있지만 시진핑은 여전히 평화통일과 일국양제 방침을 견지할 것이라고 강조하였다.

넷째, 대만 국민에게 희망을 거는 중국의 기조는 변하지 않았다. 많은 사람들이 차이잉원 당선 후 중국이 대만인에게 희망을 걸지 않고, 대만 혜택 조치는 이미 효력을 잃었으며, 평화통일은 희망이 없다고 여겼다. 심지어 차이잉원이 2020년에 큰 표차이로 연임했을 때 중국이 대만을 침공할 것이라는 소문까지 돌았다. 그러나 시진핑은 여전히 양안동포는 일체의 국가 분열 활동에 반대하고, 양안의 무역과 문화 교류를 계속 강화할 것이라고 언급하였다.

다섯째, 시진핑은 대만이 '92공식'의 역사적 사실을 인정하고, 양안 간의 협상의 기회를 놓치지 말 것을 강조하였다. 차이잉원도 공개적으로 1992년 회담의 역사적 사실을 인정하였기 때문에 둘 사이에 큰 차이가 없다.

여섯째, 시진핑은 동포애를 강조하고 있다. 양안동포를 운명을 나눈 형제이자 피로 이어진 가족으로 표현하며 양안은 일가족이라고 강조하였다. 시진핑도 대만 청년들이 이러한 표현에 전혀 공감하지 못한다는 것을 알고 있다. 대만, 미국, 일본은 혈연관계가 아니지만 민주, 자유와 법치의 공통 가치로 이어져 있어 언어가 통하지 않아도 친근감을 가지고 있다. 따라서 시진핑은 대만의 현 사회제도와 생활방식을 존중한다고 특별히 언급하기도 하였다.

일곱째, 시진핑은 대만동포가 대륙에서 학습, 창업, 취업, 생활하는데 있어서 대륙 동포와 동등한 대우를 받을 수 있도록 할 것이라고 강조했다. 카드식 '대만동포증'의 발급을 시작으로, 대만문제를 국내 문제화 하거나 홍콩·마카오화, 내지는 '특구화'로 만들어 나갈 것이다.

여덟째, 시진핑은 경고도 잊지 않았다. 그는 올해 8월 1일 중국군 건군절에 언급했던 "우리는 어떤 사람, 조직, 정당, 시간에, 어떤 형식으로도 중국의 어떤 일부분도 분열되는 것을 허락하지 않을 것"이라는 입장을 재천명했다.

종합적으로 시진핑은 대·내외적으로 처리해야 할 문제가 산적한 상태였기 때문에 양안관계에서 전쟁 발생을 원하지 않았고, 대만은 긴박한 문제가 아니었다. 그래서 민진당이 도발하지만 않으면 중국도 과도한 행동을 하지 않을 것이다.

8. 트럼프의 대만문제와 미·중관계 분리

세간이 주목하던 트럼프와 시진핑의 회담이 11월 9일 베이징에서 개최되었고, 오후에 공동 기자회견에서 모두 대만문제를 언급하지 않았다. 시진핑이 상호 주권과 영토 완정을 존중해야 한다고만 언급했다.

중국 외교부는 시진핑이 회담에서 대만문제에 대한 원칙적 입장을 주장했고, 트럼프도 미국이 '하나의 중국 정책'을 고수할 것임을 천명했다고 밝혔다. 중국 신화사는 보도를 통해 시진핑이 트럼프에게 "대만문제는 중미관계에서 가장 중요하고 민감한 핵심문제로 중미관계의 정치기초로, 미측이 '하나의 중국 원칙'을 준수하고 중·미관계가 훼손되지 않도록 해야 한다"고 했고, 트럼프는 "미국 정부는 '하나의 중국 정책'을 준수 한다"고 표명했다고 보도했다. 그러나 미국정부와 매체는 상술한 대만 관련 내용에 대한 언급은 일체 없었다.

가 대만문제에 대한 미·중의 입장차이

대만입장에서 트럼프와 시진핑 회담에서 대만문제를 언급하지 않았다면 표면적으로는 대만이 주변화되는 것으로 보일 수 있다. 만약 언급이 되었다면 미국이 대만을 더욱 지지하는 발언을 할 수 없기 때문에 대만에 불리할 수 있다. 중국은 미국이 대만문제에 대해 명확한 입장 표명을 요구했을 것이다. 예를 들면 대만이 중국의 일부분임을 인정하고, 어떤 형식의 대만독립도 반대하고, 대만이 주권국가의 자격으로 국제기구에 가입하는 것을 반대하며, 대만이 유엔에 가입하는 것을 반대해주길 원했다. 또한, 미국과 중국이 대만문제와 관련한 4번째 공식 합의문서를 체결하고, 대만에 대한 무기판매규모를 감소할 것을 요청했을 것이다.

중국 입장에서는 미국과 대만문제를 협의하기를 원했지만 미국은 이를 원하지 않았고, 중국이 자신들에게 대만문제를 협상카드로 사용하는 것은 더욱 원치 않았다. 대만입장에서도 대만문제가 미·중간 협상의 의제가 되는 것은 득보다 실이 많다.

전술했듯이 트럼프와 시진핑은 4월 6-7일에 1차 회담에서 대만문제와 '하나의 중국' 문제를 언급하지 않았고, 6월 21일 최초 미·중 외교안보대화, 7월 8일 G20

정상회담, 7월 19일 미·중 포괄적 경제대화, 11월 9일 정상회담 등에서도 대만문제를 다루지 않았다. 트럼프가 대만문제를 중국과의 협상카드로 사용하기를 원하지 않았다면 미국이 대만문제와 미·중 관계를 분리시키려는 것으로 볼 수 있다. 이는 대만으로서는 긍정적인 일이다.

나 미·중 정상회담에 대한 대만내부의 반응

트럼프의 방중하기 전, 대만 여론은 시진핑이 중공 19차 당대회 후에 권력이 더욱 공고화되고 트럼프의 지지율이 점점 하락하는 상황에서 시진핑은 대만문제에 대한 요구사항들을 트럼프가 수용하도록 강하게 압박할 것이라고 예측했다. 특히 미국은 북한문제에서 중국이 북한에 압박할 것을 요구해야 하기 때문에 트럼프가 기업가적 마인드로 대만을 가지고 이러한 목적을 달성코자 할 것이라는 것이다. 결과적으로 이런 상황은 발생하지 않았다. 많은 국민당의 전문가들과 매체들의 잘못된 판단이었다.

다 일본의 대응

11월 11일 아베 일본 총리는 APEC 회의 계기에 시진핑과 만났다. 시진핑은 일본이 실제 행동과 정책을 통해 양국 간 협력동반자 관계와 상호 위협이 되지 않겠다는 전략적 합의를 이행하기를 바란다고 표명했다. 또한 역사와 대만문제 등 중일관계의 중요한 정치적 기초 문제에서 중·일 간 4가지 정치문서와 양국간 합의에 따라 행동하기를 희망했다.

그러나 아베는 시진핑이 제기한 대만 문제에 대해 답변하지 않았고, 오히려 다음 날 대만 대표 쑹추위를 만났다. 아베는 일본과 대만은 가치관을 공유하는 중요한 동반자로 양국의 무역관계가 밀접하고, 교류가 점점 확대되고 있으며, 향후 일대 관계가 더욱 발전하기를 바란다고 언급했다. 쑹추위도 아베에게 최근 양안관계를 설명하였고, 아베는 양안이 직접 대화를 통해 문제를 해결하고, 지역의 안정과 평화에 기여하기를 바란다고 답변했다.

아베는 대만문제를 미국과 같이 냉정하게 바라보고 있고, 향후 대만문제와 중일관계를 분리해서 대응할 것이다. 한편, 일본은 쑹추위와 양자회담을 하면서 미국에 비해 대만문제에서 더 유연한 입장을 보였다.

트럼프는 집권 후 TPP에서 탈퇴하고, 일본 주도로 CPTPP를 추진하고 있는데 만약 설립이 되면 아베가 대만에 우호적이기 때문에 대만도 가입할 가능성이 높았다. CPTPP의 회원국은 11개국이고, 추가로 6개국이 가입을 희망하고 있어 대만에게는 좋은 기회였다.

9. 중국 주미대사의 미·대만 관계 비판

전술했듯이 미국 하원은 2018년 국방수권법안을 통과시키고 국방부에 미·대만 양국 군함의 상호 방문과 정박 가능성을 검토할 것을 요구하였다. 이 법안은 상원에서도 통과되었고, 트럼프가 12월 12일 서명하면서 정식으로 발효되었다.

중국은 강력히 반대했는데 12월 8일 리커신 주미중국대사는 자신이 이전에 미국 의원에게 미대 군함의 상호방문은 중국의 『반국가분열법』에 위배되고, 미국과 중국이 체결한 수교 공보 정신을 위반하는 것이기 때문에 미국 군함이 가오슝에 입항하는 날이 무력으로 대만을 통일하는 날이 될 것이라고 경고한바 있다고 언급했다.

가 리커신 발언의 모순(1)

리커신이 미국 군함의 가오슝 입항을 『반국가분열법』 위반으로 보고 대만을 무력통일하겠다고 한다면 미국의 전투기가 타이난 공항에 착륙했을 때 중국은 왜 조용히 넘어갔을까?

2015년 4월 1일 2대의 미 해병대 F-18 전투기가 타이난에 착륙했고, 그 다음날 미군 C-130 수송기도 착륙하였다. 이는 1979년 미국이 대만과 단교 이후 처음으로 미군 군용기가 대만 공군기지에 착륙한 사례였다.

게다가 미국과 대만의 군사교류가 매우 밀접한 상황으로 미군이 장기간 대만에서 활동한 것은 공공연한 비밀이었고, 소문에 따르면 신주(新竹) 러산(樂山)의 레이더

기지에 많은 미군 군사고문들이 근무하고 있다. 따라서 리커신의 주장은 애당초 성립할 수가 없다.

나 리커신 발언의 모순(2)

리커신은 과거 미국 의원에게 미국 군함을 대만에 정박하게 하는 제안에 대해 감사하다고 말했다고 언급했다. 왜냐하면 중국이 『반국가분열법』을 제정한 이래 실제 한 번도 집행해 본적이 없고, 동 제안이 기회를 제공했기 때문이라는 것이다.

리커신의 언급은 중국이 대만을 침공할 능력이 이미 갖추고 있었고, 이를 실행할 충분한 이유를 찾지 못했는데 최근에 미국이 좋은 기회를 제공했기 때문에 감사하다는 뜻이다. 그렇다면 이는 차이잉원이 집권 후 대만독립을 추진하지 않았다는 것을 오히려 반증하는 것이다. 『반국가분열법』 제8조에 의하면 '대만 분열세력이 어떤 명의, 어떤 방식으로 대만을 중국으로부터 분열시키려 하거나, 대만을 분열시킬 수 있는 중대한 사건이 발생하거나, 평화통일의 가능성이 완전히 없어질 경우 비평화적 수단과 기타 필요한 수단으로 국가 주권과 영토 완정을 수호한다'고 명시하고 있기 때문이다.

만약 차이잉원이 지금까지 『반국가분열법』 8조를 위반하지 않았고, 대만 독립을 추진하지 않았다면 중국이 차이 정부와의 교류를 계속 거절하는 것은 자기 모순이다.

다 미국 군함의 대만 정박과 중국의 대만 침공

2015년 4월 1일 미군 F-18 전투기가 기계고장으로 타이난 기지에 착륙하였다. 기계고장의 진위를 떠나 당시 미군 전투기는 가까운 일본 오키나와의 시모지섬 공항에 착륙할 수 있었지만 민감한 타이난을 선택했고, 대만은 어쩔 수 없이 필요한 협조를 제공하였다.

따라서 미국 군함이 기상, 고장, 의료 등의 이유로 대만에 정박을 요구한다면 대만을 거절할 수 없을 것이다. 만약 그런 상황에서 중국이 대만을 침공할 수 있을까? 이는 명분도 부족하고 타당성도 떨어지기에 미국도 받아들일 수 없는 것이며, 국제사회의 입장은 말할 필요도 없다.

라 중국의 대만침공 가능성

만약 미국 군함이 가오슝 항에 정박하고, 중국이 대만을 무력으로 침공한다면 이는 미국 군함에 대한 선전포고이자 미국에 대한 선전포고이다. 또한 일본은 대만 안보와 밀접한 관련이 있고, 미국과 안보조약을 맺고 있기 때문에 일본도 개입할 것이다. 그렇다면 중국은 미국, 일본, 대만 3개국 군대와 전쟁을 하게 된다. 중국군이 이 3개국에 대응할 수 있을까.

마 리커신 발언의 영향

리커신의 발언은 미국을 위협할 수 없을 뿐 아니라 오히려 미국이 그렇게 하도록 부추길 수 있다. 리커신의 말대로 미 군함이 대만에 정박하고 중국이 침공을 하지 않으면 중국은 그저 말뿐인 나라가 되는 것이고, 설령 침공을 감행하더라도 중국은 그 결과를 감당할 수 없을 것이다. 따라서 리커신의 발언은 시진핑을 오히려 난처하게 한 것이다.

리커신의 발언은 대만을 겁먹게 하지도 못한다. 대만은 그러한 이유로 미국과 군사협력을 멈추지 않을 것이고, 오히려 더욱 강화할 것이다. 미 군함이 대만 정박을 요청한다면 거절하지도 않을 것이다. 따라서 리커신의 발언은 아무런 효과도 없을 뿐더러 자가당착에 빠지는 결과가 되었다.

바 리커신의 의도

리커신은 미국 군함이 상하이를 방문한다면 동의하겠지만 대만을 간다면 절대 동의하지 않을 것이고, 그래도 기어이 미국이 대만에 간다면『반국가분열법』을 동원하여 행동을 취할 것'이라고 언급하였다. 그는 또한 '중국 문제는 중국인이 해결할 것이고, 어떤 나라에도 의지하지 않고 양안문제를 해결할 것'이라고 주장했다.

이는 리커신이 양안관계에서 미국이 오랫동안 핵심적인 역할을 했다는 것을 이해하지 못하는 것이고, 현실을 망각한 발언이라고 할 수 있다. 대만은 상하이가 아니고, 중국이 실효 지배하는 영토도 아니기 때문에 미군함의 대만방문을 중국에 통보할 이유도 없으며, 게다가 트럼프 집권 이후 미국은 대만문제와 미·중관계를 분리해서 처리하고 있다.

리커신의 발언은 주미중국대사관에서 워싱턴 지역 교민과 유학생을 대상으로 중공 제19차 당대회와 트럼프 방중의 성과를 설명하는 자리였기 때문에 의도적으로 그렇게 발언하였다고 볼 수 있다. 따라서 리커신 발언은 시진핑에게 자신의 노력과 입장을 어필하기 위한 목적으로 볼 수 있다.

사 리커신의 통일 주장

리커신은 대만 국민에게 '통일은 여러분의 생활을 더 행복하게 할 것'이라고 강조하였다. 그러나 대만인들은 리밍저가 중국에서 민주자유를 주장했다는 이유로 국가전복죄에 따라 5년의 중형을 받은 것을 목격했기 때문에 통일을 원치 않을 것이다.

제5장

2018년 북·미 관계 개선 이후 미·중 충돌과 미·대만 관계강화

2016년 11월 9일 트럼프는 대통령에 당선된 후 중국이 북한의 미사일 발사를 중단하도록 압박해주기를 원했고, 만약 북한이 미사일 발사를 중단하면 김정은과 직접 만나서 북한 문제를 해결함으로써 오바마 전 대통령처럼 노벨 평화상을 받기를 원했다. 당시 트럼프는 중국과 무역전쟁을 준비하고 있었으나 중국과 관계를 고려하여 본격적으로 시작하지는 않은 상황이었고, 중국이 대만의 중요한 수교국인 파나마와 수교했을 때도 큰 반응을 보이지 않았다. 그러나 2018년 미국은 북한과의 관계가 개선된 후 중국에 의존할 필요성이 떨어졌기 때문에 대만과의 관계를 대폭 강화하였다. 양안관계는 정치적인 대립뿐만 아니라 양안의 국민들까지 상호 적대시 하는 등 더욱 악화되었다. 그럼에도 국민당과 공산당 간의 관계는 여전히 긴밀했다. 중국은 11월 대만 지방선거에서 국민당이 대승을 거두고, 차이잉원과 민진당이 패배한 것을 보고 차이 정부에 대한 자신들의 강경노선이 옳았다고 판단했다. 미·중 무역전쟁이 시작되자 대만 기업인들은 중국으로부터의 이탈을 고민하기 시작했다. 시진핑이 홍콩에 대해 압박 정책을 강화하면서 충돌이 끊이지 않자, 대만인들은 일국양제에 대해 우려를 가지기 시작했다.

제1절
북·미 관계 개선으로 미·대만 관계 강화

김정은은 2017년 미사일 발사를 통해 미국, 중국과의 협상력을 제고시키고, 중국을 통해 미국과 협상하고자 했다. 사실, 김정은은 2012년 집권 후 미국보다 중국에 대한 의심이 강했다. 2013년 12월 12일 김정은은 북·중간 교류를 담당하던 고모부 장성택을 처형하였고, 2017년 2월 13일 말레이시아 공항에서 형 김정남을 청부살해하였다. 김정은은 중국이 마카오에 거주하던 김정남을 지지하고 있고, 형이 자신을 대체할 수 있다고 생각하고 있었기 때문에 결국 미국 쪽으로 기울게 되었다고 볼 수 있다. 한편, 시진핑이 김정은을 탐탁지 않게 여긴 것은 공공연한 사실이었다. 김정은이 중국의 말을 듣지 않고, 할아버지인 김일성과 아버지 김정일의 중국 일변도 정책에서 탈피하려 했기 때문이다. 또한 김정은은 스위스에서 유학한 경험이 있어 서방국가에 대해 호감을 가지고 있었다. 김정은은 미국과의 접촉을 원했으나 오바마가 이를 거절하여 성사되지 않았다가, 트럼프가 당선됨으로써 미국과의 관계 개선에도 희망이 보이기 시작했다.

1. 김정은의 대외관계 개선과 미·중관계 변화

2018년 2월 9일 김정은의 여동생 김여정은 한국을 방문하여 평창 동계올림픽 개막식에 참가하였고, 3월 5일에는 한국의 특사가 평양을 방문하였다. 한국은 또한 국제사회에서 북한을 옹호하고 제재 완화를 주장하면서 트럼프 정부와 김정은 정권을 연결시키기 위해 노력했다. 미국 입장에서는 중국이 북한문제에서 더 이상 이용 가치가 없어졌기 때문에 트럼프는 2018년부터 중국에 대해 무역전쟁을 선포하였다. 미·중 간의 대립이 악화되면서 미국의 친대만 정책이 크게 강화되었다.

5월말 트럼프와 김정은이 만날 것이라는 소식이 전해지자 시진핑은 북·미간의 협력이 중국의 안보를 위협할 것을 우려하여 김정은을 베이징으로 초청하는 등 적극적인 행보를 보이기 시작했다. 김정은은 중국의 초청에 응해 3월 25일부터 28일까지 베이징을 방문했다. 이는 4월 27일 문재인 대통령과 판문점 회동보다 1개월이나 빨랐다. 5월 7~8일 시진핑과 김정은은 다롄(大連)에서 2차 회동을 하였고, 중국은 6월 12일 김정은과 트럼프의 싱가포르 회담 전에 상황을 미리 파악하고자 했다. 6월 19일부터 20일 김정은은 3차 방중을 통해 시진핑에게 트럼프와의 회동 결과를 보고했다.

과거 중국은 미국과 유엔에 협조하여 북한에 제재를 가하였지만, 김정은은 이를 버텨냈고, 2015년 12월 12일 베이징 인민대회당에서 예정된 모란봉 가무단의 공연을 예고없이 취소하였다. 또한, 2017년 9월 3일 북·중 국경지역에서 수소탄을 시험 발사하여 양국 관계를 악화시켰다. 김정은은 자신이 트럼프와 회동하면 시진핑이 손을 내밀 것을 알고 있었고, 중국은 북한을 잃을 수 없기 때문에 김정은을 베이징으로 초청하였다. 김정은은 많은 선물을 받고 귀국했고, 이후에 미국으로부터도 대가를 받았다.

2. 트럼프의 『대만여행법』 서명

『대만여행법』은 트럼프 대통령이 3월 16일 저녁에 서명함으로써 정식으로 미국 법률로써 효력을 발휘하게 되었고, 1979년 미국이 대만과 단교한 이후 양국관계에 있어 중요한 이정표를 남겼다.

가 미·대만 고위급 교류 확대

미·대만 단교후 대만의 총통, 부총통, 행정원장, 외교부장과 국방부장은 워싱턴을 방문할 수 없었고, 미국도 국방이나 외교 등 민감한 분야를 제외한 상업, 교육 분야 관료들만 대만을 방문하였다. 그러나 최근 중국이 끊임없이 대외확장을 시도하고, 미·중간의 군사 경쟁이 심화되면서 미·대만 간의 교류와 안보협력의 수준을 제고할 필요성이 커졌다. 따라서 2017년 1월 13일 섀벗(Steven Chabot)과 셔먼(Brad Sherman) 미국 하원 의원, 로이스(Ed. Royce) 외교위원장이 공동으로 『대만여행법』을 발의했고, 2018년 1월 9일에 하원에서 만장일치로 통과, 2월 28일에 상원에서도 만장일치로 통과하였다. 3월 16일에 트럼프가 서명하면서 정식 법률로 발효되었고, 이 날은 베이징 시간으로는 17일로 시진핑이 만장일치로 국가주석에 임명된 날이었다.

나 미 국무장관 교체의 원인

미국의 입법 절차에 따르면 의회에서 통과한 법률은 대통령이 10일 이내에 서명을 해야 하고, 그렇지 않을 경우는 자동으로 효력을 발휘한다. 미 의회는 『대만여행법』을 3월 5일에 백악관으로 보냈고, 트럼프는 늦어도 16일 이전에 서명을 해야했다. 백악관이 서명에 대해 어떤 언급도 하지 않았기 때문에 외부에서는 트럼프가 서명을 하지 않고 자동으로 발효되게 함으로써 중국의 체면을 세워줄 것이라고 예측했으나 트럼프는 예상과 달리 마지막날 저녁에 서명을 했다.

한편, 3월 13일에 미국 국무장관 틸러슨이 갑자기 트럼프로부터 해고를 당했다. 그는 대중 온건파로 트럼프의 베이징 방문을 적극 추진했고, 중국을 자극할 수 있다는 이유로 트럼프의 『대만여행법』 서명을 반대했다. 그러나 트럼프와 기타 측근들은 『대만여행법』을 지지했기 때문에 결국 틸러슨은 해고되었고, 대중 강경파이자 친대만파인 폼페이오가 신임 국무장관이 되었다. 『대만여행법』이 틸러슨이 해고되는 하나의 원인이 된 것이다.

다 미대 관계의 주요한 돌파구

미국의 대만 안보와 지위에 관련한 법률은 『대만관계법』과 『대대만 6개 보장』 외에 추가로 『대만여행법』이 추가되었다.

『대만여행법』은 트럼프와 행정부가 미·대만 고위급 교류를 실제로 추진할지는 미지수이기 때문에 형식적인 의미가 강하지만 미·대만 관계에서 상징적인 의미가 크다. 스탠턴(Willian A. Stanton) AIT 대만판사처 처장 은 『대만여행법』은 대만이 하나의 국가라는 사실을 인정하는 것이라고 언급한 바 있고, 국대판 대변인 안펑산

(安峰山)은 대만이 외부세력을 끌어들이는 것은 스스로 몸에 불을 지르는 것과 같다고 재차 경고했다.

라 트럼프의 새로운 협상카드

『대만여행법』은 트럼프에게는 하나의 새로운 카드이다. 만약 미국이 미·대만 고위급 상호방문을 실제로 추진하면 중국의 대미외교 실패가 부각된다. 법안의 발효 여부, 시기도 트럼프가 주도권을 쥐고 있기 때문이다.

하원에서『대만여행법』초안을 통과시켰을 때 루캉(陸慷) 중국 외교부 대변인은 "관련 법안은 하나의 중국 정책과 중미간 3개 공동성명을 통해 확립한 원칙을 심중히 위반하고, 중국 내정을 간섭하는 것이며, 중국은 결연한 반대입장을 표한다"고 강조했다. 또한 중국사회과학원 연구원 왕젠(王鍵)은 "미국이 만약『대만여행법』을 통과시키면 미국과 단교하고, 대만을 공격할 것"이라고 발언하기도 하였다. 그러나 중국은 미국과 무역전쟁을 하고 있었고, 미국에 직접 보복을 할 수 없었기 때문에 수교국을 뺏는 등 대만에게 화풀이를 하며 내부의 압력을 외부로 전환했다.

3. 미 행정부내 대중국 강경파의 득세

트럼프가 당시 임명한 고위 인사는 모두 매파 반중 세력이다. 앞서 언급했듯이 중국방문을 추진하던 국무장관 틸러슨을 해고하고 보수 강경파인 중앙정보국 국장 폼페이오로 교체한 것이 대표적인 예이다.

국가경제위원회 위원장 개리 콘(Gary Cohn)은 스스로 사퇴했고, 중국에 경제제재도 불사하는 경제평론가 래리 커들로우(Larry Kudlow)가 뒤를 이었다.

NSC 보좌관으로는 맥마스터(Herbert R. McMaster) 대신에 친대만 입장을 공공연히 표명하는 존 볼턴(John R. Bolton) 전 유엔미국대표부 대사를 임명하였다. 또한 중국경제 위협론을 주장하는 경제학자 피터 나바로(Peter Navarro)를 중용하여 대통령 경제고문에 임명하였다.

트럼프는 외교 안보 라인를 대중 강경파로 계속 교체하면서 시진핑을 곤란하게 했고, 미·중간의 갈등도 깊어졌다.

4. 미국의 대만카드 활용

2018년 3월 이후 미국은 대만과의 관계를 적극적으로 강화하였으며, 미군이 대만해협에 직접 진입하기 시작했다.

가 미·대만 외교관계의 격상

3월 이후 트럼프는 대만에 일련의 우호적인 행보를 보였다. 알렉스 웡(Alex Wong) 미 국무부 동아태 차관보가 대만을 방문하여 차이잉원과 만찬을 하였다. 과거에도 국무부 차관보가 대만을 방문한 적이 있었지만 모두 경제 차관보였고, 웡은 정무 차관보였다. 아울러 이언 스테프(Ian Steff) 상무부 부차관보도 대만을 방문하였는데, 그는 대만을 세계에서 16번째로 국외통관 가능 지역으로 선정하여 대만인이 미국으로 여행할 때 대만에서 통관절차를 할 수 있도록 합의하였다.

1) 미·대만 간 종교 분야 교류

대만주미대표 가오쉬타이(高碩泰)는 7월 26일 미국 국무부가 주최하는 '종교자유 관련 장관급 회의'에 참석하였다. 동 회의에는 총 80개 국가에서 장관급을 파견하였고, 종교의 자유가 없는 중국은 초청받지 못했다. 이는 1979년 미국과 대만의 단교 이후 주미대만대표가 최초로 공개 신분으로 국무부 주관 회의에 참석한 것으로 회의장에 대만의 명패가 같이 배치되었다. 한편 미국 펜스 부대통령은 축사를 통해 중국이 종교자유를 침해하고 있다고 비판하였으며, 국무장관 폼페이오도 참석하였다.

이것은 미국이 『대만여행법』을 통과시킨 이후 미국과 대만의 고위층 교류에 있어서 큰 돌파구였다. 미국 국무장관 폼페이오는 7월 30일 개최된 '인도·태평양 심포지움'에서 "미국은 1970년대 홍콩, 싱가포르, 그리고 기타 동남아 공동체들이 발전할 수 있도록 조력하였으며, 대만의 경제발전과 자유개방의 민주사회를 발전시키고, 첨단과학기술의 중심이 되도록 하였다"고 발언하여 공개적으로 대만을 높이 평가하였다. 이는 1979년 단교 이후 매우 드문 사례로 미국과 대만이 정식 외교관계가 없는 상황에서 미국 외교분야의 최고 수장인 국무장관은 통상 중국을 자극하지 않기 위해 관련 의제를 가능한 언급하지 않았기 때문이다.

2) 미국 의회의 '타이베이 법안' 통과

중국이 대만의 수교국을 탈취하고, 국제사회에서 대만을 지속적으로 압박하자 공화당 의원 가드너(Cory Gardner), 루비오(Marco Rubio), 민주당 의원 마키(Ed Markey), 메넨데스(Bob Menendez)가 9월 5일 공동으로 '대만 수교국에 대한 국제적 보장과 강화를 위한 이니셔티브(Taiwan Allies International Protection and Enhancement Initiative Act, 'TAIPEI Act')', 약칭『타이베이 법안』을 발의하였다.

동 법안의 목적은 국제사회에서 대만의 지위를 강화하고, 대만의 수교국이 단교하는 것을 방지하기 위한 것이다. 또한 미국이 세계 각국 정부와 접촉하여 대만과 공식적인 외교관계 또는 비공식 관계를 발전시키는 것을 지원하는 내용을 담고 있다. 어떤 국가가 대만에 불리한 조치를 취할시 동 법안은 국무부을 통해 해당 국가와의 외교관계를 강등시키고, 군사 및 차관 등을 포함한 미국의 원조를 중단하거나 수정하도록 하고 있다.

마키 의원은 미국의 전략적인 반격이 없다면 대만의 수교국은 17개국에서 0개로 감소될 수 있으며, 대만을 반드시 지원해야 한다고 강조했다. 메넨데스 의원은 트럼프 정부가 중국의 확장주의에 점령된 국가들에게 '미국이 동맹국과 우방국에게 지속적이고 신뢰할 수 있는 친구'라는 명확한 메시지를 전달해야 한다고 주장했다.

타이베이 법안은 미국이 타국 외교업무에 개입하는 최초의 법안으로 대만의 외교를 미국 국내정치 업무로 다루어 다소 과도한 듯하다. 그러나 미국이 대만의 외교공간을 중시하고, 대만외교와 미국의 국익을 연결시키고 있다는 것을 의미한다.

중국의 압박 하에 2017년 6월에 파나마가, 2018년 5월에는 도미니카 공화국이, 8월에는 엘살바도르 등 중남미 국가들이 대만과 단교하고 중국과 수교를 했다. 이들 국가는 미국의 뒷마당에 해당하기 때문에 중국이 이들 국가와 수교하는 것은 미국의 안보와 이익에 직접적으로 영향을 미친다고 할 수 있다.

미 의회는 1979년 단교 이후 바로 미대관계의 기초라고 할 수 있는 『대만관계법』을 통과시켰고, 2017년에는 『대만여행법』을 통과시켜 미·대만 간 정치/군사 고위급의 상호교류를 촉진시켰다. 최근 미 의회는 다시 '타이베이 법안'을 발의하였고, 통과된다면 미대 관계는 3개의 법적 근거가 생겨 더욱 공고해질 것이다. 대만의 외교문제에 대한 중국의 압박이 강할수록 미·대만 관계가 긴밀해지고, 미국이 대만외교에 개입할 공간이 확대되기 때문에 중국 입장에서는 악순환과 같은 상황이 되었다.

3) 대만 수교국 동향에 대한 미국 국무부의 관심

미국 국무부 대변인은 9월 8일 번스타인 주도미니카 대사, 마네스 주엘살바도르 대사, 카브랄 주파나마 대사를 각각 소환하여, 해당 국가가 대만과 단교 결정을 한 배경을 논의하였다. 그는 또한 미국이 대만을 성공한 민주국가이자 신뢰할 수 있는 우방으로 평가하며 중국의 압박 속에서도 대만은 국제업무에 참여해야 하고, 미국은 대만을 지지할 것이라고 언급했다.

미국 재대만협회(AIT) 회장 모리아티(James F. Moriarty)는 9월 12일 워싱턴에서 미국 국무부가 대만과 단교한 중남미 3개국의 사절을 소환하였고, 이는 중국에게 상응한 대가가 있을 것임을 명확히 인지시키기 위한 것이라고 밝혔다. 그는 중국의 조치로 양안 간 외교적 휴전이 종식되었다고 하면서, 중국이 일방적으로 현상을 변경하려는 행위는 역내안정에 도움이 되지 않는다고 지적했다.

미국 국무부는 중국과 협력을 강조하고, 미·중·대만 삼각관계에서 중국에 대해 비교적 온건한 태도를 유지하는 건제파(친중파)가 장악하고 있었다. 그러나 트럼프 집권 이후 건제파의 영향력은 감소했고, 트럼프는 미·중 무역전쟁 외에도 남중국해와 북한문제에서도 충돌하는 등 대중 압박을 강화하였다. 최근 대만의 외교가 중국의 압박을 받는 상황에서 미 국무부가 과거와 달리 적극적인 조치를 취하였다. 특히, 모리아티는 중국이 일방적으로 대만해협의 현상을 변경하려 하고 있고, 미국은 차이잉원이 집권 후 '92공식'을 인정하지 않은 것이 현상을 파괴하는 것이 아니라고 판단한다고 언급했다.

존 필리(John Feeley) 미국 전 주파나마 대사는 미국이 이 3개국에 엄중한 메시지를 전달해야 하고, 중국의 대사관을 이용한 산업 스파이 문제에 관심을 기울여야 한다고 주장했다.

트럼프는 취임 후 중남미 국가에 대해서는 관심이 없었기 때문에 파나마, 도미니카, 엘살바도르 등 3개 국가가 연속으로 대만과 단교할 때에도 적극적으로 개입하지 않았다. 최근에 대사들을 소환하면서 3개국이 대만과 국교를 회복할 수는 없지만 중국과 수교를 바라는 기타 중남미 국가에게 경고 메시지를 보내고, 국무부가 대만의 수교국 상황을 주시하고 있음을 보여주었다.

4) 미·중 무역전쟁에서 대만의 입장

10월 중순 트럼프 정부는 북미자유무역협정(NAFTA)을 체결한 캐나다와 멕시코에게 비자유시장의 국가, 즉 중국과 FTA를 체결하지 말 것을 요구하였다. 미국은 일본, EU, 영국과 협상에서도 이 같은 조항을 포함시켰으며 세계 각국을 압박하여 미국과 중국 중 한쪽을 선택할 것을 강요하였다. 대만은 미국의 10대 교역국으로 대만도 조만간 미국편에 서야 할 것이다.

나 미국 군함의 대만해협 진입 강화

경제 분야 외에 군사적인 면에서도 대만은 미국편으로 기울었다. 2018년 10월 22일 대만 국방부는 미국의 타이콘데로가(Ticonderoga)급 순양함인 USS 엔티텀 유도미사일 순양함(Antietam CG-54)과 알버레이크(Arleigh Burke)급 구축함 윌버함(USS Curtis Wilbur DDG-54)이 대만해협을 남쪽에서 북쪽으로 항행하였다고 밝혔고, 미 국방부도 인정하였다.

23일 트럼프는 2척의 군함을 대만해협에 파견한 이유를 묻는 질문에 '나는 앞으로 이러한 결정을 우리 스스로, 우리의 장군들이 하게 할 것이다'라고 답변하였다. 군함이 대만해협을 통과에 대해 중국의 반발을 우려하지 않느냐는 질문에 트럼프는

'나는 어떤 일도 걱정하지 않고, 걱정해본 일도 없다'라고 답변했다.

1) 미 군함의 대만해협 통과 일상화

미국 국방부 대변인 육군 대령 매닝(R. Manning)은 2척의 군함은 국제 관례에 따라 대만해협을 통과했고, 국방부는 향후에도 국제법에 의거, 법령이 허락하는 지역에서 활동을 계속할 것이라고 발표했다.

따라서 미국은 향후 대만 주변의 항행을 일상화하면서 대만해협이 공해이고, 미국과 모든 국가가 자유항행을 할 수 있다는 것을 강조하면서 동시에 중국이 대만해협을 봉쇄하는 것은 정당성이 없음을 강조할 것이다. 다른 한편으로는 미국이 대만 안보를 지지하고, 대만을 미국편으로 끌어들임으로써 대만인의 안보에 대한 자신감을 높였다.

7월 7일에도 미국은 벤폴드 구축함(USS Benfold DDG-65)과 머스틴(USS Mustin DDG-89)을 파견하여 대만해협을 통과했고, 당시 중국 국대판 주임 류제이(劉結一)는 미국이 대만카드를 사용하는 목적은 명확하며, 중국은 국가이익을 침해하는 어떠한 일도 결연히 반대하고, 대만 민중도 미국의 의도를 명확히 인식하여 미국이 대만카드를 사용하는 것을 도와주어서는 안 된다며 강력히 반발했다.

그러나 3개월 후 중국 관방의 태도는 매우 신중해졌다. 강경입장이었던 환구망은 23일 평론에서 '미 군함이 이런 방식으로 대만해협을 통과하는 것은 합법적이나 중국에 우호적이지 않은 도발행위이며, 실리적으로 접근해야 한다'고 강조하였으며, 또한 중국은 미국 군함의 대만해협 통과에 동요하지 말고, 중국에 미치는 피해를 객관적으로 평가해야 하며, 사태를 너무 확대해서 미측 의도에 휘말려서도 안 된다고 주장했다.

2) 미군함의 대만해협 통과에 대한 중국의 대응

환구망은 사설을 통해 미 군함이 대만해협을 통과하는 것은 실질적인 군사적인 의미가 제한되고, 미국의 '유사 군사도발'은 과거와 달리 중국에게 주는 군사적인 압박도 크지 않다고 강조하다고 주장하면서, 미국이 중국을 압박하는 분야가 점점 확대되고 있고, 중국은 이에 따라 대미 투쟁능력을 키울 수밖에 없는바, 미국이 잘 판단해서 행동하지 않으면 대만 정세 악화라는 부담을 질 수밖에 없을 것이라고 지적했다.

중국 외교부 대변인 화춘잉(華春瑩)은 23일 정례기자회견에서 미국의 이러한 조치가 의례적 통과인지 고의적 도발인지 반문하면서 중국은 전 과정을 파악하고 있고, 미국에 우려를 전달했다고 밝혔다.

중국은 미 군함의 대만해협 통과에 대해 반응을 해야 하나 그렇다고 과도하게 대응할 수 없음을 잘 알고 있다. 그렇지 않으면 9월 30일 미·중 군함간에 발생한 충돌 사건과 유사한 상황이 발생할 수 있기 때문이다. 당시 미 구축함 디케이터함(USS Decatur DDG-73)이 남중국해에서 자유항행 임무를 수행 중 중국이 관할하고 있는 난쉰자오(南薰礁) 12해리 해역 내로 진입하였고, 근접 추적 중이던 중국의 구축함 란저우(蘭州)함과 충돌하는 사태가 발생한 적이 있다. 만약 부주의로 무력 충돌이 발생하였다면 중국 해군은 실전경험이 없기 때문에 미국의 상대가 되지 않았을 것이고 시진핑은 군대개혁 실패로 비판을 받을 수도 있는 상황이었다.

미·중이 해상 충돌이 발생하면 미·대만 간의 군사협력은 더욱 긴밀해지고, 대만을 더욱 친미화시켜서 중국에 불리해질 뿐이다.

제2절
중국의 대만 압박과
양안관계 악화

2018년 양안관계는 격동의 한 해였고, 국제정세도 영향을 미쳤다. 중국이 갑자기 M503항로를 개설하여 대만의 국가안보에 영향을 미쳤고, 양안의 예술문학계가 금마상(金馬狀) 참가 문제 등으로 여러 차례 충돌하였고, 중국이 대만에 실시한 31개 혜택 정책의 효과가 제한적이었고, 차이잉원이 안보 분야 인사 조정을 통해 대중 태도가 강경해졌으며, 중국이 국제사회에서 대만의 수교국 3개를 탈취하는 등 대만을 압박하였고, 대만에 대해 샤프파워(Sharp power)를 구사하여 분란을 조장하고, 왕빙중(王炳忠) 신당 청년위원회 대변인이 대만 감찰 기관의 조사를 받는 등의 사건이 있었다.

1. 중국의 M503 항로 개설 사건

1월 4일 중국은 갑자기 M503 항로의 남쪽에서 북쪽 방향 항로를 개통하고, 관련 W121(푸젠 동산(東山) 방향), W122(푸젠 푸저우(福州)방향), W123(푸젠 샤먼(廈門) 방향) 항로의 개통을 선포하였다.

2015년 3월 29일 마잉주 정부는 대만해협 중앙선에 근접한 M503 항로를 개통하는데 마지못해 동의하였다. A470항로의 항적을 분산하기 위해 북쪽에서 남쪽으로 비행만 가능하고, 동서방향의 W121, W122, W123 항로는 개통하지 않는 조건이었으며, 만약 이 항로들을 통과하려면 양안의 관련 기관이 동의해야만 가능하게 했다.

그러나 중국은 사전협의 없이 관련 항로를 일방적으로 개통하였고, 샤먼, 푸저우 관제탑에서 4일 오전 8시 1분부터 5분까지 대만의 진먼, 마주 관제탑에 M503 북상 방향과 W121, W122, W123 항로 등 3개 연결 노선을 개통한다고 통보하였다. 대만 민항국은 즉시 반대와 항의 의사를 전달하였으나 중국 민항국은 오전 10시에 개통을 선포하였다.

가 차이잉원 정부의 M503 항로 개통 반대

중국의 이 같은 조치에 대해 차이잉원 정부는 매우 불만스러웠고, 대만을 무시한 것으로 인식했다. 특히 W122, W123 항로는 대만에서 진먼과 마주로 가는 W2, W6, W8 항로에 인접해 있었고, 진먼과 마주의 관제탑과도 매우 가까워서 항공기 이착륙시 서로 분리해야 했고, 만약 항로이탈이나 악천후 시는 항공기가 근접하는 상황이 발생할 수 있었다. 따라서 민항국은 대만의 모든 항공사에 관련 항로를 이용하지 말 것을 통보하였다.

4일 오후 14시, 육위회 주임 장샤오웨(張小月)는 임시 기자회에서 '정부는 양안관계와 비행안전에 영향을 미치는 금번 사건을 엄중히 보고 있으며, 대륙에 강렬한 불만과 항의를 표했다'고 언급하고, '대만은 중국에 항로 관련 조치를 즉각 중단하고, 양측의 항공 기관이 소통하고, 비행안전과 국민복지를 보장할 것을 요구하였고, 중국이 일방적으로 행동하면 앞으로 양안관계에 엄중한 영향을 미칠 것'이라고 비난했다. 그러나 차이 정부는 구체적인 제재조치는 취하지 않고 구두 성명만 발표하였다. 독립파는 차이잉원의 대중 태도가 너무 온건하다고 생각했고, 1월 19일 총통부 고문 구콴민(辜寬敏) 등은 차이잉원의 연임 반대를 주장하기도 했다. 게다가 차이잉원의 여론 지지도가 낮고 지지층의 결집이 필요한 상황이라 실질적인 조치가 필요했다.

나 중국의 M503 개설은 차이잉원에 대한 보복 조치

2017년 12월 미국과 대만은 중국을 도발하는 일련의 조치를 취했고, 중국은 이에 대한 불만으로 M503 항로를 개설하였다. 12.12일에 트럼프는 '2018년 국방수권법(NDAA)'을 서명하고 미·대만 군함의 상호입항을 허용하였고, 18일에 트럼프가 공표한 '국가안보전략보고서(NSS)'는 미·대만이 강력한 안보협력 관계라고 강조하였다. 12일 대만은 국민투표 절차를 간소화하도록 투표법을 수정하여 중국으로 하여금 대만이 독립 관련 국민투표를 실시할 수 있다는 우려를 하게 하였다. 19일 신당청년위원회는 왕빙중을 국가안보법 위반으로 소환하여 조사하였다. 26일 대만이 발표한 국방백서는 최초로 미대 군사협력 내용을 공개하였고, 29일 차이잉원은 최근 무인기 텅윈(騰雲), 슝(雄)-3 대함미사일과 사거리 1천km를 초과하는 슝-2E 순항미사일을 연구개발한 중산과학연구원의 연구개발전시관에서 연말기자회견을 실시하여 중국을 자극하였다.

2018년이 시작하자마자 중국은 1월 4일에 M503의 북상 항로와 W121, W122, W123 항로 개통을 선포하면서 차이 정부에 보복을 가하였다.

다 차이정부의 춘제 항공기 증편 거부

1월 18일 대만 민항국은 M503을 사용하는 중국 동방항공, 샤먼항공에 대해 춘제 연휴기간 항공기 증편 신청을 승인하지 않기로 결정하여 총 176편이 결항되었고, 5만 여명의 승객이 이용에 차질을 빚었다. 그중 동방항공은 106편을, 샤먼항공은 70편을 신청했고, 동방항공이 신청한 목적지는 상하이, 난징(南京), 우시(無錫), 허페이(合肥)였고, 샤먼항공은 항저우, 푸저우, 창사(長沙), 샤먼을 신청했다.

20일 육위회 부주석 추추이정(邱垂正)은 민항국이 중국 항공사 2곳이 신청한 춘제 기간 항공기 증편을 잠정적으로 승인하지 않는다고 발표했다. 21일 추추이정은 이는 중국에 조속한 조치와 협상을 요구하는 것이며, 양안이 비행안전 협의를 통해 문제를 해결할 것을 강조했다. 그러나 예상대로 중국은 아무런 협상의 움직임을 보이지 않았다.

대만의 여러 매체는 차이 정부가 대만 기업인이 춘제 기간에 귀향할 권리를 담보로 중국과 협상하려 한다고 비판했다. 또한 춘제 기간은 중국인에게 해외여행 성수기이기 때문에 중국 여행객이 대폭 감소할 것이라는 우려도 있었다.

라. 중국의 춘제 항공기 감편 협의 거부

과거 사례로 보면 양안 간 춘제 항공기 증편의 승인 여부는 최소 7일전에 결정하기 때문에 1월 29일이 기한이었다. 그러나 29일 교통부는 춘제 기자회견에서 양안이 여전히 M503 항로 문제에 대해 협상을 진행하지 못했고, 샤먼항공과 동방항공의 항공기 증편은 불가하다고 발표했다.

30일에 샤먼항공은 70개 노선의 증편을 취소했고, 동방항공도 212개 항공편을 취소하였으며, "우리는 대만 유관 부문의 민의를 저버린 일방적인 조치에 강력한 불만과 비판을 표한다"는 내용이 담긴 성명을 발표하였다.

인민일보 해외판은 29일 평론을 통해 '대만 당국이 춘제 항공기 증편을 거부한 것은 자신과 타인에게 모두 해를 끼치는 것'이라고 비판했다. 이후 대만 민항국에서 아무런 조치가 없자 이미 새로운 항로를 비행하고 있는 동방항공과 샤먼항공에게 제재를 가하고, M503 항로 문제를 부각시켜 다수의 대만 동포에게 피해를 주었다. 이를 통해 대만 당국이 여론의 비판을 받도록 유도한 것이다.

마 중국의 M503 항로 사건에 대한 태도 변화

차이잉원이 22일 언론 인터뷰에서 다음과 같이 언급했다. "양안의 평화와 안정을 유지하는 것이 우리의 목표이고, 양안관계를 처리하는 데는 다음과 같은 문제가 중요하다. 첫째, 총통이 결연한 의지가 있느냐, 둘째, 정부 전체가 압박을 견딜만한 능력이 있느냐, 셋째는 국민이 단결하느냐이다"고 말했다. 또한 총통의 의지를 과소평가하지 말라고 하면서 "국가를 위해 지킬 것은 지키고, 불필요한 타협은 하지 않을 것"이라고 부연했다.

이 같은 언급은 18일에 차이 정부가 동방항공과 샤먼항공의 증편 신청을 승인하지 않은 것과 상당한 관련이 있다. 그러나 중국 관방과 매체의 반응은 대만 기업인을 통해 차이 정부를 비판한 것과 인민일보 해외판의 29일 평론을 제외하고는 큰 반응 없이 조용한 편이었고, 대만 항공업체의 춘제 증편에 대한 제재도 없었다.

중국은 차이 정부가 춘제 항공기 증편을 거부한 것이 양안의 왕래를 제한하여 상호교류를 감소시키려는 의도인지, 그래서 중국이 강조하는 '양안은 한 가족'이라는 구호가 무산되는 것은 아닌지 우려했을 수도 있다. 사실, 차이 정부의 신남향정책으로 동남아의 관광객과 유학생이 대폭 증가하였고, 중국이 관광객과 유학생을 대만에 보내지 않으면서 양안의 교류가 대폭 감소하고 있었다. 양안의 교통이 불편하면 대만 기업인의 대중 투자가 감소하고, 양안의 교류 기회도 적어져 서로 소원해질 것이기 때문에 중국은 M503 항로 문제에 비교적 신중하게 반응하였고, 차이정부를 자극해 반중, 원중, 거중(反中, 遠中, 拒中) 조치가 더 강화되는 것을 바라지 않았다.

2. 양안 예술계의 충돌

2018년 양안 예술계는 여러 가지 갈등으로 대만 젊은 층에 반중여론이 확산되는 등 양안 사회의 감정의 골만 더욱 깊어졌다.

가 대만독립에 대한 중국의 마녀사냥

대만 연예인 린신루(林心如)가 제작하고 연기한 '나의 남자(我的男孩)'는 2016년 문화부 드라마부에서 2천만 대만달러의 지원금을 받아 2017년에 상영되었다. 그러나 2018년 1월 중국 네티즌이 드라마 내용이 대만독립을 지지한다고 비판하자 중국은 시즌 2까지만 방영하고 이후 방송을 중단하였다.

이에 대해 린신루는 성명을 통해 양안이 평화롭게 공존하고, 우호적으로 발전하는 것을 지지하며, 지금까지 그래왔듯이 향후에도 대만독립에 관련된 어떠한 언행도 지지하지 않을 것임을 강조했다. 또한 그는 "대만 8대 방송국 모두 대만 문화부의 자금지원을 받은 바 있으며, 이미 여러 드라마가 이러한 자금 지원을 통해 완성된 바 있다"고 강조하였고, 이를 대만 독립과 연관시키는 것은 타당하지 않다고 지적했다.

사실, 중국 네티즌의 대만 독립 마녀사냥은 지속적으로 이루어져왔다. 황안이 트와이스 쯔위와 루광중(盧廣中)을 대만독립 분자로 낙인찍어 중국에서 활동을 방해한 것부터 다이리런(戴立忍)을 대만독립 영화감독으로 지목하고, 최근에 린신루까지 이어졌다.

재밌는 사실은 2년전 국제상설중재재판소(PCA)에서 남중국해 중재 결과가 발표된 후 린신루는 웨이보에 붉게 칠해진 대만영토 사진을 게재하고, '(중국영토는) 한 치도 양보할 수 없다'라는 댓글을 올렸고, 대만 국민의 비판과 중국 네티즌의 '좋아요'를 받은 적이 있다.

린신루의 드라마가 문화부의 지원을 받은 이유로 대만 독립분자로 낙인찍는다면 문화부의 재정지원을 받는 금마상과 금곡상(金曲狀)에서 수상한 중국인도 대만독립분자가 아닌가?

린신루는 특히 중국에서 장기간 활동했고, 중국의 정치문화를 잘 이해한다. 그는 대만에서 위생복지부의 '우수식품인정'을 받은 식품을 광고할 때도 국가인증을 강조하여 신뢰도를 높이려 하지 않고, 양안의 민감한 정세를 자극하지 않기 위해 '국가'라는 말을 쓰지도 않았다. 게다가 그는 중국인 훠젠화(霍建華)와 결혼하여 중국의 '며느리'임에도 불구하고 대만독립분자라는 누명에서 벗어나지 못했다.

많은 중국 네티즌은 린신루의 성명에 대해 말로만 '양안의 평화공존'을 언급하면서 성의가 없다고 불만을 표하면서 자신이 중국인인지 아닌지를 밝혀야 한다고 지적했다.

사실 대만의 연예인들은 중국에서 가능한 정치와 거리를 유지하지만 어쩔 수 없이 정치에 연루된다. 대만 연예인이 중국 공산당에 가입하지 않는 이상 대만 연예인을 압박하기는 어렵지도 않고, 가장 효과적인 방법이 바로 대만독립분자로 낙인을 찍는 것이다.

대만 독립의 정의가 상당히 애매하고 기준이 없기 때문에 대만 연예인이 항상 걱정하는 부분이다. 린신루가 대만독립분자로 지목되고, 드라마 방영이 중단되는 것을 보고 대만인들은 양안의 가치관과 사회발전의 차이가 너무 크다고 느끼게 되었으며, 이로 인해 상호간의 호감과 동질감이 생기기가 더욱 어려워졌다. 그렇기에 중국은 대만 민심을 얻기가 어려워졌고, 이는 중국스스로가 만들어낸 결과다.

대만 연예인 송원화(宋芸樺)는 '나의 소녀시대'가 중국에서 유행하자 중국에서 활동을 시작했다. 그가 주연한 영화 '서홍시의 최고 부자'가 중국에서 상연되기 시작할 쯤인 2015년 대만의 한 프로그램에서 그는 자신이 가장 좋아하는 국가는 대만이라고 발언한 적이 있고, 이로 인해 중국 네티즌의 강력한 비판을 받았다. 8월 2일 그는 웨이보 공식 계정을 통해 공개 사과를 하였다. 그는 "대만은 나의 고향이고, 중국은 나의 조국이고, 대만은 내가 태어난 곳이고, 조국 대륙은 내 꿈이 이뤄진 곳이며, 중국이 올해 실시한 '대만 혜택정책이 나에게 더 큰 발전공간과 경험의 기회를 주었다"며, "나는 아직 많은 것을 배우고 있고, 어떤 문제든 여러분의 비판을 겸허히 받아들일 것이며, 해협 양안은 영원히 한 가족이다"라고 발언했다.

장쩌민과 후진타오 시기에 대만 연예인이 중국에서 활동할 때는 정치적 입장을 발표할 필요가 없었고, 중국 정부와 민간에서도 대만연예인의 활동을 매우 환영하였다. 이를 통해 대만연예인의 중국에 대한 인식이 개선되었고 중국의 연예계 수준도 향상시킬 수 있었다. 그러나 시진핑 집권 후 중국의 방송연예 산업은 이미 대만을 추월하였고, 중국 연예인 사이에서도 경쟁이 치열하다보니 대만 연예인을 배척하기 시작하였다. 심지어 대만 연예인이 대만인이라는 이유만으로 진출 기회를 얻는 것이라고 생각하기도 하였다. 게다가 시진핑이 강조한 애국주의적 전량정신이 사회에서는 대만 연예인에 대한 마녀사냥으로 확산되어 그들에게 정치적 입장을 강요하기도 하였다.

나 금마상에서 추안위의 대만독립 발언

　제55회 금마상 행사가 11월 17일에 개최되었고, 대만을 방문해 행사에 참석한 중국 감독 장이모(張藝謨)는 "젊은 감독들의 작품들이 중국 영화의 희망이다"고 언급하였다.

　시상식에서는 학생운동을 다룬 영화 '우리의 청춘은 대만에 있다'가 다큐멘터리상을 받았고, 감독 추안위(傅楡)은 "나는 언젠가 우리 나라가 독립적인 국가로 대접받기를 원한다. 그것이 대만인으로서 가장 큰 소망이다"고 말했다.

　그 후 여우주연상을 시상하기 위해 무대에 오른 전년도 남우주연상 수상주인 투먼(涂們)은 "중국 대만에 다시 와서 금마상을 시상하게 되어 영광으로 생각하고, 양안이 한 가족임을 느낀다"며 추안위의 발언을 반박했고, 수상자인 공리(鞏俐)는 수상을 거부했다.

　행사 후 중국 영화인들은 단체로 만찬에 참석하지 않았고 장이모의 영화 'S hotel'의 축하연도 비공개로 진행됐고, 남녀주연인 덩차오(鄧超), 순리(孫儷)도 행사에 참석하지 않았다. 그러나 중국 연예인 판빙빙(范冰冰), 양무(楊寞), 대만며느리 류스스(劉詩詩), 황보(黃渤), 리천(李晨), 우진옌(吳謹言), 후거(胡歌), 덩차오(鄧超), 순리(孫儷), 저우쉰(周迅), 펑리창(彭笠暢) 등은 행사 후 웨이보에 '중국, 한 치도 양보할 수 없다'는 표어와 함께 중국 영토가 붉은색으로 칠해진 지도를 게시하면서 정치적 입장을 표명했다. 그중 덩차오, 펑, 저우쉰, 순리는 모두 금마상의 후보였다. 덩차오 등 중국 연예인들이 웨이보에 대만 독립을 반대하는 지도를 게재한 것은 상부에 지시에 의한 단체 행동으로 볼 수 있다. 후거는 원래 대만에 4박 5일을 머물 계획이었으나 곧바로 대만을 떠났고, 저우쉰은 18일 오후 기자회견이 예정되어 있었으나 참석하지 않았다.

　중국 연예인들의 이 같은 행동은 대만 연예인들에게 영향을 미쳤다 리웨이(李威)는 18일 웨이보에 "양안은 한가족이다. 중국대만은 내가 태어나 자란 곳이며, 중국인으로서 자부심을 느낀다"고 올렸다. 양청린(楊丞琳)은 웨이보에 "중국, 어느 곳도 양보할 수 없다"고 올렸다.

　대만국민들은 대체로 정치에 관심이 없지만, 금마상에서 중국 참가자들의 발언에 반감을 나타냈다. 중국 환구시보는 18일 '갖가지 발언으로 금마상 행사가 훼손되었고, 양안의 영화인들 모두가 불쾌했다'는 제목의 평론을 통해 대만이 24일에 지방선거를 하는 정치적으로 민감한 시기에, 민진당은 추안위 감독의 발언을 가지고 양안 문제를 부각시키고 있다고 지적했다. 또한 대만 당국이 추안위의 일을 핑계로 중국이 대만선거에 간섭한다는 누명을 씌우고 있다고 비판했다.

중국은 추안위 사건을 민진당이 지방선거를 위해 조작한 사건으로 보았는데 이는 대만사회를 이해하지 못하거나 민진당에게 책임을 돌리기 위한 것으로 보인다. 왜냐하면 대만의 지방선거는 본래 양안관계와 무관하기 때문이다. 금마상 행사에서 대만인들은 중국 연예인들이 대만에서조차 대만을 압박하고 금마상 행사를 방해하는 등 오만한 언행을 하는 것을 생방송으로 시청했고, 대만인의 중국에 대한 혐오감이 증폭되었다. 그리고 중국 연예인들이 단체로 정치적 입장을 표명하고 대만 연예인들을 압박하는 것은 중국이 아직 전체주의 국가이고, 연예인도 개인의 자유가 없다는 것을 나타낸다. 추안위는 대만 젊은이의 마음을 대변한 것으로 그가 중국의 거물급 감독과 연예인들 앞에서 당당히 정치적 주장을 펼친 것은 높이 살 만하며, 대만 청년세대의 자기 정체성이 이미 형성되었음을 알 수 있다.

제1회 금마상은 1962년에 개최되었고, 대만 영화와 홍콩 영화가 참가하였다. 대만사회가 민주화되고 다양화되면서 1990년 이후 말레이시아 등이 중국어 영화제에 참가하기 시작했고, 많은 화교 감독과 배우들이 외국 영화 제작에 참여하면서 세계로 진출하였다. 또한 1996년 양안관계가 완화되면서 중국 영화도 개방되었고, 금마상은 중화권 영화와 관련한 최고의 무대가 되었다. 대만은 언론과 표현의 자유가 보장되기에 그 어떤 정치집단의 간섭도 받지 않고 오직 예술적 가치로만 판단하였기에 사회적으로도 인정받았다. 금마상이라는 플랫폼을 통해 영화라는 주제로 서로가 교류하고, 중화권 사람들이 서로의 차이를 더 잘 이해할 수 있는 계기가 되었다.

그러나 2018년 금마상 행사는 양안 영화인이 충돌하고, 양안 국민들간의 감정대립이 심화되었다. 이후 중국 영화는 참가를 일체 거부하고, 홍콩 영화는 소수만 참가하게 되었다.

3. 중국의 대만 혜택 31개 조치의 허상

1947년 2월 28일 중국공산당이 참여하고 대만인이 추진한 반국민당 운동인 '228사건'이 발생했다. 71년이 지난 2018년 같은 날 중국은 대만 혜택 31개항 조치를 발표하였다.

가 대만혜택 31개 조치의 허상

대만혜택 31개 조치는 매 조항이 중국의 31개 부처와 위원회가 연관되어 있고, 국대판이 30개 부처·위원회와 협력해야 하기 때문에 업무협조에 상당한 어려움이 있다. 그러나 상무부 등 중국내 다수의 고압적인 태도를 지닌 부처·위원회가 협력하지 않을 가능성이 있을 수도 있다. 이에 대만혜택 31개 조치는 장즈쥔이 3월 국대판 주임을 그만두면서 대만에게 주는 '졸업선물'과도 같은 것이었다.

우선, 대만혜택 31개 조치는 사실상 억지스러운 내용이 많다. 예를 들어 '대만동포와 관련 사회단체가 대륙의 빈곤탈피, 교육지원, 공익, 사회건설 등 기반사업에 참여하는 것을 장려한다'는 조항은 대만인의 투자를 장려하는 것이고, 중국에 혜택이지 대만에 대한 혜택이 아니다. 또한 '양안 교육문화 과학연구 기관이 중국 문화, 역사, 민족 등 분야 연구에서 협력하는 것을 장려한다'는 조항 또한 과거부터 지속되고 있기 때문에 단순히 숫자 부풀리기로 보인다.

둘째, 대만혜택 31개 조치는 이미 실시되고 있는 정책이 과반을 차지한다. 예를 들어 대만인이 참여하는 천인계획, 만인계획은 대만 교사가 중국 고등교육기관에서 교편을 잡는 것이고, 대만 기업인이 일대일로 정책에 참여하는 조항은 대만 기업인이 중국 중서부와 동북 투자에 참여하는 것으로 과거부터 이미 시행하고 있는 정책이었다.

셋째, 대만혜택 31개 조치는 많은 부분이 구체적이지 않은 공론(空論)이다. 예를 들어 대만 기업인은 정부 구매와 인프라 건설 등 공공 사업에 공정하게 참여할 수 있다고 규정하고 있는데 과연 이런 사업에 입찰을 할 만한 실력을 갖춘 대만 기업인이 있을까? 이는 중국이 공공 사업을 대만 기업인에게 할당해야만 실질적인 의미가 있을 것이다.

넷째, 대륙에서 사업을 할 능력과 의지가 있는 사람은 이미 진출했고, 능력이 없으면 이러한 정책이 있어도 일을 찾을 수 없다. 중국의 대학 졸업생들은 최근 대만보다 취업하기가 더욱 어렵고 경쟁이 치열하다. 2017년에는 795만 명이 대학을 졸업했고, 대만인이 상당한 업무경험과 전문기술을 가지지 않는 이상 대륙에서 경쟁력을 갖기 어렵다. 예를 들어 대만혜택 31개 조치는 대만 연예인이 중국의 프로그램에 참여하는 비율을 규정하고 있으나 대만 연예인이 그에 맞는 실력을 갖추어야 가능한 일이다. 그렇지 않으면 CCTV 춘완(春晚 : 최고 인기연예인이 참여하는 춘제 오락프로그램)같은 프로그램에는 참여할 수 없을 것이다.

나 대만 혜택 31개 조치의 목적

대만 혜택 31개 조치는 중국에 유리한 대만 인재를 흡수하려는 것이다. 예를 들어 특별대우와 연구제안으로 과학기술 인재를 유인하고자 했으며, 대만으로부터의 투자유치는 첨단과학기술분야로 제한을 걸어두었다. 그리고 중국이 점점 부유해져 사람들이 건강에 관심이 많아지게 되자 부족한 의사들을 유입하기 위한 조치도 포함되어있다. 물론 이런 조치는 대만 혜택 조치가 나오기 전에도 이미 진행되고 있었다. 단지 대만 혜택 31개라는 정책을 통해 더 구체화 되었을 뿐이다.

또한 대만 혜택 31개 조치는 '대만 도서 수입 승인절차를 간소화'시켰는데 이는 불황에 접어든 대만 출판업계에 새로운 희망을 주었지만 시진핑 집권 이후 도서에 대한 검열이 더욱 엄격해졌기 때문에 대만 출판업이 얼마나 많은 혜택을 받을지는 지켜볼 일이다.

셋째, 대만 혜택 31개 조치는 여러 분야의 자격증 시험을 개방했고, 이는 중국 자격증을 취득하려는 열풍을 일으킬 수도 있다. 그러나 사실, 중국의 기업인이 능력만 된다면 우수한 대만인을 자격증 없이도 고용할 수 있다. 또한 자격증이 있다고 해도 취업이 보장되지는 않는다. 현재 대만 내에는 취업이 안 된 변호사가 많이 있는데 자격증을 따더라도 중국에서 취업을 한다는 보장이 없다. 중국은 최근 인권변호사를 탄압하는 등 양안의 법률과 사회제도가 상이하기 때문에 대만 변호사가 중국에서 취업하는데 어려움이 있다.

다 중국의 대대만 업무의 허상

2009년 중국은 '핑탄(平潭) 시범구역'을 추진하여 '하루에 1억 위안씩 투자'를 유치할 것이라고 대대적으로 홍보한 적이 있다. 당시 일부 사람들은 대만 기업인들이 모두 대만을 이탈할 것이라고 했지만 결과적으로는 소기의 성과를 내지 못했다. 금번 대만 혜택 31개 조치에 대해 대만이 신중히 검토하고 대응하지 않으면 중국의 통일전선전술에 휘말리게 될 것이다.

라 황스푸 사건으로 본 대만혜택 31개 조치의 허상

'고북공산당(靠北共産黨)'이라는 사이트는 5월 20일, '가오슝(高雄) 제빵사, 대만독립분자에게 압박을 받다'라는 기사를 보도하였다.

2016년 가오슝의 제빵사 황스푸(黃士福)는 과거 천수이볜 전 총통이 산책하는 사진을 공개하면서 천수이볜의 '가짜 입원'을 폭로하였고, 국민당 지지자들로부터 '대만의 정의로운 제빵사'라고 불려졌다.

황스푸는 4월에 웨이보에 "나는 창업한지 3년만인 2018년 3월 31일에 폐업하였다. 지난 1년간 언론매체와 인터뷰를 하지 않고 제빵에 전념했지만 민진당으로부터 끊임없이 압박을 받아 폐업을 결정했다. 나는 가족을 떠나 조국 대륙의 난징에서 사업을 할 예정이다. 아내와 아이는 반대하지만 난징에서 제빵기술을 조국 대륙의 젊은이들에게 전수하고 싶다, 아무런 사심은 없다"는 내용의 글을 게재했다.

이후 황스푸는 5월 11일 항저우에서 제빵을 가르친 후 다시 난징으로 이동하여 사업을 하였다. 그는 "내게 대만은 이미 애정이 없고, 가족만 남아있는 곳이다. 그 사건 이후로 내 인생은 바뀌었고, 후회하지 않는다"고 강조했다.

그는 국대판에 "난징시로 돌아가서 제빵을 가르치고 싶을 뿐이다. 대만혜택 31개 정책이 아직 시행되지 않아 일을 할 수 없고, 생활비도 벌 수 없다, 국대판이 도움을 주기를 바란다"는 탄원서를 여러 차례 보냈다. 5월 21일 그는 "수중에 330위안뿐이다. 지방 간부와 국대판이 도와주기를 바란다"고 댓글을 올렸고, 이후 "국대판이 대출을 해주기를 원한다"는 글을 올렸다.

1) 국대판의 난처한 입장

황스푸가 대만 혜택 31개조을 언급하면서 결과적으로 국대판이 곤란한 상황에 처해졌다. 국대판이 도움을 주지 않으면 대만혜택 31개 조치가 허울뿐인 정책임을 인정하는 것이 되기 때문이다.

도움을 준다면 어디까지 도울 것이며, 개업을 했는데 다시 문을 닫으면 어떻게 할 것인가? 국대판이 도움을 주더라도 어쨌든 영원히 도울 수는 없는 일이다.

만약 국대판이 도움을 주면 중국에서 사업하다가 실패한 수많은 대만인들이 도움을 청해 올 것이다. 국대판은 진퇴양난의 상황에 처했다.

2) 황스푸 사건으로 본 중국의 대만혜택 정책

중국은 2월 28일 대만혜택 31개 조치를 제안하면서 끊임없이 대만에 세뇌식 선전을 했다. 그러나 앞서 서술했듯이 능력 있는 대만인은 31개 조치가 있기 전에 이미 중국으로 진출했고, 능력이 없는 대만인은 31개 조치가 있어도 중국에 진출할 수 없다.

황스푸의 제빵 기술이 어느 정도인지는 잘 모른다. 그는 천수이볜의 사진으로 유명세를 타고 국민당 지지자들이 도움을 주었지만 결국 폐업을 했다. 중국의 제빵 시장은 경쟁이 매우 치열하여 많은 대만 업체가 투자했다가 실패하였다. 황스푸가 중국에서 성공하려면 뛰어난 기술로 중국인의 입맛을 사로잡는 수밖에 없다.

4. 차이잉원의 NSC 인사 조정

3월 23일 오후 차이 정부는 정부 고위인사 개편을 발표하였다. 주로 외교, 국방, 양안과 NSC 관련 인사 조정이었고, 그중 외교부장에는 우자오셰(吳釗燮)가, 육위회 주임위원(주위) 자리에는 천밍퉁(陳明通)이 임명되었다.

가 차이잉원의 정권 장악

차이잉원은 2016년 집권 후 정치색이 국민당에 가까운 장샤오웨를 육위회 주임위원에, 리다웨이(李大維)를 외교부장에 지명하면서 중국에 호의를 보였다. 이 때문에 독립파는 민진당내에 외교와 양안 업무 분야의 인재가 없다고 차이잉원을 비판하였다.

2018년 차이잉원의 여론 지지도가 낮아 독립파는 차이잉원이 연임해서는 안 된다고 주장하고 있었기 때문에 금번 인사는 이런 정국을 타파하기 위함이었다.

한편, 금번 인사에서 커청헝(柯承亨)은 양안교류를 담당하던 해기회 부이사장에서 중국과 정보전을 하는 국가안전국 부국장이 되었다. 이로써 민진당은 외교, 양안, 정보 분야를 장악하게 되었다. 차이잉원이 외부인사에 의존하던 방식에서 벗어나 당내 측근을 임명하여 실질적인 정권을 장악한 것이다.

나 대중 정책변화

우자오세와 천밍퉁은 천수볜 시기에 요직을 맡았던 전통적인 강경파로 금번 차이잉원 인사는 중국에게 우호적인 메시지는 아니다. 특히 우와 천의 중국에 대한 태도는 강경하고 신랄했기 때문에 중국은 차이잉원이 강경한 입장으로 바뀌는 신호로 받아들였다.

차이잉원 입장에서는 지금까지 호의를 보였지만 중국으로부터의 호응이 없었고, 양안관계가 단기적으로 좋지는 않지만, 그렇다고 나빠질 것도 없었다. 중국은 3월 양회가 끝나면 국대판을 포함한 대만 관련 조직의 인사가 모두 조정될 것이기 때문에 대만 정책과 방향은 일정기간 조정기를 거칠 것이고, 연말에 대만의 지방선거에 대한 영향을 최소화하기 위해서 중국은 대만 업무를 조용히 처리할 것이다.

차이잉원 집권 후 외교와 양안정책은 소극적 방어로 중국을 지나치게 자극하지 않고, 대화의 여지를 남기는 것이었으나 향후에는 공세적으로 접근할 것이다. 특히 트럼프 집권 후 미국이 중국을 견제하는 인태전략을 추구하면서 대만의 역할이 커졌고, 일본이 CPTPP에 대만의 가입을 환영하고 있는 상황에서 차이잉원은 친미,

우일, 방중의 전략을 추구하고 있었다. 향후 양안관계는 긴장 속 평화에서 긴장 속 대립 상태가 될 것은 분명했다.

차이잉원이 중국에 대해 강경조치를 취하고 있었으나, 3월 31일 독립파 인사는 차이잉원이 연임을 해서는 안 되고, 첫 임기내 공약을 마무리하는 것이 최선이라는 성명을 재차 발표하였다. 독립파들은 차이잉원 정부가 리밍저 사건과 M503 항로 사건, 중국의 대만혜택 31개 조치 등에 대해 너무 온건하게 대처했고, 리더십이 위기에 처했다고 평가했다.

5. 라이칭더의 대만독립론에 대한 중국의 반발

행정원장 라이칭더는 3월 30일 입법원 질의에서 본인은 대만의 주권 독립을 주장하고, '92공식'은 어떠한 공통인식도 없다고 강조했다. 4장에서 언급했듯이 그 전해 9월 26일 그는 행정원장 신분으로는 처음으로 입법원 질의에서 본인은 대만독립을 지지하는 정치인이며, 실질적인 대만독립주의자라고 언급했다. 라이칭더는 대만은 이미 주권이 독립된 국가로, 별도로 독립을 선포할 필요도 없으며, 대만의 미래는 2,300만 국민이 결정해야 하는 것이라고 강조했다.

가 환구시보의 대응

라이칭더가 30일 대만독립주장을 재천명한 후 중국 관방과 매체는 그의 실명을 거론하면서 강력히 비판했다.

환구시보는 31일 '라이칭더를 타도하고, 대만독립을 저지하자'라는 제목의 사설을 통해 "라이칭더가 오만한 태도로 양안관계를 파괴하고 있으며, '하나의 중국 원칙'을 고수하기 위해 중국은 조치를 취할 것이며, 대만독립 반대 운동을 펼쳐야한다"고 주장했다.

동 사설은 외교와 군사분야를 제외하고 행동을 취하되 라이칭더를 타도 대상 일순위로 삼아야 하고, 이를 계기로 대만 정치인사를 제재하고 처벌하는 절차를 만들어야 한다고 주장했다. 또한 형법과 『반국가분열법』을 이용해 전 세계에서 범인을 잡을 수 있으며, 라이칭더를 처벌하는 데 성공하면 나머지 대만독립 정치인사에게 큰 심리적인 타격이 될 것이라고 강조했다.

2017년 9월 라이가 대만독립론을 주장했을 때는 아직 주시하는 단계였으나, 이번에는 중국이 처음으로 라이칭더를 지명해서 비판하였다. 또한 중국은 대만에 법률전, 여론전, 심리전 등 삼전(三戰)을 시행하기 시작하였다. 법률전은 형법과 『반국가분열법』을 이용해 대만독립분자를 처벌하겠다는 것이고, 여론전은 언론매체를 통해 라이칭더의 주장을 비판하는 것이며, 심리전은 대만인들에게 위협과 공포를 주는 것이다.

나 중국 3대 매체의 라이칭더 비판

환구시보가 라이칭더를 비판한 후 중국 정부도 나섰다. 국대판 대변인 마샤오광이 4월 2일 성명을 통해 라이칭더가 대만독립 입장을 고수하고, 수차례 대만독립 주장을 공공연히 발표한 것은 양안관계의 현상을 파괴하고, 양안의 주류 여론에 도전하는 것이며, 대만해협의 평화안정을 해치고, 양안동포와 특히 대만동포의 근본 이익을 해치는 것으로 매우 위험하고 무모한 행동이라고 비판하였다.

신화사는 '대만독립분자 라이칭더에 대한 의문'이라는 사설에서 최근 라이칭더의 무모한 발언에 대해 국대판 대변인이 여러 차례 비판했으나 전혀 개선되지 않고 있다면서 아래 질문을 던졌다. "오만한 발언으로 중국에 도발하여 양안대립을 악화시키는 이유는 무엇인가? 라이는 자신을 대만독립 업무자라고 칭하는데 그 업무를 도대체 누가 부여한 것인가? 민의에 귀를 기울여야 하는 공직자가 주류 민심인 '92공식'과 양안 평화를 모른 채 하는 것인가?"

두 번째로 라이칭더는 하는 말 마다 대만이 주권독립국가라고 주장하는 데, 대만이 국제사회에서 인정받은 적이 없기 때문에 이는 언급할 가치도 없다는 비판이다. 라이칭더에게 던지는 구체적인 질문으로는 "대만을 사랑한다는 라이칭더가 과연 국민을 위해서 무엇을 하였는가"이다. 해당 글에서는 라이칭더는 행정원장직도 4개월밖에 하지 않았고, 지지도도 바닥을 치고 있는 상태라고 지적했다.

같은 날 친중 매체인 홍콩의 중평사(中評社)도 사설에서 라이칭더가 너무 상식을 벗어났기 때문에 중국은 철저히 라이를 공격할 것이라고 주장했다.

인민일보 해외판 역시 논평을 발표하고, 라이칭더의 양안관계 현상을 파괴하는 언행으로 인해 중국은 대만의 외교를 압박해야 하고, 대만 군사투쟁 준비를 가속해야 한다고 주장했다. 또한 차이잉원의 지지율이 낮은 상태에서 라이칭더가 양안관계의 주도권을 장악하여 이를 차기 대권을 노리는 정치적인 카드로 활용할 것이라고 지적했다.

3대 주요 매체가 하루에 일제히 라이칭더를 비판한 것은 중국이 그의 독립설을 우려하고 있으며, 특히 라이가 타이난 시장 시절의 성과가 우수하여 대선에 참가할 가능성이 높기 때문에 라이의 행보에 특별히 주의를 기울이고 있는 것이다.

다 라이칭더와 커원저의 세력 다툼

라이칭더 4월 3일는 '언론자유 시대의 도전 : 정부의 역할에 대한 토론회'에 참석하여 중국의 경고를 무시하고, "나는 행정원장으로서 입법위원들의 질의에 성실히 답변했고, 대만독립을 위해 일하는 사람이다"는 입장을 재천명했으며, 중국에 보편가치인 언론자유를 존중하기를 당부했다.

라이칭더는 민진당내에서도 대만 독립을 공개적으로 주장하는 소수의 고위 정치인인 반면, 커원저는 민진당파였다가 친중파로 정치입장을 전환하였다. 2024년 총통 선거에서 라이칭더가 커원저와 대결할 가능성이 있고, 라이칭더가 명확하게 입장을 밝히는 것은 커원저와 차별화를 위해서이다. 라이칭더와 커원저는 미래 총통 경쟁을 이미 시작했고, 라이칭더는 대만을 독립국가로 인식하는 젊은 층의 표를 공략하고 있는 것이다.

6. 국제사회에서 중국의 대대만 압박 강화

2018년은 국제사회에서 중국의 대만에 대한 압박이 더욱 확대되었다. 국제사회의 대만에 대한 지원이나 대만의 국제 대회 개최 등을 방해했을 뿐 아니라 대만을 홍콩/마카오화하려는 의도를 보이고, 대만의 수교국을 계속 탈취했다.

가 화롄(花蓮) 지진

2월 6일 야간에 화롄에 대지진이 발생하여 호텔 등 건물이 붕괴되었다. 국민들은 페이스북을 통해 서로 응원하면서 화롄에 관심을 가졌다. 국민당과 민진당도 정치적 입장을 버리고 재난극복을 위해 협력하였다. 각종 민간 구호단체와 구호물품이 화롄에 줄지어 도착하였고, 평소 분열되었던 대만이 단합하였다.

1) 차이정부의 재난대응

차이 정부는 재난에 대응하여 뛰어난 행정력을 보였고, 국방부는 군사작전을 하듯이 구조임무를 진행하였다. 국군 공병부대가 북, 중, 남부 지역에서 C-130 수송기를 타고 화롄에 도착하였고, 라이칭더는 재난구조센터에서 상황을 통제하였다. 전국의 재난구조 시스템이 동원되어 체계적으로 구조가 진행되었다. 라이칭더는 2016년 2월 6일 타이난 대지진을 경험한 적이 있어서 재난대응에 익숙했다. 7일 아침, 차이잉원이 재난지역을 순시할 때 전용기에 공병부대가 탑승하고 있었다. 차이잉원은 8일 다시 화롄을 방문하여 이재민과 같이 식사를 하며 위로하였고, 당일 저녁에는 인근 군부대에서 묵으며 민심을 안정시켰다.

금번 지진을 통해 대만의 동원능력이 검증되었고, 이후에 전쟁이 발생하더라도 큰 혼란을 겪지는 않을 것이다. 이를 통해 국민들이 대만 정부에 믿음과 신뢰를 갖게 되었다. 5일만에 재난구조 조치는 마무리되었으며, 재야에서도 차이 정부의 사고 대처에 대한 악평이 거의 없었고, M503 항로 문제에 대한 비판도 사라졌다. '대만세대연구소(臺灣世代智庫)'는 12일 여론조사 결과를 발표하였는데 80.3%가 금번 재난구조가 매우 신속했다고 답했으며, 82.9%가 정부의 재난구조 조치에 만족한다고 답변했다. 그리고 73.5%가 차이잉원의 재난구조 조치에 만족한다고 답변했다. 화롄 지진 후 차이잉원의 지지율이 57.2%, 부정평가가 32.7%, 차이잉원에 대한 만족도 51.2%, 불만족이 39.7%로 호전되었다.

2) 아베의 대만 지원

일본 아베 총리는 8일 관저 홈페이지에 '차이잉원 총통 각하께'로 시작하는 화롄

지진에 대한 위로전을 게시했다. 일본 총리가 공식석상이나 인터넷에 대만총통이라고 칭한 것은 대만과 일본이 1972년 단교한 이후 처음 있는 일이었다. 아베의 조치는 대만을 국가로 인정하는 것이고, 본인도 '일본총리 내각대신'이라는 공식 직함을 사용했다.

아베가 2016년 총리에 선출되었을 때 대만 차이 총통의 축하전화를 받았으나 당시는 아직 취임 전이기 때문에 지금과는 다른 상황이었다. 아베는 또한 '대만 힘내라(臺灣加油)'라는 붓글씨 영상을 올리고, 마지막에 한자로 "친애하는 대만친구 여러분, 일본은 언제나 여러분과 함께 있습니다"라고 적었다.

중국은 여전히 대만이 국가임을 인정하지 않고, 이번 화롄 지진이 발생했을 때 중국 국대판과 해협회는 '92공식'의 정치적 이유로 육위회, 해기회 등 정부기관에 연락하지 않고 국민당원에게 직접 연락을 하면서 대만의 공권력을 인정하지 않고, 정치적 계산만 하였다.

따라서 중국이 재난구조 지원을 제의했지만 중국 정부인사가 대만을 방문하려면 대만 정부기관인 육위회, 해기회와 이민서를 거쳐야 하기 때문에 절차상으로 상충되는 제안이었다.

3) 일본과 중국에 대한 대만국민의 반응

중국의 항의를 받고 몇 시간이 지난 후 아베의 위로문에서 '차이잉원 총통 각하께'라는 문구는 삭제되었다. 대만국민들은 중국의 압박에 익숙해져 있기 때문에 아베가 엄청난 압박을 받았을 것이라는 것을 이해하고, 비난하지 않았다. 게다가 아베는 9일 트위터에 차이잉원의 일어 감사문을 올렸고, 중국어로 '친애하는 대만친구 여러분, 일본은 언제나 여러분과 함께 있습니다'라는 문구를 첨부하였다. 전술했듯이 '대만세대연구소(臺灣世代智庫)'가 2월 12일 발표한 여론조사에서 국민의 75.8%가 화롄 지진에서 일본이 대만에 대한 지지와 관심이 가장 높았다고 답변했고, 중국은 1.8%를 차지했다.

최근 아베는 중국과 관계를 개선하기를 원했다. 특히 2018년 '중일우호평화조약' 체결 40주년에 대만을 멀리하고 중일간 우호 분위기를 조성할 수 있었으나 오히려 대만을 지지하였다. 국민당 인사는 아베가 대만에 대한 우호적인 것은 차이잉원에게 후쿠시마산 '방사능 오염식품' 개방을 강요하기 위한 것이라고 주장하였다. 그러나 대만에 수출되는 후쿠시마산 식품은 일본의 대외무역에서 차지하는 비중이 매우 낮고, '방사능 오염식품' 때문에 대만을 지지하는 것은 대중국 무역에도 영향을 미칠 수 있기 때문에 합리적인 추론이라고 보기도 어렵다. 따라서 아베가 화롄 지진에 관심을 보인 것은 기본적으로 대만이 일본의 311대지진에서 보여준 지원에 대한 감사로 볼 수 있다.

이번 화롄 지진은 중국이 대만에 통전전술을 쓸 수 있는 좋은 기회였으나 중국의 정치적 행위가 오히려 역효과를 내었고, 일본에게 그 기회를 빼앗겼다. 따라서 이번 화롄지진에 대한 여론조사에서 아베가 대승하고, 차이잉원은 추가점을 받았으며 시진핑은 실점을 하였다.

나 중국, 세계 각국 항공사에 대만 명칭 변경 요구

4월 25일 중국은 세계 44개 항공사에 1개월 내에 홈페이지에 '대만' 명칭 앞에 홍콩과 마카오처럼 '중국'을 추가하라고 요구했다. 세계는 중국이 예고한 기한이 지난 후에 여전히 대만을 국가로 표기하는 항공사에 어떤 조치를 할지 주시하였다.

1) 중국의 최후 기한 연장

시한이 도래하자 중국은 다시 2개월을 연장한다고 발표하였다. 백악관은 중국의 이러한 조치를 조지 오웰식(전체주의식) 압박이라고 비판하였다. 중국과 대립하고 있는 일본, 인도, 호주도 중국의 이 같은 조치에 동참하지 않았다.

미국이 명칭을 바꾸지 않으면 일본도 바꾸지 않을 것이고 기타 국가도 따라할 것이다. 빈과(苹果)일보는 5월 하순 정기적으로 대만에 입항하는 41개 외국 항공사를 점검하였고, 그중 19개 항공사가 항공권 예약 사이트에서 타이베이공항(TPE)을 대만으로 명시하고 있었고, 13개 항공사는 TPE의 소재국을 명시하지 않았고, 9개 항공사만 TPE를 중국으로 명시하였다.

5월에 중국은 국제항공운송협회(IATA)와 그 회원국에 서한을 보내 7월 25일까지 홈페이지의 '대만'을 '중국대만'으로 바꿀 것을 요구하였고, 그렇지 않으면 제재를 가할 것이라고 통보했다. IATA는 6월 3일 이는 항공업체가 시장 상황을 고려하여 자체적으로 결정할 일이며, IATA는 개입하지 않을 것이라고 명확히 밝혔다.

2) 중국 민항총국의 오판

이 사건은 중국 민항총국이 상부의 뜻을 지레 짐작하여 취한 행동이었지만 결과적으로는 시진핑을 곤경에 빠뜨렸다.

3) 세계 민항사의 대응

7월 25일 44개 항공사가 대만의 명칭을 '대만-중국' 또는 '중국대만'으로 변경했으나 미국의 America Airlines, United Airlines, American Express의 홈페이지는 대만 도시 이름 뒤에 '대만(TW)'을 표기했다가 삭제하였는데, 그렇다고 '중국'을 추가하지도 않았다. 이에 더해 중국 도시명 뒤에 괄호로 표기되어 있었던 '중국'도 삭제하였다. 반면, 양안 이외 국가의 도시명 뒤에는 국가명을 표기하였다. 따라서 미국의 항공사는 대만과 중국을 동등하게 취급한 것이다.

Japan Airlines와 All Nippon Airways는 중국 간체자 홈페이지에 대만을 '중국대만'으로 표기한 적이 있었지만 나머지 홈페이지는 '대만'으로 표기하였다. 그러나 두 항공사도 이후에 '중국대만'이라는 표기를 삭제하고, 대만과 중국을 일본이나 한국 도시처럼 모두 도시명으로만 표기하였다. 한국의 대한항공은 홈페이지에 대만을 '중국대륙과 홍콩·마카오·대만'으로 표기했다가 이후 모두 도시명으로 표시하였다.

7월 25일 중국이 발표한 기한이 도래했지만 많은 국가의 민항사가 중국의 요구를 따르지 않고 대만 호칭을 탄력적으로 표기했으며, 중국은 더 이상 강요할 수 없었기 때문에 조용히 마무리했다.

다 동아시아 청소년체육대회 개최 저지

중국은 7월 24일 강압적인 표결 방식으로 대만 타이중시의 2019년 제1회 동아시아 청소년체육대회 개최 자격을 취소시켰고, 대만 국민의 분노를 샀다.

첫째, 이는 타이중시가 국제대회를 주최하는 기회를 박탈하여 2300명의 14세-18세 청소년 운동선수가 대회에 참가할 수 없게 되었다. 둘째, 타이중시가 동아시아 청소년체육대회를 개최하는 것을 반대하는 이유가 도쿄 올림픽 참가시 대만의 공식명칭에 대한 국민투표를 추진하기 때문이라는 것이다. 이 국민투표는 8월까지 28만 명이 서명해야 통과하지만 최종적으로 10만 명만 서명하였는데 중국이 투표를 빌미로 대만을 압박하자 갑자기 국민투표가 대중의 관심을 끌기 시작했다. 국민투표는 대만인의 권리이기 때문에 중국이 압박을 가하면 대만인의 반감만 살 뿐이다.

1) 중국 주도의 동아시아 청소년체육대회

동아시아 청소년체육대회의 전신은 동아시아 체육대회로 1991년 베이징에 본부가 설립되었고, 1993년에 1회 대회를 상하이에서 개최하였다. 이후 총 5회를 실시하였는데 제2회는 1997년 한국 부산에서, 제3회는 2001년 일본 오사카에서, 제4회는 2005년 한국 부산에서, 제5회는 2009년 홍콩에서, 제6회는 천진에서 개최하였다. 동아시아 청소년체육대회의 회원국은 중국, 북한, 홍콩, 일본, 한국, 마카오, 몽골, 대만 등 8개국이다.

동아시아 체육대회 개최지로 볼 때 중국이 충분한 주도권을 쥐고 있었는데, 동아시아에서의 지도적 지위를 부각시키기 위함이었다. 이것은 장쩌민이 보아오포럼을 설립하여 중국판 다보스 포럼을 만들려 하는 것, 상하이협력기구를 설립하여 대터러 분야의 지도국이 되려는 것, 시진핑이 AIIB를 설립하여 IMF나 ADB와 경쟁하려는 것과 같은 성격이다.

2) 동아시아 청소년체육대회를 통해 타이중 시장 연임 지원

동아시아 체육대회는 2013년에 마지막 대회를 개최한 후 동아시아 청소년체육대회로 변경되었고, 여전히 중국이 주도하는 국제대회이다. 당시 중국은 2014년 후즈창(胡志强)이 타이중 시장에 연임하는 것을 지원하기 위해 타이중에 첫 대회를 개최하도록 할 예정이었다. 따라서 중국이 타이중의 대회 개최 권한을 취소하는 것은 매우 쉬운 일이었다.

중국이 타이중의 개최 권한을 취소한 것은 '동아시아 체육대회 총회 헌장'에 위반되는 것이지만 이 체육대회가 중국이 주도하는 것이고, 총회 헌장은 허울뿐이기에 타이중시는 이의 제기를 하지 않았다.

3) 중국의 대만 업무 기관간 모순

중국 국가체육총국은 타이중의 동아시아 청소년체육대회 개최를 취소한 목적은 민진당에 적을 두고 있는 타이중 시장 린자룽(林佳龍)이 11월 선거에서 연임하지 못하도록 하는 것이고, 또한 반대만 여론을 확산시키기 위한 것이다. 그렇지만 이는 대만인의 중국에 대한 반감만 키우고, 중국 민항총국이 세계 각국의 민항사에 대만의 명칭을 중국대만으로 변경하라고 요청한 것과 같이 의도와 다르게 결과가 좋지 않았다.

한편, 이를 통해 중국의 각 기구가 조직의 이익을 위해 국가이익도 희생시키는 것을 알 수 있다. 국가체육총국과 중국 민항총국의 국장은 개인의 승진과 조직이익을 위해 대만을 압박하였고, 정부의 대대만 업무에 지장이 생기더라도 개의치 않았다.

대만 업무를 담당하는 국대판도 어쩔수 없이 국가체육총국과 중국민항총국을 변호하였고, 국대판의 대만 업무의 중요도가 갈수록 떨어졌다. 또한, 국대판의 부주임 두 직위가 오랫동안 공석임에도 채우지 않는 것을 보면 시진핑이 국대판을 중시하지 않는 것을 알 수 있다.

라 대만 수교국 3개국의 단교

전술했듯이 차이잉원이 2016년 5월 20일 집권 후 상투메 프린시페와 단교를 하고, 2017년에는 파나마와 단교하여 1년에 1개 국가가 단교하였지만, 2018년에는 3개국이 단교하여 양안 간 외교전이 첨예화되었다.

1) 중국과 도미니카의 수교

2018년 5월 1일 중국과 도미니카가 수교하였다. 트럼프가 3월 16일에 『대만여행법』에 서명하고, 4월 7일에 미국이 대만의 잠수함 건조를 지원하겠다고 발표하였고, 이에 중국은 트럼프 정부의 대만 지지에 대해 불만을 표하고, 차이잉원 정부에 독립 추진을 중단하라는 경고를 한 것이다.

사실 중국이 대만에 대해 쓸 수 있는 카드는 많지 않다. 무역전을 하면 양쪽이 모두 피해를 입고, 중국 관광객을 제한하는 것도 영향이 크지 않으며, 군용기가 대만 주변을 위협하는 것도 이미 익숙해졌기 때문에 수교국을 탈취하는 것이 그나마 영향력이 있다. 따라서 중국은 돈으로 수교국을 사는 금전외교를 하고 있다.

그러나 도미니카는 파나마와 같이 미국의 뒷마당에 위치한 국가이기 때문에 중국이 도미니카와 수교한 것은 미국의 국가안보와 이익을 위협한 것과 같다.

2) 중국과 부르키나파소의 수교

5월 24일 대만은 부르키나파소와 단교했다. 중국은 중-아프리카 포럼을 개최할 예정이었으며, 시진핑은 참가국을 늘리기를 원했다.

가) 대만-부르키나파소 단교

차이잉원 집권 후 3개 국가와 단교하고, 대만-미국 관계에 진전을 가져왔다. 부르키나파소와의 단교는 차이 정부가 이유도 모른 채 기습을 당한 것이다. 2018년 차이잉원이 에스와티니를 방문할 때 부르키나파소 방문을 거절당한 적이 있어 심리적인 준비는 하고 있었지만, 대만이 중국에 도발하지 않았고, 미국도 과도한 대만 지지 행위를 하지 않았기 때문에 이유 없이 외교적 공격을 받은 것이다.

시진핑도 차이잉원이 '92공식'을 인정하지 않고, 대만 국민이 중국을 더욱 혐오하고, 국민당이 중간에서 난처할 것이라는 것을 알고 있지만 개의치 않았다. 또한, 당시 차이잉원의 지지도가 낮았음에도 대만의 수교국을 탈취했다.

나) 중국의 금전외교

중국은 30억 달러로 대만의 수교국인 파나마와 도미니카와 수교했고, 알바 베리(Alpha Barry) 부르키나파소 외교부장관은 2017년 1월 중국이 수교조건으로 500억 달러를 제시했다고 언급하였고, 액수 면에서 큰 차이를 보였다.

다) 중국-아프리카 포럼의 확대

　9월 3일 중국-아프리카 포럼이 베이징에서 개최되었다. 아프리카에서 대만의 유일한 수교국인 에스와티니를 제외한 53개국 정상이 모두 참석하였고, 시진핑은 2016년 이후 중국과 수교한 감비아, 상투메 프린시페, 부르키나파소를 포함하여 정상들의 이름을 모두 거명하였다. 시진핑은 아프리카 친구가 늘어나는 것을 외교상의 큰 업적으로 여겼다.

　또한, 시진핑에 대한 왕이의 충성도가 부각되었다. 시진핑은 에스와티니도 금번 포럼에 참석하여 모든 아프리카 정상과 사진을 찍기를 원했지만 에스와티니는 참석하지 않았고, 왕이는 시진핑의 질책을 염려해 8월 21일 대만의 중남미 수교국인 엘살바도르와 수교를 추진했다.

　한편, 시진핑은 아프리카에 600억 달러의 경제원조를 통해 산업, 무역, 환경보호 등의 건설을 지원할 것이라고 선포했다. 그중 150억 달러는 무상원조, 무이자 차관 및 금리우대 차관이었고, 200억 달러는 신용대출, 100억 달러는 개발금융자금, 50억 달러는 무역융자금이었다. 또한 향후 3년 동안 중국 기업의 대아프리카 투자액이 100억 달러 이상이 될 것이라고 언급했다.

　시진핑은 일대일로 정책을 통해 대외 경제 연대를 강화할 것이고, 아프리카도 당연히 포함되어 있다고 강조하였다. 그러나 이미 일대일로에 참여한 많은 국가들은 중국의 채무로 경제 붕괴를 우려하면서 불만을 가지기 시작했다. 말레이시아 총리는 8월 중국을 방문했을 때 200억 달러 규모의 철로 건설을 포함하여 중국의 지원을 받는 3가지 건설 프로젝트를 잠정 중단할 것이라고 선포했다. 파키스탄 신임 총리는 중국의 차관을 상환할 수 없을 것이라는 우려 속에 수백억 달러 규모의 중·파 경제회랑 건설은 투명도를 제고할 것이라고 선언했다. 스리랑카는 14억 달러 규모의 함반토타항 건설 등에 들어간 채무를 상환할 수 없어 2017년에 항만이용권을 중국에 99년간 양도했다. 미국 싱크탱크 세계발전센터(Center for Global Development)는 보고서에서 일대일로로 인해 파키스탄, 지부티, 몰디브, 몽골, 라오스, 몬테네그로, 타지키스탄과 키르키스탄 등 국가가 채무위기를 겪을 것이라고 예견했다. 따라서 아프리카 국가들도 일대일로의 유혹으로 채무위기를 겪는 전철을 밟을 가능성이 높다.

3) 중국과 엘살바도르의 수교

8월 21일 엘살바도르는 대만과 단교하고 중국과 수교하였고, 차이잉원 집권 후 5번째 단교국이 되었다. 차이잉원이 수교국과 미국을 방문하고 귀국하자마자 중국은 엘살바도르와 수교를 했다. 차이잉원의 방미 성과가 퇴색되었다. 중국은 공격방향을 민진당에서 차이잉원으로 전환하여 효과를 극대화시켰다.

가) 엘살바도르와 수교를 통한 일석사조

첫째는 차이잉원을 체면을 깎아 내린 것이다. 둘째는 미국에 대만카드를 쓰면 중국도 다른 카드를 쓸 수 있고, 미국이 대만을 지원하면 즉시 보복할 것이며, 대만이 득보다 실이 많게 할 것이라고 경고하는 것이다. 그렇게 함으로써 미국이 차이잉원을 초청해도 이를 수용하지 못하도록 하는 것이다. 셋째, 미·중 무역전쟁이 시작되었고 중국이 수세이지만 미국에 직접 대응할 수 없기 때문에 미국의 '동생' 격인 대만에게 보복을 하는 것이다. 넷째, 왕이가 중국-아프리카 포럼에 에스와티니가 불참한 실책을 만회하기 위해 엘살바도르와 수교를 추진했던 것이다.

중국의 대만카드는 대만과 점점 소원해지는 것이고, 미국의 대만카드는 대만을 끌어들이는 것으로 중국의 대만 업무는 전반적으로 전략적 고려가 부족한 것으로 보인다.

나) 대만-엘살바도르 단교에 대한 차이잉원의 반응

대만-엘살바도르 단교에 대해 차이잉원은 21일 임시 기자회견에서 "중화민국의 이름으로 수립된 외교관계를 파괴하는 것은 공동의 마지노선을 넘고, 수교국을 압박하는 것이고, 주권에 대한 침해"라고 언급했다. 차이잉원의 발언은 중화민국의 수교국이 모두 없어지면 국제사회에서 중화민국이라는 네 글자가 쓸모가 없어지는 것이므로 대만을 사용할 수밖에 없고 이는 대만독립과 같은 것이라는 의미이다. 중화민국의 영문명에는 China를 써야하기 때문에 중화민국이 없다면 대만과 중국의 연관성이 감소하는 것이다. 따라서 차이잉원의 뜻은 대만독립과 탈중국화를 부추기는 것은 다름 아닌 중국이라는 것이다.

차이잉원은 기자회견 동안 잔잔한 미소를 띠었고, 외교적 실패에 좌절하지 않고, 냉정을 유지하였다.

중국이 대만 수교국을 탈취하면서 대만을 억압하는 것은 국민당을 오히려 난처하게 하는 것이다. 국민당은 차이잉원이 '92공식'을 인정하지 않아 대가를 치르는 것이라고 비판할 수 있을 뿐 중국을 비판할 수 없기 때문이다.

다) 미국의 반응

미국은 대만과 엘살바도르의 단교에 백악관, 국무부, 의회가 모두 엘살바도르를 비판하며 강한 반응을 보였다. 과거 대만이 파나마, 도미니카 등 중남미 국가와 단교할 때 미국은 별다른 반응을 보이지 않았지만 이번에는 달랐다. 이유는 냉전시대 소련이 쿠바에 미사일을 배치하여 미국의 안보에 직접적인 위협을 가한 것처럼 중국이 엘살바도르의 항구를 중국군 해외기지로 사용할 수 있기 때문이다. 따라서 미국 상원은 9월 5일 대만의 수교국을 수호하는 『타이베이 법안』을 발의하였다.

7. 대만에 대한 중국의 샤프파워(Sharp Power)

2018년 중국은 대만의 매체와 인터넷을 활용하여 대대만 선전 및 위협을 가하는 샤프파워(Sharp Power) 공격을 진행했다. 대만과 같은 민주국가는 언론의 자유가 보장되기 때문에 중국처럼 매체나 인터넷을 통제할 수가 없고, 오히려 중국의 대만 통일 전술의 도구가 될 수 있다. 최종적으로 대만인이 중국의 권위주의 통치를 부러워하고 중국에 의한 통일을 원하게 하여 중국이 싸우지 않고 승리하도록 하는 것이다. 반면, 대만의 매체와 인터넷은 중국이 '평화시위'를 걱정하여 진입을 금지시켰기 때문에 양안 간 대등하지 않은 상호 교류 형태가 형성되었다.

가 '대만독립전범 명단'의 출현

2018년 3월 중국 세간에 대만독립전범 명단이 있고, 중국이 대만 통일 후에 체포하여 엄중한 처벌을 할 것이라는 뉴스가 전해졌다. 이 소식은 대만을 위협하기 위한 목적이었고, 대만 국민들의 공포감을 조성했다.

영화감독 커이정(柯一正)의 아들 커위룬(柯宇綸)은 3월 중국 네티즌들로부터 '대만 독립 지지 연예인'이라는 구실로 공격을 받았고, 그가 주연한 대만 영화도 중국 내에서 상영금지 처분이 내려졌다.

또한 '장저우(漳州) 대만 기업인협회'의 전 명예회장이자 푸전(福貞)기업 동사장 리롱푸(李榮福)는 2월 해기회가 주최한 '대만기업인 춘제 단합회'에 참석하여 차이잉원이 중국의 M503항로 정책을 반대한 것을 공개적으로 지지하고, 춘제(春節)[7]에 항공기 증편 취소로 인한 영향이 크지 않다고 언급했다. 이후 그는 장저우(漳州) 대만 기업인협회에서 제명되었고, 협력업체인 '옌지(燕京) 혜천(惠泉)맥주회사'로부터 거래 중단을 통보받았다. 리롱푸는 3월 23일 '양안 동포의 감정을 상하게 했다'고 공개 사과를 했고, 연합보와 중국시보에 사과의 글을 올렸다.

중국은 이러한 조치를 통해 "대만인이 중국에서 돈을 벌려면 중국을 비판하면 안 되고, 차이잉원과 민진당을 지지해서는 안 된다"는 메시지를 전달하려는 것이다.

중국의 이 같은 위협은 대다수 대만인에게는 그저 농담처럼 들릴 뿐, 대만 사회와 여론에 영향을 미치기 어렵다. 대만인들은 언론자유가 이미 생활의 일부분이고, 문예창작자들에게는 없어서는 안 될 부분이다. 따라서 중국이 대만에 언론 통제를 가하면 대만인들이 중국을 더욱 혐오하게 될 뿐이며 양안의 평화통일은 요원해지고, 시진핑의 중국몽은 실현되기 어려워진다.

한편, 중국이 '대만독립전범' 명단을 내놓은 것은 대만문제에 대한 초조함과 무력감을 드러내는 것이다. 무력통일을 하기에는 정당성과 실력이 부족하고, 미국과 일본이 개입 가능성이 있는 상황에서 시도할 가능성은 매우 낮다. 또한 평화통일 조치가 대만 국민의 공감을 얻지 못하여 대만 업무에 성과가 전혀 없는 상황이다. 따라서 무력통일은 불가하고, 평화통일은 효과가 없는 상황에서 미국이 끊임없이 대만 카드를 쓰고 있기 때문에 중국은 당연히 초조함을 느낄 수밖에 없다. 그래서 대만독립전범 명단을 내놓은 것이다. 대만이 중국의 매파 언론에 일일이 대응하는 것은

---

[7] 춘제는 음력 1월 1일 우리나라 '설'에 해당하는 중화권 최대 명절

중국의 법률전, 여론전, 심리전의 함정에 넘어가는 것이기 때문에 민감하게 반응할 필요가 없다.

나 간사이공항 철수 사건에 대한 중국의 조작

9월 4일 강력 태풍 제비로 인해 다리로 육지와 연결된 일본 간사이공항이 폐쇄되었고, 많은 여행객들의 발이 묶였다.

중국 인터넷 매체 관찰자망은 중국 주오사카 총영사관이 9월 5일 15대의 버스를 간사이 공항에 보내 750명의 중국 여행객을 탈출시켰다고 보도했다. 또한 총영사관은 대만인도 본인이 중국인임을 인정하기만 하면 차량 탑승을 허용했는데, 중국 매체는 '중화인민공화국 여권'이 역시 우수하다며 대대적으로 선전했다. 한편, 대만 주일 대표 씨에장팅(謝長廷)은 차량을 파견하지 않아 대만 언론과 국민들의 지탄을 받았지만 사실은 이와 달랐다.

1) 중국 버스의 간사이 공항 진입은 거짓

각계의 비판을 받은 후 씨에장팅은 공항전용 차량외에는 어떤 차량도 진입이 되지 않기 때문에 중국의 버스가 간사이 공항에 진입할 수 없었다고 발표했다. 이후 중국의 버스가 간사이 공항에 진입하지 않고, 공항 대교 밖에서 대기했던 것이 밝혀졌다. 사실 여행객이 다리를 건너고 나면 봉쇄상태에서 벗어나는 것이고, 다른 교통수단을 마음대로 이용할 수 있었다.

2) 대만인들의 양안비교 성향

한국, 미국, EU도 차를 파견하지 않았음에도 대만인들이 양안 간 비교하는 것을 좋아하기 때문에 중국은 가능한데 대만은 왜 안 되냐고 강하게 비판을 한 것이다.

3) 중국의 인지전

중국이 버스를 파견한 것은 한국이나 미국인을 겨냥한 것이 아니라 대만인들에게 보이기 위한 것이다. 중국은 차이잉원이 얘기하는 '대만-일본은 한가족'이 사실이라면 왜 버스 한 대도 파견하지 못하였는지 비난하기 위한 것이다.

한편, 중국 체제의 우수성을 과시하기 위한 것이다. 중국은 민주, 자유, 법치가 아니지만 고도의 행정 효율과 적극성을 가지고 있고, 해외에서도 국민의 복지를 살피고, 중국인이 국제사회에서 존중받을 수 있도록 하고 있다는 것이다. 다른 나라 여행객이 공항에서 버스를 애타게 기다릴 때 유일하게 중국 여행객만 대사관에서 보낸 차량을 타면서 중국인으로서 자부심을 느끼게 하는 것이다.

반대로 대만인은 민주, 자유, 법치를 자랑스럽게 여기지만 대만 정부는 국민들을 충분히 살피지 못했고, 대만인이 자국 정치제도와 정부에 대해 의구심을 가지고, 중국의 정치제도에 호감을 가지도록 하는 것이다.

대만인이 스스로에 대해 의구심을 가지고, 심지어 부정하는 것은 중국을 믿고, 인정하는 것으로 분열의 효과를 달성한 것이다. 안타까운 것은 대만의 주오사카 사무처 수치청(蘇啓誠) 처장이 간사이 사건에 대한 각계의 압박 속에서 14일 사망하였다.

15대의 버스가 대만 내부를 분열시키고, 국민당과 민진당이 서로 비방하고, 대만의 우수한 외교관을 죽음으로 몰았다는 것은 믿기 힘든 일이다. 중국은 대만인들에게 Sharp Power의 위력을 충분히 과시하였고, 대만은 참담하지만 중요한 교훈으로 삼아야 할 것이다.

중국 국가대만판공실 주임 류제이(劉結一)는 9월 12일 '2018 저장-대만 협력주간' 개막식에서 오사카 간사이 공항 사건시 대만 여행객을 철수시킨 일에 대해 "중국은 자연재해든 전쟁이든 대만 동포를 지원할 것이고, 조국은 대만동포의 든든한 후원자"라고 의도적인 발언을 했다. 또한 해외에서 어려움을 겪는 대만동포에 대해 언제나 관심을 가지고 적극적으로 도와서 곤란을 극복하게 할 것이며, 얼마 전 오사카 영사관에서도 32명의 대만동포를 안전하게 철수시켰다고 언급했다.

다 중국 매파의 대만에 대한 위협

중국 매파 매체 환구시보는 12월 8일 베이징에서 송년회를 열었고, 많은 매파 인사가 참석했다. 모임에서 많은 인사가 정세를 오판했고, 특히 고급 장성 출신들은 매우 감정적인 발언을 하였다.

1) 중국 퇴역장군의 대만해협 충돌 경고

우선, 남징군구 부사령원을 역임하고 강경한 입장을 가진 왕홍광(王洪光) 예비역 중장은 미·중간의 신냉전 상황하에 대만과 미국의 관계가 긴밀해지면서 대만해협에서 충돌이 발생할 가능성이 있다고 발언했다.

왕홍광은 결과와 원인을 반대로 얘기한 것으로 미·중간 신냉전은 양국의 일이고, 대만은 단순 연루되었을 뿐인데 중국이 미국을 직접 대적할 수 없으니 대만에 평계를 찾는 것이다. 중국이 오랫동안 국제사회에서 대만을 압박하고, 미국은 대만을 지지하는 상황에서 차이 정부는 미국에 의지할 수밖에 없다. 국민당이 재집권하더라도 친중을 할 수는 있으나 반미로 돌아설 수는 없을 것이다. 12월 4일 입법위원 장치천(江啓臣)도 미국 의회연설에서 국민당은 언제나 친미라고 발언한 바 있다.

2) 대만 침공 위협 발언

왕홍광은 또한 해방군이 100시간 내에 대만을 공략할 수 있다고 하면서, 중국의 사상자는 180명 수준이지만, 대만은 수천 명이 사망할 것이라고 발언했다. 대만의 군사력이 세계 15위 수준인 점은 차치하더라도, 중국이 침공하면 미국과 일본이 개입할 가능성이 높기 때문에 왕홍광의 발언은 매우 어설픈 예측이라고 할 수 있다.

둘째, 퇴역 소장 뤄웬(羅援)은 환구시보 연회에서 "미국 군함이 대만 항만에 입항하면, 인민해방군이 무력으로 중화민족의 통일을 실현할 것이다"라고 강력하게 경고했다. 그리고 10월 15일, 사실상 미국 해군연구소 소속이었던 톰슨(Thomas G. Thompson)호 과학연구선이 대만 가오슝 항에 진입하였다. 미국은 동 함선이 민간 연구기관에 대여한 것이라고 밝혔다. 중국으로서는 이 함선이 군함이었으면 반드시 상응한 조치를 취해야 하지만 민간선박이라 어떤 조치도 취할 수 없었다.

3) 미 함정에 대한 강력대응 제안

미국 군함이 2020년 대선전에 가오슝항에 정박한다면 중국은 어떻게 대응할까? 군사훈련을 하지 않으면 뤄웬 같은 매파는 비난을 할 것이고, 군사훈련을 하면 민진당을 돕는 것이 되기 때문에 중국은 이러지도 저러지도 못하는 상황에 처하게 된다.

이번 연회에서 군인 출신인 '해양안전협력연구원' 원장 다이쉬(戴旭)는 "이후에 미군함이 다시 이 구역에 진입하면 군함 2척을 투입하여 1척은 진로를 막고, 나머지 1척은 충격하여 미 군함을 격침시킬 것을 제안한다. 우리 영해에서 미국 군함의 항행을 용납하지 않겠다"고 발언했다.

군함이 충격으로 대결하는 것은 2차대전 시기에나 가능한 일이기 때문에 다이쉬 원장의 전문성을 의심케 하는 발언이다.

4) 미·대만 간 교류 분야 확대

다이쉬는 또한 "정세가 악화될수록 통일이 빨라질 것이다. 우리는 두려하지 말고 철저히 준비해서 전략적 기회가 오면 주동적으로 대만을 공격해야 한다"고 주장했다. 다이쉬는 왕훙광과 같이 무력통일을 매우 낙관적으로 보고 있고, 이 같은 강성 발언이 주목을 받으면서 중국 매파의 목소리도 점점 커지고 있다.

한편, 베이징어언대학 교수 황징(黃靖)은 환구시보 연회에서 대만은 이미 미국의 마이너스 자산이 되었으며, 미국은 대만의 역할이 점점 줄어들고 있다고 인식하고 있고, 시간은 중국 편이기 때문에 조급할 필요가 없다고 발언했다.

그러나 미국재대만협회는 대만의 지방선거후 텐무(天母) 지역에 11.6억 대만달러를 투자하여 직원들의 숙소를 지을 것이라고 밝혔다. 만약 대만이 미국의 마이너스 자산이라면 왜 대만에 거금을 투자할까?

미국은 이미 대만의 각계에 뿌리를 내리고 있으나 중국은 중국재대만협회(CIT)도 설립하지 않은 상황이라 시간이 중국편인지 미국편인지는 두고 볼 일이다.

8. 양안 간의 정보전

4장에서 언급했듯이 대만 사회운동가 리밍저는 2017년 3월 19일 중국에서 국가전복죄로 체포되었고 소식이 끊겼다. 5월 26일 중국 국대판이 체포 소식을 인정했고, 9월 11일에 재판이 진행되었다.

2017년 3월 9일 대만에 유학 온 중국학생 저우훙쉬(周泓旭)은 법무부 조사국 보안·방첩부서에 체포되어 3월 10일 구금되었다. 그는 대만 외교부 공무원에게 뇌물을 제공했고 해당 공무원이 신고하면서 체포되었다. 이후 5월까지 2개월간 구금되었고, 9월 15일 대만 지방법원에서 국가안보법 위반으로 1년 2개월의 실형을 받았다.

12월 19일, 신당청년위원회 대변인 왕빙중(王炳忠), 신당신사고센터 주임 후한팅(侯漢廷), 신당선전부 부주임 린밍정(林明正), 신당신문비서 천스쥔(陣斯俊) 등 4명은 '저우훙쉬' 사건에 연루되었는데, 국가안보법 제2-1조, 제5-1조를 위반한 혐의로 법무부 조사국이 형사소송법 제122조 2항에 따라 이들을 관련 부서로 데리고 와 심문·조사를 하였다. 당일 저녁, 왕빙중과 관련된 4명, 왕빙중의 부친인 왕진부(王進步)의 개인 여비서도 타이베이 지방법원 검찰부로 소환되어 조사를 받았고 모두 구금되었다.

2017년부터 양안은 간첩 사건이 증가하였고, 2018년부터 양안의 정보전이 본격화되었다.

가 정보수집활동에서 국대판의 역할

2018년 1월 2일 '저우훙쉬 중국 간첩사건'에 대해 타이베이 지방검찰서는 기자회견을 열고 저우훙쉬의 활동계획을 공개하였다. 6월 13일 타이베이 지방검찰서는 국가안보법, 은행법 위반을 근거로 신당청년 왕빙중, 후한팅, 린밍정, 왕빙중의 부친 왕진부 등 4명을 기소하였다.

1) 국대판의 정보수집 활동

타이베이 지방검찰서의 신문 발표에 따르면 저우훙쉬는 국대판의 지시를 받아 '싱훠(星火) T 계획'을 실행하여 '중화 강무당(講武黨)'을 설립하려고 시도했고, 그 과정에서 대만 현역과 퇴역 간부들을 포섭하려했다.

국대판은 중국의 대만 정책 구상과 통일전선업무를 담당했으나 왜 갑자기 군사정보 수집 업무를 시작한 것일까, 군사는 매우 전문적인 분야인데 국대판에서 추진이 가능할까, 국가안보부와 인민해방군 총정치부의 업무를 침범하는 것은 아닌가, 간첩활동으로 인한 양안 간 분쟁은 고려하지 않는 것인가 등 여러 의문을 남겼다.

2) 장즈쥔의 입장 발표

저우훙쉬의 군사정보 수집활동이 국대판 주임 장즈쥔의 지시였다면 대만 업무에 성과를 내기 위해 수단과 방법을 가리지 않는 상황이라고 할 수 있다.

전술했듯이 장즈쥔은 취임 이후 대만 정세에 대한 판단 착오로 시진핑의 불만을 샀다. 중국 제14차 전인대가 2018년 3월 개최 예정이었고, 장즈쥔은 이임 가능성이 높았다. 그러나 그가 전임 왕이처럼 승진해서 외교부장이 될지, 해협회나 전국정협의 직위를 받을지 알 수 없는 상황에서 성과를 내기 위해 급하게 군사정보 수집에 나선 것이다. 장즈쥔은 2018년 3월 국대판 주임직을 떠나 전인대 외사위원회 부주위 위원이 되었고, 4월에 해협회 회장에 취임하였다.

한편 차이잉원이 집권 후 중국은 차이정부를 압박하기 위해 대만 업무 관련 정부 관료의 대만 방문을 제한하였기 때문에 국대판이 할 일이 없었다. 중국은 대만 업무에서 '섬에 들어가서 세뇌하고 마음을 얻는다(入島, 入腦, 入心)'를 강조하였는데 지금은 대만에 들어올 수도 업무를 진행할 수도 없는 상황이다. 그래서 국대판 정당국은 왕빙중 등을 사주하여 민감한 군사정보를 수집하고 간부들을 포섭하게 하였다.

3) 기타 중국 정보수집 계통의 첩보활동

왕빙중 등은 국대판 정당국의 자금지원뿐만 아니라 상하이시 대외연락판공실의 조(趙), 최(崔) 모씨 등으로부터 자금지원을 받아 대만에 '싱훠(星火) 비밀 조직'과 '싱훠 T 계획'을 착수하였다. 그들은 중국과 연락 시 '책 한권'을 현찰 100장, 즉 1만 대만달러로 칭하였고, 왕빙중은 인민폐나 달러를 받은 후에는 '퉁타이징핀(同泰精品)점'에서 대만달러로 환전을 하여 본인이나 부친 왕진부의 계좌로 송금하였다. 이는 인터넷 신문사 운영과 매월 4만 6천 대만달러의 부동산 대출금 상환, 직원들의 월급이나 보너스로 사용되었다.

한편, 국대판 정당국은 원래 대만 정당에 대한 업무를 하는 기관으로 신당이 포함되기 때문에 왕빙중 등이 자금지원을 받은 것은 이해가 되나 중국 국가안전부가 지원하는 정보조직인 상하이시 대외연락판공실과 긴밀히 협조한 것은 일반적이지 않다.

4) 국대판의 반응

국대판 대변인 마샤오광은 차이잉원 정부가 왕빙중 사건 처리에 있어서 이성을 잃었다고 비판하였다. 과거 저우훙쉬 사건이 발생했을 때 국대판은 큰 반응을 보이지 않았는데 왕빙중 사건에 대해서는 매우 격렬한 반응을 보인 이유는 무언일까? 왕빙중이 저우훙쉬보다 더 중요해서일까? 왕빙중이 국대판에게 미치는 영향이 더 크기 때문일까? 인터넷의 많은 평론은 왕빙중 사건의 진상을 의심하였으나 국대판의 과도한 반응 때문에 오히려 사실로 받아들이게 되었다.

나 저우훙쉬와 왕빙중의 비전문성

왕빙중, 후한팅, 린밍정 등이 군사분야에 대한 이해가 부족하고, 군대에 인맥이 없어서 가치있는 정보 수집이 제한되기 때문에 국대판이 사람을 잘못 고른 듯하다. 또한 왕빙중과 후한팅 같이 일거수일투족이 주목을 받는 유명 인물을 선택한 것도 이해가 되지 않는다.

1) 저우훙쉬와 왕빙중은 마오쩌둥의 추종자인가?

저우훙쉬 등은 '싱훠 T 계획', '랴오웬(燎原)신문망' 설립을 추진하려 했고, 이는 마오쩌둥이 1930년 린뱌오에게 보낸 '정세판단과 홍군 행동 문제'라는 서신에서 가장 중요한 "작은 불씨도 들판을 태울 수 있다(星星之火, 可以燎原)"는 문구와 일맥상통한다. 또한, 저우훙쉬 등이 설립하고자 했던 홍대(紅隊)는 1928년 저우언라이가 당내 첩자를 제거하기 위해 중공중앙정치보위공작위원회 예하에 설립한 특수기구의 명칭이다.

그 외 저우훙쉬 등은 사약담신(私約談心 : 개인적으로 만나 마음을 터놓고 이야기하다)이라는 말을 강조하였다. 담신은 대만인들이 잘 사용하지 않는 단어인데 마오쩌둥이 문화대혁명 시기에 '마음을 열고 이야기하는 것은 아주 좋은 일이다'는 문장에서 사용했던 적이 있다. 게다가 저우훙쉬 등은 업무를 추진하면서 마오쩌둥이 사용했던 문구들을 즐겨 사용했다.

2) 저우훙쉬의 간첩활동 방식

저우훙쉬의 간첩조직활동은 주로 고액의 사례금을 지급하는 방식으로 진행되었다. 포섭된(確認立項) 대만인은 3,000위안, 상호교류가 가능한 자는 5,000위안, 직접 대면 가능한 자는 10,000위안, 사적으로 만나 정보교류가 가능한 자(私約談心)는 50,000위안의 사례금을 지급하였다.

또한, 국대판은 왕빙중에게 20만달러의 착수금 외에 매년 1,500만 대만달러를 지급하였고, 기타 업무 추진에 필요한 비용은 언제든 청구할 수 있었다. 따라서 신당의 주석 위무밍(郁慕明)은 왕빙중이 당주석을 속이고 개인적으로 청탁을 받아 사익을 취하고, 자신의 자리까지 탐내고 있다고 비판했다.

3) 왕빙중 등의 조직적인 정보활동

'싱훠 T 계획'의 T는 바로 대만을 의미하며, 저우훙쉬가 대만에 온 것은 간첩조직을 결성하기 위한 것이다. 저우훙쉬는 간첩조직을 구축하는 과정에서 2016년 5월에서 8월간 왕빙중, 후한팅, 린밍정 등과 수차례 회의를 실시하였다. 왕빙중의 암호는 '1호'로 랴오웬 신문망을 담당하고, 린밍정은 2호로 신중화자녀학회(新中華兒女學會)와 위안왕(遠望)잡지를 담당하고, 후한팅은 3호로 대만대중화복흥사(臺灣中華福興社)를 담당하였다. 이들은 모두 가명을 사용하고, 활동내용을 4호인 저우훙쉬에게 보고했다. 또한 이들은 단선연락(單線聯繫) 방식을 사용하였고, 왕빙중, 린밍정, 후한팅 세 명은 서로의 업무에 대해 묻지 않고, 상급자인 저우훙쉬에게만 보고하였다.

린밍정, 후한팅은 육군항공 상병, 현역 육군 대령, 퇴역 상사, 사관학교 학생, 현역 육군 포병 대위 등 5명을 포섭하여 대만군 장병의 계급, 근무부대, 신분배경, 정치사상 등의 자료를 수집하여 저우훙쉬에게 보고하였다. 후한팅은 또한 육군본부 중위, 해군육전대 소령, 육군연료창고 대위, 공군 대위 조종사 등 4명의 자료를 보고하였다.

위와 같은 상황을 볼 때 이들은 단선연락 방식을 사용하고, 계획적으로 대만 군간부를 포섭하여 군사정보를 수집하는 등 기본적인 간첩조직의 형태를 갖추었으며,

향후 중국이 대만을 침공할 때 이들을 내부첩자로 활용할 수 있었다.

다 『적대국가관계조례』 제정 여론

왕빙중 등은 국가보안법에 따라 재판을 받았고 최대 형량은 3년형으로 경고의 효과가 전혀 없기 때문에 많은 여론이 대만이 『적대국가관계조례』를 제정하여 대만인과 중국의 당, 정, 군, 국영기업의 관계와 제한 및 처벌사항을 규정해야 한다고 주장한다. 이를 통해 처벌을 강화해야 할 뿐만 아니라 렌잔이 중국 열병식에 참석하는 것, 퇴역장성 우스화이 등이 베이징 인민대회당에서 중국 국가를 경청하는 것 등의 애매한 행위에 대해 규정할 필요가 있었다.

미 의회는 6월 말 『반중국정부 및 중공정치영향력 대응법』을 발의하여 정부가 대책을 강구하여 미국내에서 중국의 영향력을 통제하도록 하였다. 대만은 중국이 샤프파워를 이용하여 대만의 민주를 훼손하지 못하도록 적극적으로 저지해야 할 것이다.

제3절
국민당-공산당 간의 관계 개선

전술했듯이 2018년 양안관계에 많은 풍파가 있었고, 중국은 민진당과 차이잉원을 목표로 공격하였다. 야당인 국민당은 이 기회를 틈타 중국과 적극적으로 접촉하려 했다. 한편 2020년 총통 선거일이 임박하자 국민당의 후보경선이 점점 치열해졌고 이는 대만 정치와 미·중·대만 삼각관계에 영향을 미쳤다. 2018년 신베이시장 주리룬, 국민당 입법위원이자 부주석 하오룽빈(郝龍斌)과 명예당주석 롄잔 등은 모두 중국을 방문하였고, 국민당이 양안문제에서는 우위에 있음을 보여줬다. 2018년 미국이 대만카드를 사용하기 시작하자 중국은 국민당을 활용한 대만카드를 적극 사용하였다.

1. 주리룬의 중국 방문

양회(전인대, 정협)가 폐막되자마자 중국은 3월하순에 신베이시장 주리룬의 중국 방문을 초청하였다. 그는 26일 신임 국대판 주임 류제이와 면담한 최초의 대만 정치인이 되었고, 상하이시위원회 서기 리창(李强)과 만나 매우 융숭한 대접을 받았다. 주리룬은 2020년 총통 선거에서 차이잉원과 일전을 해야하기 때문에 차이잉원이 미국 카드를 쓰자 주리룬은 중국 카드로 이에 대응하였다. 또한 주리룬이 국민당내 가장 유력한 중진 정치인이었기 때문에 중국이 파격적인 대우를 해 준 것이다.

국민당 주석 우둔이도 2020년 총통 선거에 입후보 할 예정이었기 때문에 베이징의 지지를 받기를 원했으나 4장에 언급했듯 2017년 국민당 주석에 당선된후 시진핑의 축하전화를 받는 과정에서 문제가 생겨 중국과의 관계가 소원해졌다. 따라서 그는 5월 22일 국민당 중앙종교사무위원회 제1차 업무회의에서 '궁극적 통일론(終極統一論)'을 제시하면서 중국과 시진핑에서 성의를 보여 베이징과의 관계를 개선하고자 했다. 그러나 대만 주류 여론과 간극이 컸고, 국민당 내부에서도 통일을 두려워하고 있었다.

2. 국민당 입법위원의 베이징 방문

입법원이 5월 31일 휴회하자마자 다음날 양전우(楊鎭浯), 쉬수화(許淑華), 장치천(江啓臣), 왕위민(王育敏), 커즈언(柯志恩), 리랴오시우(李寥秀), 전이민(陳宜民), 옌콴헝(顏寬恒), 뤼위링(呂玉玲) 등 10명의 국민당 입법위원은 베이징을 방문하였다. 이 방문은 행사 참석도 아니었고, 특별한 목적도 없었으며 단지 국대판 주임 류제이를 만나기 위한 것이었다. 그 중 몇 명의 입법위원은 류제이와 면담이 끝나자마자 대만으로 복귀하였다. 입법위원단은 회기가 끝나자마자 베이징을 방문하라는 국대판의 요청에 따른 것으로 주목적은 류제이의 지시를 듣는 것이었다.

류제이가 취임한 이후 당내 매파가 고개를 들었고 대만 업무에 대한 입장이 강경해졌고, 대만 혜택 정책은 이름만 그럴싸하고 실질적인 내용은 없는 정책만 추진되었다. 게다가 차이잉원이 대만 업무를 하는 중국 관리의 대만 방문을 엄격히 통제했기 때문에 국대판은 할 일이 없었다.

류제이는 3월 19일 부주임에서 주임으로 승진한 후 그 자리는 3개월 동안 공석이었고, 다른 부주임인 정자제(鄭柵潔)도 1월에 이직하여 부주임 자리가 여전히 공석인 상태였다. 그리고 국대판의 여러 국장들이 모두 경력이 풍부하고 부주임으로 승진을 희망하고 있었지만 2개의 부주임 직위를 비워두고 있었다.

국대판의 역할이 중요하다면 부주임 자리를 장기간 비워둘 수가 없다. 게다가 3월에 개최된 제13회 양회에서는 국대판이 국무원 홍콩마카오사무판공실, 화교업무판공실과 합병될 것이라는 소문이 나돌았다. 류제이는 업무성과가 필요했기 때문에 국민당 입법위원들을 초청한 것이다.

3. 하오룽빈의 해협포럼 참석

6월 6일 중국 푸젠성은 연례 '해협포럼'을 개최하였다. 이 행사는 내용이 없고, 주제도 모호했다.

국민당 부주석 하오룽빈은 개막식 연설에서 "양안은 일가친척으로 이제는 한 가족이 되고 있다"라고 발언하였다. 이는 커원저의 '양안은 일가친척이다'라는 발언보다 한걸음 더 나간 것이다. 같은 시간, 대만의 한 네티즌이 SNS에 "어떻게 하면 1초만에 대만인을 화나게 할 수 있을까?"라는 질문을 올려 많은 관심을 끌었는데, 그중 가장 많은 대답이 '대만인을 중국인이라고 부르는 것'이었다. 이는 하오룽빈의 양안이 일가족이라는 말이 대만 젊은 층의 생각과 큰 차이가 있음을 보여준다.

'양안정책협회'가 6월 10일 발표한 여론조사에 따르면 중국의 대만압박에 대해 63.6%의 국민은 대만이 반격해야 한다고 답했고, 60.9%의 국민이 중국 정부관료의 대만방문을 엄격히 통제해야 한다고 답했으며, 높은 비율을 차지했다. 이에 반대하는 비율은 각각 20.7%와 31.2%였다.

또한 중국의 압박에 대응하여 국민당이 해협포럼에 참석하는 것에 대해 51.2%의 국민이 부적절하다고 답변했고, 적절하다고 답한 국민은 36.5%였다. 차이정부가 집권한 이후 양안관계의 발전에 대해서는 52%의 국민은 중국이 양안의 현상을 파괴하고 있다고 답했고, 32.8%가 대만이 현상을 파괴하고 있다고 하였다. 중국이 대만을 압박하는 것에 대해서는 52.2%가 정부가 '하나의 중국 원칙'과 '92공식'을 수용하면 안 된다고 답변하였고, 수용해야 한다는 답변은 34.8%였다.

한편, 52.4%의 국민은 하오룽빈이 해협포럼에서 주장한 양안은 일가족이라는 말에 동의하지 않았고, 37.3%가 동의하였다. 61.3%의 국민은 우둔이가 주장한 '양안의 최종목표는 국가통일이다'는 발언에 반대했고, 29.4%가 동의하였다. 그 외 58.8%가 국민당의 '수교국 단교가 대만의 잘못이다'는 발언에 동의하지 않았고, 33.6%는 동의하였다.

여론조사 대상은 민진당 지지자가 50% 이상이었지만 국민당 지지층도 30%를 차지하였다.

대만은 양안문제에서 민진당과 국민당의 지지세력이 완전히 분열되어 있다. 중국의 대만에 대한 압박과 무력시위에 대해 30% 이상의 국민이 개의치 않을 뿐 아니라 민진당이 '92공식'을 수용하고, 강경한 대중 전략을 채택하는 것을 반대하고 있다. 또한, 양안관계의 악화와 수교국과 단교에 대한 책임이 민진당에게 있고, 국민당의 해협포럼 참석과 하오룽빈의 양안은 가족이라는 발언을 지지하고 있다.

4. 렌잔과 시진핑의 면담

7월 13일 시진핑과 렌잔은 베이징에서 제4차 '렌시회'를 개최했다.

가 시진핑의 발언

시진핑은 "중국은 대만동포의 마음을 이해하고, 대만의 현 사회제도와 생활방식을 존중한다. 그러나 중국동포가 중국특색사회주의 노선을 걷고 큰 성취를 이룬 것에 대해서도 대만 동포들이 존중했으면 한다"고 말했다. 이는 양안을 동등한 지위에 두고 한 발언으로 기존의 고압적인 태도와는 달랐다.

과거에는 대만측에서만 중국에 존중을 요구하였는데 이번에는 중국이 오히려 대만에 존중을 요구하였다. 중국은 시진핑 집권 이후 '위대한 내 조국'이라는 자부심이 중국 사회 전반에 팽배한 것 치고는 매우 겸손한 태도였다.

또한 시진핑은 "양안 동포가 여러 문제에서 시각차이가 있지만 양안 간의 교류협력에는 영향을 주어서는 안되고, 양안의 교류협력을 방해하는 핑계가 되어서는 안된다"고 말했다. 이는 시진핑이 대만과 상호교류를 원하고, 대만이 미국 일변도로 중국과 멀어지는 것을 원치 않는다는 것이다. 그러나 시진핑이 과거 차이잉원 정부를 압박한 조치들은 대만을 미국 쪽으로 기울게 할 뿐이었다. 시진핑의 이번 발언과 과거의 조치는 상반되어 있고, 중국의 대대만 업무가 정책상의 모순이 많음을 나타낸다. 혹은 시진핑의 유화 발언이 본의와 다른 양면 전술일 수도 있다.

나 미대 관계에 대한 중국의 우려

시진핑은 지금은 양안관계가 평화적으로 발전해야 하는 시기이나 정세가 매우 복잡하고 엄중하며 많은 양안 국민들의 걱정을 불러일으키고 있다고 언급하였다. 그러나 어떤 정세가 엄중한지는 밝히지 않았다. 전국대만연구협회의 회장 다이빙궈(戴秉國)는 롄잔과 만난 자리에서 "민진당이 재집권한 후 탈중국화를 추진하고, 분열세력들이 분란을 일으켜 양안관계를 복잡하고 엄중하게 만들고 있으며, 외국세력이 대만 카드를 사용하면서 레드라인에 근접하고 있다"고 말하였다.

따라서 대만해협 정세가 복잡하고 엄중하다는 것은 미국이 대만카드를 쓰는데 중국이 아무것도 할 수 없는 상황을 일컫는 것이다.

그러나 대만인의 입장에서 양안관계가 악화되는 것은 중국이 대만의 수교국을 탈취하는 것이나 이들 국가들은 대만에 형식적인 의미밖에 없는 국가이다. 또는 중국이 지속적으로 군용기와 함정을 보내 대만을 위협하는 것이나 이는 대만의 증시에 아무런 영향도 없고 대만인들도 이미 적응이 되었다. 따라서 대만정세가 복잡하고 엄중하다는 것은 대만인으로서는 엄중하지도 않고 걱정하지도 않는 일이고, 미국이 대만해협에 적극 개입하는 상황이 중국으로 하여금 대만 정세가 복잡하고 엄중하게 느끼게 하는 것이다.

다 시진핑과 롄잔의 대화

시진핑은 롄잔과 면담시 아편전쟁과 갑오전쟁을 언급하면서 "당시에는 산천이 파괴되었지만 지금은 중국이 강성해지고, 중화민족의 위대한 부흥이 어느 때보다 가까워졌고, 이로 인해 민족과 역사에 대한 책임감을 강하게 느낀다"고 강조했다. 또한 역사의 좌표를 정하고, 방향을 유지하면 양안의 평화발전과 통일이 멀지 않을 것이라고 부언했다.

이 같은 발언은 시진핑의 민족주의 성향을 부각시키는 것이지만 사실 갑오전쟁은 아시아의 최고 함대라는 청조의 북양해군이 군기문란과 포탄 부족으로 일본에 대패한 전쟁이었다. 포탄 구매에 사용될 경비가 횡령되거나 자희태후의 이화원 건설에 사용되었다.

시진핑 집권 후 중국은 미국을 초월하겠다고 대대적인 선전을 하여왔으나 미국에 대해 강경한 입장은 무역전쟁이 벌어지면서 돌변하였다.

롄잔의 대답은 더 재미있다. 그는 일촉즉발의 한반도에는 서광이 비치고, 양안관계는 경색되었다고 언급하였다. 남북한이 회담을 재개한 가장 큰 원인은 두 국가 모두 유엔의 회원국이기에 누가 먹고 먹히는 관계도 아니다. 서로 주권 독립국가임을 인정하기 때문에 상당 수준의 정치적인 신뢰를 가지고 있다. 롄잔은 양안도 남북한의 정치적 관계를 참고할 필요가 있다고 생각한 것이었을까. 현실은 그렇게 간단하지가 않다.

제4절
민진당의 지방선거 참패

대만 22개 지방시장 선거 중 민진당은 2014년에 13석을 확보해 최고 기록을 세웠으나 4년 후 2018년 11월 24일 선거에서는 6자리만 확보하였고, 국민당은 원래 6석에서 15석으로 증가하였다.

1. 차이 정부의 성과에 대한 비판

차이잉원이 집권한 2년 동안 여론의 지지도는 대략 30% 수준이었다. 우선, 그는 주로 양안관계와 외교 안정, 국방 강화, 연금 개혁과 역사 바로 세우기 등 4가지 업무에 주력하였다. 전술했듯이 초기에는 시진핑이 차이잉원에 강경하지 않았지만 트럼프가 당선된 이후 대만카드를 사용하자 대만에 대해 강경해졌다. 미·대만 관계와 일·대만 관계가 심화되었지만 차이잉원은 시진핑에 기대를 품고 있었기 때문에 중국을 자극하지 않았다. 그러나 오히려 3개의 수교국과 단교하여 국민들은 양안과 외교 분야는 득보다 실이 많았다고 평가했다.

둘째, 차이잉원은 양안 간 군사적 긴장이 발생할 것을 우려하기 때문에 마잉주 시기보다 군부대 시찰을 많이 하고, 무기 연구개발, 고등훈련기 및 군함의 자체 제작 등을 적극 추진하고 있다. 특히 잠수함 자체건조는 미국의 협력을 받아 순조롭게 진행되고 있으며 이는 이전 총통들이 하지 못한 일로 차이잉원의 가장 큰 업적이다. 그러나 중국을 자극할 수 있어 과도한 홍보는 자제하였다.

셋째, 연금개혁은 마잉주가 하지 못한 일로 차이잉원이 대중의 지지를 받는 업적 중의 하나이다. 이 또한 반대세력을 감안하여 홍보를 자제하였다. 그러나 개혁에 오랜 시간이 소요되었고, 반대가 분분하였다. 또한 차이정부는 노동자의 일례일휴(一例一休)를 추진하였으나 기업인들의 반대에 부딪혀 추진이 불투명해졌다.

넷째, 역사바로잡기도 국민들이 국민당과 부녀자연합회의 막대한 자산에 대해 불만을 가지고 있기 때문에 여론의 지지를 받을 만한 일이다. 그러나 차이정부가 정책으로 인한 피해자를 자극할까봐 진행을 차일피일 미루었고, 대외홍보를 하지 못했다.

국민이 차이잉원을 총통으로 선출하면서 국민들도 양안관계가 악화될 것에 대한 마음의 준비가 되어 있었으나 차이잉원이 양안관계의 현상유지를 원했고, 또는 국민들의 예상을 뒤엎고 양안관계를 처리할 수 있는 능력을 증명하고 싶었을 수도 있다. 결과적으로 외교·국방 분야의 업적을 통해 민심을 진작하고 지지율을 높일 수 있었으나 너무 조심하는 바람에 큰 효과를 얻지 못하였다. 국민이 차이잉원을 선택한 것은 대담한 개혁을 원했기 때문이나 차이정부는 반대를 우려하여 과감히 추진하지 못했고, 결국 개혁이 정체되는 결과를 초래했다.

한편 차이정부가 폐단을 철폐한 업적이 있으나 찬반 의견이 첨예하게 대립하였고, '신남향정책'은 구체적인 성과가 부족하고, '전첨(前瞻)기초건설'은 전략적 판단없이 급하게 추진했다는 비판을 받았다. 게다가 학자출신이자 초대 행정원장인 린추안(林全)은 민심과 거리가 멀어 정책홍보에 미숙하였고, 재경부장관은 지명도가 낮고 정책 설명 능력도 부족했다.

또한 차이 정부의 경제진흥정책에서 노동자의 월급을 인상할 방법이 없고 물가는 계속 올라서 국민들의 원망을 샀다. 차이잉원이 조세제도 계획, 노동자 월급 인상, 군인/공무원 월급 조정 등을 추진했으나 역부족이었다.

한편, 차이잉원 집권 후 경제성장률이 2.9%이고, 마잉주 시기는 0.7%밖에 되지 않았다. 증시는 1만 포인트를 넘은 일수가 200일 이상으로 28년내 최고 기록을 달성했고 마잉주 시기에는 1만 포인트를 넘은 날이 단 이틀뿐이었다. 실업률은 3.7%로 17년내 가장 낮았고, 성장률은 1.8%로 역시 17년 동안 최고 기록이다. 이러한 우수한 성적을 냈음에도 홍보가 부족하여 국민들은 성과가 없다고 평가를 한 것이다.

2. 한궈위(韓國瑜)의 급부상

이번 선거에서 가장 주목을 받은 것은 국민당의 가오슝 시장 후보 한궈위다. 그는 매체의 관심을 집중적으로 받았고, 가오슝 시장 선거가 전국 지방선거의 초점이 되었다. 그는 외부의 의심을 받을 만한 많은 일들이 있었으나 시정(市政)과 정견 표명이 탁월하여 민진당 후보를 15만 표 차이로 이겼다.

타이중 시장 린자롱(林佳龍)은 하수 개량, 세계꽃박람회 개최 등을 성공적으로 해내어 정치적 업적이 뛰어났고, 경쟁자인 국민당의 루시우옌(盧秀燕)은 대기오염 문제 외에 특별한 공약이 없었지만 결과적으로 린자롱이 20만 표 차이로 대패했다.

장화(彰化)의 웨이밍구(魏明谷)는 태양에너지 산업, 취업 기회 창출 등 업적이 많았고, 승리를 예상했으나 결과는 9만 표 이상의 차이로 국민당의 왕후이메이(王惠美)에게 패했다.

신베이시는 선거 결과를 예측하기 가장 어려운 도시로 민진당은 수전창(蘇貞昌)이 타이베이 현장(懸長) 재직 시 성과가 뛰어났기 때문에 승리를 자신했고, 경쟁자인 국민당의 허우여우이(候友誼)가 가족 재산문제로 공격을 받았으나 결국 29만표 차로 수전창을 이겼다.

윈린(雲林)현, 자이(嘉義)시, 이란(宜蘭)현, 펑후(澎湖)현 등 민진당 지지 지역에서도 모두 국민당에게 패했다.

위와 같이 민진당의 후보들은 성과도 좋고, 부패에 연루되지도 않았음에도 중앙정부의 집정문제의 영향을 받아 모두 선거에서 패했다.

이번 선거에서 대만 국민들이 정치인에 대한 인내심이 점점 떨어지고 있음을 알 수 있다. 마잉주가 집권한지 6년만에 해바라기 학생운동이 발생했지만 차이잉원은 2년만에 큰 위기를 맞았다. 앞으로도 정치인들의 유효기간은 더욱 짧아질 것이다.

3. 차이잉원의 위기

민진당이 지방선거에서 대패하고, 차이잉원은 선거후에 당주석 사퇴를 발표했다. 2014년 민진당이 지방선거에서 대승한 것과 반대로 국민당과 우둔이가 대승을 했고, 2020년 총통 선거에 우둔이가 국민당 후보로 참가할 가능성이 높아졌다.

가 차이잉원의 정치적 압박

차이잉원이 당주석에서 사퇴하면서 당정합일(黨政合一)의 관례가 무너졌고, 이것이 차이잉원의 약점이 될 수 있다.

게다가 행정원장 라이칭더도 예산안 통과 후 사직하였고, 만약 신임 원장과 차이잉원이 정책상 충돌이 있으면 부(府), 원, 당이 분열될 가능성도 있었다.

또한 국민당이 지방을 통합해 중앙을 압박하는 방식으로 차이잉원의 중앙정부를 고립시킬 수 있었다. 만약 국민당이 통합되는 상황에서 중앙이 한 목소리를 내지 못하면 총통부와 행정원의 정책 집행이 어려울 수 있다.

특히 국민당이 승리한 15개 지방도시는 '92공식'을 수용하고 있고, 중국 여행객을 받아들여 지방 경제를 활성화하기를 희망한다. 민진당이 집권한 지방은 극심한 정치적인 압박을 받을 수 있고, 지방의 국민대표회가 차이잉원에게 '92공식'을 수용 또는 부인하지 않을 것을 요구하고, 양안 간 무역과 관광 교류를 촉진하려 할 수도 있다.

한편, 국민당이 지방선거에서 대승하면서 2020년 총통선거에서 당선될 가능성이 높아졌다. 따라서 일부 관료들은 국민당의 재집권을 기대하면서 군, 경, 정보기관에 관련 인사를 미리 배치하였다.

차이잉원이 집권 후 진행한 역사바로세우기와 국민당의 불법 자산 조사 등의 정책도 민진당이 선거에서 실패했기 때문에 국민당이 국민들의 지지를 핑계로 정책의 정당성을 폄하하고, 추진을 방해할 수 있다.

나 국민투표 결과의 영향

금번 지방선거에서는 10개항에 대한 국민투표도 실시하였고,『전력업법』제95조 제1항의 비원전국가 정책을 폐지하고 '핵으로 환경을 보호(以核養綠)'하는 추진 계획과 일본의 핵식품 수입 금지안이 통과되었다. 그중 '핵으로 환경을 보호' 계획안의 통과는 민진당의 핵심정책인 비원전국가 정책이 실패한 것을 의미한다. 국민투표와 여론존중 또한 민진당의 핵심 당론이고, 두 가지가 서로 모순이 발생하였기 때문에 향후 민진당이 어느 쪽을 선택할지에 관심이 집중되었다.

국민투표법의 규정에 따라 통과된 법안은 2년 내 변경할 수 없고, 관련 법률을 제정하거나 새로운 법률 시행후 2년 내 폐지할 수 있다. 따라서 차이잉원 정부를 관련 규정을 준수해야 하나 일본과의 관계가 나빠질 수 있다. 최근 중일관계가 회복되는 상황에서 중국이 일본 '방사능 오염식품' 수입을 개방하면 세계에서 대만이 유일하게 일본 후쿠시마산 식품을 금지한 나라가 된다. 따라서 차이정부는 일본과 국민투표 결과의 이중 압박을 받게 되었다.

다 지방선거결과에 대한 중국의 반응

금번 선거에서 국민당의 대승을 외국매체는 중국의 승리로 보도했지만 중국은 오히려 조용한 반응이었다. 주요원인은 우선, 중국은 대만 여론의 반전이 너무 빠르고, 격렬해서 파악하기도 예측하기도 어렵다고 판단했기 때문이다. 또한 대만정치에서 국민당의 영향력이 감소하였고, 금번 선거는 국민당을 지지한 것이 아니라 민진당에 대한 불만을 표현한 것이기 때문에 베이징이 과거의 '국민당 아니면 민진당'의 모델을 적용할 수 없게 되었다.

또한 미국이 금번 선거를 중국에 대한 패배로 생각한다면 2년 후에 있을 대만 총통선거에 개입할 수도 있다. 만약 미국 군함이 실제로 가오슝항에 정박한다면 중국은 아마도 어떤 조치도 취하기 힘들 것이다. 따라서 중국은 금번 선거 결과에 대해 과도하게 반응하여 미국을 자극하기를 원하지 않은 것이다.

대만이 마잉주 시기처럼 중국의 각 지방 방문단을 불러들인다면 중국에 의해 통일될 수 있다는 공포가 다시 확산될 수도 있다. 베이징은 과거의 전철을 밟지 않기 위해 대만 업무에서 조급하게 대응하지 않고 관망하는 태도를 보이는 것이다.

전술했듯이 총통 선거 후 미국재대만협회(AIT)는 11.6억 대만달러를 들여 텐무에 직원 숙소를 건설하였으며, 이는 미국이 대만에 처음으로 자국 자산을 보유하는 것이다. 따라서 국민당이 재집권하더라도 친중 노선을 회복할 수는 있지만 반미는 불가능할 것이다. 미국 세력이 대만에 뿌리를 내린 상황에서 중국은 여전히 공식 기관을 설치하지 않았기 때문에 중국의 대만에 대한 영향력이 미국에 비해 크게 차이가 있다.

4. 국민당의 정세 판단 착오

국민당이 이번에 대승한 것은 국민당에 대한 지지가 아니라 민진당이 민심을 잃은 것이다. 국민당은 선거에서 대승했기 때문에 국민들이 '92공식'을 재수용할 것이라고 생각할 수 있다. 중국도 그렇게 해석하는 경향이 있지만 이는 대내외 선전을 위한 것이기 때문에 국민당도 정세를 오판하지 않아야 한다.

가 비이성적 투표 가능성

향후 대만 국민들이 비이성적인 투표를 할 가능성이 있다. 대만이 중국에 의해 통일될 것을 걱정하여 친미방중(親美防中)의 민진당이 계속 집권하여 국방과 안보를 강화해야 한다고 생각하면서도 친중소미(親中疏美) 경향의 국민당이 지방을 장악하면서 중국과 경제협력을 강화하여 돈을 벌기를 바란다. 향후 이러한 이중적인 심리가 투표에 반영될 가능성이 있다.

나 가오슝 선거 양상

이번 지방선거에서 가장 주목을 받은 것은 민진당 텃밭인 가오슝시로 민진당이 20년 가까이 집정을 한 도시이다. 원래는 민진당 후보 천치마이(陳其邁)의 승리가 예상되었지만 결국 가오슝과 아무런 인연도 없는 국민당 후보 한궈위에게 패했다. 가오슝시에서 선거는 단순히 천치마이와 한궈위의 경쟁이 아니라 국민당과 민진당의 경쟁이고, 대만과 중국, 미국과 중국의 경쟁이었다.

1) 중국의 일석삼조

미국 입장에서는 국민당 후보 한궈위가 시장에 당선된 것은 중국의 대대만 업무의 승리라고 할 수 있다. 우선, 베이징은 아무런 힘도 들이지 않고 민진당 텃밭이 국민당 텃밭으로 변했기 때문이다. 차이잉원은 민진당 주석을 사퇴하면서 2020년 총통 선거에 민진당 후보로 출마할지 여부도 불확실해졌다. 그 외 전 가오슝 시장 천쥐(陳菊)는 많은 성과에도 낙마하면서 정치적 영향력이 떨어졌고, 전도유망하던 천치마이의 정치인생도 위기를 맞았기 때문에 베이징으로서는 일석삼조의 효과를 거둔 것이다.

국민당은 가오슝을 기반으로 2020년 총통 선거에서 승리할 가능성이 높아졌고, 중국은 다시 대만에 대한 통제력을 확보하여 대만을 친미반중에서 친중반미로 탈바꿈시킬 기회를 마련했다. 11월 7일 마잉주는 과거 주장했던 '통일을 수용하지 않는다'에서 '통일을 배제하지 않는다'로 입장을 바꾸었고, 이는 미국이 중국을 포위하고자 하는 인태전략의 실패이자, 중국으로서는 이를 틈타 미국에 반격을 가하는 계기가 될 수 있었다.

한궈위는 '물건은 나가고(수출), 사람은 들어와야 한다'는 정견을 강조했지만 물건을 어디로 보낼지 누가 들어올지에 대해서는 언급이 없었다. 물건은 중국에 팔고, 중국 여행객을 유입하자는 의미이지만 중도층의 표를 잃을 수 있어 애매하게 얘기한 것이다. 왜냐하면 일부 사람들은 가오슝이 중국과 통일촉진당의 근거지가 될 것을 우려했기 때문이다.

2) 가오슝 시장선거에 대한 미국의 우려

선거전에서 한궈위가 천지마이에 역전할 때부터 미국도 긴장하기 시작했다. 11월 12일 가오슝에 장기 거주한 로버트 드윗(Robert DeWitt) 미국재대만협회 가오슝 처장은 자신이 1976년에 처음 가오슝에 왔을 때 아이허(愛河)는 더럽고 악취가 심했다고 하면서 가오슝 사람들이 발전된 가오슝에 자부심을 가져야 한다고 댓글을 올렸다.

가오슝 시장 선거가 미·중 경쟁의 연장이 된 것은 가오슝의 중요성 외에 미국이 이번 가오슝 시장선거를 중시한다는 것을 나타낸다. 특히 이번 선거에서는 가짜뉴스가 횡행했다.

한궈위는 5월에 정식으로 국민당 후보로 가오슝 시장 선거에 출마했고, 8월에 인터넷에서 유명인사가 되었다. 그러나 지지자 중 많은 수의 IP가 중국에 위치하고 있었고, 많은 댓글이 간체자를 사용했다. 그들은 한궈위 반대세력을 집중적으로 공격하면서 사실이 아닌 가짜뉴스도 유포했다. 한편, 많은 국민당 성향의 매체와 연구소는 한궈위에게 유리한 뉴스를 보도하여 천치마이 지지자들이 믿음을 잃고 투표의지를 꺾이게 했다.

미국 국무부는 10월 16일부터 21일까지 버스비 민주인권노동국 부차관보를 처음으로 대만에 파견하였고, 18일에 '매체 식별을 통한 민주 수호' 워킹그룹에 참석하여 개회사를 하였다. 이 워킹그룹은 대만 외교부, 민주기금회가 공동으로 주최하고 총 12개 국가의 대표가 참석하였고, 미국과 대만이 2015년에 GCTF(Global

Cooperation and Training Framework)를 설립한 이후 13번째 행사였으며, 그 취지는 국외의 가짜뉴스를 방지하고 민주정치와 사회질서를 수호하자는 데 있다. 이는 미국도 가오슝 시장 선거과정에서 가짜뉴스 문제를 상당히 엄중하게 받아들이고 있기 때문이다.

3) 가짜뉴스와 미국 대만의 안보협력

국외에서 유입되는 가짜뉴스를 어떻게 대응할지가 최근 미국과 대만간 협력의 주요 이슈가 되고 있다. 대만을 방문중인 미국재대만협회 제임스 모리어티 전 회장은 11월 8일 언론 인터뷰에서 "양안이 같은 언어를 쓰고, 대만은 뉴스가 유입될 수 있는 통로가 많은데다가, 언론을 통제하지 않는다. 이 때문에 대만이 세계에서 가짜뉴스로 인한 피해 위험이 가장 높은 지역이 되었다"고 강조했다.

그는 "대만정부가 이 문제를 심각하게 인식하고, 해결해야 하며, 민주세계가 협력하여 가짜뉴스의 위협에 대항할 수 있기를 바란다"고 언급했다. 모리어티는 미국도 기타 권위주의 국가가 민주제도의 언론자유를 이용하여 가짜뉴스로 자유를 침해하는 위협에 처해 있고, 대만이 이 문제의 최일선에서 싸우고 있다고 강조했다.

또한 국외발 가짜뉴스는 GCTF가 주최하는 워킹그룹을 통해 대만 민중이 사실과 부합하지 않는 뉴스의 출처와 피해를 제대로 인식하게 하는 등 미대가 지속 협력해야하는 문제라고 언급했다. 미국도 향후 민주세계가 더욱 협력하여 자국이 경험하고 있는 가짜뉴스의 방법과 경험을 공유하기를 희망한다고 강조했다.

한편, 크리스텐슨(William B. Christensen) 미국재대만협회 대만관사처 처장은 10월 31일 앞으로 재임기간에 안보협력, 경제 및 상업 관계, 국제사회에서 대만의 역할, 미대 국민의 관계 등 '4개 분야의 발전'에 주력할 것이라고 표명했다. 또한, 미대 안보협력과 관련해서 미국은 대만이 충분한 방어능력을 유지하고, 위협에 대항할 수 있도록 지지할 의무가 있고, 이는 『대만관계법』의 중요한 요소라고 강조했다. 대만 안보협력에는 정보안보 분야의 협력도 포함되어 있다.

가짜뉴스는 대만이 선거 정세에서 가장 중요한 문제가 되었고, 대만의 정치발전과 국가안보에 직접적으로 영향을 미치고 있으며, 미국의 국가이익과 인태 전략과도 관련이 있다. 따라서 미국은 대만의 가짜뉴스 문제를 미대 안보협력의 중요한 의제로 인식하였으며, 가오슝이 문제의 도화선이자 격전장이 되었다.

다 아프리카 돼지 열병과 차이잉원 지지율 상승

차이잉원이 지방선거에서 패배한 후 전세 회복의 기회가 생겼다. 중국의 아프리카 돼지열병이 전국에 퍼져서 양돈업이 붕괴될 위기에 처했고, 차이잉원은 '루러우판(泸肉反, 돼지고기덮밥)을 지키자'고 선포했다. 루러우판은 대만의 대표적인 서민 음식으로 대만인이 일상생활에서 가장 좋아하고, 빠질 수 없는 요리이기 때문에 이 말은 대만인들에게 아프리카돼지열병이 막대한 피해가 발생할 수 있음을 인지시켰다.

농업위원회 방검국은 처음으로 '재난방지경보시스템'을 통해 방역소식을 국민들의 핸드폰으로 발송하면서 돼지고기 제품을 휴대하고 통관하지 않도록 상기시켰다. 그러나 12월 13일 국민당 입법위원 왕위민은 국가급 긴급경보는 재난방지판공실이 어렵게 구축한 시스템인데 정부가 이를 남용하여 앞으로 국민들이 지진경보에도 대피하지 않는 상황이 올 것이라고 비판했다. 그러나 중국의 돼지 사체 영상이 전국에 퍼지면서 국민당의 비난은 효과가 없었다.

차이 정부는 12월 17일 과거 3년간 아프리카돼지열병이 발생한 국가에서 고기제품을 가지고 입국하는 데 대한 범칙금을 상향조정하여 발표했다. 최초 위반시 벌금을 5만에서 20만 대만달러로, 두 번째 적발시 50만에서 100만대만달러로, 세 번째 적발시 다시 100만 달러를 부과하고, 발표 당일부터 시행한다는 내용이었다. 여전히 많은 국민이 중국에서 육류가공품을 가지고 입국했기 때문에 차이정부가 과거와 달리 빠르게 대응한 것이다.

한편, 이번에 중국이 전염병 확산 상황에 대한 정보를 제공하지 않은 데 대해 대만 국민들은 정치적 이유로 민생을 희생시킨다는 불만을 제기했다. 국민당은 지방선거에서 대승한 후 양안 교류를 적극적으로 추진해 중국 여행객을 유입하려 했으나 돼지열병이 대만에 악영향을 줄 수 있기 때문에 국민들의 우려를 유발했다. 2019년 1월 14일 2006-07년까지 행정원장을 역임하여 경험이 풍부한 수전창이

라이칭더에 이어 행정원장에 취임하였다. 그는 취임 당일 타오위안 공항을 방문하여 돼지열병 예방 조치를 점검하면서 대응조치가 불비한데 대해 강력하게 질책하였다. 차이잉원과 수전창이 돼지열병 예방에 선제적으로 대응하여 대만인의 식품안전을 지키면서 지지율을 만회할 기회를 마련하였다.

제5절
미·중 관계 악화

전술했듯이 트럼프는 중국, 김정은과 협력하면서 북·미관계를 개선하기를 바랬기 때문에 많은 부분에서 중국에 양보하였으나 2018년 김정은과 직접 대면후 중국은 이용가치가 떨어졌고, 중국을 고려할 필요가 없었다. 미국은 대만과의 관계를 강화하고 미·중 무역전쟁을 정식으로 전개하면서 미·중관계가 급속히 악화되었다.

1. 미·중 무역전쟁 완화를 위한 중국의 노력

1월 29일 중공 후난성 위원회 기관지 '후난일보'의 위챗 계정은 공고를 통해 후난성 제13회 인민대회 제1차 회의에서 118명의 제13회 전국인민대표회의 대표를 선발하였다고 발표하였고, 여기에는 전 중기위 서기 왕치산이 포함되어 있었다.

가 왕치산과 미국 금융계의 관계

2017년 10월 개최된 중공 19차 당대회 전에 외부에서는 시진핑의 반부패 운동의 핵심인 왕치산이 7상 8하의 원칙을 깨고, 정치국 상무위원에 유입될 것이라고 예상했었다. 그러나 결과는 그렇지 않았고, 시진핑도 관례를 깨뜨리기가 어려웠던 것으로 보인다.

그러나 3개월 후 시진핑의 권력이 더욱 공고해지자 인민대표 형식으로 왕치산을 다시 중용했다. 당의 방식이 통하지 않자 정(政)의 방식으로 접근한 것이다.

외부에서는 현임 리위안차오(李源潮)가 시진핑의 신임을 얻지 못하였기 때문에 왕치산이 제13회 전인대에서 국가부주석에 선출될 것이라고 추측했다. 왕치산은 미국 정재계와 관계가 매우 좋고, 특히 월가의 금융계와 관계가 깊어 미·중 무역전쟁 상황에서 미·중관계를 개선하고, 금융위기를 해결할 수 있는 적임자로 해석한 것이다.

시진핑의 두터운 신뢰를 받고 있는 류허(劉鶴)가 부총리로 승진한 것도 미·중 무역전쟁과 관련이 있다. 그는 3월에 시진핑 특사 자격으로 미국을 방문하여 미·중 무역충돌을 막아보려 하였지만 트럼프와 만나지 못했다. 그가 아무런 성과없이 귀국하였기 때문에 왕치산의 중요성이 더 커졌다.

나 왕치산의 부주석 임명의 배경

『중화인민공화국헌법』 제82조부터 84조의 규정에 따르면 중화인민공화국 부주석은 주석의 업무를 보좌한다고 되어 있다. 국가부주석은 주석의 위임을 받아 일부 권한을 행사할 수 있다. 예를 들어 국가주석 부재시 부주석이 대리하고, 부주석이 부재시 전인대가 선거를 통해 선출한다.

그러나 실질적인 국가부주석의 지위는 당내의 서열순위를 봐야 한다. 3장에서 언급했듯이 리위안차오는 부주석이지만 중공중앙정치국 위원일 뿐 정치국 상무위원이 아니기 때문에 실질적인 권한은 없다.

왕치산이 국가부주석을 맡는다면 중앙정치국 후보위원도 아닌 상태에서 이름뿐인 부주석이 될 수도 있다. 그러나 만약 그가 실권을 가진 부주석이 된다면 중국의 당이 정을 이끄는(以黨領政) 전통이 정이 당을 이끄는 상황으로 바뀔 수 있다. 또한 이러한 상황은 시진핑이 당과 정을 장악하고, 최종 결정권을 장악하고 있음을 반증한다고 할 수 있다.

2. 시진핑의 국가주석 임기제한 폐지

2018년 2월 25일 신화사 영문판은 중국이 헌법에서 국가주석과 부주석의 임기는 '2기 이상 연임할 수 없다'는 규정을 폐지할 것이라고 보도했고, 각계의 주목을 받았다. 3월 5일부터 20일간 개최된 제13회 전인대를 통해 헌법이 개정되었다.

가 시진핑의 의도

덩샤오핑 집권 후 중국 헌법은 국가주석의 임기를 최장 10년으로 규정했고, 이는 마오쩌둥처럼 장기 집권으로 인한 폐단을 막기 위한 것이다. 그러나 이 규정이 폐기되면서 시진핑은 영원히 집권할 수 있게 되었다.

중국은 공화국이라는 국가명 외에 최소한 국가주석의 임기가 정해져 있기 때문에 공화체제라고 할 수 있다. 그러나 임기가 폐지되면서 실질적으로 군주제로 바뀌었으며, 이는 시대의 흐름에 역행하는 것이다.

1) 국가주석 임기제한 폐지

중국은 국가주석 임기제 폐지의 이유를 삼위일체에 기초한 것이라고 설명했다. 중앙군사위 주석과 중공총서기도 임기가 정해지지 않았고, 국가주석도 그렇게 되어야 한다는 것이다. 이 논리대로라면 임기제가 잘못된 것이고, 임기가 없는 것이 옳다는 말이다.

중국은 또한 임기제를 폐지하는 것이 종신제를 추구하는 것은 아니라고 주장했다. 그러나 시진핑이 언제까지 집권할지, 종신제를 추구할지, 이후 후임자도 그렇게 할 것인지 등의 의문이 남는다.

일부에서는 시진핑이 개혁을 추진하기 위해 임기제한 규정을 폐지했다고 하나 임기 10년 동안 개혁을 하지 못하면 후임자에게 맡기면 되는 일이고, 국가가 한 사람에 의존해야 한다고 믿는 것은 매우 우려스러운 일이다.

후진타오는 중공 18차 당대회에서 당, 정, 군의 모든 직무에서 동시에 물러났다. 장쩌민은 중공 16대에서 후진타오에게 권력을 이양할 때 군사위 주석 직위는 유지하면서 권력에 대한 미련을 버리지 못했다. 시진핑이 종신제를 추진하는 것은 국제적 감각이 떨어지고, 후진타오와도 큰 차이를 보인다.

2) 임기제 폐지를 통한 안정 추구

시진핑은 권력을 집중시키고, 반부패조사를 통해 정적을 숙청하면서 많은 불만을 야기했다. 이러한 불만세력에게 반격의 기회를 주지 않기 위해 그는 임기제를 폐지하였다. 그러나 더 큰 비난이 쏟아지면서 시진핑의 불안감은 더욱 커졌다. 임기제 폐지가 발표된 후 중국은 인터넷 언론에 대한 통제를 강화하였고, '시진핑'을 포함한 금기어가 대폭 증가되었다.

현 제도하에서 시진핑을 몰아낼 수 없는 상황에서 반대세력이 문제를 해결할 유일한 방법은 쿠데타나 암살뿐이다. 이에 따라 시진핑은 더욱 신변안전을 걱정하면서 더 많은 역량을 사회안정에 투입해야 한다. 시진핑의 장기 집권으로 중국의 정치적 불안은 감소된 것이 아니라 오히려 증가한 것이다.

향후 중국의 권력투쟁은 더욱 치열해질 것이고, 국가주석이 암살당할 위험도 높아질 것이다. 왜냐하면 국가주석이 되면 평생을 할 수 있기 때문에 암살이나 정변으로 얻을 수 있는 대가가 매우 높기 때문이다. 김정은이 집권 후 권력투쟁으로 형 김정남을 살해한 것도 같은 이유에서다.

3) 임기제 폐지에 따른 사회 반응

마오쩌둥의 장기집권과 독재로 인해 대약진과 문화대혁명이 발생되었고, 중국에 전대미문의 재난을 야기하였다. 시진핑이 이러한 전철을 밟아 역사의 비극을 재연할 것인가?

일반 국민들은 시진핑이 얼마나 오래 집권하든 크게 상관이 없을 것이다. 그러나 중상위 계층은 시진핑의 정책으로 재산에 영향을 받을지, 반부패가 자신에게 영향을 미칠지를 걱정하고 있다. 현재 반부패 운동은 정치계에서 경제계로 향하고 있고, 앞으로는 어디를 향할지 알 수 없는 일이다. 임기제한 규정이 폐지가 발표된 후 중국 인터넷상에는 이민을 검색하는 사람의 수가 급속히 증가하였다.

4) 임기제 폐지후 상황 악화

시진핑이 신화사 영문판을 통해 임기제 폐지 소식을 전한 것은 반응을 체크하기 위한 것이었는데 예상치 못한 국제적인 비판과 내부적인 반대 여론에 부딪혔다. 그러나 환구시보와 해방군보가 지지를 표명하면서 시진핑은 이를 번복할 수도 없는 상황이 되었다. 2월 26-28일간 개최된 중공 19기 3중전회에서 헌법 개정에 대한 언급은 한마디도 없었고, 여전히 결정을 내리지 못한 상황인 것으로 보였다. 만약 임기제 폐지를 추진하지 않으면 권력이 불안정하다고 평가될 것이고, 추진하면 더 큰 비판을 야기할 것이기 때문이다.

5) 시진핑의 의전에 대한 중시

국가주석은 예로부터 이름뿐인 직위이다. '권력을 총구에서 나온다', '당이 정을 지휘한다'는 말로 규정될 수 있는 중국 정치체제에서는 중앙군사위 주석과 중공 총서기가 실권을 쥐고 있고, 임기도 규정되어 있지 않다. 시진핑은 이 두 직위만 장악하면 계속 연임이 가능하고, 허울뿐인 국가주석은 많은 반대를 무릅쓰고 헌법을 개정할 필요가 없다. 그러나 시진핑은 허수아비 주석을 세워놓아도 그가 자신에게 반역을 일으킬 수 있기 때문에 본인이 직접 주석을 맡아야 안심을 할 수 있는 것이다. 한편, 시진핑은 외국방문을 좋아하는데 국가주석이 아니면 외국에서 국빈 대우를 받을 수 없다. 총서기는 일반적인 국가에서는 정치 단체의 장일 뿐이고, 군사위 주석은 상응하는 의전이 없기 때문에 외국방문을 해도 레드카펫이나 의전행사, 예포와 같은 대우가 없다. 이를 볼 때 시진핑이 국가지도자로서 의전과 영예를 중시한다고 볼 수 있다.

나 임기제 폐지와 대만통일

외부에서는 시진핑이 헌법개정을 통해 임기제를 폐지한 것이 통일 대업을 이루기 위한 것이라고 추측했다. 그러나 만약 그렇다면 통일시간표를 설정하고 통일을 못할 경우 어떻게 책임을 질 것인가? 통일은 또한 중국이 일방적으로 결정할 수 있는 일이 아니다. 만약 통일목표가 중국 건국 100주년이라면 2049년에야 통일이 되는 것이고, 시진핑은 90세가 넘는다.

대만인의 입장에서 중국의 임기가 없는 군주제를 어떻게 받아들이고, 어떻게 중국과 통일을 원할 수 있을 것인가? 그렇다면 평화통일은 더욱 어려워지고, 중국은 무력으로만 통일이 가능해진다. 문제는 중국이 무력통일을 선택하는 징후가 있으면 미국과 일본이 대만의 안보를 더욱 중시할 것이고, 미·일·대만 3국의 군사협력이 더욱 강화될 것이다. 대만이 중국에 점령당하면 미국과 일본의 국가안보를 위협할 것이기 때문에 중국이 대만을 무력통일하기로 결정하면 미국과 일본이 개입할 것이고, 중국의 대대만 작전의 난이도와 복잡성을 더욱 가중시킬 것이다.

다 중국 민주화에 대한 미국의 포기

미국은 시진핑이 국가주석 임기제를 폐지함으로써 중국 정치의 제도화는 매우 어렵고, 민주화는 불가능하다고 판단하고 있으며, 중국과 미국의 가치관은 갈수록 멀어지고 있다. 과거 40년간 미국은 중국이 개혁개방을 통해 경제가 발전하고, 고등교육이 보급되고, 중산층이 출현할 것이라고 생각했다. 그들은 재산을 정부에 빼앗기는 것을 원하지 않고, 권리 의식이 생겨 민주와 법치를 지지함으로써 정부와 관리의 권력을 제한할 것이라고 여겼다. 게다가 많은 중국인이 미국에서 유학을 하여 미국식 민주주의 정치문화를 접촉했다.

그러나 중국은 경제발전 이후 중산층은 그들의 재산이 공산당이 준 것이기 때문에 공산당이 몰수하는 것도 정당하다고 교육을 받았다. 오히려 공산당을 지지해야 재산의 안전을 보장받을 수 있다고 생각한다. 심지어 그들은 공산당과 운명을 같이하기 때문에 공산당이 망하면 그들의 재산도 모두 없어질 것이라고 믿었다. 그래서 그들은 시진핑과 같이 서방의 민주가 중국에 맞지 않는다고 비판했고, 중국이 이미 강대하기 때문에 서방의 체제가 필요치 않고, 중국특색사회주의 정치제도를 고수해야 한다고 생각했다.

이러한 상황에서 시진핑이 국가주석 임기제를 폐지한 것에 대해 반대자들도 있지만 일부는 지지하기도 했다. 중국이 근본적으로 민주에 대한 의식과 토양이 부족한 것을 미국도 이해했고, 중국의 경제발전을 돕는 것은 미국 기업의 이익을 해치고, 중국의 민주화를 촉진하지 못하며, 오히려 중국의 전제정권만 강화하여 미국에 대항하는 힘만 키울 뿐이라는 것을 깨달았다. 따라서 미국은 중국과 무역전과 과학기술 전쟁을 전개하기로 하였으며, 이는 공화당 뿐만 아니라 초당적인 공감대 하에 추진되었다.

3. 시진핑의 미·중 무역전에 대한 책략

3월 8일 트럼프는 23일부터 철강, 아연 제품에 관세를 증가시키는 결정에 서명하였다. 중국이 두 제품의 세계 최대 생산국이기 때문에 가장 먼저 충격을 받았다.

가 중국의 미국에 대한 대응

중국은 처음에는 협상을 원했으나 희망이 없어지자 점점 강경해졌다. 21일 외교부 대변인 화춘잉은 "중국은 어떤 나라와도 무역전을 펼치고 싶지 않다. 그러나 누군가 강요한다면 우리는 두려워하지도 피하지도 않을 것이다"고 했다. 23일에는 "예의를 갖추지 않으면 끝까지 대응하겠다"고 지적했다.

23일 트럼프는 중국의 100여개 제품에 대해 301조항을 적용하여 징벌적 관세를 부과할 것이며, 미·중간의 장기적인 무역 적자를 해소할 것이라고 선포했다. 여기에는 전기차, 스마트폰과 통신제품, 의료제품, 로봇, 농업기계 등도 포함되었다.

1) 미·중간 무역전쟁 전개

4월 1일 저녁에 중국은 2일부터 미국의 과일과 관련 제품 등 128개 품목에 대해 관세를 15% 증가시키고, 돼지고기와 관련 제품 등 8개 품목에 대해서는 25%의 관세를 부과하면서 미·중간 무역전쟁이 시작되었다.

3일 미국 무역대표부는 이에 대한 반격으로 25%의 관세를 적용받을 500억 달러 상당의 중국 제품 목록 약 1,300종의 목록을 공표하였다. 주로 정보통신기술, 우주항공, 로봇, 의약, 기계 등 품목이었다. 중국 국무원은 4일에 즉각, 미국의 소고기, 위스키, 대두, 옥수수, 수수 등 식품과 자동차, 화학공업용품과 항공기 등 500억 달러 상당의 106개 품목에 관세를 25% 부과하였다.

미·중간 두 번째 무역전쟁으로 양국이 모두 500억 달러 수준이었으며, 중국이 신속하게 대응하였고, 사전에 준비했던 것으로 보인다.

5일 트럼프는 미국 무역대표부에 중국 제품에 대해 약 1,000억 달러의 관세 부과를 요구할 것이라고 발표하였다. 이것이 세 번째 무역전쟁이고, 중국은 대응하지 못했다.

트럼프는 2017년 중국의 대미 수출은 약 5,060억 달러이고, 미국의 대중수출은 1,300억 달러 밖에 되지 않았기 때문에 중국이 미국에 1,000억 달러 상당의 제품에 관세를 부과하면, 미국은 1,500억 달러의 제품에 관세를 부과할 수 있다. 반면, 중국의 대미수출이 1,300억 달러이기 때문에 미국에 1,500억 달러 이상의 제품에 관세를 증가시킬 수 없는 반면, 트럼프는 5,000억 달러까지 조금씩 관세를 증가시킬 수 있는 공간이 있었고, 중국이 받는 압박은 점점 커졌다.

미국과 중국은 7월 6일부터 상호 약 340억 달러의 수입품목에 25%의 관세를 부과했다. 중국 주식시장은 급락하고 인민폐는 평가절하되었고, 부동산 가격도 하락했으며 심지어 외환보유고도 감소하였다.

설상가상으로 미국 무역대표 라이트하이저는 7월 11일 갑자기 중국에 2000억 달러 상당의 수입 제품에 10%의 관세를 부과한다고 선포하였다.

미·중 무역전쟁이 시작되면서 중국 주식시장이 폭락하였으나 미국 증시는 오히려 대폭 상승하면서 미·중의 경제 기반이 큰 차이를 보였다. '어떠한 대가를 치르더라도' 미국에 끝까지 대응할 것이라는 시진핑의 호언장담은 사라졌다.

2) 미국은 농산품, 중국은 첨단기술에서 피해

시진핑은 트럼프의 압박에 대해 유약하게 대응할 수 없다. 그렇지만 계속 미국에 대응하면 중국경제에 타격을 입고, 금융위기가 발생할 수도 있고, 더 나아가 시진핑의 집권에도 영향을 미칠 수 있다. 미국은 농산품에서 손실을 보았지만 중국은 첨단과학기술 분야에서 피해를 보았기 때문에 서로 비교가 되지 않았다.

나 중국의 입장 표명

시진핑은 4월 10일 하이난다오에서 개최된 보아오 아시아 포럼 개막식에서 4대 개방 조치를 발표했다. 우선, '시장진입 장벽 대폭 완화'로 금융업의 은행, 보험, 증권, 제조업의 자동차, 선박, 항공기 등 외국인 투자 규제를 완화하는 것이다. 둘째, '투자유치를 위한 환경 조성'으로 외국기업의 투자를 적극 유도하는 것이다. 셋째, '지식재산권 보호강화'를 위해 국가지식재산권국을 창설할 예정이며, 넷째, '주도적인 수출 확대'로 관세를 인하하는 등의 내용이었다.

시진핑은 '우리는 이러한 조치를 가능한 빨리 진행할 것이고, 중국의 대외개방은 새로운 국면을 개척할 것이다'라고 강조했다.

트럼프는 트윗에 '시진핑 주석의 관세와 자동차 관련 우호적인 발언, 지식재산권과 기술이전 문제에 대한 조치에 감사한다. 우리는 함께 큰 진전을 이룰 것이다'라고 올렸다. 트럼프는 표면적으로 시진핑을 인정하는 듯 했지만 사실, 중국이 지식재산권과 기술이전 문제에서 미국의 이익을 침해해왔다는 것을 비꼬아 비판한 것이고, 중국이 관세를 줄이고, 자동차 시장을 개방할 것을 요구한 것이다.

1) 시진핑의 의도

시진핑은 트럼프의 조치에 대응하여 미국 제품에 대한 관세를 증가시키지 않고, 보아오포럼에서 4대 개방 조치를 발표함으로써 트럼프의 일방주의와 폐쇄주의를 비판하고, 중국이 미국을 대체하여 세계화 발전을 이끌 것이라는 메시지를 전한 것이다.

시진핑의 연설 후 인민일보는 사설을 통해 이번 개방 조치는 중국이 주도적으로 계획한 전략적 선택으로 미·중 무역마찰과 관련이 없으며, 중국의 발전과 규칙에 따라 진행할 것이다. 중국은 외부의 압박에도 원칙 없이 대문을 개방하지 않을 것이며, 중국의 새로운 개방 확대 조치는 많은 교역국에게 혜택을 줄 것이며, 국제사회의 규칙을 위반하고, 무역전쟁을 발동하는 국가에는 적용되지 않을 것이라고 보도하였다. 중국 관영매체의 발언은 중국의 강경 입장을 표명하고, 시진핑을 지지하기 위한 것이다.

2) 보아오포럼 참석 국가 저조

시진핑은 최근 3년간 보아오포럼에 참석하지 않았는데 금번에는 국가주석 연임을 홍보하고, 국가주석 임기제 폐지에 대해 많은 국가의 지도자들로부터 지지를 받기 위해 참석하였다.

시진핑이 참석한 과거 보아오포럼의 개최 이력을 살펴보면 2013년에는 10개국의 정상이 참여하였고, 2015년에는 13개 국가 정상이 참석하였으며, 이번에는 필리핀, 싱가포르, 파키스탄, 몽골, 네덜란드, 오스트리아 등 뿐이었으며, 아프리카는 한 국가도 참석하지 않았고, 아세안 국가도 참석하지 않았다. 이는 시진핑이 적극추진하고 있는 일대일로에 매우 불리한 상황이었다.

이런 상황이 생긴 주요 원인은 중국이 일방적으로 보아오포럼을 주최하고, 한편으로는 남중국해에서 대규모 군사훈련을 실시하고, 아프리카의 자원을 박탈하여 각국의 우려를 야기했기 때문이다.

시진핑은 보아오포럼에서 '중국이 강대해져도 다른 나라를 위협하지 않고, 현 국제체제를 변경하지 않으며, 패권을 추구하지도 않는다. 중국은 독선적인 태도로 자기이익만 고려하는 제로섬 게임을 하지 않으며, 약한 나라를 괴롭히는 패권을 추구하지 않는다'라고 강조했다. 이 같은 발언은 트럼프를 비판하려는 의도였으나 최근 중국의 행태이기도 하였기 때문에 결국 본인을 비판한 결과가 되었다.

4. 미·중 군사 대립 심화

9월 20일 미국 국무부는 중국이 러시아의 주요 방산업체인 로소보론엑스포르트(Rosoboronexport)사와 교역을 하였고, 2017년 8월 발효된 '제재를 통한 적성국 대응법(CAATSA)'에 따라 중국 중앙군사위 장비발전부와 부장 리샹푸(李尙福)에 대해 2017년에 10대의 러시아제 Su-35 전투기, 2018년 S-400 지대공미사일 시스템 구매를 이유로 제재를 가하였다. 제재내용은 장비부와 리샹푸 본인의 수출 승인과 미국 금융시스템 접근을 금지하였고, 리샹푸는 미국 재정부의 특별 지정명단에 포함되고, 미국인과의 사업 왕래를 금지하는 내용이다. 그 외 미국 사법 관할범위내 리샹푸와 장비부의 자산을 동결하고, 리샹푸의 비자 발급을 중단하였다.

가 미·중 군사협력의 갈등

미·중 무역전쟁이 민감한 시기에 미국이 중국 해방군의 기관과 개인을 제재한 것은 이례적인 일이기 때문에 중국은 브랜스타드(Terry Branstad) 주중 미국 대사를 초치하고, 국방부는 주중 미국무관을 초치하여 항의의 뜻을 전달했다. 22일 저녁에는 미국 Newport 해군전쟁학원의 국제해양권토론회에 참석한 해군사령원 션진롱(沈金龍)을 귀국시켜 존 리처드슨(John Richardson) 미국 해군작전부장과의 회견을 취소하였으며, 25일 베이징에서 개최 예정인 미·중 연합참모부 회의를 연기시키는 등 강렬한 반응을 보였다.

나 미·중간 군사적 상호 견제

중국이 이렇게 강하게 반응한 데는 또 다른 이유가 있었다. 리샹푸의 미국 내 자산이 동결된 후 중국의 많은 고관의 가족과 자녀가 미국에 보유한 사유재산이 몰수될 가능성이 있기 때문이다. 홍콩의 경제일보는 10월 2일 미국 비즈니스저널의 일본어판은 중국이 고위급 자녀의 미국 유학을 엄격히 금지하였고, 이미 출국한 자는 연내 귀국하라는 지시를 하였는데, 이는 미국내 재산을 최대한 빨리 정리하기 위한 것이라고 보도하였다.

리샹푸 사건이 발생한 후 미국은 9월 25일 대만에 3.3억달러 상당의 전투기 부품을 수출하여 대만 공군의 방어능력을 강화하였고, 베이징은 강한 불만을 제기했다. 25일 대만매체는 월스트리트저널의 보도를 인용하여 10월에 미군의 상륙공격함 USS WASP LHD-1이 홍콩을 방문하고 보급을 받을 예정이었으나 중국으로부터 거부당했다고 보도했다. 26일 트럼프는 유엔 회의에서 "중국이 유감스럽게도 미국에 불리한 일을 하는 것을 발견했고, 미국의 11월 중간선거에 관여하기 위함이다"고 하면서 중국이 자신의 정치적인 이익을 해칠 목적이라고 직접적으로 지적했다. 이와 같이 미국과 중국이 군사와 정치 문제에서 대립이 더욱 치열해졌다.

다 미국 구축함의 남중국해 항행

9월 30일 미국 디케이터 구축함(USS Decatur DDG-73)이 남중국해에 진입하여 중국이 영유권을 주장하는 어빙암초(Gaven Reefs), 존슨산호초(Johnson Reef)의 12해리 내에서 항해하였다. 중국 구축함 란저우(蘭州)호가 45야드까지 접근하였고, 디케이터함은 충돌을 피하기 위해 방향을 바꾸었다. 찰스브라운(Charles Brown) 미 태평양함대 대변인은 "1척의 중국 구축함이 어빙암초 인근 해역에서 위험하고, 비전문적인 행동으로 디케이터함에 접근하였다"고 비판했다. 중국 국방부도 미국이 군함을 파견하여 남중국해 도초 인근 해역에 진입하였고, 중국의 주권과 안전을 엄중히 위협하였다고 반박하였다.

미·중 양국의 해군 군함이 충돌할 뻔한 사건이 발생한 후 뉴욕타임즈는 9월 30일 중국이 10월 베이징에서 개최예정인 중요한 연례 안보회의를 취소하였으며, 이 회의는 미국 국방장관 마티스가 참가할 예정이었으나 잠정 중단되었다고 보도하였다.

10월 3일 미국 CNN과 비즈니스인사이더는 여러 명의 군 인사의 발언을 인용하여 미 해군 태평양함대가 11월 남중국해와 대만해협 부근에서 1주일 동안 실탄 훈련을 계획 중이며, 이를 통해 중국에 경고메시지를 전달하고, 미군이 국제수역에서 자유항행 권리를 행사할 것이라고 보도하였다. 따라서 미국과 중국이 남중국해에서 언제든 우발적 충돌이 일어날 수 있는 상황이었다.

라 미·중 군사충돌과 대만의 입장

10월 4일 미국 부통령 펜스는 허드슨 연구소에서 중국이 라틴아메리카의 3개국에 대만과 단교하고, 중국과 수교하도록 설득하고 있으며, 이는 대만해협의 안정을 위협하는 것이라고 지적하면서 대만의 민주는 중국인에게 좀 더 나은 길을 보여주고 있고, 미국은 '하나의 중국 정책'을 지속 존중할 것이라고 발언했다.

미·중간의 충돌은 무역과 과학기술 분야에서 외교와 정치, 군사분야로 확대되었다. 이러한 전면적인 충돌은 미·중의 모순이 구조적인 것으로 근본적인 해결이 어렵다는 것을 의미한다. 미·중 무역전쟁과 트럼프의 중국 선거개입 폭로, 11월 미국 중간선거 기간 대만해협에서의 군사훈련을 실시 등 일련의 사건으로 볼 때 트럼프가 중국을 적, 또는 악으로 간주함을 알 수 있다. 이는 적대세력의 침입을 막기 위해 리더십을 공고히 하고 지지율을 공고하며, 공화당으로 표심을 유도하기 위함이다. 중국은 트럼프의 ATM기나 마찬가지였으며, 중국과 미국의 국내정치가 긴밀히 연결되어있음을 알 수 있다. 한편, 미·중간의 전면적인 전쟁에서 대만은 의도치 않게 연루될 수밖에 없으며, 펜스 부통령의 대만 지지발언도 이러한 맥락에서 진행된 것으로 볼 수 있다.

한편, 시진핑이 국가주석 임기제를 폐지하면서 내부적으로는 과학기술 패권을 추진하고, 대외확장을 추진하면서 중국 가치의 우월성을 세계에 홍보하는 상황에서 미국이 중국에 무역전을 전개한 의도는 시진핑과 중국을 분열시키는 것으로, 즉 '시진핑은 반대하나, 중국을 반대하지는 않는다'는 것을 보여주기 위함이다.

5. 중국 내부의 분열

중국과기일보의 총편집장인 류야둥(劉亞東)은 6월 21일 '위대하다, 나의 조국'이라는 캐치프레이즈를 풍자하며 '내 조국도 위대하지 않은 점이 있다'고 지적하였다. 시진핑 집권 후 '위대하다, 나의 조국'은 중국 대내 선전의 기조가 되었기 때문에 중국 내에는 류야둥과 같이 비판적인 의견을 밝히는 인사가 드문 상황이었다.

가. 류야둥 사건의 여파

중국 당국은 류야둥 관련 보도를 삭제하지 않았고, 6월 24일 인민일보의 협객도(俠客島, 인민일보 해외판의 웨이신 매체)에 다시 게재하였다. 인민일보는 7월 2일부터 4일까지 최근 중국의 자만을 비평하는 보도를 했다.

관방 매체는 일대일로와 중국제조 2025에 대해 홍보를 자제하기 시작했고, 각 기관도 시진핑의 사진을 거는 것을 금지하며 개인숭배에 대한 비판여론을 줄이고자 하였다.

인민일보는 과거에 시진핑을 찬양하는 평론을 다수 보도하였으나 최근 미·중 무역전쟁이 개시된 이후로 이러한 상황에 변화가 생겼다.

나 중국의 대외 유화 메시지

7월 7일 대만 국방부가 이례적으로 이지스 시스템을 갖춘 미국 머스틴 구축함(USS Mustin DDG-89)과 벤폴드 구축함(USS Benfold DDG-65)이 대만 남부해역을 거쳐 대만해협으로 북상하여 동북부 해역까지 항행한 사실을 공표하였다. 이례적인 것은 중국 당국이 미국과 차이잉원 정부를 비판하지 않고 매우 차분하게 반응하였다는 것이다.

또한 노벨평화상 수상자 류샤오보(劉曉波)의 미망인 류샤(劉霞)가 7월 10일 갑자기 중국을 떠나 독일에 도착하였는데 외부에서는 중국 정부가 류샤의 감금을 해제하고, 독일을 끌어들여 미국에 공동으로 대응하고자 하는 의도였다고 보고 있다.

제6절
중국의 홍콩 언론 장악

2018년 중국은 홍콩 통치를 더욱 엄격하게 하였고, 그중 홍콩 언론에 대한 탄압이 주목을 받았다. 홍콩은 1997년 중국으로 반환되기 전 영국식민 통치하에서 민주체제는 아니었으나 언론의 자유는 있었다. 홍콩 반환 후에도 중국은 여전히 홍콩매체에 상당한 자유를 보장하였지만 시진핑이 2013년 집권한 이후 통제를 점점 강화하였다. 홍콩기자협회는 7월 29일 '2018년 언론자유연보'에 '국가보안법하의 언론자유'라는 제목의 평론을 발표하였고, 협회장인 양젠싱(楊健興)은 "작년 홍콩의 중국 반환 20주년을 기념했으나 홍콩 시민은 이미 중앙정부의 영향을 느끼기 시작했고, 홍콩의 신문자유와 언론자유가 점점 구속되는 것을 느끼고 있다. 중앙정부 관리는 최근 일국(一國)이 양제(兩制)보다 우선하고, 국가안보의 중요성을 강조하고 있으며, 이는 홍콩시민의 머리 위에 칼을 걸어둔 것과 같다"고 지적했다.

1. 중국의 홍콩매체 지분 장악

홍콩기자협회는 중국이 통제하거나 중국자본이 잠식한 홍콩매체는 문회보, 대공보, 홍콩상보, 중국일보, 성보, 남화조보, 봉황위성, 홍콩TV라이오주식회사, 홍콩 유선TV 등 9개이며, 이 매체들은 이미 베이징 당국의 대변인이 되었다고 지적했다. 2016년 중국 상하이시 전 부비서장 리루이(黎瑞)는 홍콩TV라이오주식회사의 지분을 구매하면서 비상임이사와 이사회 부이사장을 맡았고, 2010년 전국정협 위원 왕후이(王徽)는 아시아TV의 지분을 샀다. 주의할 만한 것은 중국 자본의 지원을 받는 매체가 전통적인 신문, 라디오, TV에서 인터넷 등 새로운 매체로 전환되고 있는 것으로 중국이 홍콩의 신흥 매체를 장악하여 젊은 세대에게 영향을 미치고자 하는 것이다.

2. 인사 조정과 정치를 통한 매체 장악

최근 중국은 신뢰할 수 있는 전문가를 매체의 주요직에 앉혀 직권으로 뉴스의 방향을 주도하고, 관련 정보를 수집하는 방식으로 홍콩 매체를 적극적으로 통제하고 있다. 예를 들어 2012년 왕샹웨이(王向偉) 지린성 정협위원이 남화조보의 총편집인으로 임명되어 주목을 받았고, 언론매체들은 남화조보가 '붉게 물들었다'고 평가하였다.

또한 중국은 홍콩 매체의 사장을 전국정협위원으로 임명하여 중국에 대한 보도를 긍정적으로 하도록 유도하고 있다. 2017년 정협위원 명단을 보면 85% 이상의 주요 매체 사장이나 신문부 이사들이 위원으로 선출되었다.

3. 홍콩매체에 대한 다양한 통제수단

중국은 중국을 비판하는 홍콩매체에 중국자본 기업의 광고를 주지 않는 방식으로 홍콩매체를 통제하고 있다. 예를 들어 AM730지가 홍콩 시민운동을 지지하자 중국자본 은행이 즉시 광고를 철회하였다.

중국이 금전으로 평론가, 언론 책임자나 기자를 매수하는 방식은 매우 일상적이다. 특종뉴스를 제공하는 방식으로 매체를 유인하거나, 혹은 뉴스를 제공하지 않거나 인터뷰를 거부하는 방식으로 매체의 입장을 반공에서 친공(親共)으로 전환시키려 하고 있다. 예를 들어 오랫동안 중국을 비판하던 빈과(苹果)일보가 수차례 중국 방문 취재나 중국 주홍콩 기관 취재를 요구했으나 거부당한 바 있다.

개인을 매수하는 것 외에 매체를 매수하는 방식도 있다. 중국은 외국 매체가 중국에 진입하는 것을 금지하고 있는데 1990년 홍콩 성도일보가 공동투자, 공동운영의 방식으로 진입하는 것을 특별히 허가한 적이 있다. 과거 성도일보는 국민당을 지지하였고, 오랫동안 일면에 '중화민국기념'을 보도하는 등 반공 입장이 확고하였지만 후센(胡仙)이 회장이 된 후 '중화민국기념'란을 폐지하고, 대만시장에서 철수하면서 중국으로부터 시장 진입을 승인받았다.

4. 중국의 홍콩매체에 대한 압박 행위

중국을 비판하는 많은 홍콩매체 종사자들은 중국의 뉴스, 협박, 신체상해, 해고 등 수법으로 중국에 대한 비판을 중지할 것을 강요받는다. 2014년 중국 고위관리의 재산 해외 은닉을 보도한 명보(明報)의 총편집인 류진투(劉進圖)는 불명의 인사에게 자상을 당했다. 2012년 중국인민정부 주홍콩특별행정구 연락판공실(약칭 중련판)은 문체부 하오테츄안(郝鐵川) 부장을 통해 홍콩의 신보(信報) 소유주인 리저시에(李澤楷)에게 특별행정구 행정장관 선거에 참여한 렁춘잉(梁振英)에 대한 부정적 뉴스 보도를 중단할 것을 요구하였다.

중국은 홍콩 기자 시양(席揚), 양후이민(梁慧珉), 청샹(程翔), 왕즈창(王志强) 등을 체포하고, 홍콩기자의 인권운동가 류샤오보, 탄줘런(譚作人) 등의 사건에 대한 취재를 방해하면서 경고 메시지를 전달했다. 2018년 5월 12일, 16일에는 홍콩유선TV 기자, Now 신문 기자가 중국에서 취재시 집단 구타를 당한 후 공안에 강제 구금을 당했다.

중국의 이러한 폭력, 협박 행위는 홍콩 매체의 입을 막고, 자기검열을 유도하기 위해서이다.

5. 홍콩 언론자유의 수준 하락

국경 없는 기자회는 2002년 최초로 전 세계 언론자유도 순위를 조사하였는데 홍콩이 18위였다. 그러나 2018년 발표된 결과에는 홍콩이 70위로 16년 사이 52단계가 하락했다. 대만의 2002년 순위는 35위, 2018년은 42위, 중국은 2002년 138위로 뒤에서 2위였고, 2018년은 176위로 뒤에서 다섯 번째였다.

중국이 홍콩매체에 개입하면서 홍콩의 언론자유가 전례 없는 도전을 받고 있으며, 1997년 이전 영국 식민지 시기보다 못한 상태가 되었다. 이는 홍콩 민중이 홍콩 독립을 추구하는 동력이 되고 있다.

제 **6** 장

2019년 시진핑의 압박과 2020년 대만 총통선거에 대한 영향

2016년 11월의 대만 현·시장 선거에서 국민당이 대승을 거뒀고 차이잉원과 민진당의 지지도는 바닥까지 추락했다. 시진핑은 대만에 대해서 강경하게 대응하는 것이 결국 옳은 정책이라고 여기게 되었다. 많은 국민당 인사들이 중국을 방문하여 대만과 관련된 중국 기관의 인사와 면담하며 이러한 견해를 전달하였고, 최종적으로는 시진핑까지 보고가 되었을 것이므로 시진핑도 크게 의심하지 않았을 것이다. 그래서인지 시진핑은 2019년 벽두부터 '일국양제의 대만 방안'을 내놓았고, 대만 국내를 떠들썩하게 만들었다. 그리고 중국은 한 발자국 더 나아가 대만의 수교국들을 강탈하기 시작했다. 미국은 이러한 상황을 주의깊게 관찰하면서 대만이 중국에 의해 통일될 것을 우려했다. 미·중간 갈등이 깊어지면서 미국과 대만 간의 관계가 급속도로 가까워졌고, 미·중 간의 무역전쟁이 더욱 치열해지면서 수많은 대만 기업인들이 중국을 떠나게 되었다. 미·중 간의 대치국면 하에서 미국의 동맹국은 미국과 함께 중국에 대응하였다. 한편, 호주에서는 왕리창 간첩사건이 발생하여 2020년의 대만 총통선거에 직접적으로 영향을 미치기도 하였다.

　다른 한편으로는 시진핑의 대만과 서방세계에 대한 칼날은 2019년 홍콩을 향했으며, 중국 본토와 홍콩 간의 충돌이 상당히 격렬해졌다. 홍콩의 '송환법 반대' 시위대의 기세가 거세졌고, 이는 전 세계가 주목하는 사건이 되었다. 이를 지켜보는 대만인들은 '오늘의 홍콩이 내일의 대만이 될 수 있다'는 우려가 팽배하기 시작했다. 홍콩은 대만인들에게 순망치한과 같은 존재이기 때문이었다.

제1절
2019년 미·중·대만의 6대 사건

2019년은 미·중·대만 3각관계가 큰 변화를 겪은 해로 여섯 개의 큰 사건이 발생하여 2020년 1월 11일 대만 총통과 입법의원 선거 결과에 직접적인 영향을 미쳤다.

1. 시진핑의 '일국양제 대만방안' 제시

2019년 1월 2일 시 주석은 '대만 동포에게 고하는 편지(1979)' 40주년 기념대회에서 '일국양제 대만방안'을 제시했다. 그는 '하나의 중국에 속하는 양안은 국가통일을 도모하기 위해 함께 노력해야 한다'고 하면서 그 방식은 '일국양제(一國兩制)'에 따라 추진해야 한다고 강조했다.

가 일국양제 방안의 한계

시진핑이 30여 년 전 덩샤오핑이 내세웠던 '일국양제(一國兩制)'를 다시 꺼내든 것은 새로운 대만 정책이 부재하다는 것을 보여준다.

나 '일국양제'를 미화하는 국대판

일국양제가 홍콩에서 시행된 이후 이에 대한 부정적인 평가가 끊이지 않고 있다. 홍콩에서의 언론의 자유는 후퇴하고 법치는 흔들렸으며, 빈부격차는 확대되었다. 행정장관 직선제에 대한 희망의 불씨는 꺼져버렸으며, 2014년에는 '우산혁명'을 촉발시켰다. 이러한 탓에 '일국양제'는 대만에서는 이미 부정적인 의미를 가진 단어가 되었다. 대만이 일국양제를 받아들인다면 대만을 홍콩화하거나, 특구화하는 것과 같다. 대만은 중국의 한 지방정부로 전락할 것이고, 결국 중화민국도 사라지게 될 것이라는 우려에 대만 각계각층의 반발을 불러일으켰다.

마샤오광(馬曉光) 국대판 대변인은 16일, "'92공식'은 양측이 국가통일을 위해 노력하는 과정에서 모두 '하나의 중국 원칙'을 견지하고 있음을 보여준다며, '일국양제'는 국가통일을 실현하기 위한 제도적 조치이며, 민진당 리더십이 의도적으로 둘을 혼용하여 대만 민중을 오도한다"고 주장했다. 이는 국대판이 '92공식'을 '일국양제'와 동일시하는 것을 원치 않는다는 것을 보여주지만, 앞서 시진핑이 언급한 말 때문에 다시 분리시키기도 어려웠다. 17일 류제이 국대판 주임은 한 걸음 더 나아가 "일국양제는 우리가 현재 본토에서 시행하고 있는 제도를 대만에서는 시행하지 않는다는 것이며, 본토가 대만 동포에 대한 관심과 배려를 실현하는 것"이라고 말했다. 아울러, "일국양제 정책의 추진은 대만의 현실을 고려하고 대만 동포의 이익과 복지를 보호하기 위한 것"이라고 주장했다.

다 초당적으로 일국양제를 반대하는 대만

국대판이 일국양제를 미화하는 것은 대만인들에게 받아들여지지 않았다. 특히 집권여당인 민진당은 이에 대해 맹렬히 비판하고 있는데, 야당이자 중국과의 관계가 비교적 좋은 국민당의 우둔이(吳敦義) 주석 또한 2019년 1월 9일 중앙위원회 상무회의에서 시진핑이 제시한 '일국양제'는 '92공식'과는 전혀 무관하며, 대만의 다수 민중의 지지를 얻기 어렵다고 지적한 바 있다. 국민당 궈타이밍(郭臺銘) 총통 예비후보는 지난 9일 일어난 홍콩의 대행진 시위가 본질적으로 '일국양제'가 홍콩인들의 마음, 특히 젊은이들의 마음을 얻는 데 실패했음을 증명한다고 12일 밝혔다. 또 다른 후보인 한궈위(韓國瑜)는 지난 6월 15일 중화민국 총통이 될 기회가 있다면 자신의 주검을 밟고 넘어가지 않는 한 대만에서 '일국양제'가 실현되지 않게 할 것임을 보장하고, 대만 국민들도 '일국양제'를 받아들일 수 없다고 강조했다.

한편, 안펑산(安峰山) 중국 국대판 대변인은 2019년 6월 12일 정례브리핑에서 "일국양제는 홍콩 문제를 해결하는 가장 좋은 방안이며 홍콩 반환 후 장기간의 번영과 안정을 유지하는 가장 좋은 제도이며, 일국양제는 홍콩에서 실천되어 세계적으로 주목할 만한 성공을 거두었으며 이는 부인할 수 없는 객관적인 사실인바, 민진당 당국이 사실을 오도하고 의도적으로 일국양제를 폄하하여 양안관계의 발전을 파괴하려는 속셈도 결국은 실패할 것"이라고 말했다.

라 중국 군용기의 대만해협 중간선 진입

3월 31일 중국 군용기가 돌연 대만해협의 중간선을 넘었다. 이는 상당히 이례적인 일로, '일국양제의 대만 방안'을 관철하려는 의지를 부각시키려는 의도로 평가된다. 차이잉원 총통은 중국의 행위에 대해 강력히 비판하였고, 볼턴 미국 국가안보좌관과 국방부, 국무부 등도 중국이 대만해협의 현상을 파괴했다고 비난했다.

2. 홍콩의 '송환법 반대' 시위에 대한 대만의 반응

2019년 대만 사회에는 나라가 망할 느낌이라는 뜻의 '망국감'이라는 신조어가 등장했다. '망국감'의 중국어 발음은 '망궈간(芒果乾 : 말린 망고)'과 유사하다. 1949년 국민당 정부가 대만으로 이전한 이후 지금까지 대만은 군사적으로는 1958년 금문도 '8·23 포격', 1996년 대만해협 위기, 외교적으로는 1971년 유엔 탈퇴, 1972년 대만·일본 단교, 1979년 대만·미국 단교를 경험했다. 그러한 큰 사건이 발생했을 때도 없었던 망국감이 2019년에 등장한 이유는 무엇일까?

대만인들이 '망국감'을 느끼는 이유로 첫째, 최근 중국이 경제적으로 부상하고 대만에 샤프파워(sharp power)를 투사하면서 대만을 조금씩 잠식하고 있기 때문이다. 중국은 각종 경로를 통해 대만의 언론, 언론인, 학자, 전문가를 포섭하고, 대만의 자유로운 언론 환경을 이용하여 중국의 우월함을 선전하고 있다. 이를 통해 대만인의 자신감과 정체성을 무너뜨리고 최종적으로는 자기부정과 내부 대립을 유발하여 중국과 통일할 수밖에 없다고 생각하도록 조장하고 있다. 이것이 바로 싸우지 않고 이기는 이른바 '불전굴인지병(不戰屈人之兵)'의 전략이다. 두 번째로는 중국은 끊임없이 '붉은 세력'들을 대만에 침투시키고, 대만의 국제적 입지를 축소시키고 있는데, 그 핵심이 바로 시진핑이 얘기한 '일국양제 대만 방안'이다.

덩샤오핑 시대부터 '일국양제'는 중국의 대만 관련 정책에서 쓸모없는 유물 정도로 치부되었다. 대만인들은 탐탁치는 않지만 홍콩과 마카오에서만 실시되는 것이라 대만과는 무관하다고 생각했다. 하지만 이제는 대만이 대상이 될 수 있다는 우려가 팽배하기 시작했다.

가 '오늘의 홍콩, 내일의 대만'이라는 공포

　2019년 6월 9일에 발생한 홍콩의 '송환법 반대' 시위가 일어나게 된 원인은 다음과 같다. 홍콩 정부가 중국에서 범죄를 저지른 '홍콩인'을 체포할 경우 중국으로 돌려보내 재판을 받을 수 있도록 입법화하였다. 홍콩인들은 중국의 사법제도가 독립성과 공정성이 결여되어 있기 때문에 홍콩인들의 권익을 심각하게 훼손할 것이라고 여겼다. 아울러, 이는 '일국양제'의 정신을 심각하게 훼손하는 법이었다. 1997년 홍콩이 중국에 반환된 후 홍콩은 독립적인 사법체제와 '최종심판권'을 유지하고 있었고 홍콩인들은 중국으로 '송환'되어 재판을 받지 않았기 때문에 '송환법'이 나오자마자 홍콩인들은 강하게 반발했다. 그러나 6월 12일 케리 람 홍콩 행정장관의 지시에 따라 홍콩경찰은 거리로 나선 시위민중을 강하게 진압하였으며, 이는 홍콩 민중의 더 큰 반발을 불러일으켰고, 국제적인 비판을 받았다. 6월 16일에는 200만명의 시위대가 거리로 나와 항의 시위를 벌였다. 홍콩 경찰은 시위대들을 난폭하게 진압하고, 최루탄 뿐만 아니라 총기를 발사하기도 하였다.

　9월 22일 홍콩 야우통(油塘)에서 신원불명의 여성의 시체가 발견되었는데, 사망자는 홍콩 '지전(知傳)디자인학교'의 15세 여중생 크리스티 찬(陳霖林, 천옌린)으로 밝혀졌다. 그녀는 학교 다이빙팀에 소속된 수영 실력자이며, '송환법 반대 시위'에 적극 참여하였다. 그래서 일각에서는 홍콩경찰이 그녀를 조사 후 사망하자 그녀의 시신을 유기하였다는 의혹이 제기되었다. 27일 저녁 홍콩 센트럴(中環) 에든버러 광장에 5만여 명이 집결하여, '산욱링 구치소(新屋嶺)'의 경찰이 저지른 범죄를 공개적으로 규탄했다. 여러 명의 미성년자가 구타와 성폭행을 당했고, 피해자 중 일부는 정신적인 충격으로 자살을 시도하기도 하였고, 일부는 정신병동이 없는 병원에서 장기간 안정제만 투여받기도 하였다. 10월 6일 'The AI Organization'이라는 미국의 연구기관은 '송환법 반대시위'로 체포된 여성들이 홍콩 경찰들에게 수차례 성폭행을 당했고, 해당 경찰은 홍콩에 파견된 중국 경찰과 보안 기관 요원들이었다고 주장했다. 또한 홍콩 경찰은 사건 보고서에서 피해자들이 사망 후에 투신자살하였다고 발표하였다. 10일 홍콩 중문대 로키 툰(段崇智) 부총장은 교내 '송환법 반대 시위' 참여 학생들과 공개 대화를 나누었는데, 이 자리에서 소냐 응(吳傲雪)이라는 한 여학생은 자신과 다른 체포자들이 '산욱링 구치소'에 감금되어 있는 동안 경찰관들에게 "구타와 성폭행을 당했다"고 주장했다.

한국 KBS가 11월 12일을 전후해 방영한 홍콩 '송환법 반대시위' 특집 방송에서 익명을 요구한 한 홍콩 경찰관을 인터뷰했다. 그는 시위대가 성폭행을 당해 조된 사건이 최소 2건이고, 의료진을 통해 사실로 확인됐다고 폭로했고, 실제 숫자는 더 많으며, 일부 시위대는 경찰관에게 학대를 당하기도 했다고 주장했다. 홍콩 경찰이 언론사의 취재에 응해 내막을 폭로한 것은 처음이었기 때문에 각계의 관심이 쏠렸다. KBS는 공신력이 높은 한국의 공영방송으로 홍콩 경찰의 성폭행 사건은 근거 없는 내용은 아닐 것이다. 이 경찰관은 크리스티 찬의 시신과 관련해서도 "경찰이 처음에는 '살해' 쪽으로 수사를 진행하다가 이후에 방향을 바꿔서 단순 시신 발견으로 처리했다"고 말했다.

왜 시민을 지키는 일을 하는 경찰이 총을 든 성범죄자가 되었을까? 치안과 시민의 안녕을 지키는 '치안부대'가 왜 '살인부대'가 된 것인가? 상상하기 어렵고 놀라운 일이다. 홍콩 사람들은 이제 홍콩 경찰을 '흑경(黑警)', '폭경(暴警)', '마경(魔警)'으로 부르고, 경찰에 대한 신뢰가 추락했다. 과거 홍콩 젊은이들은 경찰학교에 입학하는 것을 자랑스럽게 여겼고, 영화에서도 경찰은 영웅과 정의의 상징으로 묘사되었지만, 지금은 그런 이미지가 추락하고 있다.

홍콩의 '일국양제'가 이런 상황에서 시진핑이 대만에 일국양제를 제시하자 대만인들은 '망국(亡國)'에 대한 우려를 갖게 된 것이다. 2019년 9월 29일 타이베이에서 열린 '홍콩 지지 대행진'에 홍콩 가수 허원스(何韻詩)도 참가하였는데 '중화통일촉진당' 소속 남성 후즈웨이와 량타이푸가 복면을 쓰고 나타나 인터뷰 중이던 허원스에게 붉은 페인트를 뿌리는 사건이 발생했다. 대만인들은 중국의 '검은 손'이 대만 내부까지 뻗쳐 있다는 것을 알게 되었고, 대만인들의 '망국감'을 더욱 증가시켰다.

나 한궈위 시장이 불러일으킨 의심

한궈위(韓國瑜) 가오슝 시장은 2019년 3월 22일 대만 정치인 최초로 홍콩연락판공실(중련판)을 방문하여 왕즈민(王志民) 주임과 만났다.

중련판은 홍콩 일국양제의 지휘부이자 홍콩 민주주의를 억압하는 배후 기관이다. 중련판의 통제로 인해 홍콩 행정장관 직선제에 대한 희망이 사라졌고, 홍콩 언론의 자유 수준은 떨어졌으며, 경제는 베이징 당국에 의해 통제되었다. 또한, 홍콩 법치의 근간은 무너졌으며, '일국양제'의 의미 또한 퇴색되었다. 따라서 한궈위가 중련판에 방문할 때 홍콩 민주파 인사들은 강하게 비판하였다. 홍콩 정당인 데모시스토당(香港衆志)은 즉각 성명서를 내고 "중련판은 홍콩을 대표할 수 없으며, 한궈위의 중련판 방문을 반대한다"고 발표했다. 그들은 베이징이 중련판을 통해 홍콩 내정을 통제하는 등 홍콩 정부 배후의 '태상황'이 되었으며. 한궈위의 중련판 방문이 홍콩 시민들에게 잘못된 메시지를 발신하고 있는바, 이는 왜곡된 '일국양제'에 대한 지지이며, '폭군'을 돕는 행위라고 주장했다. 중련판이 '관례를 깨고' 한궈위를 초청한 것은 중국 중앙정부의 주도면밀한 계획이었다. 전 입법회 의원인 네이선 로(羅冠聰)는 한궈위와 왕즈민의 만남을 '악마의 거래'라고 비판하며, 중국이 한궈위를 매우 중요시하고 있다고 평가했다. 민주화 운동가인 조슈아 웡(黃之峰)도 페이스북에 "중공의 통일전선에 영합하면 대만은 결국 손해를 볼 것"이라는 제목으로 한궈위에게 보내는 공개서신을 게재하였다.

한궈위가 홍콩에서 공개적으로 일국양제를 지지하지는 않았지만, 중련판에 발을 들여놓음으로써 세간의 의혹을 피할 수 없었다. 우제민(吳介民) 중앙연구원 부연구원은 "한궈위가 중련판에 들어간 것은 일국양제를 인정한다는 것이며 중국 공산당을 '보스'로 인정하는 것"이라고 비판했다. 한궈위는 왕즈민과 식사를 한 것은 단순한 교류이고, 홍콩과 가오슝의 교류를 강화하기 위한 것이라고 강조했지만 외부의 의심을 피할 수는 없었다. 한편, 한궈위는 페이스북에 22일 홍콩에서의 일정을 공개하면서 외부의 시선을 의식하여 '중련판' 방문 내용을 삭제하였다.

그는 23일 마카오에 도착해 현지 '중련판' 주임 푸즈잉(傅自應)과 만났고, 마카오 행정장관 추이스안(崔世安)을 만났을 때 "나도 마카오 행정장관을 뽑을 수 있다"고 언급했다. 이에 언론인 차이스펑은 『한궈위 시장에게 보내는 공개서한』에서 "한 시장은 명심하라, 붉은색을 칠하고 스스로를 홍콩·마카오화(化)하는 것은 위험한 일"이라고 비판하였다. 한궈위는 7월 28일 국민당 전당대회에서 공식적으로 총통 선거 후보가 되었는데, 상술한 사건들이 한궈위의 표심에 많은 영향을 끼쳤다. 대만인들은 자유, 민주, 법치의 현주소가 바뀔 수 있고, 한궈위가 당선될 경우 대만의 총통이 아닌 '대만 행정장관'이 될 수 있다는 우려를 했기 때문이다.

3. 대만-미국 관계 강화

2019년에 대만-미국 관계가 급격히 친밀해졌고, 중국은 이에 대해 강한 불만을 표하고 대만을 거세게 압박하고 있으며, 이는 대만인들의 혐중 정서를 더욱 부추겼다.

가 대만과 미국의 정치 관계 개선

3월 27일 미국 국제기구 담당 부차관보인 네리사 쿡(Nerissa J. Cook)이 대만을 방문 후 30일 귀국했다. 과거 대만을 방문하였던 차관보급 인사들은 대부분 교육·경제 차관보였으나, 이번에는 정무 차관보가 방문하였다. 이는 대만과 미국 간의 정치관계가 한층 더 격상되었음을 보여주었다. 또한 데이비드 밀(David Meale) 국무부 경제담당 부차관보가 4월 9일부터 15일까지 대만을 방문하여 대만-미국 간 경제 무역관계 증진과 『자유무역협정』 체결에 힘이 실렸다.

미국의 동의 하에 대만의 '북미사무협력위원회'가 '대만미국사무위원회'로 명칭이 변경되었으며, 6월 6일에는 현판 제막식을 가졌다. 크리스텐슨(Christensen) 미국재대만협회(AIT) 타이베이 처장은 "새로운 이름 아래 미·대만 협력관계를 더욱 발전시킬 것을 기대한다"고 말했다.

미국 의회에서는 4월 1일 4명의 하원의원이 『대만보증법(Taiwan Assurance Act)』 초안을 발의했고, 2일 마르코 루비오 등 상원의원도 『대만보증법』을 발의해 4월 9일 하원 외교위원회가 『2019년 대만보증법』을 통과시키고 공식 페이스북에 대만 국기를 게재하였으며, 5월 7일 만장일치로 2002호 『2019 대만보증법』을 통과시켰다. 미 하원 외교위원회는 4월 9일 '미국의 대만관계법 공약 이행에 대한 재확인' 결의안(Reaffirming the United States Commitment to Taiwan and to the Implementation of Taiwan Relations Act)을 채택하였고, 5월 7일 하원은

'미국의 대만관계법 공약 이행에 대한 재확인' 결의안 273호를 찬성 414표, 반대 0표라는 압도적 표결로 통과시켰다.

나 긴밀해지는 대만과 미국 간의 군사협력

2019년 2월 이후 거의 매달 대만-미국 간의 군사협력 소식이 흘러나오고 있다. 우선 대만 공군은 2월에 류즈탕(劉志堂) 중령 등 2명의 장교를 미국 괌 앤더슨 공군기지로 파견하여, 퍼시픽 디펜더-19(Pacific Defender-19) 군사교류에 참가시켰으며, 이 교류에는 한국, 태국, 일본, 방글라데시, 통가 등에서 참가하였다. 특히 대만 장교는 중화민국 계급장이 부착된 군복을 입고 참가하였는데, 이는 1979년 대만과 미국의 단교 이후 처음 있는 일이었다. 대만이 미국과 군사협력이 긴밀하지만, 수교국이 아니라 대만군이 미국에서 훈련을 받을 때는 사복을 입어야 했다. 이번 괌에서 열린 군사교류행사에서 미 태평양 공군부대의 보안부대장(대령)이 류즈탕 중령과 개인적으로 교류하였고, 5월 하순 미군은 대만 군과 함께 찍은 사진을 공개했으며, 대만 국방부도 23일 이를 공식 확인했다.

3월 24일 미 해군 구축함 커티스 윌버(USS Curtis Wilbur)와 해안경비대 레전드급 경비함 버솔프(USCGC Bertholf)가 대만해협을 통과했다. 이는 미국해안경비대 선박이 처음으로 대만해협을 공개적으로 통과한 사례다.

3월 27일 차이잉원 총통은 하와이를 경유하면서 하와이 주 방위군의 아서 로건(Arthur J. Logan) 소장을 만났고, 하와이 긴급재난관리청을 방문했다.

대만의 총통이 군복을 입은 미군 장성을 만난 것과 미군 시설을 공개적으로 참관한 것은 1979년 미국과 단교 이후 처음 있는 일이었다. 이는 2018년 3월 트럼프 대통령이 서명한 『대만여행법』에 부합하였고, 미국-대만 관리의 상호방문 등 교류를 촉진하는 계기가 되었다. 같은 날 필립 데이비슨 미국 인태사령관은 의회 청문회에서 '일국양제(一國兩制)'는 대만의 뜻이 아니라고 하였는데, 이는 미국 고위 장성이 이례적으로 양안(兩岸) 정치 이슈에 대해 언급한 사례였다. 3월 31일 중국의 젠(J)-11 전투기가 대만해협 중간선을 넘자 미국의 국가안보보좌관인 볼턴과 국방부, 국무부는 즉각 현상을 파괴는 중국의 행위를 규탄했다.

4월 3일 아만다 만수르 미국재대만협회(AIT) 대변인은 2005년부터 AIT에 파견 근무 중인 인원에 육·해·공군, 해병대 등 현역 군인이 포함돼 있다는 사실을 공식 발표하면서 미군이 대만에 주둔하는 사실을 처음으로 공개하였다.

5월 30일 미국 공군사관학교 졸업식에 참석한 트럼프 대통령은 대만 교환학생인 류신쉐(劉欣學)이 참석한 가운데 사회자가 대만을 '국가'로 소개하자 일어나 대만 국기를 흔들었다. 또한 미국 공군사관학교는 졸업식 연단 중앙에 대만 국기를 배치하여 연단을 배경으로 하는 기념사진에 대만 국기가 등장했다.

6월 1일 미 국방부는 55쪽 분량의 『인도-태평양 전략 보고서』를 발표하였고, 대만을 '국가'로 호칭하였다. 중국 입장에서는 오랫동안 주장해 온 '하나의 중국'이 무너지는 순간이었다. 이 보고서는 "인도-태평양 지역의 민주국가로 싱가포르, 대만, 뉴질랜드, 몽골은 미국이 신뢰할 수 있는 협력 파트너이다. 이들 4개 국가는 국제사회에서 미국의 입장을 지지하고 있으며, 자유롭고 개방적인 국제질서를 지키기 위해 노력하고 있다. 우리는 이러한 역량이 인도-태평양 지역에서 계속 발전하기를 바란다"고 설명했다. 앞서 5월에 출간된 미 국방부의 중국 관련 보고서에서는 대만을 '국가'로 지칭하지 않았었다.

다 대만에 대한 미국의 무기 판매량 증가

미국 국방부는 4월 4일 레이시온이 대만에 2억 8천만 대만 달러 상당의 패트리어트 미사일 방어 시스템을 판매하는 계약을 체결했다고 발표했다. 또한 대만 국방부는 4월 9일 레이시온과 4,998만 9,867달러(약 15억 대만달러) 상당의 '레이더 정비 프로그램'에 대한 계약을 체결했다고 발표했다.

미 국무부는 지난 7월 9일 대만에 M1A2 전차 108대, BGM-71 TOW 대전차 미사일 1,240기, FGM-148 재블린 대전차 미사일 409기, FGM-92 스팅어 휴대용 지대공 미사일 250기 등 총 26억달러 규모의 각종 무기를 판매한다고 발표했다. M1A2 전차는 미군이 현재 운용중인 첨단 무기인 만큼 퇴역이 임박한 무기를 판매하던 과거 사례와 차이가 있었다. 이는 1982년 미·중이 서명한 '8.17 코뮤니케'의 합의가 무너지고 있음을 알 수 있다. 8.17 코뮤니케는 미국이 "대만에 판매하는 무기의 수량과 성능이 미·중 수교 이후의 수준을 초과하지 않고, 향후 대만에 대한 무기 판매를 점진적으로 축소한다"고 약속했기 때문이다.

이어 8월 20일 미 국무부는 대만 공군의 노후화된 미라주-2000을 대체할 F-16V 전투기 66대를 판매하겠다고 발표했다.

미국의 대만에 대한 무기 판매 증가는 중국의 군사적 확장을 억제하기 위한 목적뿐만 아니라 트럼프가 2020년 대선 승리를 위해 방산업체와 노동자들의 지지를 확보하려는 의도도 깔려 있다. 또한 대만과의 군사협력을 강화하여 중국의 무력 침범에 함께 대응할 것임을 보여주면서 대만 국민들의 미국에 대한 신뢰를 높였다.

라 종교와 가치 영역에서 밀접해지는 대만-미국 관계

새뮤얼 브라운백(Samuel Brownback) 미 국무부 국제종교자유 대사는 3월 10일 대만에서 개최한 '인·태 지역 종교자유 수호를 위한 시민사회의 대화'에 참여하였다. 이 회의에는 총 15개국의 종교 지도자들이 참석하였다. 미국 국무부가 종교의 자유를 촉진하기 위해 앞 장에서 설명한 바와 같이 2018년 7월 25일 세계 '종교의 자유 장관급 회의'를 개최한 이후 처음으로 열린 역내 회의다. 2018년 장관급 회의에는 비수교국으로는 대만이 유일하게 참여했고, 가오쉬타이(高碩泰) 주미대표가 참석했다. 이후 2019년 2월 6일 미 국무부가 '이슬람국가 퇴치를 위한 세계연맹 장관회의'를 개최하였는데, 이 회의에 가오쉬타이 대표도 초청을 받았다.

3월 19일 크리스텐슨(Christensen) 미국재대만협회(AIT) 처장과 우자오셰(吳釗燮) 외교부장은 외교부에서 공동 기자회견을 열고 대만과 미국 간 정기적인 교류 플랫폼으로 새로운 연례 대화체제인 '인도·태평양 민주 거버넌스 협의' 구축을 발표했다. AIT가 우리 외교부에서 공동 기자회견을 열고 교류 플랫폼 구축을 발표한 것은 대만과 미국이 1979년 단교한 이후 처음이다.

마 한궈위에 대한 미국의 우려

한궈위는 지난 4월 중순 가오슝 시장의 신분으로 미국을 방문하였다. 한궈위는 국민당 총통 후보 예비선거에 출마할 가능성이 높았고, 당시 대만 국내정세로는 당선 가능성이 상당히 높아 주목을 받았다. 한궈위도 미국측의 자신에 대한 인식을 알고 싶었고, 자신의 정견을 미국에 시키고 싶었을 것이다. 그는 미국 정부 기관을 방문하지는 못했지만 하버드대 중국 연구센터와 스탠퍼드대를 방문해 중국 전문가들과 간담회를 가졌다. 그리고 그가 대만으로 돌아오기도 전에 간담회에 참석했던 미국 학자들이 대만 주간지 '신신문'에 평론을 실었다.

(1) 모호한 한궈위의 양안정책

회의에 참석한 미국 학자들은 최근 10년간의 대만해협의 정세가 크게 변화했기 때문에 한궈위가 총통 선거에 출마하려면 '92공식 견지' 외에도 미국의 대중국 억제 전략을 어떻게 해 대응할지 명확하게 제시하여야 한다고 했다. 한궈위는 여러 차례 '92공식'을 인정하고 양안관계를 재건해야 한다고 주장하였는데, 이는 미국이 대만을 인도·태평양 전략에 끌어들여 중국을 억제하는 정책과 배치되는 것으로 총통 선거에 출마하려면 대만과 미국 관계에 대해 보다 구체적인 설명이 있어야 한다는 주장이다.

미국 측은 한궈위가 양안관계 문제에 대한 입장을 '92공식' 하나로 일괄할 수는 없다고 생각한다. 미국은 한궈위가 미국 편에 서서 중국에 대항할 수 있느냐는 것이다. 연초에 시진핑이 이미 '92공식'을 '일국양제'와 동일한 개념으로 해석했기 때문에 '92공식'이 미국의 '인도·태평양 전략'과 모순된다고 보는 것이다.

(2) 국민당의 양안 정책에 대한 미국의 입장

한 대만 전문가는 '신신문'과 인터뷰에서 한궈위와 다른 국민당의 총통 후보들이 모두 '92공식'을 인정하고 양안 교류를 회복하려 한다고 평가하였다. 그는 중국 공산당은 이미 2008년의 중국 공산당이 아니고 현재 급진적으로 세계 정치·경제질서를 재정립하는 데 전념하고 있고, 미국의 대중국 정책도 2008년의 그것과는 크게 다르다고 강조했다. 또한, 대만이 여전히 마잉주 전 대통령의 양안정책 노선, 즉 베이징과 좋은 관계를 유지하면서 경제적 의존문제와 중국 통일전선전략에 대한 대응을 소홀히 하면 미국의 우려만 야기할 것이며, "국민당 총통 후보자는 자신의 양안

정책이 마잉주와는 다르다는 것을 미국에 설득할 수 있어야 한다"고 주장했다.

이를 볼 때 미국은 마잉주의 양안 정책을 현재 상황에 적용할 수 없다고 판단하고 있다. 2008, 2014년 미국이 마 총통의 양안정책을 지지했지만 현재의 상황은 분명히 다르다. 현재 미국과 중국은 무역·과학기술·외교·군사 등 전 분야에서 치열한 경쟁을 펼치며, 신냉전이라는 국제구도에 빠졌기 때문이다.

(3) 한궈위와 회동한 미 예비역 중장

지난 16일 스탠포드 대학에서 열린 한궈위와의 간담회에는 칼 W. 아이켄베리(Karl W. Eikenberry) 연구원이 참석하였는데, 그는 퇴역한 미국 육군 중장 출신으로 아프가니스탄 주재 미국 대사, 아프가니스탄 주재 NATO 연합군 사령관 및 부지휘관 등을 역임했으며, 중국어를 구사할 줄 알고 아내는 대만 출신이었으며, 오랫동안 아태지역 및 중국 정세를 주시해왔다.

아이켄베리는 한궈위에 대해 관심이 많아 두 차례나 그를 만났다. 아이켄베리는 17일 한궈위와 회담 후 곧바로 미국 동부로 향했는데 워싱턴의 백악관에 관련 내용을 보고했는지는 알 수 없다. 만약에 그랬다면 한궈위가 워싱턴의 정부 부처와 싱크탱크를 방문하지 않았지만 미국은 아이켄베리를 통해 한궈위를 대략적으로 파악했을 것이다.

(4) 미국 방문의 영향

한궈위의 이번 미국행은 2011년 9월 중순 민진당 총통 선거 후보였던 차이잉원의 방미와 유사하다. 당시 차이잉원이 미국 국가안보회의(NSC) 관료들과 회동하고 귀국하지 않은 상황에서 영국 파이낸셜타임스(FT)는 익명의 미국 고위 관리를 인용해 "오바마 정부는 차이잉원이 총통이 될 경우 중국과의 긴장이 높아질 것을 우려하고 있다"고 보도했다. 이 보도는 2012년 총통선거에서 차이잉원이 패배하는데 영향을 미쳤다. 한궈위 방미 일정이 끝나자마자 '신신문'이 한궈위에 대한 미국 학자들의 견해를 보도한 것도 선거에 일정한 영향을 미쳤다고 볼 수 있다.

4. 중국의 대만 수교국 탈취

2019년 대만은 또 하나의 수교국을 잃었다. 솔로몬 제도가 9월 16일 대만과 단교를 결정하여 36년간의 양국 공식 관계를 종식시킨 데 이어, 같은 달 20일 또 다른 대양주의 도서국가인 키리바시가 대만과의 단교를 선언하였다. 대만의 외교는 중대하고 연속적인 좌절을 겪었다.

가 중국의 목적

대만 정보당국이 파악한 바에 의하면, 시진핑 주석은 '대만선거 개입 계획'을 직접 주도하였다. 이 계획의 목표는 차이잉원 당국에 대한 대만 사회의 의심과 불신을 확산시켜 2020년 총통 선거에서 차이잉원 및 민진당의 지지도를 추락시키는 것이다. 외교적으로는 '어떠한 대가를 치르더라도 대만 수교국 빼앗기', 군사적으로는 '대만에 대한 군사적 위협 강화'를 골자로 하며, 세부적으로는 첫째, 대만해협 중간선에서의 대만 해·공군의 군사활동을 압박, 둘째, 경제적으로는 연말까지 모든 대만관광을 중지한다는 것이다. 한편으로 이같은 조치는 앞서 언급한 미국의 7, 8월 대만 무기판매에 대한 보복이기도 하다.

또한 2019년 10월 1일이 중국 정부 수립 70주년이기 때문에 대만의 수교국 강탈을 통해 대만 정책의 업적을 부각시키고, 대만의 독립에 대한 강경한 입장을 전달하며, 대만-미국의 관계 강화에 대한 불만을 표출함과 동시에 홍콩 '송환법 반대' 시위와 미·중 무역전쟁으로 인한 내부적 불만을 외부로 전환하고자 하였다. 이에 시진핑은 인구가 64만 명에 불과한 솔로몬과 10만 명에 불과한 키리바시와 수교하기 위해 거액을 지불해야 했다.

9월 11일 솔로몬 총리인 마나세 소가바레(Manasseh Sogavare)는 호주 유력 일간지 '디 오스트레일리안'과의 인터뷰에서 "대만은 우리에게 아무런 쓸모가 없다"고 직접적으로 언급했는데, 이 발언이 대만과 단교의 징조였다.

나 단교 이후의 영향

　솔로몬과 키리바시는 대만 국민들에게 매우 생소한 나라일 뿐만 아니라 경제무역 관계도 제한적이다. 이들 국가와의 외교 관계는 실질적인 의미보다는 형식적인 의미가 크다고 하겠다. 최근 대만 국민들은 실용적인 태도로 대만 외교를 평가하는데 대만 정부가 중국과 '금전외교' 경쟁을 할 필요도 없고, 또 그렇게 할 수도 없다. 언론 매체들은 중국이 솔로몬제도의 의원들을 포섭하기 위해 막대한 돈을 투자하고 있으며, 솔로몬 목재상들은 장기간 중국과의 무역으로 큰 수익을 얻고 있다고 보도했다.

　대만의 연합보 통신사가 9월 23일 발표한 총통 선거 여론조사에서, 차이잉원의 지지율은 45%, 한궈위의 지지율은 33%로 12%p 차이가 났다. 반면 빈과일보가 9월 24일 발표한 여론조사에서는 차이잉원이 44.4%, 한궈위가 32.9%로 11.5%p의 격차를 보였고, 8월 19일 발표된 조사에서는 차이잉원이 42%, 한궈위가 34.2%, 차이 총통이 7.8%p를 앞서는 데 그쳤다. 중국이 대만 수교국을 연달아 탈취하면서 대만을 외교적으로 압박한데 대한 대만 국민의 불만이 오히려 차이잉원 총통의 재선에 유리하게 작용했음을 알 수 있는 대목이다.

다 1단교에 대한 미국의 입장

　미국은 솔로몬 제도가 대만과 단교하는 상황을 지속 주시하고 있었다. 중국이 솔로몬 제도와 수교하면 괌의 안보 상황에 영향을 줄 수 있기 때문이었다. 2월 19일 폼페이오 미국 국무장관이 '태평양 도서국 정상회의'에 참석했을 때 대만의 민주주의를 높이 평가하면서 회원국들이 대만과의 국교를 계속 유지하기를 희망한다는 메시지를 처음으로 전달했다. 이는 대만의 수교국이 미국의 국익과도 관계가 있음을 방증한다. 3월 18일 매튜 포틴저(Matt Pottinger) 미국 국가안전보장회의 아시아 담당 선임보좌관은 대만 외교부장 쉬스젠(徐斯儉)과 함께 솔로몬제도에 모습을 드러냈다. 관련 사진은 미국측이 먼저 공개하였고, 미국이 대만과 솔로몬의 국교를 지지한다는 점을 여실히 보여주었다.

9월 10일 파푸아뉴기니, 솔로몬제도와 바누아투 주재 미국 대사를 겸임하고 있는 캐서린 그레이(Catherine Ebert-Gray) 대사는 솔로몬 제도 머내시 소가바레 총리를 만나 대만은 솔로몬의 '훌륭한 파트너'(an exceptional partner)라고 강조하면서 신중한 결정을 촉구하는 한편, 중국이 약속한 경제원조에 대해 경계심을 가질 필요가 있고, 대만과 단교하지 말 것을 요청하면서, 미국이 솔로몬제도에 대사관 개설을 조속히 추진하겠다는 언급도 하였다.

한편, 솔로몬제도와 대만과의 단교를 앞두고 펜스 미국 부통령이 솔로몬 제도측에 직접 전화를 걸고 서신을 교환한 것으로 알려졌으며, 9월 하순 유엔총회 기간에 소가바레 총리와 만날 예정이라는 계획을 밝히기도 했다. 그러나 솔로몬제도가 단교를 선택하자 펜스는 소가바레 총리와의 회동 계획을 취소하면서 불만을 표했다.

대만이 태평양 지역의 두 개 수교국을 잃자 미국은 대만에 대한 지지를 강화하였다. 미국 상원 외교위원회는 지난 9월 25일 『2019년 대만 우방 국제보호 및 강화 법안(약칭 'TAIPEI 법안')』을 통과시켰고, 산드라 우드커크(Sandra Oudkirk) 국무부 차관보는 26일 2주 내 대만을 방문할 것이라고 하여 대만에 대한 확고한 지지를 보여주기도 하였다.

한편, 호주도 솔로몬 제도가 인접한 국가이기 때문에 중국과의 수교 여부에 상당한 관심을 가졌다. 트럼프가 대통령이 된 이후 호주는 미국과 함께 중국을 가상의 적으로 간주하여 중국을 포위하는 '인도-태평양 전략'에 동참하였고, 솔로몬 제도가 중국과 수교함으로써 호주의 안보가 직접적으로 위협받게 되었다. 호주는 그동안 태평양 도서국의 최대 투자국으로서 의료, 교육, 정부 거버넌스 개선 등에 주력해 왔다. 2018년 여름에 취임한 스콧 모리슨(Scott J. Morrison) 호주 총리는 이전 총리들보다 태평양 도서국가들과의 관계를 중시하였는데, 2018년 11월에 약 20억 호주 달러를 출자해 태평양 도서국 인프라 펀드 설립 추진을 발표하기도 했다.

5. 미·중 무역전쟁의 서막

트럼프는 매번 시 주석을 칭찬하면서 친한 친구라고 치켜세우지만, 트럼프와 참모들은 중국의 부상이 미국을 대체하고, 심지어 양국의 경쟁이 전쟁으로 격화될 것을 우려하고 있다. 이른바 '투키디데스 함정(Thucydides Trap)'이라고 불리는 상황으로 미국은 중국에 대해 무역과 과학기술 전쟁을 펼칠 수밖에 없었다. 앞 장에서 언급한 바와 같이, 미국은 2018년 7월 6일 340억 달러 상당의 중국산 상품에 대한 관세율을 기존 10%에서 25%로 인상할 것이라고 발표하면서 미·중 무역전쟁의 서막을 열었고, 중국도 같은 날 340억 달러 상당의 미국 상품에 대한 관세를 25% 인상하였다.

가 무역 전쟁의 확산

2019년 5월 5일 미국은 2,500억 달러 상당의 중국산 상품에 25% 관세를 부과한다고 발표했고, 13일 중국은 미국 600억 달러 상당의 상품에 5~25%의 관세를 부과한다고 발표했다. 지난 20일 시진핑이 장시(江西)성 간저우(贛州) 희토류 산업단지를 시찰할 때, 일각에서는 중국이 희토류를 무기로 미국의 2,500억 원어치 관세 인상을 반격하고 미국의 무역전에 대응할 것이라는 관측을 제기했다. 시진핑과 시찰에 동행한 사람이 과거 미국과 화웨이 협상에 참여한 류허(劉鶴) 부총리였기 때문이었다.

시진핑은 희토류 산업단지 시찰중에 '중앙홍군장정출발기념원'을 특별 방문하고, "우리는 대장정의 출발점에서 당시 홍군이 출발할 때를 회상한다"며, "우리는 지금 새로운 대장정을 전개하고 있다. 우리는 다시 출발해야 한다"고 강조했다. 2018년 9월 미국 무역 전쟁을 앞두고 시진핑은 문화대혁명 시기의 구호인 '자력갱생'을 외친바 있는데, 이번에는 중국이 정권 수립을 하기도 전인 1934년 당시의 '대장정'을 언급하였다.

5월 29일 신화통신은 '중국의 희토류로 만든 상품으로 중국을 억제하려는 망상!' 이라는 제목의 글을 발표했다. 이 글은 "중국도 희토류 자원에 대한 세계 각국의 수요를 충족시킬 용의가 있다"면서 "무역전쟁에서 승자가 없고, 중국은 싸움을 원하지 않지만 두려워하지는 않으며, 필요하면 싸울 것이다"고 언급했다.

같은 날 인민일보도 '미국은 중국의 대응 능력을 과소평가해서는 안 된다'는 제목의 글을 통해 "미국은 중국 희토류의 주요 구매자로, 미국이 생산하는 전자제품, 군사장비, 기타 많은 제품들은 중국산 희토류에 크게 의존하고 있으며, 미국은 중국 희토류로 만든 제품으로 중국의 발전을 억제하려 하고 있는바, 중국 국민들은 결코 항복하지 않을 것"이라고 주장했다. 아울러, "미국은 발전 이익을 수호하는 중국의 능력을 과소평가하지 말라"고 경고하였다. 신화통신과 인민일보의 논평이 시진핑의 '전랑(戰狼)정신'에 호응해 미국에 대한 '희토류 전쟁'을 준비하고 있음을 알 수 있다.

미국은 이에 대해 호주와의 희토류 협력을 준비하고 있다고 즉각 대응하였고, 미국 본토에도 희토류 광물이 존재한다고 강조하였다. 시진핑의 '희토류 전쟁'은 미국에 압박을 주지 못하였고, 오히려 지식의 한계와 정세 오판, 미국과 우열을 가리려는 홍위병식 애국주의만 드러났다.

8월 1일 트럼프는 9월 1일부터 3000억 달러어치의 중국 상품에 10%의 관세를 부과하겠다고 했고, 5일에는 미국 재무부가 중국을 환율조작국으로 지정하겠다고 발표했다. 24일 중국은 750억 달러어치의 미국 상품에 10% 또는 5%의 관세를 부과하겠다고 발표했다.

나 미·중 과학기술 전쟁의 시작

미국 법무부는 2019년 1월 28일 중국 통신 대기업 '화웨이그룹'의 두 자회사 '스카이콤(Skycom)'과 '화웨이 디바이스 USA(Huawei Device USA)'의 부회장 겸 CFO인 멍완저우(孟晚舟)를 기소했다고 공식 발표하면서 23건의 구체적인 혐의를 들어 제소했다. 주요 혐의로는 은행 및 통신사기, 사법집행방해, 영업비밀 절취, 특허권 도용, 이란 제재금지 위반 등 13개다. 캐나다는 2018년 12월 1일 국경을 넘던 멍 부회장을 체포했고, 미국 법무부는 캐나다에 멍 부회장의 신병 인도를 요청했다. 미·중 간 경쟁이 무역 분야를 넘어서서 과학기술 분야로 확대되기 시작하였다.

다 대만 기업의 복귀

싱가포르 '싱잔은행'은 2019년 10월 1일 보고서에서 미·중 무역전쟁으로 인해 중국에 있던 대만 기업인들이 잇달아 생산기지를 대만으로 이전하고 있으며, 이에 더해 미국의 'MIC'(Made In China, 중국 제조) 제품에 대한 높은 관세 부과, 중국과학기술 관련 기업에 대한 제재, 미·중 관계의 지속적 불확실성으로 인해 대만 기업들은 '공급망 다변화'를 필요로 하게 되었다고 평가했다. 한편 대만 정부는 대만에 대한 투자를 장려하기 위해 많은 정책적인 혜택과 보조금을 제시함으로써 'MIT'(Made In Taiwan, 대만 제조)가 다시 주목을 받고 있다.

싱잔은행의 보고서는 대만의 경제상황을 아래와 같이 평가했다. 첫째, 대만의 대미 수출 증가세가 뚜렷하고, 둘째, 대만의 '해외생산비율(OPR)'이 하락해 2019년 1~7월 전체 OPR이 평균 50.5%로 2018년의 52.1%보다 감소하였으며, 셋째, 2019년 초부터 9월까지 대만 정부는 129개 대만 기업으로부터 투자 신청을 받았는데, 그 규모가 국내 총생산액(Gross Domestic Product, GDP)의 3%인 5,767억 대만달러(Gross Domestic Product)이며, 콴타(Quanta), 자이언트(Giant), 델타 일렉트로닉스(Delta Electorincs) 등 대기업들도 대규모의 투자계획을 발표하였다. 넷째, 실질적인 투자지표에서 상승세가 있었다. 2019년 대만의 GDP에서 총고정자본형성(Gross Fixed Capital Formation)이 5~6% 성장했으며, 9년 이래 최고 증가 속도를 기록했다.

그리고, 많은 기관에서 2019년 대만 경제 성장률 전망을 상향 조정했으며, 행정원 주계총처(主計總處)는 5월에 2.19%에서 8월에는 2.46%로 0.27%p 상향 조정했다. 위안다바오화(元大寶華) 종합경제연구원은 3월에는 2.1% 성장을 전망했다가 9월에 다시 2.3%로 수정했고, 중앙은행도 9월에 전망치를 0.34%에서 2.40%로 조정했다. 위안다바오화연구원은 연간 고정투자 증가율 추정치를 5.99%로 발표했으며, 이 중 민간투자 증가율은 5.05%로 3월에 발표한 전망치 3.67%를 크게 웃돌았다.

라 중국의 '대만 혜택 26개 조치'

중국 국대판은 2019년 11월 4일 26개 조항으로 구성된 '양안 간 경제문화 교류·협력을 촉진하기 위한 일련의 조치'를 발표했으며, 대만 기업과 대만 국민을 대상으로 각각 13개 조항, 총 26개 조항을 시행하였다. 앞 장에서 언급한 바와 같이 전년(2018년) 2월 28일에도 중국은 '대만혜택 31개 조치'를 제시한 바 있다.

이 중 '26조'에서는 첫째, 중국의 첨단산업 분야에 대만 기업인들의 투자를 유치하고, 둘째, 중국은 대만 기업들의 중국 이탈 추세를 감소시키고, 셋째는 중국이 대만 기업인들의 자금조달을 적극적으로 도와야 한다는 내용이 포함되어있다.

하지만 미·중 과학기술 전쟁이 한창인 가운데, 미국이 화웨이 5G 기술을 위협으로 간주하는 상황에서 대만 기업들이 중국의 첨단산업과 5G에 투자하면 미국으로부터 보복을 당할 수 있었다. 미·중 무역전쟁으로 인해 중국내 대만 수출 기업들은 미국의 고율 관세 제재에 직면하자 2019년부터 동남아로 빠르게 이동했고, 중국은 대만 기업들이 중국에 머물기를 희망하며 대만 기업의 투자 산업을 수출에서 내수로 전환하기 시작했다.

그러나 이러한 '내수' 산업은 중국 기업들도 매우 필요로 하는 상황이었는데, 중국 기업의 수출에 빨간불이 켜졌기 때문이다. 문제는 중국 내수 시장은 중국 기업들이 비교적 익숙하고, 워낙 경쟁이 치열해 대만 기업들에게 주어지는 기회가 매우 제한적이었다. 중국은 대만인들에게 대출 규제를 완화하는 등 임시처방을 하고 있지만, 그럼에도 불구하고 대만 기업들은 하나둘씩 대만으로 돌아오고 있어 실질적인 효과는 제한적이었다.

6. 왕리창 간첩사건

2019년 11월 22일 호주에서 '왕리창 간첩사건'이 발생했다. 왕리창은 호주 정부에 망명한 중국 정보요원으로 '홍콩 중국혁신투자회사'를 통해 가오슝 시장에 출마한 한궈위에게 2,000만 위안을 지원했으며, 대만의 언론, 정당, 총통부에도 금전을 제공했다고 인정했다.

가 왕리창 사건과 미국의 첩보전

왕리창은 홍콩, 호주, 대만 각지에서 활동하다 2019년 10월 호주 안보정보국(Australian Security Intelligence Organization)에 적발된 뒤 정치적 망명을 요청하였다. 그는 호주 채널 9의 '60분(60 Minutes)' 프로그램, '시드니 모닝 헤럴드', '에이지' 등 3대 메이저 매체와의 인터뷰에 응하였으며, 중국의 간첩 활동에 대해 증언하였다.

'60분' 프로그램 중 왕리창을 인터뷰한 사람은 호주의 유명 프로듀서인 닉 맥켄지(Nick McKenzie)로 호주의 퓰리처상으로 불리는 워클리상(Walkley Awards)을 7번이나 수상한 바 있어 상당한 전문성과 신뢰성을 가지고 있다. 그는 2014년 홍콩 행정장관 렁춘잉(梁振英)이 호주 회사 UGL로부터 약 5천만 홍콩달러(약 2억 위안)의 불법 자금을 받은 혐의를 폭로해 유명세를 탄 바 있다.

'60분' 프로그램이 방송된 후 호주 안보정보국(ASIO)의 마이크 버지스(Mike Burgess) 국장은 11월 25일 "ASIO는 '60분'이 보도 내용을 심각하게 받아들이고 있다"고 말했다. 아울러, "호주 국민들은 안심해도 되며, ASIO는 보도된 사건을 사전에 파악하고 있었고 적극적으로 조사 중"이라고 언급했다. 같은 날 스콧 모리슨 호주 총리도 성명을 통해 중국 스파이의 호주 침투 문제를 엄중히 다루겠다고 밝혔다.

왕리창의 상사인 샹신(向心) 부부가 11월 24일 타오위안 공항에서 출국 수속을 하는 과정에서 대만『국가안보법』에 위반되는 조직을 구성한 혐의로 법무부 조사국에 의해 체포되었고, 조사를 거쳐 타이베이 지검서는 26일 새벽에 부부에 대해 출국 금지령을 내렸다.

이 모든 과정은 상당히 다이나믹하게 전개되었는데, 최근 몇 년 간 미국을 비롯한 '파이브아이즈(Five Eyes)' 국가인 캐나다, 호주, 영국, 뉴질랜드 등 4개국은 러시아와 중국의 스파이 침투, 선거 및 정치 개입, 가짜 뉴스 제작 및 유포 등 샤프파워 행위에 대응하기 위한 공동전선을 구축했다. 미국은 이 사건과 관련해 막후에서 상당한 영향력을 발휘했는데, 뉴욕타임스가 11월 23일 먼저 왕리창의 진술서를 보도했다. 진술서는 호주 정보수사기관의 기밀자료인데, 미국 언론이 어떻게 이를 입수할 수 있었을까. 미국 대만협회(AIT) 타이베이 사무소가 페이스북에 이 기사를 즉시 공유한 것도 이례적이다. 대만에 주재하고 있는 미국의 정부기관이 왜 호주에서 발생한 첩보 사건을 자신의 SNS에 공유하였을까.

'60분' 프로그램에서 맥킨지가 왕리창을 인터뷰한 것을 보면 BBC가 11월 30일 주홍콩 영국총영사관의 홍콩 국적의 행정직원 정원제(鄭文傑)를 인터뷰한 것과 비슷하다. 정원제는 지난 8월 중국 선전(深圳)에 출장을 갔다가 중국 당국에 체포되어 진술을 강요당한 바 있다. 호주가 과거 영국의 식민지여서 인지 양국 언론과 정보기관의 수법이 상당히 유사해 보인다.

한귀위의 아내 리자펀(李佳芬)씨가 11월 26일 싱가포르에서 입국금지 조치를 당했다는 소식이 전해졌다. 싱가포르도 과거 영국의 식민지로 이 사건과 관련이 있는지 여부를 생각해 볼 필요가 있다. 싱가포르의 입국거부 사유는 정치색이 짙다는 이유였으나 상당히 억지스러운 면이 있다. 한귀위가 2월에 싱가포르를 방문한 적이 있는데, 왜 그의 아내 리자펀은 9개월 뒤에 싱가포르에서 입국을 거부당했을까? 리자펀 씨는 총통 후보도 아니고 배우자일 뿐인데 말이다. 하물며 1998년 양안 민간 대표들 간에 이루어졌던 '구왕회담(辜汪會談)'과 2015년 양안 정상회담, 그리고 트럼프와 김정은의 만남까지 싱가포르에서 이뤄졌는데, 이들의 정치색이 더 짙지 않겠는가. 따라서 싱가포르가 주장한 리자펀의 입국 거부 사유는 상당히 미심적은 면이 있었다.

'왕리창 사건'은 치밀한 정보전으로, 미국이 중요한 역할을 하였으며, 호주는 무대였을 뿐이다. 이는 2018년 12월 1일 멍완저우(孟晩舟) 화웨이 부회장이 캐나다에서 환승하다 체포된 사건도 미국이 주도했음을 떠올리게 한다. 사실상 '파이브아이즈'가 중국의 샤프파워에 반격하기 위한 서막과 같은 사건이었다.

나 중국의 부인

이 사건이 터지자 중국은 즉각 왕리창이 '사기 전과'가 있다고 발표했다. 중국은 11월 23일 그가 2016년 푸젠성 광저현 인민법원에서 사기죄로 실형을 받은 판결문을 공개했으며, 그가 재판을 받는 영상까지 방송으로 내보냈다. 하지만 공정한 사법권을 보장하지 않는 중국의 말을 그대로 수용하기는 어렵다. 그리고 중국이 왕리창을 범죄자라고 주장할수록, 그리고 중국이 사건과 무관함을 주장할수록 왕리창이 중국의 간첩이라는 의심이 든다.

다 대만 총통 선거에 미친 영향

'왕리창 사건'은 2020년 1월 대만 총통 선거와 시기적으로 겹쳤고, 한궈위 후보가 이로 인해 상당히 고전했다. 그를 겨냥한 것이 민진당이 아니라 호주언론이었기 때문에 해명도 쉽지 않았다. 한궈위는 이번 총통 선거가 국제적인 양상으로 전개될 것이라고는 예상하지 못했을 것이다. 더욱이 자신의 상대가 차이잉원이 아니라 호주와 미국, 심지어는 파이브아이즈일 것이라고는 상상하지 못했을 것이다.

총통선거 투표 사흘 전인 2020년 1월 8일, 호주 매체 '시드니모닝헤럴드(Sydney Morning Herald)'와 '디에이지(The Age)'는 차이정원 국민당 부비서장이 왕리창을 협박한 사실을 보도하였다. 보도에 따르면 차이정원은 왕리창에게 한궈위가 2,000만 위안의 정치자금 수수 사건은 민진당 전 비서장과 당시 추이런(邱義仁) 대만일본관계협회장의 사주였다고 진술할 것을 강요하였다고 한다. 만약 왕리창이 협박에 따라 진술했다면 중국 본토에서 범죄 문제를 해결하고, 가족의 안전을 보장받을 수 있었을 것이며, 중국 수사 당국의 통제에서 벗어나 호주에 머물거나 중국으로 돌아갈 수 있었을 것이다. 왕리창으로서는 협조하지 않으면 생명의 위협을 받을 수 있고, 심지어 중국으로 송환돼 재판을 받을 수도 있는 상황이었다. 그러나 왕리창은 결국 호주 경찰에 신고하였다.

차이정원은 이를 극구 부인하였으나, 호주 언론은 확실한 증거를 제시했다. '왕리창 사건'이 한궈위의 선거에 큰 영향을 주었기 때문에 국민당은 왕리창이 직접 민진당을 고발하게 해서 한궈위의 결백을 증명해야 했고, 민진당이 왕리창 사건을 조작했음을 부각시켜야 했다. 그러나 국민당의 적극적인 조치는 오히려 한궈위가 왕리창으로부터 2,000만 위안의 정치자금을 받았다는 사실을 방증하는 것이다. 정치자금 수수가 거짓이라면 차이정원이 굳이 나설 필요가 있겠는가? 왕리창을 협박해서 민진당에게 반격을 가하려고 했던 차이정원의 계획은 미국과 호주 정보 당국으로 인해 물거품이 되었다. 이들은 이 사건을 면밀히 파악하고 있었으며, 총통 선거를 3일 앞둔 시점에 호주 언론을 통해 대외에 알렸다.

🔒 왕리창의 배후

샹신(向心)은 왕리창의 상급자로 난징이공대를 졸업하였다. 난징이공대의 전신은 해방군 포병학교(포병학원)로 국방과학기술공업위(국방과공위)의 소속기관이다. 샹신은 졸업 후에 국방과공위에서 오랫동안 근무를 했으며, 이 때문에 중국 군사과학 연구자들과 친분을 맺었다. 이 과정에서 1985년에 해방군 '병기공업부' 부장을 지낸 저우자화(鄒家華)를 알게 되었다. 저우자화는 1991년 부총리로 승진해 부(副)국가급 대우를 받았으며, 샹신은 저우자화의 비서가 되었다. 저우자화의 부인은 중국 건국 10대 원수인 예젠잉(葉劍英)의 딸인 예추메이(葉楚梅)이다. 저우자화는 1973년 국방과공위의 전신인 국방산업판공실의 부주임을 역임한 바 있으며, 샹신의 부인 궁칭(龔青)도 국방과공위 소속기관인 중국 국방과학기술정보센터에서 근무한 바 있다.

1993년 샹신 부부가 홍콩에서 회사를 창업을 했을 때 언론은 여성 중장인 '녜리(聶力)'의 명령일 것이라고 보도했다. 녜리 중장의 아버지는 '개국 10대 원수' 중 한 명인 녜룽전(聶榮臻)이었다. 녜리는 국방과공위 부주임을 역임했고, 그의 남편 딩헝가오(丁衡高) 상장(上將)은 국방과공위 주임을 역임했다. 즉, 샹신과 저우자화, 궁칭, 녜리와 딩헝가오는 모두 국방과공위 요직을 역임했다.

'왕리창 사건'은 시작에 불과했다. '파이브아이즈'는 과학기술 특수요원이라고 할 수 있는 샹신을 주시하고 있었으며, 특히 샹신과 국방과공위, 그리고 저우자화, 녜리 등 '홍얼다이'의 관계에 지대한 관심을 가졌다.

제2절
2019년 미·중·대만 관계 발전의 영향

2019년 미·중·대만 3각 관계의 영향으로 첫째, 2020년 대만 총통선거에서의 민진당의 압승, 둘째는 중도층 유권자의 민진당 지지, 그리고 세 번째는 '통일 반대'가 새로운 대만 민심의 주류로 부상, 마지막으로 중국이 대만 수교국을 탈취하면서 보여준 '저급홍(低級紅 : 공산당의 저급한 행위)'이 부각되었다. 그러나 잊지 말아야할 것이 있다. 2019년 1월 3일 발표된 총통부 자문위원 우리페이(吳澧培)와 전 자문위원이었던 펑밍민(彭明敏), 전직 중앙연구원 원장 리위안저 등은 2019년 1월 3일 차이잉원에게 공개서한을 보냈다. 그들은 2018년 지방선거에서 민진당의 참패로 차이잉원 지지율이 저조했기 때문에 "대만 국민은 차이 총통에 대해 이미 불신임 표를 던졌다"고 강조하며, 2년 간 차이잉원은 200만장의 표를 잃었으며, 민진당은 기껏해야 2개의 도 및 6개의 현·시에서만 승리했다고 주장하였다. 그들은 차이잉원에게 2020년 총통 선거에 출마하지 말 것을 호소하면서 차이잉원이 출마할 경우, 녹색진영(민진당)은 분열되어 각기 다른 후보를 지지할 것이라고 하였다. 또한, 그들은 차이잉원에게 헌법 제53조의 '행정원은 국가 최고 행정기관'이라는 규정에 따라 신임 행정원장이 전권을 가지고 내각을 조직하고 지휘할 수 있도록 할 것을 요청하였다. 이들은 차이잉원의 재선을 막고 다른 후보를 출마시킬 계산으로 차이잉원의 사퇴를 종용하고, 정치적 위기를 조성하였으나 차이는 이러한 위기를 극복하였다.

1. 민진당의 대승

 2020년 1월 11일 대만 총통선거 개표 결과, 차이잉원 총통은 전체의 57.1%인 817만표를 얻었고, 한궈위는 38.6%인 552만표를 얻었다. 차이잉원의 득표 수는 2016년 첫 경선 당시 689만표보다 128만표가 증가하였다. 과거 천수이볜, 마잉주 전 총통들이 재선되었을 때는 처음 출마할 때보다 득표수가 낮았으나 차이잉원은 오히려 증가하였다.
 또한 민진당은 입법위 의원 선거에서는 61석을 차지했다. 2016년 선거보다 7석이 줄어들었지만 여전히 전체 의석의 과반수를 차지하였으며, '시대역량' 3석과 '대만기진' 1석, 무소속 '친민진당' 3석을 합치면 68석이 된다. 국민당은 38석을 획득하여 지난 선거에서 얻은 35석에 비해 3석이 증가하였다.

2. 중도층의 인식 변화

중도층의 유권자들은 일반적으로 고등교육을 받고, 안정적인 직업을 갖고 있으며, 평균보다 높은 소득 수준을 가지고 있다. 이들의 정치적 성향은 이성적이고 보수적이며, 사회의 변화보다는 현상이 유지되기를 바라는 한편, 경제는 지속적으로 발전되기를 희망한다. 대만에서 중도층 유권자들은 '중산층' 또는 '지식인 유권자'라고 부를 수 있다.

중도층들은 비교적 오랫동안 국민당을 지지해 왔다. 국민당은 '92공식'을 받아들였기에 그들이 집권할 때 양안관계는 비교적 안정적이었으며, '친미, 우일, 화중'의 기초 위에서 동시에 미국, 일본과도 좋은 관계를 유지했다. 게다가 중국 경제는 1990년대 이후 빠르게 성장하면서 대만 기업들과 청년들은 중국으로 향했다. 이 당시에는 대만의 미래에 대한 희망이 중국에 있다고 여기는 사람들도 있었다. 따라서 국민당의 양안 정책이 양안 간 경제·무역을 확대하여 대만의 경제 발전에 기여하면서 중산층이 중국에서 성공하는데 도움이 되었기 때문에 중도층 유권자들의 지지를 받았다.

2000년 천수이볜 총통이 집권한 뒤 '92공식'을 인정하지 않아 중국은 천수이볜 정권과 접촉을 거부했다. 2004년 천수이볜 총통이 재선된 뒤 'UN가입 국민투표'를 추진하는 등 양안관계가 경색되었는데, 이러한 강경책은 미국의 지지를 받지도 못했으며, 심지어 대만을 대만해협의 현상을 파괴하는 '트러블 메이커'로 여겼다. 당시 중국의 경제발전 속도가 전성기에 달했지만, 대만의 경제는 갈수록 나빠졌고, 산업이 중국으로 이동하여 공동화(空洞化)를 초래하였다. 그래서 2008년 중도 유권자들은 양안관계 개선을 통해 대만 경제가 발전하기를 바라면서 국민당의 마잉주(馬英九)를 선택했다.

가 마잉주 집권과 중도층의 우려

마 총통이 집권한 후 양안관계는 급속히 해빙되었고, 중국 각 성·시의 대만 방문단이 문전성시를 이뤘다. 대만 정재계 인사들은 매일 만찬장을 찾았고, 대만 야시장에는 중국 관광객들로 붐볐다. 그러나 대만 중산층은 도리어 걱정을 하기 시작했다. 마치 '경제로 정치를 포위'하거나 '무역으로 통일을 촉진'하는 것처럼 중국의 영향력이 대만 구석구석까지 침투하고 있다는 우려였다. 양안 간 경제무역 증가는 소수의 재벌과 기업인들에게만 이익을 제공했을 뿐, 일반 국민의 소득 증가와는 무관했다. 대만의 제조업이 중국으로 이동하면서 자금과 인재가 유출되었고, 대만에는 진입장벽과 부가가치가 낮은 서비스업만 남았다. 관광업은 중국 본토 상인이 독점적으로 운영했기 때문에 대부분의 이익은 중국이나 홍콩 업자에게 돌아갔고, 대만 상인들은 재미를 볼 수 없었고, 일반 국민들은 교양 없는 중국 손님들의 행동을 인내해야 했다. 이러한 상황은 2014년 3월 '해바라기 학생운동'으로 이어졌고, 나아가 2016년 총통 선거에서 중도 유권자들이 차이 총통을 지지하게 만들었다.

　차이잉원 집권 이후 양안관계가 다시 경색되었고 2018년 11월 지방선거에서 민진당이 참패하자, 중국은 대만 중도층이 국민당을, 특히 국민당의 양안 정책을 다시 선택했다고 인식했다. 이러한 인식은 시진핑 주석이 2019년 1월 '일국양제 대만방안'을 제시한 자신감의 바탕이 되었다.

나 중도층의 차이잉원 지지

　시진핑 주석이 2019년 초 '일국양제 대만방안'을 제시함으로써 대만의 현 상황이 바뀔 수 있다는 우려를 중도층들에게 심어주었다. 같은 해 6월 9일 홍콩에서 '송환반대' 시위가 발생한 이후 10월까지 이어졌다. 홍콩의 경찰은 더욱 난폭하게 군중을 탄압하고 이로 인해 대만 중산층은 '오늘의 홍콩이 내일의 대만'이라는 '망국감(亡國感)'을 갖게 되었다. 중국에 강경하게 맞서는 '라타이메이(辣臺妹: 대만의 센언니)'인 차이잉원은 오히려 현상 유지의 수호자이자 국가 주권과 민주 자유의 보호자로 부상했다. 반면 한궈위는 중국과 긴밀한 관계를 맺고 있어 중도층 유권자들은 그가 총통에 당선될 경우 대만의 현상이 바뀔 것이라고 우려했다. 2018년 11월 민진당이 현·시장 선거에서 대패하면서 차이 총통의 지지도가 바닥으로 추락했으나, 2019년 중반에 이르러 점차 반등하였는데, 중도층이 결정적인 역할을 하였다. 2019년 1월 21일 대만민의기금회가 발표한 여론조사에 따르면 차이잉원의 국정

지지도가 24.3%에서 34.5%로 전 월보다 크게 상승했으며, 반년 만에 가장 높은 수치를 기록했다. 빈과일보가 2월 20일 발표한 여론조사에서도 한궈위가 커원저와 차이잉원과 대결할 경우 한궈위의 지지율은 35.1%, 커원저 28.6%, 차이잉원 22.0%로 나타났다. 2월 27일 대만민의기금회가 발표한 여론조사에도 차이잉원, 한궈위, 커원저 세 사람이 출마할 경우 한궈위가 34.4%로 커원저 29.6%, 차이잉원 28.2%를 크게 앞섰다.

그러나 대만민의기금회가 '산수조사(山水民調)'에 의뢰하여 9월 24일 발표한 여론조사에 따르면 차이잉원 총통과 한궈위 두 사람이 총통 선거 때 만났을 때 53.6%가 차이잉원을 지지하고, 30.9%가 한궈위를 지지하며, 14.8%가 미결정, 0.7%가 잘 모르겠다고 대답하여 차이잉원이 한궈위보다 23% 포인트나 더 많은 지지율을 얻은 것으로 나타났다. 중도층 과반이 차이잉원을 지지하였으며, 약 17%가 한궈위를 지지하였고, 나머지는 응답하지 않았다. 즉, 차이잉원을 지지하는 중도층 유권자들의 수가 한궈위 지지자들의 수에 세 배에 달했다. 대만 매체 '방언(放言)'도 산수조사에 의뢰해 10월 21일 별도의 여론조사 결과를 발표하였는데, 차이잉원의 지지율은 48.7%, 한궈위는 31.3%로 17.4% 포인트의 차이를 보여 지지율 격차가 9월 당시 12.1%보다 더 크게 벌어졌다. 주목할만한 점은 중도층 유권자의 43%가 차이 총통을 지지했고, 17%만이 한궈위를 지지하였으며, 처음 투표를 하는 20~24세의 경우 60% 이상이 차이잉원을 지지했고, 한궈위는 10% 미만의 지지를 얻는 데 그쳤다.

다 양안관계와 경제 전망

남색(친국민당) 성향의 잡지 '원견(遠見)'은 12년동안 매년 '대만 민심동향 조사'를 진행해왔다. 원견에서 진행하는 여론조사는 참고할 만한 가치가 있으며, 2019년 12월 13일에도 최신 조사 결과를 발표했다. 다음 해 경제발전 전망에 대한 대만 국민들의 인식을 조사한 결과, 전년 대비 4.4% 포인트 증가한 38.1%가 좋아질 것이라고 답했고, 비관적인 전망은 28.1%로 전년보다 11% 포인트 감소하였다. 낙관적으로 전망한 사람들이 10% 포인트가 많았는데, 20세에서 29세의 경우 그 차가

48.0% 포인트에 달했다.

대만은 미·중 무역전쟁 상황에서도 미국에 대한 수출이 증가하였고, 2019년 11월까지 대만 기업의 본국 투자가 7,000억 대만 달러를 초과해 대만 내에 6만 개의 일자리를 창출하였다.

'아시아의 네 마리 용' 중에서 가장 높은 성장률을 기록한 덕분에 대만의 젊은이들은 경제 전망을 낙관했다. 다만 마 총통 시절인 2010년에는 대만 경제가 좋아질 것이라는 응답이 약 55%에 달했고, 나빠질 것이라는 응답은 약 25%에 불과해 역대 '원견' 여론조사에서 낙관적 전망이 최고치를 기록했지만 이후 점차 하락해 2018년에는 바닥을 찍었고, 2019년에 다시 반등한 것이다.

'원견' 여론조사에서 응답자들은 자신의 재무상태에 대해서도 비교적 낙관적으로 보고 있는 것으로 나타났다. 응답자의 36.1%는 2020년 재무상황이 전년보다 0.6% 증가할 것으로 예상했고, 24.5%는 나빠질 것으로 예상해 5.1% 포인트 감소했다. 나이가 젊을수록 재무상황을 긍정적으로 보았는데, 그 중 20~29세가 54.4%로 가장 낙관적이었고, 30~39세가 43.6%로 두 번째로 높았다. 60대 이상은 24.6%로 가장 낮았다.

마잉주 총통 시절인 2010년 '원견'의 여론조사에서는 자신의 재무상태가 좋아질 것이라고 생각하는 사람이 42%, 나빠질 것이라고 생각하는 사람이 29%로 역대 최고를 기록했지만 이후 점차 하락해 2018년에는 저점을 찍었다. 다만 낙관적으로 전망한 사람의 비중이 2019년보다 2010년이 5.9% 포인트 더 많고, 비관론도 2019년보다 4.5% 포인트 많아 양분적인 반응을 보였다. 이는 마잉주 시절 양안관계 개선으로 이익을 본 사람도 있지만, 반대로 중국자본의 대만 진출로 피해를 볼 수 있다는 우려를 가진 사람도 있었기 때문으로 풀이된다.

대만 경제에 대해서는 2010년에는 약 55%가 낙관적으로 전망하였고, 2019년에는 38.1%로 16.9% 포인트 차이가 났고, 자신의 재무상황에 대해서는 낙관론자가 2010년이 2019년보다 5.9% 포인트 높게 나타났으며, 2019년에는 격차가 감소하였다. 당시 양안관계가 개선된 상황에서 많은 사람들이 전반적인 경제 상황을 비교적 낙관적으로 인식하였지만 자신의 재무상황은 반드시 그렇지 않다고 본 것이다.

이는 양안관계 발전으로 인한 경제이익에 대해 대다수의 사람들이 그림의 떡으로 인식하고 있다는 것이다.

차이 총통의 '경제총력전(拼經濟)'은 2019년 중산층이 체감할 수 있는 성과를 가져왔고, '경제 카드'는 더 이상 국민당만의 전유물이 아님을 알 수 있다. 특히 미·중 무역분쟁이 시작되어 중국 경제가 추락하고 대만 상인들이 속속 대만으로 돌아오고 있었고, 중국과의 밀접한 관계가 오히려 불리하게 작용할 수 있어 국민당의 '양안 카드'도 큰 도전에 직면했다.

라 여론에서 멀어지는 국민당

마잉주 전 총통은 전 국민당의 주석과 대륙위원회 주임위원을 역임했다. 그는 국민당의 양안 정책의 대표적인 인물로 그와 주변 인물들의 발언은 상당 부분 대만 정치계의 남색 진영을 대변하고 있다.

(1) 마잉주의 민진당 비판

'마잉주 문교(文敎)기금회'는 10월 5일 '실체 없는 망국감'이라는 주제로 국가안보 토론회를 개최하고, 민진당의 양안정책에 대해 비판하였다. 우선, 마잉주 전 총통은 차이잉원 총통이 집권 3년 동안 반중(反中)정서를 정권의 무능함을 감추는 데 활용하였고, 심지어 정적 숙청의 무기로 활용하였다고 주장하며, 국민들의 공포감을 조성해 '망국감'이라는 단어로 사회불안을 조성했다고 말했다. 아울러 그는 2020년 총통 선거에서 무능한 정부를 끌어내림으로써 '망국감' 신드롬을 없애자고 호소했다.

둘째, 마잉주는 차이 정부가 선거판을 조작함으로써 양안관계를 악화시켰음은 물론, 거듭된 외교 실패로 주권을 훼손시켰으며, 그럼에도 대만해협의 평화에 도움이 되지 않는 중국에 대한 도발을 거듭 자행하였다고 말했다. 또한 그는 남은 15개 수교국 중 적지 않은 나라가 중국과 수교하려는 상황에서 차이잉원 총통이 개혁에 대한 필요성을 느끼지 못한다면 나라를 망친 '단교 총통'이 될 수밖에 없다고 말했다.

셋째, 마잉주는 대만은 미·중 무역대전의 장기판의 말에 불과하다고 말했다. 차이 정부가 문학적인 문장과 선전으로 대미 외교 성과를 미화하고 있지만, 실제는 허울 뿐인 'FBI', 즉 'friendly but inconsequential'(우호적이지만 실효성은 없는) 관계라고 평가하였다.

넷째, 마잉주는 "양안의 미래를 생각하면 헌법으로 돌아가야 한다"며 "대만의 현 위기를 해결하기 위해서는 양안관계가 헌법에 부합하는 '92공식, 일중각표'로 복귀해야 한다"고 말했다. 이는 양안이 이뤄낸 합의일 뿐만 아니라 '양안 공동의 정치기반'이며, 중국에게는 '여의봉'이고 대만에게는 '최선의 선택'이라는 것이다.

다섯째, 마잉주는 미·중이 다투는 지금, 우리는 양안관계와 국제 관계를 모두 고려하고, 그 속에서 균형을 잡아야만 위험을 피할 수 있다고 말했다. 또한, 양안이 상호 신뢰를 회복하는 유일한 길은 '화중, 우일, 친미(대륙과 화목하고 일본과 우호적이며 미국과 친함)'의 균형 외교로 돌아가야만 대만의 활로를 개척할 수 있다고 얘기했다.

그런데 차이잉원이 중국에게 도발을 했는지 여부는 중국과 마잉주가 일방적으로 단정할 수 없고 미국의 태도를 보아야 할 것이다. 차이잉원이 총통이 된 이후 '92공식'을 인정하지는 않았으나, 미국은 그가 양안의 현상을 훼손했다고 생각하지 않고, 더욱이 양안관계 악화의 책임이 차이잉원에게 있다고도 생각하지 않았다. 미국은 오히려 중국이 현 상황을 훼손했다고 비판해왔다. 2019년 대만 수교국들의 잇따른 단교 이후에도 차이 총통의 여론조사 지지율은 줄어들지 않고 오히려 상승하였다. 대만 국민들도 차이잉원이 나라를 망쳤다고 생각하지 않는다는 증거이며, 이는 중국의 패권적 행위 때문이라고 여기는 것이다.

대만이 정말 장기판의 말인지에 대해서는 사람마다 의견이 다르겠지만, 설령 그렇다 하더라도 이는 대만이 상당한 존재 가치를 가지며 국제정세 전반에 실질적인 영향력을 행사한다는 것을 의미한다. 한국이 미국의 요구로 2016년 사드(THAAD·고고도미사일방어체계)를 설치해 중국의 반발을 야기하였지만 누구도 한국을 미국의 장기판의 말이라고 보지 않는다. 캐나다 정부가 2018년 12월 1일 국경을 넘은 멍완저우(孟晩舟) 중국 화웨이 부회장을 체포하였지만 캐나다를 미국의 꼭두각시라고 할 수 있겠는가. 한편 미국이 2019년 대만에 첨단무기를 판매할 것이라고 발표한 바 있는데 이는 대만 안보에 있어 실질적인 의미가 있는 것이다.

시진핑이 이미 '92공식'을 '일국양제'와 동일시 하였기 때문에 마잉주가 고수하고 있었던 '92공식'은 이미 대만에게는 맞지 않는 옷이 되었다. 또한 시진핑이 '일중각표'와 '92공식'에 대한 인정을 거부하면서 '양안공식'과 '양안공동정치기초', 그리고 대만에게 '최선의 선택'은 성립될 수 없는 것이었다. 미·중 무역전과 과학기술 전쟁이 날로 치열해지는 상황에서, 미·중·대만 간 3각관계는 마잉주 시기와는 판이하게 변하였는바, 대만이 미·중 간의 대치국면속에서 균형외교를 하고 양쪽 모두에게서 이익을 얻는다는 것은 상당한 어려움이 있다.

(2) 남색진영의 정치인 발언 논란

마잉주 총통 시절 국가안보 업무를 담당한 국민당의 상당수 정치인들이 2019년 하반기부터 목소리를 내기 시작했는데, 총통 선거일이 가까워질수록 이들의 발언이 더욱 신랄해졌다. 이들의 견해를 중도 층이 받아들일 수 있을지는 의문이다.

① 쑤치(蘇起)의 대만 쇠퇴설

10월 5일 '실체없는 망국감' 제하의 세미나에서 마잉주 정부 시절의 국가안전회의 비서장이었던 쑤치는 2020년 대만 총선에서 차이 총통이 재선되면 양안관계에 큰 풍파가 있을 것이라고 강조하였다. 쑤치는 한궈위 캠프에 참여하고 있었다. 마잉주 정부 시절 국가안전회의 자문위원이자, 한궈위 캠프에 참여하고 있던 추쿤쉬안(邱坤玄)은 세미나에서 차이잉원 정부가 홍콩정부의 군중 탄압만 거론할 뿐 폭도들의 만행은 전혀 보지 않는다고 비판하면서 "사실 홍콩 경찰의 자제력은 칭찬받을 만하다"고 추켜세웠다. 그리고 그는 차이잉원의 3년 집권은 '편향정책'이라는 한 단어로 요약할 수 있다고 하면서, 그가 재집권하면 외교적으로 대미(對美) 일변도로 치달을 수 있다고 비판했다. 쑤치는 10월 10일, 차이잉원이 재선할 경우 "화산이 폭발하는 상황이나 다름없다"고 언급하였고, 2020년 5월 전후로 대만 국민들의 생활이 순탄치는 않을 것이라고 밝혔다. 마잉주 집권기 국가 안보 업무에 종사했던 전직 관료들이 차이잉원에게 투표하지 말 것을 끊임없이 경고했지만, 효과는 매우 제한적이었다.

'양안정책협회'가 10월 22일 발표한 여론조사에 따르면 쑤치의 주장에 찬성하는 국민은 29.6%, 동의하지 않는 사람은 58.7%에 달했다. 남색진영의 인사들의 발언은 젊은층과 주류민심에서 떨어져 있었고, 국민당의 선거에도 도움이 되지 않았다.

쑤치는 12월 11일 자신의 신간『대만의 삼각 문제: 미·중·대만에서 홍·남·녹까지, 대만의 앞날에 대한 재고』출판기념회에서 "중국은 매파만 남는다"며 차이 총통이 연임할 경우 양안관계가 천지가 개벽하는 변화가 있을 것이라고 하였는데, 이는 중국이 대만에 대해 무력을 동원할 가능성이 있다는 것을 암시하였다. 쑤치는 국제정치에서는 국력격차가 중요하기 때문에 대만은 하고 싶은 일을 마음대로 할 수 없다고 했다. 양안의 국력차가 명백하기 때문에 충돌이 발생하면 대만이 패배할 수밖에 없기 때문에 대만 정부가 더욱 조심하고 보수적이어야 하며, 불필요하게 중국을 자극하지 말아야한다고 강조했다.

쑤치는 "국가간의 관계에서 '완전한 적대'나 '완전한 우호'는 없고, 대부분의 국가는 미·중과의 관계에서 균형을 이루고 있으나 대만은 완전한 반중과 친미의 정책을 펼치고 있으며, 대만이 친미 일변도라고 하더라도 만약 대만해협에서 군사적 충돌이 일어난다면, 미군이 대만을 위해 중국과 싸우지 않을 것이라고 생각한다"고 말했다. 쑤치의 '양중(揚中)·쇠미(衰美)·기대(棄臺)' 노선은 차이잉원의 '반공(反共)·친미(親美)·보대(保臺)' 노선과 확연히 대비되었다.

② 훙슈주의 홍콩 '송환법 반대' 시위에 대한 우려

'공상건설연구회'는 10월 6일 '전국 공업·상업계의 한궈위 총통선거 지지 후원회'를 발족했다. 국민당 훙슈주 전 주석은 축사에서 내년(2020년) 총선에서 민진당을 지지하면 "오늘 홍콩이 대만의 내일이 될 것이며, 최악의 소요사태(動亂)가 발생할 것"이라고 말했다. 한궈위도 유사한 발언을 한 적이 있다. 8월 5일 홍콩 송환법 반대 인사들이 '3대 보이콧(大三罷, 파업, 장사거부, 수업거부)' 운동을 개시하였는데, 이날 한궈위는 인터뷰에서 "홍콩 소요사태가 지속될 경우 홍콩뿐만 아니라 대만의 중대한 손실"이라고 말하였다. 캐리람과 베이징 당국도 홍콩의 현 상황을 소요사태라고 묘사하였는데, 그렇게 해야 홍콩 정부의 시위대 무력진압을 합리화할 수 있기 때문이었다.

홍슈주의 발언을 통해 '오늘의 홍콩, 내일의 대만'에 대해서는 두 가지 해석을 할 수 있다. 하나는 앞으로 대만이 오늘날의 홍콩이 되어, 언론의 자유가 억압되고, 폭력적인 법 집행이 정당화되며, 조폭과 경찰이 결탁하여 시위대를 공격하고, 시위에 참가한 젊은이들이 다치고 사망하는 것이다. 다른 하나의 해석은 대만인 폭도들이 거리를 가득 메우고, 지하철역과 거리 매장을 파괴하고, 화염병을 던지는 것이다. 후자는 캐리람과 홍콩의 중련판, 중국 정부, 그리고 시진핑의 우려일 것이다.

③ 추진이의 양안 통일 발언

1993년 '해협교류기금회(海基會)' 부회장 겸 비서장을 지낸 추진이(邱進益)는 그해 '구왕회담'에 참여했고 싱가포르와 스웨덴 주재 대만 대표, 주스와질란드(현: 에스와티니) 대사, 총통부 부비서장, 국정자문위원, 고시(考試)원 전서부 부장을 지냈기 때문에 중국과 대만에서 상당한 인지도가 있었다.

2019년 12월 6일 상하이에서의 그의 연설은 대만 각계 인사들을 상당히 놀라게 했다. 그는 한궈위가 총통이 될 것이라고 확신했으며 한궈위가 선출될 경우 양안 지도자 간의 재회동을 적극 모색해야 하며 실질적인 결과도 기대할 수 있다고 했다. 추 교수는 한궈위와 시진핑의 만남이 이루어질 이상적인 시점으로 2021년 여름을 꼽았다. 소위 한궈위와 시진핑 간의 회담인 '한시회(韓習會)'의 회동 장소와 관련하여 추진이는 싱가포르가 가장 좋으나, 양측이 동의하면 마카오나 상하이 또는 시안에서의 만남도 고려할 수 있다고 생각했다. 추진이는 양안 간의 '새로운 합의'는 쌍방이 공동으로 '하나의 중국'의 정의나 내용에 대해 협의하고, '하나의 중국'의 주권을 양안의 국민들이 공유하며, 공동으로 중국의 주권을 수호하겠다는 결의를 선언한다는 것이라고 했다. 추진이는 '한시회' 이후 양안이 상대측에 대표 기구와 '평화통일추진위원회'를 설립하는 한편, 나아가 '헌정질서협의회'를 공동으로 조직하여 통일 중국에 대해 논의하고, 잠정적으로는 2035년을 통일 목표의 해로 삼을 것을 제안하였다.

한궈위의 총통 당선에 가능성을 매우 높게 보고 있었던 추진이는 상하이에서 한궈위가 총통이 된 이후 추진할 '양안 통일 청사진'과 구체적인 로드맵을 발표하였다. 추진이가 한궈위의 캠프 참모라 할 수는 없지만 대만 정치에서 위상과 양안관계에서 역할을 감안할 때 그의 발언은 상당한 무게감과 영향력을 가지고 있다고 할 수 있다. 대만에서 통일에 반대하는 사람들은 그의 발언들을 듣고 소름이 돋았을 것이다. 설마 한궈위가 총통이 된다고 정말 대만과 중국이 통일될 것으로 보는 것인가.

3. 2019년 여론 동향

12월 13일 '원견' 잡지가 발표한 최신 '대만 민심 동향 조사'를 살펴보면 2019년 미·중·대만 3각 관계에 대한 대만 국민들의 생각을 알 수 있다.

가 독립찬성에 대한 지지 여론 증가

여론조사 결과 '현상 유지 후 상황 보기'를 지지한 응답자는 38.1%로 전년(2018년)과 동일(38.0%)했다. 다만 '영원한 현상 유지'을 선택한 비율은 5.8% 포인트 증가한 21.4%로 역대 조사 중 가장 높았다. '대만 독립 찬성'을 선택한 비율은 전년 대비 2.7% 포인트 성장한 25.5%를 기록했다. 2016년 차이 총통이 취임한 이후 대만 독립 찬성 비율은 꾸준히 하락하다가 2018년 상승하기 시작해 2019년 가장 높은 수준까지 올라왔다. 반면 '대륙과의 통일 찬성' 비율은 전년 대비 10.2% 포인트 하락한 4.5%로 역대 최저치를 기록했다.

이는 물론 앞서 시진핑이 제시한 일국양제 대만 방안, 홍콩 송환법 반대 시위, 그리고 9월 중국이 2개의 대만 수교국을 연이어 강탈한 것과 관계가 있다. 이 때문에 '원견' 잡지의 여론조사에서, 양안 통일을 지지하는 사람들이 역대 최저인 5% 미만으로 떨어졌고, 대만 독립에 대한 지지는 역대 최고인 25%를 초과했으며, '영원한 현상 유지'를 선택한 사람들이 5.8%로 크게 증가한 것이다. '영원한 현상 유지'는 중국에게는 대만의 독립과 다를 바 없기 때문에 '현상 유지' 지지율 21.4%까지 합치면 대만 독립 지지가 46.9%에 달하고, '현상 유지 후 상황 보기'도 '통일 거부'로 간주하면 85%에 이른다.

나 국가대만판공실 주임의 발언

류제이 중국 국대판 주임은 12월 12일 인민일보에 '조국 평화통일 프로세스의 확고한 추진'이라는 제목의 글을 기고했다. 그는 "평화통일, 일국양제가 대만문제를 해결하는 기본방침이자, 국가통일을 실현하는 가장 좋은 방법이며, 대만동포를 포함한 중화민족 전체의 이익에 가장 부합하고, 두 개의 100년 분투목표와 중화민족의 위대한 부흥을 실현하는 데 가장 유리할 뿐만 아니라, 통일후 대만의 장기적 평안과 국민들의 안락한 생활에도 가장 유리하다"고 주장했다. 이 글에서 '일국양제(一國兩制)'는 대만의 현실을 배려하고 대만 동포들의 이익과 복지를 지키기 위한 것이라고 하였다.

류제이의 글과 '원견'의 여론조사 결과는 완전히 상반되어 있다. 대만인들은 중국의 '유화 제스처'를 수용할 수 없는 것이다.

류제이는 이 글에서 대만의 일부 정당과 단체가 '일국양제 대만 방안'을 적극적으로 모색하고 있으며, 양안 동포들이 함께 노력하여 협상과 통일을 논의하기 위한 중요한 첫걸음을 내딛었다고 평가하며, 이러한 추세는 거스를 수 없을 것이라고 말했다. 또한 중국은 대만의 각 당, 단체, 인사들과 함께 양안 정치문제와 조국평화통일 추진에 관한 문제에 대해 지속적으로 대화와 소통을 전개하면서 사회적 합의를 모색할 것이라고 부언하였다.

차이잉원은 '반침투법'이 12월에 입법원에서 통과될 것이라고 밝혔는데, 이러한 시국에 도대체 대만의 어느 당과 단체, 인사들이 감히 '일국양제 대만 방안'을 모색하며 중국과 '조국 평화통일 프로세스'를 논한단 말인가.

다 정체성에 대한 여론 동향

'원견' 여론조사에서 자신이 '대만인'이라고 답한 응답자는 63.4%로 전년보다 3.4% 소폭 증가했고, '대만인'이자 '중국인'이라고 답한 응답자는 36.2%에서

30.2%로 감소했으며, '중국인'이라고 답한 사람은 2.8%에 그쳤다. 중국에 대한 대만 국민들의 혐오감이 커지면서 스스로를 인식하는 정체성도 따라서 바뀌었는데, 눈에 띄는 점은 '대만인이자 중국인'이라고 비교적 모호하고 중립적인 구간에 있는 사람들이 6% 감소했다는 점이다.

국가 정체성 측면과 관련하여 2018년 '원견' 여론조사 결과에 따르면 '중화민국'이 국호라는 공감대가 84.7%에 달했고 11.4%만 반대하는 것으로 나타났다. 2019년 여론조사 때에는 87.3%가 동의했고, 7.2%만 동의하지 않았다. 동의한 사람이 2.6% 포인트 증가한 반면, 공감하지 않는 사람은 4.2% 포인트 감소했다.

차이잉원이 집권한 이후 여러 차례 중화민국을 언급하였고, 2019년 국경절 연설에서도 '중화민국 대만'이 대만의 정체성이라고 언급하였다. 중화민국 정체성은 이미 국민당의 전유물이 아니었고, 민진당도 이를 수용하였으며, 오히려 중도층에 가까운 남색진영의 표심을 향해 손을 흔들기 시작했다. 그러나 중국은 중화민국을 인정하지 않으면서 대만 여론과 멀어졌다. 앞서 말한 바와 같이 시진핑이 제안한 '일국양제 대만방안'은 중화민국의 존재를 근본적으로 부인하고 있으며, 국민당이 강조하는 '일중각표'도 받아들이지 않고 있다.

라 대만에 대한 자부심

경제주간지 '금주간'은 11월 27일 여론조사 결과를 발표하였다. 대만인으로서 '너무나 자랑스럽다', '아주 자랑스럽다', '자랑스러운 편이다'라고 응답한 비율이 74.8%로 집계됐으며, 이 중 16.1%가 '너무나 자랑스럽다'고 답했고, '전혀 자랑스럽지 않다'는 응답자는 13%, '조금 자랑스럽다'고 답한 응답자는 12.2%였다.

그중에서도 젊은 층일수록 대만인이라는 자부심이 더 크다. 이번 조사에서 20~29세는 '너무나 자랑스럽다', '아주 자랑스럽다', '나름대로 자랑스럽다'고 답한 비율이 전 연령층에서 가장 높았고, '전혀 자랑스럽지 않다'와 '조금 자랑스럽다'고 답한 비율은 50~59세로 가장 높았으며, 연령에 비례해 낮아졌다.

이는 젊을수록 대만인이라는 정체성에 공감하며, 대만인이라는 데에 자랑스러움을 느낀다는 것을 보여준다. 연령이 높을수록 자국에 대해 부정적이고 원망하며, 자랑스러움을 느끼지 않는 것으로 나타났다.

세부적으로 보면 응답자들이 자랑스럽다고 느낀 항목은 대만의 '의료서비스와 사회복지'가 85.7%였고, '다문화 포용성과 민족통합'이 75.1%, '인도적 지원' 74.2%, '민주적 법치'가 70.1% 순이었다.

2위 항목인 ''다원적 포용성과 민족통합'을 보면 아시아 최초로 '동성혼'을 허용한 국가로서의 대만이 정치, 문화, 종교, 성별이 다원화됨을 자랑스럽게 느낀다는 것이다. 중국이 강조하는 '단일 가치', 즉 하나의 목소리만 허용하며 대만에게 '일국양제'를 강요하려는 태도와 큰 대조를 이룬다. 이는 양안 간 가장 큰 차이기도 하다.

대만인들이 자랑스러워하는 항목 중 4위는 '민주적 법치'다. 이는 대만인들이 '민주주의가 좋은 것'이라고 믿는다는 것을 보여준다. 이들은 대만이 권위주의에서 민주주의로 가는 것이 옳으며, 권위주의가 재현되어서는 안 된다고 여긴다. 만약 대만인들 일부가 민주주의가 지독한 당쟁으로 비효율적인데다가 경제성장에도 좋지 않다며 악의적으로 비방하고, 오히려 중국과 같은 권위주의 체제를 효율적이고 성장에 특화되어있다고 찬양하더라도 이러한 목소리는 주류 민심을 대변할 수 없다.

마 중국에 대한 호감도 급감

앞서 언급한 바와 같이, 2019년 시진핑이 제안한 '일국양제 대만 방안', '홍콩 송환법 반대' 시위와 중국의 대만 수교국의 탈취는 모두 중국에 대한 대만 국민들의 부정적인 인식을 강화시켰다. '원견' 잡지의 설문조사에 따르면 2019년 중국에 대한 전반적인 인상이 '안 좋아졌다'는 응답은 30.7%로 전년 대비 13.9% 포인트나 증가했고, '좋아졌다'는 응답은 25.9%에 그쳐 전년 대비 22.9% 포인트 하락했다. 2019년 이후 대만 국민들의 중국에 대한 호감이 급격히 추락한 것이다.

특히 이번 설문조사에서 눈에 띄는 부분은 대만 국민들의 해외 투자와 비즈니스, 학업 관련 항목에서 중국은 2018년 34.4%에서 2019년 18.2%로 16.2% 포인트나 급감했고, 베트남이 2018년 16.9%에서 2019년 17.1%로 상승하여 2위를 차지했다. 가장 큰 변화는 다양한 연령층에서 중국 진출 의지가 전반적으로 감소하였는데, '원견'이 관련 설문조사를 시작한 이래 최저치를 기록했다. 30~39세 응답자 중 향후 베트남으로 가길 희망한다는 비율은 23.2%로, 20.9%인 중국을 처음으로 앞지르기도 했다. 미·중 무역전쟁으로 중국 경제가 침체되고 대만 기업들이 속속 대만으로 돌아오면서 대만인들은 이미 '서진'을 꺼리고 오히려 '남하'를 택하고 있음을 알 수 있다.

대만 국민들의 중국 진출 의욕이 떨어지다 보니 과거 국민당이 했던 발언들, 예를 들어 대만 경제가 중국 경제 상승에 편승해야 한다고 끊임없이 강조했던 것이나, 대만인들의 발전 기회는 건너편에 있다는 주장들이 모두 시험대에 올랐다. 그리고 중국의 통일전선공작에서 대만인을 중국으로 유치하는 것은 항상 추진 중점이었고, 성과평가의 핵심이 되어왔다. 이 중 젊은이들이 주요 대상이었다. 그들은 중국에 더 잘 동화되고, 중국에서 가정을 꾸려 자연스럽게 반대만 반독립, 그리고 양안통일을 지지하는 선봉대가 될 수 있기 때문이었다. 그러나 2019년 '원견' 조사에 따르면 1990년대 이후 대만인들의 뜨거운 '중국 취업 열풍'은 30년이 지속된 후에 마무리되었다. 과거 중국에 가서 일하는 것은 국제적으로 큰 무대로 나아가는 것을 의미하고, 일종의 유행이었으나, 2019년에는 새로운 변화의 흐름을 맞이하게 되었다.

4. 2019년 미·중·대만 3각 관계의 상호 영향

앞서 언급한 바와 같이 2019년 미·중·대만 3자 관계에서 발생한 6가지 주요 사건은 시진핑의 '일국양제 대만 방안' 제시, 홍콩의 '송환법 반대' 시위, 중국의 대만 수교국 탈취, 대만·미국 관계 격상, 미·중 무역전쟁과 '왕리창 간첩 사건'이다. 아래 그림 1과 같은 흐름을 볼 수 있다.

그림에서 보는 바와 같이 시진핑은 집권 후 반부패라는 명분으로 반대파를 대대적으로 숙청하고, 새로운 기관들을 설치하여 구 시스템을 대체하였으며, 국가주석 임기제를 폐지하고, 군사개혁을 추진하였다. 이로 인해 대내적으로는 과도한 중앙집권화가 이루어져 독단적 의사결정이 이루어졌으며, 대외적으로는 남중국해 군사력 확장, 일대일로와 AIIB 설립 추진 등 공세적인 태도를 보였다. 시진핑은 이를 통해 세계를 선도하여 미국을 추월하고, 다시금 과거의 영광을 찾고자 하였다.

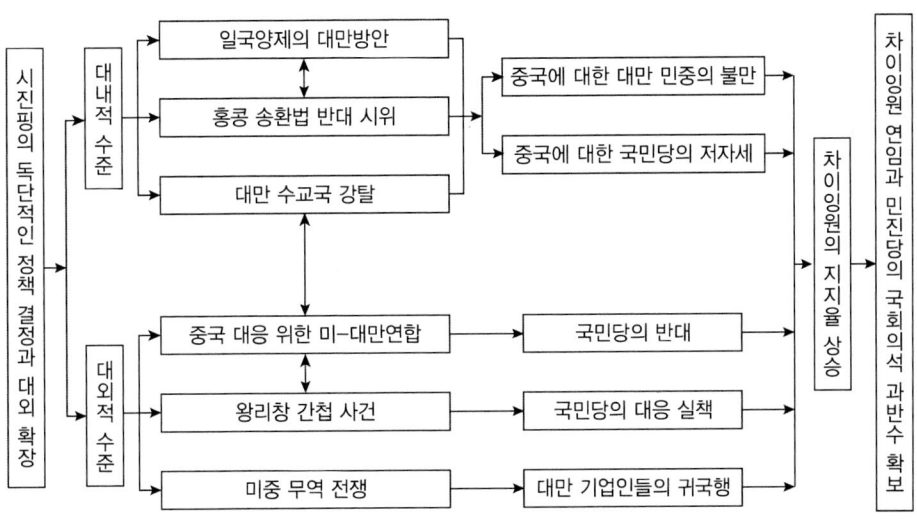

그림 1. 2019년 미국 – 중국 – 대만 관계 발전 흐름도

대내적 측면에서 볼 때 시진핑은 섣불리 '일국양제 대만 방안'을 제시했고, 홍콩 범죄인 송환법을 추진하려다 오히려 반대 시위를 불러일으켰다. 또한, 대만의 수교 국가들을 강탈함으로써 차이잉원 정부를 압박했으나 오히려 대만 국민들의 반발과 우려만 불러일으켰고 중국에 강경한 태도를 보이는 차이잉원에 대한 지지 여론만 끌어올렸다.

대외적 측면에서는 미국은 트럼프가 대통령 당선 이후 중국을 주요 위협으로 간주하여 중국과의 무역전쟁 및 과학기술전을 일으켰으며, '왕리창 간첩 사건'에서도 적극적으로 개입하는 모습을 보여주었다. 미국이 중국에 맞서는 상황에서 대만의 지정학적 중요성이 크게 부각되어 미국은 대만과 더욱더 밀접한 관계를 유지했다. 특히 시진핑이 '일국양제 대만 방안'을 제시하고 대만 수교국을 강탈한 행위가 미국으로 하여금 더욱 더 대만에 가까이 가도록 하게 한 것이다.

왕리창 간첩사건을 통해 중국의 대만 침투 야심이 드러났고, 국민당 총통 후보인 한궈위는 대만 대중들의 의심을 샀다. 이는 도리어 차이잉원 총통 지지도를 높이는 데 도움을 주었다. 대만 정부도 이번 사건 처리에 관여하였는데, 이를 통해 미국과 대만의 양자 관계를 강화하고 상호간의 신뢰를 높였다는 데 중요한 의의가 있다.

반면 국민당과 남색진영은 시진핑 '일국양제 대만방안'에 대해 강하게 비판하지도 않았고 홍콩 송환법 반대 시위에 대한 지지도 약했으며, 중국의 대만 수교국 강탈에 대해서도 애매한 태도를 보였다. 또한 그들은 대만-미국 관계 강화에 대한 비판과 질책을 하였고, '왕리창의 간첩사건' 대응에 있어서도 큰 실수를 범했다. 국민당과 남색진영의 이러한 행동은 차이잉원 총통의 지지도 상승으로 이어져 그녀가 총통 재선에 성공할 수 있었다.

대만의 역대 총통 선거는 미·중·대만의 3각 관계와 깊은 관련이 있었으나 유독 이번 총통 선거에는 그 영향이 강했다. 총통 선거에 영향을 준 굵직한 사건들이 모두 2019년에 발생하였는데, '친중(親中)·쇠미(衰美)·포대(抛臺)'와 '반중(反中)·친미(親美)·보대(保臺)' 노선 간의 경쟁이었다.

제7장
마무리하며

이 책은 다음과 같은 여섯 가지 결론으로 요약할 수 있다.

1. 미·일의 지지를 얻은 차이잉원의 대외 및 양안 정책

기본적으로 현재 차이잉원 정부의 대외 및 양안 정책은 다음과 같다.

가 미국, 일본 일변도 정책

중국과 일본 간 경쟁이 날로 치열해지면서, 특히 댜오위다오 문제와 관련하여 미·중 간 무역전쟁과 군사력 대결이 갈수록 뚜렷해지고 있다. 미국 조야에서는 중국을 가장 큰 위협으로 꼽았고, 미국 정부는 중국에 대항하는 '인도-태평양 전략'을 내놓았다. 미국과 일본이 보았을 때 대만은 지정학적으로 중요한 국가로 이러한 연대가 대만과 일본, 그리고 대만과 미국 간의 관계를 더욱더 긴밀하게 만들어가고 있다. 미국의 대만 수호 분위기 속에서 전반적인 국제정세는 대만에게 유리하다고 볼 수 있으며, 차이잉원은 이러한 추세를 충분히 파악하고 있다고 여겨진다. 특히 트럼프가 2018년 3월 16일 『대만여행법』에 서명한 점이 주목된다. 미국 행정 부처가 실제로 대만과 미국 간의 고위급 교류를 추진할지는 지켜봐야 하나 분명 상징적인 의미는 있다.

한편 미국 트럼프 대통령은 전임 오바마 대통령이 추진한 TPP에서 탈퇴했다. 일본이 그 바통을 이어받아 CPTPP 설립을 추진하여 토대를 마련했으며, 대만의 참여를 환영한다고 밝혔다. 이는 대만의 대외무역에 큰 도움이 될 뿐만 아니라 중국의 일대일로를 견제할 수 있다.

나 미국의 지지를 받는 정책

조지 W. 부시(George W. Bush)는 대통령 재임기간 중국과 가까워지기를 원했다. 그런데 당시 천수이볜 대만 총통은 'UN가입 국민투표'와 같은 많은 정치적 이슈로 미국을 곤란하게 하였다. 차이잉원은 일찍이 국가안전회의 자문위원과 대륙위원회 주임위원을 역임하여 중국과 미국에 대한 이해가 비교적 깊다. 특히 중국과 미국이 대립하는 상황에서 미국과 사전 소통하고 미국이 반대하지 않는 이상 차이잉원의 정책들은 외교적 공간들을 만들 것이다. 차이잉원은 미국에게 있어 '트러블메이커(troublemaker)'가 되지는 않을 것이다.

다 국제사회와 국내의 지지 확보

대만의 대다수 사람들은 원래 양안통일을 지지하지 않았다. 그런데 시진핑이 집권한 뒤 국가주석의 임기제한 규정을 폐지한 것과 같은 다양한 폭정들이 국제적 여론을 악화시켰는데, 이 때문에 대만인들은 더욱 통일을 원하지 않을 것이다. 중국과 통일을 하게 된다면 대만이 '중국식 민주제도'에 의해 강제로 '봉건제'로 회귀할 우려가 있기 때문이다. 따라서 차이잉원 정부는 중국 주도의 대만 통일이 정당성이 부족하다는 점을 대외적으로 선전하여 국제적인 지지를 구하는 한편, 시진핑의 이번 조치에 대해 대만 내부적으로 비판 여론을 조성해 대만이 중국과 통일해서는 안 된다는 점을 부각시켰다. 이를 통해 중국에 맞설 수 있는 내부 단합 분위기를 조성한 것이다. 반면 야당인 국민당은 시진핑 국가주석의 '임기제' 폐지에 대해 비판할 엄두조차 내지 못하고 있다.

2. 중국 '단교전'의 역효과

차이잉원이 집권한 후 중국의 직접적인 압박은 대만의 수교국들로 하여금 단교를 유도하는 것이었다. 이는 대만인들로 하여금 국제적인 수모를 당하게 하고 차이 정부에게는 자신감을 상실하게 하였다. 또한, 차이 정부가 '92공식'을 인정하지 않아서 발생한 '외교적 참사'라고 규정하여 야당이 차이 정부를 비판하게 하고, 대만 국민들의 불만을 확산시키고자 하였다.

가 대만 수교국의 감소

대만은 1971년 유엔에서 탈퇴한 후 수교국이 크게 감소하여 1988년 리덩후이가 인계받을 당시에 22개국만 남았었고, 2000년 퇴임할 때 29개로 늘어났다. 그가 재임할 당시 최대 31개국까지 늘어났었는데, 이는 대만의 당시 경제발전 성과가 우수하여 정부가 비교적 많은 자원을 외교에 투자했기 때문이었으며, 리덩후이 총통 본인도 외교에 많은 공을 들였다. 또한 1989년 '톈안먼 사태' 이후 중국의 국제적 이미지가 추락하여 국제적인 제재를 받게 되었는데, 중국이 국제적 고립을 피하기 위해 외교적으로 사투를 벌이고 있었고, 경제발전에 전념하고 있었기 때문에 대만의 외교적 확장에 대해 크게 주의를 기울이지 않았다. 또한 대만 수교국을 유혹하기 위해 투입할 수 있는 외교적 자원도 많지 않았다.

천수이볜 시대에 이르러 중국의 종합 국력이 점차 강해지면서 더 많은 자원을 투입하여 대만의 수교국을 목표로 삼기 시작하였다. 중국은 천수이볜이 대만 독립을 노리고 있다고 생각하여 대만의 수교국 강탈에 더욱 집중했다. 천수이볜이 2008년 퇴임할 때 대만 수교국은 7개가 감소하여 22개만 남았다.

마잉주 총통이 집권한 뒤 '92공식'을 인정했기 때문에 중국도 대만 수교국 강탈의 속도를 줄였다. 마 총통 집권기 단 하나의 수교국만 단교하였으나, 총 수교국은 22개국을 유지하였다. 차이 총통이 집권한 뒤에는 '92공식'을 인정하지 않는 데다, 시진핑 주석이 전랑외교를 전개하면서 4년 만에 7개의 수교국을 빼앗는 등 단교전에 총력을 기울였다. 특히 대만의 유일한 유럽 수교국인 바티칸을 빼앗아갔다.

나 중국의 수교국 강탈

마잉주부터 차이잉원 집권시까지, 대만과 단교한 8건의 사례 대부분에서 그 흔적을 찾을 수 있다.

앞서 언급한 바와 같이 2016년 3월 17일 감비아가 중국과 수교한 것은 왕이 중국 외교부장이 2월 25일 미국 CSIS에서 한 말 때문인데, 차이잉원이 '하나의 중국'을 인정하는 대만의 헌법과 헌정에 따라 당선되었기 때문에 결국 그의 당선도 '하나의 중국' 틀 안에 있는 것이라는 소위 '헌법설'을 들고 나왔기 때문이다. 그러나 이러한 발언이 당내에서 유약하다는 비판을 받았고, 왕이는 마잉주 총통의 미움을 사더라도 아프리카의 감비아와 수교함으로써 대만에 대한 강경태도를 보여주려 한 것이다. 같은 해 12월 2일 트럼프 대통령은 차이잉원과 전화통화를 했는데, 중국이 강한 불만을 제기하였으나 미국에게는 항의를 못하고 대만에 화풀이를 하였다. 중국은 21일 또 다른 아프리카 국가인 상투메 프린시페와 수교를 하였다.

2017년 4월 6일 시진핑은 처음으로 트럼프와 만났다. 정상회담의 만찬이 끝나기 전 트럼프는 시진핑에게 중국의 우방국인 시리아를 폭격했다고 말해 시진핑을 난감하게 하였다. 그러나 중국은 미국에게 강경한 태도를 보일 엄두를 내지 못하고 또다시 대만에게 화풀이를 했는데, 6월 13일 미국과 긴밀한 관계를 맺고 있는 파나마와의 수교를 선언함으로써 보복을 하였다.

2018년 3월 16일 트럼프는 『대만 여행법』에 서명했고, 4월 7일 대만 언론은 미국이 대만의 잠수함 국산화를 지원할 것이라고 보도했다. 이날 대만 국방부가 나서서 구체적으로 부가 설명을 하기도 했다. 미 국무부가 대만의 '잠수함 국산화(潛艦國造)'에 대한 '마케팅 라이센스(marketing license)'를 발급하기로 허가했는데, 그 결과, 5월 1일 중국은 도미니카와의 수교를 발표했다.

2018년 5월 24일 중국이 부르키나파소와의 수교를 선언한 것은 시진핑이 더 큰 규모의 중국-아프리카 협력 포럼을 개최하기를 원했기 때문이었다. 8월 21일 중국은 엘살바도르와 수교하였는데, 차이 총통이 8월 12-20일 수교국인 파라과이와 베리스를 방문하기 위해 미국을 경유할 당시 미국 정부로부터 파격적인 의전 대우를 받은 데 대해 불만을 가졌던 중국이 대만과 미국에 보복한 것이다.

2019년 9월 16일 중국이 솔로몬 제도와 수교하였고, 9월 20일 키리바시와 수교한 것은 2019년 10월 1일 중국 공산당 창당 70주년을 기념하기 위해서인 것으로 분석된다.

다 대만인들의 반발

기본적으로 대만인들은 일찍부터 단교에 대한 마음의 준비가 되어 있었고, 단교 후유증이 있었던 기간도 겨우 사흘에 불과했다. 중국 공산당은 끊임없이 대만의 수교국을 탈취하면서 자신들의 외교적 압박을 드러내었고, 결과적으로는 대만 국민의 중국에 대한 반발을 초래했다. 이는 중국이 '대만 인민들에게 거는 희망(寄希望於臺灣人民)'을 완전히 포기했음을 의미한다. 양측이 서로 으르렁거리는 상황에서 양안관계의 미래는 더욱 엄중해질 것이다. 반면 차이잉원은 오히려 이를 활용해 대만 내부의 공감대를 결집시킬 수 있었다. 중국을 적대시하고 대만 독립을 지지하는 여론은 더욱 증가할 것이다.

라 단교에 무감각해진 대만 국민

현재 대만 수교국 대부분이 이름조차 알려지지 않은 작은 나라로 대만의 많은 사람들은 '수교'가 결국 형식적인 의미뿐이라고 믿고 있다. 대만에게 있어서 가장 중요한 것은 역시 미국과 일본의 두 강대국과의 실질적인 관계다. 한편으로 대만은 수교국 유지를 위해 매년 막대한 돈을 들이고 있으며, 심지어 이들 국가는 종종 중국과 대만 사이에서 단교를 내세워 대만을 협박하기도 한다. 그러나 대만이 그들과 단교하면 대만은 오히려 이들에게 지불하는 외교적 경비로 사회복지를 증진시킬 수 있다. 특히 대만은 최근 몇 년간 경제가 침체되어 있어 이런 무익한 외교관계에 세금을 낭비할 필요도 없다. 따라서 이들 국가가 대만과 단교한다면 대만은 어느 정도 '속박'으로부터 벗어날 수 있을 것이며, 대만의 국제적 영향력에도 전혀 피해가 없을 것이다.

물론, 중국의 오랜 압박 속에 대만의 국제 공간에 새로운 돌파구가 마련되기는 어려울 것이다. 이러한 수교국들이 있기에 대만이 국가로서 위상을 가질 수 있지만, 설령 수교국들이 없더라도 대만은 여전히 국가로서 존재한다. 대만의 여권을 가지고 비자 없이 전 세계를 누비고, 대만인들은 스스로를 독립된 주권국가의 국민이라고 생각하며, 대만이 국가를 구성하는 네 가지 조건인 국민, 영토, 정부, 주권을 갖추고, 다수 국가들이 대만을 중화인민공화국의 실효적 지배를 받지 않는 정치적 실체로 인식하는 한, 대만은 여전히 국가이다. 아울러, 대만이 다수의 국제기구에 참여하고 미국, 일본과 긴밀한 동맹 관계를 유지하는 점도 대만이 국가라는 점을 방증한다.

따라서 중국이 대만 수교국들을 모두 탈취하더라도 대만인들에게 심리적인 좌절만 안겨줄 뿐, 실질적인 손해를 끼치지 못할 것이며, 오히려 중국에 대한 적개심이 깊어져 양안관계가 더욱 멀어지게 할 뿐이다.

마 국민당의 애매한 입장

중국은 대만의 수교국을 가져감으로써 국제적으로 대만을 억압하고 대만인들의 불만을 불러일으켰다. 민진당은 당연히 적극 비난의 목소리를 내었지만, 국민당은 감히 그러지 못한 채 애매한 태도만 유지했다. 심지어 단교의 책임을 차이잉원이 '92공식'을 인정하지 않기 때문이라는 발언도 하였다.

3. 차이잉원의 끈기

트럼프의 등장 이후 중국과 미국의 두 강대국이 충돌하는 가운데, 인접한 대만과 북한이 국제정세의 중요한 변수로 떠올랐다.

가 중국의 압박을 견뎌낸 차이잉원

앞서 언급한 바와 같이 시진핑은 취임하자마자 2013년 11월 동중국해 방공식별구역을 선포했으며, 다오위다오와 미야코 해협에 군용기와 군함을 지속적으로 파견하였으나, 일본과 아베 신조 총리는 이를 버텨냈다. 2015년 11월 1일 한중일 3국 정상회의가 아베 신조 총리와 박근혜 대통령, 중국 리커창 총리가 참석한 가운데 서울에서 개최되었다. 2013년과 2014년 한중일 3국 관계의 변화로 인해 그간 개최되지 못하다가 2015년에서야 다시금 개최된 것이다.

2016년 한국은 사드(THAAD)를 배치했고, 중국은 '한한령(限韓令)'을 내세워 한국 상품, 롯데마트, 한국의 연예인과 관광상품에 대한 불매운동을 전개했다. 한국이 이를 버텨내자 중국은 이를 지속하지 못하고 2017년 12월 문재인 대통령의 방중을 추진했다.

차이잉원은 2016년부터 '92공식'을 인정하지 않아 중국의 전방위적 압박을 받고 있으며 매우 힘겹게 이를 버텨내고 있다. 중국은 차이잉원이 중국의 압박을 버텨내고 미·일과 진정한 동맹이 될 수 있을지 여부를 지켜보고 있고, 미국, 일본, 그리고 전 세계가 대만과 차이잉원의 끈기를 주시하고 있다.

나 차이잉원은 '여자 마잉주(馬英九)' 인가

혹자는 차이잉원을 마잉주의 여자 버전이라고 한다. 마잉주는 관료 집안에서, 차이잉원은 부유한 상인 집안에서 태어났기 때문에 두 사람이 어릴 적의 생활 수준은 일반 가정보다 뛰어났다. 그리고 두 사람 모두 대만 국립대 법학부 출신의 수재였다. 또한, 그 둘은 모두 미국과 유럽에서 유학하여 법학박사 학위를 취득하였고, 상당한 국제감각을 보유하고 있다. 이들이 귀국 한 후 한 명은 총통부에 들어가 장징궈의 영어 담당 비서가 되었고, 한 명은 정치대학의 교수가 되어 성공가도를 달렸다.

두 사람은 모두 대만의 대륙위원회에서 근무한 바 있다. 마잉주는 부주임위원, 차이잉원은 주임위원을 역임하였으며, 중국 정세와 양안관계에 정통하였고, 두 사람 모두 정치계로 입문, 각자 속한 당의 주석과 총통이 되었다. 그리고 두 사람 모두 법률가 출신답게 신중함과 세세한 부분까지 신경을 쓰는 면이 있다. 그럼에도 두 사람 간 상당한 차이가 있는데, 차이잉원은 마잉주보다 더 침착하고, 더 끈기가 있으며, 때로는 더 과감하다.

예를 들어 마잉주 전 총통은 2015년 11월 7일 시진핑과의 만남이 성사되자 의기양양한 모습으로 회담을 하고 난 후 별도로 기자단과의 만남을 가지는 등 '원맨쇼'를 벌였다. 그러나, 시진핑은 기자회견을 열지 않았고, 두 사람이 식사를 한 후 시진핑은 조용히 자리를 떠났고, 마잉주는 기자들에게 취한 모습을 그대로 드러냈다.

차이잉원은 이와 반대로 비교적 침착하고 내성적이어서, 표정에서 속내를 읽기는 어렵다. 그녀는 지금까지도 '92공식'을 인정하지 않는 확고한 입장을 가지고 있다. 그래도 그녀는 중국을 도발하거나 하지는 않았다. 그녀는 미국 고위 관리의 잇따른 대만 방문을 성사시켰고, 미국이 대만에 파는 무기의 양과 질을 지속적인 향상시켜 왔다. 또한, 미국 의회가 대만에 우호적인 법안을 잇따라 발표하는 등 그녀로 인해 대만-미국 관계가 크게 도약했음에도 그녀의 태도는 항상 겸손했고, 과도한 홍보도 지양했다. 설령 트럼프와 통화하더라도 미국측에서 먼저 대외발표하였을 뿐, 차이잉원은 이를 떠들썩하게 선전하지 않았다.

그리고 차이잉원은 마잉주를 능가하는 각오와 의지를 보여주었다. 군함의 국산화와 잠수함 자체건조, 그리고 대만 자체 고등훈련기 제작, 공적 연금개혁 등 마잉주가 대통령 재임 중 하고 싶어도 할 수 없었던 일들을 추진했다. 중국에게 이러한 침착하고 강인하며 참을성 있고, 또 과감한 성격의 차이잉원의 확실히 만만치 않은 상대일 것이다.

4. 중국이 대만을 무력침공할 수 없는 10가지 이유

미·중·대만 관계를 전문으로 하는 미국 학자 이안 이스턴(Ian Easton)은 2017년 그의 신간 『중국의 침공 위협(The Chinese Invasion Threat)』에서 그가 입수한 중국인민해방군 내부 문서를 인용하여 중국군은 해공 봉쇄, 대량 미사일 발사, 수륙양용부대 상륙 등을 통해 2020년까지 40만 명의 병력을 대만에 투입할 계획을 갖고 있다고 주장했다. 또한 그는 중국이 섣불리 대만에 무력을 행사하면 미국이 개입하여 미·중 전쟁을 초래하고, 결국에는 중국이 패배할 것이라고 지적했다.

이스턴의 이 '무력통일설'은 대만 언론의 높은 관심을 끌었지만 중국이 실질적 대만을 무력으로 점령하기는 쉽지 않은데, 주된 이유는 다음과 같다.

가 정당성 부족

대만이 스스로 법리대독(법리적으로 대만의 독립을 추진)과 정명제헌(대만으로 국호를 개정)을 추진하여 중화민국을 대만공화국으로 바꾸지 않는 한 중국이 무력을 동원할 구실이 없다. 중국은 '책임있는 대국'으로 ISIS나 북한이 아니기 때문에 병력을 동원하기 위해서는 이유와 정당성이 있어야 하며, 국제적으로도 납득이 가능해야 한다. 그렇지 않으면 국제적인 비난을 받아내야 하는 위험이 있다. 2014년 크림반도가 국민투표를 통해 러시아에 자진 항복하였는데도 러시아는 국제적 제재를 받게 되었다. 국제사회는 러시아가 국민투표에 개입했다고 여겼기 때문인데 중국이 대만을 무력으로 공격하는 것은 더 말할 필요도 없다.

비록 대만이 국제적으로 국가로 인정받지 못하더라도 '실체(political entity)'로 존재한다. 중국은 민주, 자유, 법치의 정치체제를 없애야 하며, 대만으로 하여금 중국의 권위적 독재를 받아들이도록 강요할 것인바, 이는 국제사회, 특히 유럽, 미국 등 서구 민주국가의 지지를 받기 어렵다.

나 완성되지 않은 군사개혁

앞서 언급했듯이 시진핑은 집권 후 군사개혁을 적극 진행했다. 주된 이유는 시진핑은 장쩌민 시기에 기용된 고위 장성들을 극히 불신하였다. 궈보슝(郭伯雄), 쉬차이허우(徐才厚), 팡펑후이(房峰輝)와 같은 상장들과 그 휘하 장병들이 인민해방군 전체를 장악하고 있어 마치 독립적인 왕국을 방불케 했기 때문이었다. 이 때문에 후진타오도 집권 10년동안 중국 공산당 중앙군사위의 주석이었으나 군을 실질적으로 장악하지는 못하였다. 시진핑은 장쩌민 계파들이 중국군을 장악하는 것을 원치 않아 반부패라는 명목으로 대대적인 숙청을 단행했다. 중, 고위급 장교들이 수갑을 찬 채로 투옥되었으며, 중국군 내부 인적자원의 단절을 초래하였다. 이러한 군대가 전쟁을 할 수 있겠는가? 한편 중국군 내부는 매우 폐쇄적인 시스템으로 부패가 특히 심각하다. 병력 선발이 모두 '돈'에 의존한다면 이런 '돈' 장군과 '돈' 부대가 과연 전쟁에서 할 수 있을까? 아마 시진핑 스스로도 믿지 않았을 것이다. 중국군이 하드웨어적인 부분에 있어서는 성장해 나갈지는 모르나, 소프트웨어적인 부분에서는 그렇지 못할 것이다.

다 국제사회에 미치는 영향

일본은 석유를 생산하지 않고, 석유와 천연가스를 수입을 해오는데 모두 대만해협을 거쳐간다. 수출국가 한국이 동남아, 중동, 유럽, 아프리카로 물류를 운송하기 위해서는 반드시 대만해협을 경유해야 한다. 매일 대만을 지나는 각국의 항공기와 선박의 수는 셀 수 없을 정도로 많기 때문에 중국이 대만해협을 봉쇄한다면 아시아 태평양 지역 전체를 봉쇄하는 것과 다름없으며, 나아가 전 세계 해상 교통 마비까지 초래해 세계 경제와 주식시장에 심각한 영향을 미치고 국제정치에도 큰 충격을 줄 것이다. 특히 미국과 그 우방들이 끊임없이 군함, 군용기들을 대만해협으로 보내는 것은 대만해협이 중국의 내해가 아니라 국제수역이며 공해(公海)임을 보여주려 하는 것이다. 이에 중국이 대만해협을 봉쇄하려고 해도 명분이 없고, 국제사회의 반대에 부딪힐 수밖에 없는 것이다.

라 미국과 일본의 반대

미국은 트럼프 대통령 당선 이후 중국을 최대의 경쟁자로 꼽았으며, 이는 이미 미국 조야의 공감대를 얻고 주류 민심으로 자리 잡았다. 반면 대만은 미국이 중국을 압박할 수 있는 가장 중요한 곳으로, 그 전략적 가치가 높기 때문에 미국이 대만을 포기할 리 만무하다. 미국이 대만을 포기할 경우 괌, 오키나와, 하와이 등지에 있는 미군기지가 쉽게 공격을 받을 수 있다. 1979년 미·중 수교 때도 미국은 대만을 버리지 않고 『대만관계법』을 의회 주도로 통과시켜 대만과의 관계를 유지하고자 했고, 제임스 E. 카터 대통령이 서명함으로써가 법안이 통과되었다. 대만해협 문제에 대해서는 일본이 더욱 적극적인데 중국이 대만을 점령할 경우 일본이 점유한 댜오위다오는 물론 오키나와 제도까지 위협받을 수 있기 때문이다.

마 주변국의 견제

중국은 일본·미국·인도·베트남·호주를 비롯한 국가들과 영토분쟁이나 군사경쟁을 벌이고 있고, 남한·북한과의 관계도 원만하지 않다. 러시아와도 마찬가지다. 2022년 2월 러시아가 우크라이나를 침공해도 중국은 지원군을 보내지 않고 있다. 따라서 중국이 대만에 대해 무력을 행사할 경우 중국에 비우호적인 국가들이 개입할지, 혹은 심지어 안보공백을 틈타 중국을 공격할지 우려할 수밖에 없다.

바 대만군의 방위태세

대만군은 중국이 언제 기습공격을 할지, 어떤 식으로 공격할지를 매일 고민하고 있기 때문에 중국이 대만을 기습공격을 하는 것은 쉽지 않다. 대만군 모든 연습과 훈련이 중국군 기습을 상정하고 계획·실행되고 있기 때문이다.

(1) 대만의 방어무기

'공격은 최선의 방어'이지만 중국의 무력 위협에 대해 대만이 반격무기가 전혀 없는 것은 아니다. 차이 정부가 들어선 이후 마잉주 정부와 달리 윈펑(雲峰) 지대지 탄도미사일, 완젠(萬劍) 공대지 순항미사일 등 공격형 무기를 적극적으로 개발하여 중국의 침공을 억제하는 효과를 얻었다. 대만에 대한 무력행동은 엄청난 대가를 치러야 한다는 것을 인지시켰다.

(2) 대규모 상륙작전 수행 능력 미비

중국이 탄도탄을 활용한 기습공격으로 대만을 굴복시키려 한다고 해도, 대만은 세계적으로도 밀도가 매우 높은 방공미사일 체계를 갖추고 있어 요격이 가능하다. 뿐만 아니라 탄도탄 공격의 효과는 매우 제한적이며, 승리를 위해서는 결국 대규모 병력이 상륙해야 한다. 탄도탄 공격으로 민간인이 피해를 입을 경우 중국은 '전범'으로 전락하고, 외국인에게 피해를 입히면 국제적인 문제가 된다. 아울러, 반도체공장을 타격할 경우 글로벌 경제에 심각한 영향을 미쳐 국제사회의 개입을 촉발할 수 있다.

중국이 해상 상륙과 공수 병력 투사를 위한 충분한 수송 장비를 갖추고 있는지 여부도 의심스럽다. 이스턴은 중국군이 40만 명의 병력을 대만에 수송할 것이라고 말했으나 가능성이 떨어진다. 중국이 대만 맞은 편에 있는 푸젠성(福建省)에서 인력과 물자를 집결하여 대만해협을 건너려고 할 때, 1950년 한국전쟁과 1996년 '대만해협 위기' 때처럼 미국이 항공모함 전단을 대만해협에 배치한다면, 중국군은 미군을 뚫고 대만으로 넘어갈 수 있을 것인가. 중국군은 미군과의 전투를 감행할 수 있을 것인가. 대만군도 중국군의 집결지를 선제 공격해 중국의 대만 공격을 저지할 수 있을 것이다.

만약 해방군이 정말로 40만 명의 병력을 대만에 성공적으로 수송한다고 해도 대만의 21만 명의 현역 군인과 238만 명의 예비 군인을 섬멸할 수 있을지도 의문이다.

(3) 대만의 비대칭 전략

현재 각국은 '창의적 비대칭 전쟁'을 발전시키고 있으며, 최근 몇 년 동안 대만도 무인 공격기와 무인 잠수정을 적극적으로 개발하고 있다. 만약 중국이 대만에 무력 침공을 위해 대대적인 병력수송을 계획하고 있다면, 나아가 70년 전 노르망디 상륙 방식을 그대로 모방하려 한다면 이는 반드시 실패할 뿐만 아니라 막대한 사상자를 초래하게 될 것이다.

사 중국의 내부 문제

시진핑은 현재 국내 경제성장이 둔화되고, 산업 구조 전환의 어려움에 봉착해있으며, 빈부격차 확대, 심각한 환경오염, 부정부패 만연, 고위층의 권력투쟁 격화, 대외관계 악화 등 심각한 내부 문제에 직면해 있다. 따라서 대만 문제는 중국이 가장 시급히 처리해야 할 문제가 아니며, 대만에 대한 무력 사용은 이러한 문제들을 더욱 악화시킬 뿐 아니라, 심지어 이러한 문제들이 서로 상호작용하며 악영향을 미쳐 지금보다 더 큰 위기를 초래할 수 있다.

아 대만점령 실패의 책임

만약 시진핑이 무력을 동원해 대만을 침공해도 도중에 막혀버리거나, 미국, 일본, 호주가 개입하여 전세가 교착상태에 빠지고 심지어 대만 침공에 실패한다면, 이는 그가 적극적으로 추진한 '군사개혁'이 실패로 드러날 것이며, 전 군사위원회 부주석인 궈보슝과 쉬차이허우 등 많은 사람들의 숙청을 자신의 잘못으로 인정해야 할 것이다. 시진핑은 이에 대한 정치적 책임을 져야 할 것이다.

자 중국 청년세대의 문화

중국의 산아제한 정책 하에서 태어난 젊은이들은 어려서부터 부모와 조부모, 외조부모의 사랑을 받고 응석받이로 자라났다. '90년대생'의 중국 젊은이들은 나르시즘적 성향이 강하고, 사치스러우며, 현실정치에 무관심하다. 이들은 오로지 자신의 삶과 수입에만 관심이 있다. 대만에 대해서도 부모 세대만큼 관심이 없고, 대만을 통일해야 한다는 '역사적 사명감'도 점차 희미해지고 있다. 심지어 최근 몇 년 동안 소위 '탕평(躺平)주의(누워서 꼼짝하지 않는다)'로 일컫는 젊은이들의 라이프스타일은 소극적이고 우울함으로 차 있다. 대만을 무력으로 해방시키기 위해서는 그들 스스로가 목숨을 바쳐야 하고, 중국을 타격하는 대만의 미사일들을 뚫고 나가야 하는 위험을 무릅써야 하는데, 이들이 그러한 용맹함을 보여줄 가능성은 낮다. 인터넷상에서 공격과 살상을 외치는 '소분홍'들은 중국 청년들의 목소리를 대변한다고 볼 수 없다.

특히 중국의 사회와 인민해방군은 형식주의로 가득 차 있고, 겉으로는 모두가 앞다투어 '전랑(戰狼)'이 되겠다고 외치고 있지만, 실제로는 이기적이고 사리사욕에 가득 차 있다. 그들이 진심으로 대만을 무력으로 통일하기 위해 개인의 이익과 재산을 희생할 의지가 없고, 나라를 위해 목숨을 바칠 리는 더욱 만무하다.

중국은 각종 비정부기구를 규제함으로써 일반인의 인터넷 연결을 막고 있다. 그래서 각종 애국운동, 시진핑에 대한 개인숭배는 모두 위에서 아래로 강제된 '국가권력'의 표현이다. 고위 관료들은 애국한다면서 은밀히 자녀들을 해외로 보내 유학을 시키거나 이민을 가고 재산도 해외로 이전한다. 강경하기로 유명한 퇴역장군인 뤄위안은 미국에 대한 전쟁을 외치면서도 부인과 아들을 미국으로 보냈다. 중국이 실제로 대만에 무력을 행사한다고 했을 때 중국 젊은 세대들이 어떻게 반응할지는 지켜볼 문제다.

차 대만인의 결의

중국의 애국주의는 정부에 의해 나온다. 그러나 대만의 애국주의는 민간에서부터 발현되며, 아래에서 위로 향하는 사회적 역량이다. 또한 해바라기 운동의 원동력이기도 한데, 이러한 운동은 중국에서는 정부가 조작하지 않는 이상 일어나지 않는다. 인민들에게는 자신과 아무 상관도 없는 일일뿐더러 그러한 곳에 시간을 쓸 여유가 어딨겠는가. 만약 중국이 무력으로 대만을 침공하여 점령한다면 추후 대만인의 생활방식을 완전히 바꾸어놓는 것은 물론, 대만의 민주, 자유, 법치가 완전히 사라지게 된다. 이런 상황에서 중국 침공에 대해 대만인들이 두 손 놓고 당하기만 할 것인가.

5. 중국의 대만통일 전략의 실태

중국은 줄곧 대만을 통일하고 싶어 하였는데 그 모습은 마치 돈 많고 거친 남자가 미인에게 구애하는 모습과 비슷하다. 처음에는 마음에 드는 여성에게 선물 공세를 하다가 마음대로 되지 않자 화가 난 모습이다. 중국은 2008년 마잉주(馬英九) 총통 집권 이후 이른바 중국 관광객의 대만 방문과 양안서비스무역협정 체결과 같은 이른바 '대만혜택 정책'을 쏟아냈으나, 대만인들은 감격하지도 않았고, 오히려 2014년 '해바라기 학생운동'이 일어나 민진당이 2016년 재집권하고 2020년에 재선까지 되었다. 이로 인해 중국의 마음은 산산조각이 났으며, 대만에 대한 일련의 보복 조치를 단행했다.

가 중국에서 멀어지는 대만 민심

한 남자가 여성의 집 근처에서 칼과 총을 들고 고함을 지르며 "당신이 나와 결혼하지 않으면 당신 가족을 죽이겠다"고 협박했다. 이른바 무력을 통한 위협으로 공포를 조성하는 것이다. 중국이 대만혜택 정책의 실패에 화가 나서 2016년 차이잉원이 집권한 이후 군용기와 항공모함을 지속적으로 파견하여 대만을 포위한 형태로 훈련하는 등 공세적인 모습을 보이기도 하였다.

이제 이 남자는 인터넷과 매체에 '그 여성은 예쁘지도 않은데 잘난 척 한다'는 글을 퍼뜨리기 시작한다. 여기저기에 여성을 희화화하고 모욕하면서 글로 공격하는 '문공(文攻)'이다. 최근 몇 년 동안 중국은 인터넷상에서 끊임없이 대만혐오성 문구를 올렸다. 대만의 경제는 침체되어 있고, 대만의 민주주의는 완전히 실패했으며, 대만은 그저 "외세를 등에 업고 힘을 과시한다"거나 "미국에 의존하여 독립을 추구"한다고 말한다. 그리고 이 남자는 이 여자의 부모에게도 화살을 돌리기 시작한다. "부모가 두 사람의 결혼을 방해한 장본인이므로 모두 그들을 비난해야 한다"고 주장한다. 차이잉원과 라이칭더라는 두 대만 가장에 대한 중국의 비판과 같이, 그들이 대만 독립을 노리고 있고 양안 간의 갈등을 조장하는 '문제 제조자'라고 주장하면서 대만 국민들이 투표로 그들을 처벌하기를 바라는 것이다.

남자는 이 두 가지 방법으로는 충분하지 않았다. 남자는 온갖 협박과 유혹의 수단을 동원하여 여성의 친구들이 그녀를 떠나게 만들고, 여성을 사회에서 격리시켜 굴복하게 하려고 한다. 마치 중국이 도미니카 같은 나라들을 대만과 단교시키게 하고, 대만이 세계보건총회(WHA)에 참가하지 못하게 하는 등 끊임없이 대만을 압박하고 국제적으로 고립시키고 있는 것과 같다.

마지막으로 이 남자는 이 여자를 아내라고 주장하고 다닌다. 마치 중국이 각국 항공사에 홈페이지에 표시되어있는 '대만'을 '중국 대만'으로 바꾸라고 요구하는 것처럼 대만은 주권 독립 국가가 아니라 중국의 일부이자 한 지방 정부임을 부각시키고자 하고 있다.

위의 네 가지 방법으로 과연 이 남성은 여성과 결혼할 수 있을까? 당연히 불가능하다. 오히려 그녀가 그 남성을 더 싫어하고 거부하게 만들 뿐이다. 그래서 마지막으로 남성은 폭력을 통해 혼인을 강요하는 것 외에 다른 방법이 없다. 즉 중국이 대만에 대해 무력통일 외에는 속수무책인 상황이다. 중국은 이 남성과 같이 상당히 유치하고 성숙하지 않은 모습으로 상황을 점점 악화시키고, 역효과를 내고 있다.

대만에 대한 중국의 난폭한 행동은 대만 국민의 중국에 대한 혐오감을 더욱 부추기고 통일에 대해 더욱 강한 거부감을 일으킬 것이다. 이러한 방식의 '92공식'은 대만에서 뿌리를 내리기 어려울 것이며 국민당만 더욱 난처하게 만들 것이다. 커원저가 말한 '양안 한 가족'은 말할 필요도 없다.

나 중국의 애국주의

시진핑이 2012년 집권한 이후 중국은 '위대한 내 조국(了不起我的国)', '전랑2' 등의 영화에 힘입어 민족주의와 애국주의가 최고조에 달했다. 중국의 기층조직에서 경솔하고 오만한 분위기가 형성되었다. 차이잉원의 이성적이고 자제하는 모습과 큰 대조를 이룬다.

시진핑은 냉전시대 마오쩌둥이 강조했던 '자력갱생', '사영기업 제한' 정책을 배우고 마오쩌둥 시대의 '공사합영(公私合營)' 제도를 도입하고자 했다. 각 방송국은 문화혁명기에나 볼 수 있는 시진핑 개인숭배 다큐멘터리인 '평어근인(平語近人)'을 방송했다. 중국의 외교부는 '전랑외교'를 대대적으로 전개하여 국제사회의 불만을 야기하였고, 중국군은 남중국해에서 인공섬을 확장하고 군사화하였으며, 동중국해와 대만해협에서 군사훈련을 확대하였다. 민족주의와 애국주의가 시진핑에 의해 더욱 부추겨져 걷잡을 수 없이 확산됐다.

중국 국민들의 조급한 성격과 정치·경제부터 군사까지 다양한 분야의 충동적 행태와 자만심으로 인해 시진핑이 정세를 오판할 가능성도 커질 것이다.

다 미국의 대만 인식

오랫동안 중국이 대만에 무력을 행사할 경우 미국, 일본이 개입할 것인지에 관심이 모아졌다. 미국 측 고위 관계자는 중국이 무력으로 대만을 침공할 경우 미군이 대만에 협조할지 여부는 대만이 저항할 의지가 있는지 여부에 달려 있다고 말한 바 있다. 그만큼 대만인들의 저항 의지와 국토 수호의 결심이 미국의 대만 협조 여부에 중요한 고려 요인이 되고 있음을 알 수 있다.

사실 대만이 헌법 개정과 국민투표 등 법리적 독립을 추진하지 않는 한 중국의 무력침공은 정당성이 없어 미국과 일본이 개입할 수밖에 없으며, 국제사회의 비난과 제재가 뒤따를 것이다.

특히 현재 미·중 양국이 각 방면에서 대립하고 있으며, '신냉전'의 분위기가 조성되고 있다. 중국이 부상하여 군사적으로 위세를 떨치고, 대외적으로 확장할수록 미국은 더욱 대만을 중시하고 대만을 방어하려 할 것이다. 대만의 존재 자체가 미국 국익에 부합하기 때문이다. 이 때문에 중국은 미국이 대만으로 중국을 억제(狹臺制中)하고, 대만이 미국을 등에 업고 독립을 추구(倚美謀獨)한다고 강하게 비판하는 이유다.

라 중국의 오판 가능성

앞서 언급한 바와 같이 대만해협은 일본의 에너지 수송의 생명선인 데다 자위대가 동중국해를 넘어 남중국해로도 파견되고 있다. 그러니 대만이 만약 중국에게 점령당한다면 센카쿠와 오키나와를 보호하기 어렵다. 따라서, 중국이 대만을 무력침공한다면 일본이 '유사(有事, 전쟁이나 사변 등의 비상사태)'로 간주하여 개입할 가능성이 높다.

시 주석이 내우외환의 압력을 전환하기 위해 대만에 무력을 행사한다면 곧 실수임을 깨달을 것이다. 미·중 간 군사력은 여전히 상당한 격차가 있고, 더욱이 인민해방군은 실전 경험도 부족하다. 그러나 전쟁은 때때로 지도자가 정세를 오판함으로써 발생하기도 한다.

중국이 조급한 마음에 실수를 할 수도 있지만, 대만은 최대한 노력하여 실수를 피하려고 하고 있고, 차이잉원은 신중하고 냉정하려고 노력한다. 누가 위험에 처해 있는지 자명하다.

6. 홍콩의 중국화

앞서 언급한 바와 같이 2020년 1월 11일 차이잉원 총통은 2016년 득표수인 689만표보다 128만표가 증가한 817만표의 득표로 총통 연임에 성공했으며, 1996년 대만 총통 직선 이후 첫 임기보다 높은 득표수를 얻는 기록을 달성했다. 천수이볜과 마잉주 모두 이 같은 성과를 거두지 못했고, 시진핑은 완전히 체면을 구겼다. 세계 2위 경제대국의 역량을 쏟아 부어 차이잉원을 몰아붙이는 데 성공하기는 커녕 철저히 실패했다. 오히려 대만인들이 선거로 중국을 혼내주었다.

시진핑이 대만에 아무런 조치를 하지 못하자 홍콩을 화풀이 대상으로 삼고 그들을 짓밟았다. 앞서 말한 것처럼 시진핑이 트럼프에 속수무책일 때 2016년에서 2020년에 대만에게 칼을 꺼낼 수밖에 없었다. 외교적 압박, 차이잉원 정부와의 접촉 거부, 중국 군용기와 군함의 대만 포위 훈련, 선전전을 통한 대만 위협, 대만의 친중 인사 육성 및 지지 등이 있다. 그러나 대만은 결국 중국의 지배를 수용하지 않을 것이고, 중국의 이러한 조치는 효과가 제한적일 뿐만 아니라 역효과를 낳는다. 그런데 홍콩은 그렇지 않다.

2020년부터는 6월 30일 중국 전국인민대표대회 상무위원회가 홍콩인들을 대신해 『중화인민공화국 홍콩특별행정구 국가보안법』을 제정하여 엄격한 형벌과 법률로 홍콩인들이 민주적 자유를 누릴 권리를 제한하고, 과거 홍콩의 자랑이었던 법치를 무너뜨리고, 민선 입법회 의원들을 대대적으로 체포하여 홍콩의 민주적 불씨를 모두 꺼뜨렸다. 2019년 '홍콩 송환법 반대 시위' 운동에 참가한 학생들과 젊은이들이 줄줄이 투옥되었고, 소수 인사들은 해외로 망명하게 되었다.

중국은 홍콩의 '일국양제(一國兩制)'가 이미 끝나 공식적으로 '일국일제(一國一制)'가 되었다고 숨김없이 밝혔다. '50년 불변'이라고 외쳤던 홍콩의 민주제도는 23년 만에 막을 내렸고, 중국 공산당 정권의 말은 믿을 수 없다는 것을 다시금 증명하였다. 홍콩인들이 중국으로부터 박해받는 이유 중 하나가 대만과도 무관하지 않기 때문에 대만인들이 홍콩인들을 더욱 배려하고 지지하게 되었다.

참고문헌

壹、學術專書

- 范世平，習近平對台政策與蔡英文之挑戰，台北：博誌文化公司，2015年。
- 經濟部國際貿易局，2015年國際貿易情勢分析，台北：經濟部國際貿易局，2016年。

貳、期刊文章

- 「日本防衛白皮書批中國擴充軍隊」，亞洲週刊，第29卷第30期，2015年8月6日，頁49。
- 毛峰，「安倍吐真言，遏制中國內情」，亞洲週刊，第29卷第27期，2015年7月12日，頁27。
- 王正旭，「2016年我國大選後的兩岸關係發展」，展望與探索，第14卷第2期，2016年2月，頁1-8。
- 吳琬瑜、何榮幸、王曉玫，「專訪蔡英文：打贏九合一，中國也會轉向民進黨」，天下雜誌，第551期，2014年7月9日。
- 林泰和，「北韓的核武外交」，展望與探索，第15卷第10期，2017年10月，頁39-46。
- 高文南，「張志軍下台，上海統戰部長沙海林接任」，財訊雙週刊，第519期，2016年12月29日，頁52-54。

參、學術研討會論文

- 范世平，「2016年台灣大選中蔡英文兩岸政策的機遇與挑戰」，台灣光復70周年的歷史與現實學術研討會，上海：華東師範大學主辦，2015年10月24日。

肆、網際網路資料

- 丁世傑，「蘇起憂蔡英文若連任，台灣火山爆發」，旺報，2019年10月10日，請參考https://www.chinatimes.com/realtimenews/20191010003269-260407?chdtv。
- 三立新聞網，「談中聖建交，王毅：高度讚賞聖國回到一中原則」，三立新聞網，2016月12月26日，請參考http://www.setn.com/News.aspx?NewsID=210651。
- 大陸中心，「劉結一：一國兩制就是不在台灣實行大陸現有制度」，今日新聞，2019年1月18日，請參考https://www.nownews.com/news/20190118/3182221/。
- 川江，「撥開九二共識與九二會談的迷霧」，BBC中文網，2016年5月21日，請參考https://www.bbc.com/zhongwen/trad/taiwan_letters/2016/05/160521_china_taiwan_92_analysis。
- 中央通訊社，「巴拿馬副總統：盼與兩岸的關係都能堅實」，中時電子報，2016年5月5日，請參考https://www.chinatimes.com/amp/realtimenews/20160505006590-260510。

- 中央通訊社,「新南向政策綱領,提兩岸善意互動合作」,中時電子報,2016年8月16日,請參考 https://www.chinatimes.com/realtimenews/20160816005393-260407?chdtv。
- 中央通訊社,「被指控為台獨企業而遭中國打壓,海霸王發表聲明:兩岸同屬一個中國」,關鍵評論,2016年12月5日,請參考 https://www.thenewslens.com/article/55992。
- 仇佩芬,「亞投行簽署章程,中國設『台港澳條款』」,風傳媒,2015年6月29日,請參考 http://www.storm.mg/article/55205。
- 仇佩芬,「還原馬習會磋商,夏立言證實由對岸主動提出」,風傳媒,2015年11月4日,請參考 http://www.storm.mg/article/73094。
- 仇佩芬,「馬習會,習近平致詞:兩岸是打斷骨頭連著筋的兄弟」,風傳媒,2015年11月7日,請參考 https://www.storm.mg/article/73321。
- 仇佩芬,「北京不介入國民黨內鬥,連戰5月訪中遭取消」,上報,2017年3月13日,請參考 http://www.upmedia.mg/news_info.php?SerialNo=13453。
- 仇佩芬,「六四感言談李明哲,蔡英文勸中國:缺席民主將成遺憾」,上報,2017年6月4日,請參考 https://www.upmedia.mg/news_info.php?SerialNo=18351。
- 仇佩芬,「因李明哲案『重返』聯合國,民團突破人權理事會打臉中國」,上報,2017年9月14日,請參考 https://www.upmedia.mg/news_info.php?SerialNo=24757。
- 仇佩芬,「宗教自由會議:美重轟中國迫害人權台灣未把握會議外交機會」,上報,2018年7月31日,請參考 https://www.upmedia.mg/news_info.php?SerialNo=45420。
- 仇佩芬,「台美高層互訪,莫健:將以對台美都有利的前提處理」,上報,2018年11月08日,請參考 https://www.upmedia.mg/news_info.php?SerialNo=51662。
- 今周刊編輯團隊,「我是台灣人,我驕傲!74.8%台灣人:我以國家為傲,這三件事,讓大家最有光榮感」,今周刊,2019年11月27日,請參考 https://www.businesstoday.com.tw/article/category/80393/post/201911270031/「我是台灣人,我驕傲!」74.8%%20台灣人:我以國家為傲,這3件事,讓大家最有光榮感。
- 尹俊傑,「夏立言:APEC會面已成兩岸互動模式」,中央通訊社,2015年11月2日,請參考 http://www.cna.com.tw/news/aipl/201511020385-1.aspx。
- 尹俊傑,「APEC蕭習會,夏立言:安排中」,中央通訊社,2015年11月9日,請參考 http://www.cna.com.tw/news/firstnews/201511090196-1.aspx。
- 尹俊傑,「飛彈誤射,張志軍:影響嚴重台灣要說明」,中央通訊社,2016年7月1日,請參考 https://www.cna.com.tw/news/firstnews/201607010336.aspx。
- 尹俊傑,「藍八縣市陸展銷,張志軍:不是最後一次」,中央通訊社,2016年12月24日,請參考 http://www.cna.com.tw/news/acn/201612240118-1.aspx。
- 尹俊傑,「川普首度明確表態,願與陸合作一帶一路」,中央通訊社,2017年6月23日,請參考 http://www.cna.com.tw/news/firstnews/201706230060-1.aspx。
- 尹俊傑,「宋濤是否見到金正恩,陸外交部仍然避答」,中央通訊社,2017年11月21日,請參考 https://www.cna.com.tw/news/firstnews/201711210229.aspx。
- 尹俊傑,「紐時:美中南海交鋒,專家憂心爆發衝突」,中央通訊社,2018年11月9日,請參考 https://www.cna.com.tw/news/firstnews/201811090016.aspx。
- 方曉,「中共國台辦龔清概貪腐案受審,受賄5千餘萬」,大紀元時報,2017年2月22日,請參考 https://www.epochtimes.com/b5/17/2/22/n8837609.htm。
- 王山,「劉鶴訪美,鎩羽而歸」,法國國際廣播電台,2018年3月5日,請參考 https://www.rfi.fr/tw/中國/20180305-劉鶴訪美,鎩羽而歸。
- 王兆陽,「中國外交部:美方夜郎自大,我們奉陪到底」,香港01媒體,2018年3月23日,請參考

https://www.hk01.com/%E4%B8%AD%E5%9C%8B/171296/%E4%B8%AD%E7%BE%8E%E8%B2%BF%E6%98%93%E6%88%B0-%E4%B8%AD%E5%9C%8B%E5%A4%96%E4%BA%A4%E9%83%A8-%E7%BE%8E%E6%96%B9%E5%A4%9C%E9%83%8E%E8%87%AA%E5%A4%A7-%E6%88%91%E5%80%91%E5%A5%89%E9%99%AA%E5%88%B0%E5%BA%95。

- 王兆陽，「科技日報總編批『厲害了我的國』：輿論誇大中國成就誤導公眾」，香港01，2018年6月26日，請參考 https://www.hk01.com/%E5%8D%B3%E6%99%82%E4%B8%AD%E5%9C%8B/203548/%E7%A7%91%E6%8A%80%E6%97%A5%E5%A0%B1-%E7%B8%BD%E7%B7%A8%E6%89%B9-%E5%8E%B2%E5%AE%B3%E4%BA%86%E6%88%91%E7%9A%84%E5%9C%8B-%E8%BC%BF%E8%AB%96%E8%AA%87%E5%A4%A7%E4%B8%AD%E5%9C%8B%E6%88%90%E5%B0%B1%E8%AA%A4%E5%B0%8E%E5%85%AC%E7%9C%BE。

- 王彥喬，「二度接受中國媒體專訪，柯文哲表態：對九二共識了解和尊重」，風傳媒，2015年8月3日，請參考 http://www.storm.mg/article/59826。

- 王思慧、劉宥廷，「美方細緻操作？美國海軍科研船湯普森號泊高雄港」，中國時報，2018年10月16日，請參考 https://www.chinatimes.com/realtimenews/20181016002296-260417?chdtv。

- 王秋燕，「美國海軍擬全球軍演對抗中國，軍艦將通過台海、南海等敏感區域」，上報，2018年10月4日，請參考 https://www.upmedia.mg/news_info.php?SerialNo=49284。

- 王寓中、陳鈺馥、陳仔軒，「被稱中國台灣總統，馬辯『正式』國名」，自由時報，2016年3月18日，參考 https://news.ltn.com.tw/news/focus/paper/969559。

- 王揚宇，「新黨青年軍王炳忠等人涉違國安法，遭北檢起訴」，中央通訊社，2018年6月13日，請參考 https://www.cna.com.tw/news/firstnews/201806135002.aspx。

- 王朝鈺、林長順，「蔡總統：堅持國家立場，絕不屈服」，中央通訊社，2017年6月16日，請參考 http://www.cna.com.tw/news/firstnews/201706160091-1.aspx。

- 王聖藜，「新黨共諜案，王炳忠等5人全無罪」，聯合報，2021年4月29日，請參考 https://udn.com/news/story/7321/5420945。

- 王銘義、王正寧、藍孝威，「大陸：絕不會與甘建交」，中時電子報，2013年11月16日，請參考 http://www.chinatimes.com/newspapers/20131116000294-260102。

- 王慧，「美國防部長馬蒂斯訪華行程被取消，回應稱『中美關係未惡化』」，觀察者，2018年10月2日，請參考 https://www.observersnews.com/internation/2018_10_02_474152.shtml?s=zwyxgtjbt。

- 王霜舟，「多明尼加與中國建交，台灣進一步被孤立」，紐約時報中文網，2018年5月2日，請參考 https://cn.nytimes.com/china/20180502/taiwan-dominican-republic-recognize/zh-hant/。

- 甘芝萁、吳柏緯，「觀光業上街遊行，要減稅、討基本工資」，自由時報，2016年11月13日，請參考 https://news.ltn.com.tw/news/life/paper/1031700。

- 田思怡，「川普提名親俄油商當國務卿」，聯合新聞網，2016年12月14日，請參考 http://udn.com/news/story/7994/2167731。

- 石秀娟，「李明哲明天接受審判，李淨瑜今天順利登機前往中國」，風傳媒，2017年9月10日，請參考 https://www.storm.mg/article/328780。

- 石秀娟，「美大使會索羅門總理，稱台灣是索國絕佳夥伴」，中央通訊社，2019年9月15日，請參考 https://www.cna.com.tw/news/firstnews/201909110227.aspx。

- 江今葉，「台灣保證法草案，美眾院外委會通過」，中央通訊社，2019年4月10日，請參考 https://www.cna.com.tw/news/firstnews/201904100085.aspx。

- 江靜玲，「歐巴馬：只要維持『自治』台灣不會宣佈獨立」，中時電子報，2016年12月18日，請參考 http://www.chinatimes.com/newspapers/20161218000267-260102。

- 自由時報，「香港扣押星國裝甲車突『消失』，海關、保安未回應」，2017年1月2日，請參考

- http://news.ltn.com.tw/news/world/breakingnews/1935300。
- 自由時報,「美四參議員提台北法案挺台保邦交」,禁聞網, 2018年09月6日,請參考 https://www.bannedbook.org/bnews/zh-tw/lifebaike/20180906/994460.html。
- 吳奕軍,「美國兩黨都出手了,台灣對中共大外宣豈能狀況外」,上報, 2019年2月27日,請參考 https://www.upmedia.mg/news_info.php?SerialNo=58273。
- 吳越,「回應『臥底』羅援將軍,『不!我們不去戰鬥!』」,看中國, 2019年１０月９日,請參考 https://www.secretchina.com/news/b5/2019/10/02/909156.html。
- 吳寧康,「美關切共軍越中線,波頓:挑釁無法贏台灣民心」,中央廣播電台, 2019年4月2日,請參考 https://www.rti.org.tw/news/view/id/2016428。
- 吳曉沛,「台灣認同變化與520後的兩岸關係」,BBC中文網, 2016年3月14日,請參考 https://www.bbc.com/zhongwen/trad/china/2016/03/160314_taiwan_china_relations_tsai。
- 吳燕玲,「台灣來鴻:中共對台最廉價的武嚇」,BBC中文網, 2016年12月21日,請參考 https://www.bbc.com/zhongwen/trad/chinese-news-38398388。
- 呂伊萱,「美國宗教自由大使抵台:台灣是美國印太重要夥伴」,自由時報, 2018年3月10日,請參考 https://news.ltn.com.tw/news/politics/breakingnews/2722652。
- 呂伊萱,「司徒文:台旅法間接承認台灣是國家」,自由時報, 2018年3月19日,請參考 https://news.ltn.com.tw/news/focus/paper/1185161。
- 呂伊萱,「外交部與AIT共同宣布,台美啟動全新價值對話機制」,自由時報, 2018年3月19日,請參考 https://news.ltn.com.tw/news/politics/breakingnews/2731648。
- 呂伊萱,「索羅門斷交內幕,中國拉攏議員、木材商一人最多拿數百萬美金」,自由時報, 2019年9月16日,請參考 https://news.ltn.com.tw/news/politics/breakingnews/2917583。
- 呂欣憓,「蔡總統:力抗中國壓力 擺脫對中國依賴」,中央通訊社, 2016年9月29日,請參考 http://www.cna.com.tw/news/firstnews/201609295014-1.aspx。
- 呂欣憓,「總統府聘請宋楚瑜吳澧培擔任資政」,中央通訊社, 2016年11月14日,請參考 http://www.cna.com.tw/news/firstnews/201611145013-1.aspx。
- 呂欣憓,「總統府:中華民國是主權獨立國家」,中央通訊社, 2017年9月26日,請參考 https://www.cna.com.tw/news/firstnews/201709260334.aspx。
- 呂欣憓,「外交兩岸老將,府院盼吳釗燮陳明通創新局」,中央通訊社, 2018年2月23日,請參考 https://www.cna.com.tw/news/firstnews/201802230269.aspx。
- 呂昭隆、陳柏廷,「能打到京滬的飛彈,小英不做了」,中時電子報, 2016年9月20日,請參考 http://www.chinatimes.com/newspapers/20160920000329-260102。
- 宋秉忠,「兩岸和平統一,汪洋:水到渠成」,中國時報, 2018年7月14日,請參考 https://tw.news.yahoo.com/%E5%85%A9%E5%B2%B8%E5%92%8C%E5%B9%B3%E7%B5%B1-%E6%B1%AA%E6%B4%8B-%E6%B0%B4%E5%88%B0%E6%B8%A0%E6%88%90-215014624--finance.html。
- 宋原彰,「香港反送中大遊行持續,郭台銘:證明一國兩制失敗」,MSN新聞, 2019年6月12日,請參考 https://www.msn.com/zh-tw/news/other/香港反送中大遊行持續-郭台銘證明一國兩制失敗/ar-AACLNyn。
- 李允傑,「兩岸這時更需政治互信」,中時新聞網, 2016年7月4日,請參考 https://www.chinatimes.com/opinion/20160704005660-262105?chdtv。
- 李伊晴,「馬英九談六四:六四不平反,統一不能談」,今周刊, 2017年6月4日,請參考 https://www.businesstoday.com.tw/article/category/80392/post/201806040011/馬英九談六四:六四不平反統一不能談。

- 李羽蝶,「打臉李登輝,蔡英文:釣魚台是台灣的」,華視新聞網,2016年2月17日,請參考 https://news.cts.com.tw/cts/politics/201602/201602171717232.html。
- 李忠謙,「北京拿500億美元利誘,我非洲友邦布吉納法索:錢買不走與台邦誼!」,風傳媒,2017年1月25日,請參考 https://www.storm.mg/article/217149?page=1。
- 李欣芳、施曉光、彭琬馨、鄭鴻達,「台灣是主權獨立國家」,自由時報,2017年9月28日,請參考 https://news.ltn.com.tw/news/politics/paper/1139084。
- 李彥謀,「郁慕明推李勝峰參選總統,新黨還要聯合統派開統一大會」,信傳媒,2017年8月22日,請參考 https://www.cmmedia.com.tw/home/articles/5283。
- 李春,「人大開幕,李克強:堅持九二共識」,聯合新聞網,2016年3月5日,請參考 https://udn.com/news/story/9531/1543018。
- 李鴻典,「反批郭正亮黃國昌,洪秀柱:我不是統派,是正派」,今日新聞網,2015年6月11日,請參考 http://www.nownews.com/n/2015/06/11/1716415。
- 李鴻典,「台灣八縣市首長會見張志軍推觀光,范世平:將創旅遊史紀錄」,三立新聞網,2016年9月18日,請參考 http://www.setn.com/News.aspx?NewsID=182738。
- 杜尚澤、俞懿春,「習近平會見日本首相安倍晉三」,人民網,2017年11月12日,請參考 http://cpc.people.com.cn/BIG5/n1/2017/1112/c64094-29640593.html。
- 汪莉絹、林庭瑤、林克倫,「朱立倫:九二共識下,兩岸合作雙贏」,聯合新聞網,2015年5月5日,請參考 http://udn.com/news/story/7990/881827-%E6%9C%B1%E7%AB%8B%E5%80%AB%EF%BC%9A%E3%80%8C%E4%B9%9D%E4%BA%8C%E5%85%B1%E8%AD%98%E3%80%8D%E4%B8%8B-%E5%85%A9%E5%B2%B8%E5%90%88%E4%BD%9C%E9%9B%99%E8%B4%8F。
- 汪莉絹、郭玫君、戴瑞芬,「陳德銘:習近平對國台辦工作滿意」,聯合報,2017年3月7日,請參考
- 周志豪,「馬轟蔡:操弄亡國感,用反中當遮羞布」,聯合報,2019年10月5日,請參考 https://udn.com/news/story/12702/4088457。
- 周辰陽,「北韓宣布,成功試射火星14型洲際飛彈」,聯合新聞網,2017年7月4日,請參考 https://video.udn.com/news/715599。
- 周怡孜,「賴清德主張台灣獨立,吳育昇批:搞政治登革熱,會死多少人!」,風傳媒,2015年10月1日,請參考 https://www.storm.mg/article/67883。
- 周怡孜、羅瑋智,「指九二共識與習近平所提不相,吳敦義喊話蔡英文要有正確認知」,風傳媒,2019年1月9日,請參考 https://www.storm.mg/article/806640。
- 周虹汶,「在美留學高官子女,中共密令召回」,自由時報,2018年10月4日,請參考 https://news.ltn.com.tw/news/world/paper/1236936。
- 周毓翔、郭建伸,「虛與委蛇,斷交有跡可循」,中時電子報,2017年6月14日,請參考 http://www.chinatimes.com/newspapers/20170614000394-260118。
- 岳華,「中共海協會常務副會長鄭立中被撤銷政協職務」,大紀元時報,2017年2月24日,請參考 http://www.epochtimes.com/b5/17/2/23/n8842938.htm。
- 林宏聰,「依依不捨,前美大使艾江山把握時間和韓國瑜吃早餐」,中國時報,2019年4月16日,請參考 https://www.chinatimes.com/realtimenews/20190416004847-260407?chdtv。
- 林良昇,「海協會副會長鄭立中被撤職」,自由時報,2017年2月24日,請參考 https://news.ltn.com.tw/news/politics/paper/1080838。
- 林良昇,「兩岸政策協會民調:中國打壓,六成三挺政府反制」,自由時報,2018年6月11日,請參考 https://news.ltn.com.tw/news/focus/paper/1207894。
- 林宜靜、王文郁,「繼參院外委會通過台北法案,美亞太副助卿孫曉雅將訪台」,2019年9月27日,中時電子報,請參考 https://www.chinatimes.com/realtimenews/20190927000959-260408?chdtv。

- 林河名，「洪秀柱說帖，拋『一中同表』」，聯合報，2015年6月11日，請參考 http://udn.com/news/story/7990/876498。
- 林奕如，「霍建華、周迅缺席『如懿傳』！主持人一上台：記者會到此結束」，東森新聞，2018年11月18日，請參考 https://star.ettoday.net/news/1309443#ixzz6rztxGQ7Q。
- 林奕榮，「美中貿易百日計畫的十點『早收』清單」，經濟日報，2017年5月12日，請參考 https://udn.com/news/story/6811/2458877。
- 林政忠，「獨家！大陸官方授權踩線團今來台」，聯合新聞網，2016年11月21日，請參考 http://udn.com/news/story/1/2118904。
- 林倖妃，「2017『天下』國情調查」，天下雜誌網站，2017年1月3日，請參考 http://www.cw.com.tw/article/article.action?id=5080206。
- 林庭瑤，「海協會長陳德銘：蔡英文未做到維持現狀」，聯合新聞網，2016年9月20日，請參考 https://udn.com/news/story/4/1971873。
- 林庭瑤，「周志懷：可建立體現一中內涵的兩岸新共識」，聯合新聞網，2016年12月1日，請參考 http://udn.com/news/story/9263/2140400。
- 林庭瑤，「國台辦前副主任龔清概當庭認罪，涉收賄逾2.5億」，聯合新聞網，2017年2月22日，請參考 https://udn.com/news/story/4/2300732。
- 林庭瑤，「歐洲代表拒簽聯合公報，一帶一路閉幕延後1小時多」，聯合新聞網，2017年5月15日，請參考 https://udn.com/news/story/6809/2464526。
- 林楓，「國民黨正式提名高雄市長韓國瑜競選台灣總統」，美國之音，2019年7月29日，請參考 https://www.voacantonese.com/a/taiwan-election20190728/5019351.html。
- 邱立玲，「前50天超級核彈：王立強驚爆中共干預台灣大選的內幕，他是詐欺犯還是共諜？」，信傳媒，2019年11月25日，請參考 https://www.cmmedia.com.tw/home/articles/18676。
- 邱珮雯，「東海南海爭議，蔡英文：擱置爭議，共同開發」，新頭殼，2016年5月20日，請參考 https://newtalk.tw/news/view/2016-05-20/73378。
- 邱國強，「習近平：堅決遏制台獨，絕不讓分裂重演」，中央通訊社，2016年3月5日，請參考 https://tw.news.yahoo.com/%e7%bf%92%e8%bf%91%e5%b9%b3-%e5%a0%85%e6%b1%ba%e9%81%8f%e5%88%b6%e5%8f%b0%e7%8d%a8-%e7%b5%95%e4%b8%8d%e8%ae%93%e5%88%86%e8%a3%82%e9%87%8d%e6%bc%94-121050920.html。
- 邱國強，「陸外長王毅首回應憲法說：堅持九二共識」，中央通訊社，2016年3月7日，請參考 http://www.cna.com.tw/news/firstnews/201603075016-1.aspx。
- 邱國強，「堅持反對台獨，張志軍：不認同一中就是改變台海和平現狀」，三立新聞網，2016年3月8日，請參考 http://www.setn.com/news.aspx?newsid=128726。
- 邱國強，「宋習APEC自然見面，陸媒尷尬低調不語」，中央通訊社，2016年11月20日，請參考 https://www.cna.com.tw/news/firstnews/201611200214.aspx。
- 侯俐安，「創世紀旅行社倒閉，導遊爆料香港老闆跑路幕後」，聯合新聞網，2016年8月24日，請參考 https://video.udn.com/news/548335。
- 侯姿瑩，「台旅法生效，美國務院亞太副助卿今訪台」，中央通訊社，2018年3月20日，請參考 https://www.cna.com.tw/news/firstnews/201803200234.aspx。
- 侯姿瑩，「八一七公報不只六項保證，雷根備忘錄解密對台軍售關鍵」，中央通訊社，2019年9月18日，請參考 https://www.cna.com.tw/news/firstnews/201909180032.aspx。
- 政治中心，「民調狠打臉蘇起！蔡英文連任火山爆發，六成民眾不贊同」，三立新聞網，2019年10月22日，請參考 https://www.setn.com/News.aspx?NewsID=622404。
- 施曉光，「歷年重大天災，映照兩岸關係變化」，自由時報，2018年2月9日，請參考

- https://features.ltn.com.tw/spring/article/2019/paper/1175923。
- 施曉光,「習近平重彈四個堅定不移,宣稱尊重台灣現有社會制度」,自由時報,2018年7月13日,請參考 https://news.ltn.com.tw/news/politics/breakingnews/2487531。
- 段詩潔,「回顧台股30年,12682的驚奇與瘋狂之旅」,財訊,2020年1月8日,請參考 https://www.wealth.com.tw/home/articles/23803。
- 洪哲政,「宋習會晤成真,親民黨文宣部副主任:有沒有人要吞曲棍球?」,聯合新聞網,2016年11月20日,請參考 https://udn.com/news/story/1/2117610。
- 洪哲政,「日方驚爆中共轟-6八機繞台,台海周邊軍事情勢詭譎」,聯合新聞網,2017年7月21日,請參考 https://udn.com/news/story/10930/2595982。
- 洪翌恒,「19間航空公司拒配合中國改我國名,府:由衷感謝」,2018年5月31日,上報,請參考 https://www.upmedia.mg/news_info.php?SerialNo=41971。
- 范世平,「習近平盤整對台新戰略」,蘋果日報,2016年2月16日,請參考 http://www.appledaily.com.tw/realtimenews/article/new/20170216/1056856/。
- 范世平,「在連續挫敗後蔡英文能否在『非洲豬瘟』議題上扳回一城?」,信傳媒,2018年12月20日,請參考 https://www.cmmedia.com.tw/home/articles/13392。
- 風傳媒,「中國利誘是台巴斷交重要因素,官員:中國投資案高達256億美元」,財訊,2017年6月17日,請參考 http://www.wealth.com.tw/article_in.aspx?nid=11085。
- 唐佩君,「甘比亞與中國大陸復交,外交部遺憾」,中央通訊社,2016年3月17日,請參考 http://www.cna.com.tw/news/firstnews/201603170465-1.aspx。
- 唐佩君,「聯合國大會2758號決議小檔案」,中央通訊社,2016年5月7日,請參考 http://www.cna.com.tw/news/aipl/201605070272-1.aspx。
- 唐佩君,「李大維:政府不會推動加入聯合國」,台灣英文新聞,2016年8月18日,請參考 https://www.taiwannews.com.tw/ch/news/2967966。
- 徐世強,「星星之火,可以燎原原貌出版的一波三折」,2015年2月5日,中國共產黨新聞網,請參考 http://dangshi.people.com.cn/BIG5/n/2015/0206/c85037-26521474.html。
- 徐夢溪,「九二共識是一國兩制?馬曉光:蔡故意混為一談」,中國評論新聞網,2019年1月16日,請參考 http://hk.crntt.com/doc/1053/0/9/5/105309518.html?coluid=93&kindid=15733&docid=105309518。
- 涂鉅旻、呂伊萱、施曉光,「川普首次對台軍售 8項433億」,自由時報,2017年7月1日,請參考 http://news.ltn.com.tw/news/focus/paper/1115196。
- 涂鉅旻,「罕見!兩艘美軍神盾驅逐艦通過台灣海峽」,自由時報,2018年7月7日,請參考 https://news.ltn.com.tw/news/politics/breakingnews/2481377。
- 翁熔娟,「陸外交部稱,會中曾重申三個公報與一中政策」,東森新聞網,2017年4月8日,請參考 https://www.ettoday.net/news/20170408/900411.htm。
- 翁熔珺,「謝長廷:美、韓都沒派車接旅客,也沒人罵他們大使」,東森新聞雲,2018年9月7日,請參考 https://www.ettoday.net/news/20180907/1253865.htm#ixzz6tsZW829c。
- 高文南,「習近平拍板,國台辦主任提前換人」,中時電子報,2016年12月29日,請參考 https://magazine.chinatimes.com/cn/wealth/20161229003458-300205。
- 高彬原,「沙海林:城市交流要有一定政治基礎」,聯合報,2016年8月22日,請參考 https://video.udn.com/news/547002。
- 張文馨,「質疑黨團總召代表性,洪挨轟偏聽,怨藍委不親近她可能對黨魁心有所屬」,蘋果日報,2017年1月2日,請參考 https://tw.appledaily.com/headline/20170102/OHZL5ZO3OB2RHQFPR4JS6JSQ54/。
- 張加,「北韓又試射失敗,川普:對習近平不敬 惡劣!」,聯合新聞網,2017年4月29日,請參考

https://video.udn.com/news/680899。
- 張加，「柯米作證，參院追根究柢」，聯合新聞網，2017年6月9日，請參考 https://udn.com/news/story/6813/2513243。
- 張加，「鼓勵官員互訪，美眾院亞太小組通過『台灣旅行法』」，聯合新聞網，2017年6月16日，請參考 https://udn.com/news/story/6656/2527681。
- 張加，「台巴斷交後，巴拿馬總統赴白宮會川普」，聯合新聞網，2017年6月20日，請參考 https://udn.com/news/story/6813/2535050。
- 張加，「北韓問題，川普感謝北京幫忙」，聯合新聞網，2017年6月22日，請參考 https://udn.com/news/story/11226/2538847。
- 張加，「川普推文批陸，美媒：川普考慮對北京加強經濟施壓」，聯合新聞網，2017年7月6日，請參考 https://udn.com/news/story/6809/2566691。
- 張加，「美眾院通過國防授權法，評估美台軍艦互停」，聯合新聞網，2017年7月15日，請參考 https://udn.com/news/story/6809/2584753。
- 張永泰，「台灣斥責中國美公使武統說，官媒環時再嗆聲」，美國之音，2017年12月11日，請參考 https://www.voachinese.com/a/Taiwan-reacts-to-Chinese-official-statement-on-taiwan-20171211/4158245.html。
- 張家豪，「韓流入美推九二老調，卻難說服老美」，風傳媒，2019年4月17日，請參考 https://www.storm.mg/article/1185370。
- 張理國，「辜寬敏：蔡做一任總統，2020由賴清德參選」，中國時報，2018年1月19日，請參考 https://www.chinatimes.com/realtimenews/20180119003857-260407?chdtv。
- 張祺翎，「川普怒不要被偷的潛航器！顧問這麼說」，新唐人亞太台，2016年12月18日，請參考 http://www.ntdtv.com.tw/b5/20161218/video/186310.html?。
- 張嘉文，「習近平談公道自在人心，洪要大家自己去評判」，台灣中評網，2016年11月1日，請參考 http://www.crntt.tw/doc/1044/5/2/1/104452114.html?coluid=93&kindid=4030&docid=104452114。
- 張嘉哲，「見證高雄40年蛻變，前AIT分處長杜維浩：以新高雄為傲！」，新頭殼，2018年11月12日，請參考 https://newtalk.tw/news/view/2018-11-12/165676。
- 張榮祥，「總統：台灣這一年確實有進步」，中央通訊社，2017年9月30日，請參考 https://www.cna.com.tw/news/firstnews/201709300304.aspx。
- 張翠蘭，「營救華裔女記者，小柯抵北韓」，蘋果日報，2009年8月5日，請參考 http://www.appledaily.com.tw/appledaily/article/international/20090805/31838229/。
- 晧宇，「蔡英文宣佈訪日，北京表示堅決反對」，美國之音，，2015年9月25日，請參考 http://www.bbc.com/zhongwen/trad/china/2015/09/150925_taiwan_cai_japan_china_anger。
- 曹郁芬，「中駐美大使口出狂言，『蔡要通過中國13億人考試』」，自由時報，2015年6月4日，請參考 http://news.ltn.com.tw/news/focus/paper/886315。
- 曹郁芬，「未來美國是否要堅守一中政策？歐巴馬這麼看」，自由時報，2016年12月17日，請參考 http://news.ltn.com.tw/news/world/breakingnews/1919966。
- 曹郁芬、羅添斌，「歐巴馬簽署國防授權法案，我國部長可訪華府」，自由時報，2016年12月25日，請參考 http://news.ltn.com.tw/news/focus/paper/1065194。
- 曹郁芬，「川習通話，川普：會信守『美國的一中政策』」，自由時報，2017年2月11日，請參考 http://news.ltn.com.tw/index.php/news/focus/paper/1077184。
- 許志誠，「美中貿易戰大事記—2018年」，理財鴿網站，2020年1月20日，請參考 https://www.fintechgo.com.tw/FinRead/Article/ATC24017703。
- 許依晨、管婺媛、張加、程平，「聖多美要2億美元，我喊200萬只給400萬」，聯合新聞網，2016年12月

21日，請參考 https://udn.com/news/story/10677/2182992。

- 連雋偉，「習近平：中國這頭獅子已經醒了」，中時電子報，2014年3月28日，請參考 http://www.chinatimes.com/realtimenews/20140328003292-260408。
- 連雋偉、張鎧乙，「『馬習會』會後馬英九記者會全文」，中時電子報，2015年11月7日，請參考 http://www.chinatimes.com/realtimenews/20151107004200-260401。
- 郭安家，「喝茫了說統戰？沙海林講台語ㄊㄨㄥ讚」，自由時報，2016年8月22日，請參考 https://news.ltn.com.tw/news/politics/breakingnews/1803328。
- 郭玫君，「習近平致辭，一帶一路不是另起爐灶、推倒重來」，聯合新聞網，2017年5月14日，請參考 https://udn.com/news/story/7331/2461647。
- 郭庭昱、郭瓊俐，「獨家專訪美國國務院副助理國務卿米德偉」，財訊，2019年4月17日，請參考 https://www.wealth.com.tw/home/articles/20430。
- 郭媛丹，「北京語言大學學院教授黃靖：蔡英文把台獨這條路走絕了」，台海網，2018年12月8日，請參考 http://www.taihainet.com/news/twnews/latq/2018-12-08/2212046.html。
- 陳子巖，「陸將歸還無人探測器，美國防部回應」，2016年12月18日，請參考 http://www.chinatimes.com/realtimenews/20161218000778-260408。
- 陳民峰，「賴清德重申台獨立場大陸官媒強烈反彈主張」，法國廣播公司，2018年3月4日，請參考 https://www.rfi.fr/tw/%E6%B8%AF%E6%BE%B3%E5%8F%B0/20180403-%E8%B3%B4%E6%B8%85%E5%BE%B7%E9%87%8D%E7%94%B3%E5%8F%B0%E7%8D%A8%E7%AB%8B%E5%A0%B4%E5%A4%A7%E9%99%B8%E5%AE%98%E5%AA%92%E5%BC%B7%E7%83%88%E5%8F%8D%E5%BD%88%E4%B8%BB%E5%BC%B5%E6%87%B2%E6%88%92-0。
- 陳君碩，「台灣未獲ICAO邀請，國台辦：拒絕九二共識所致」，中時電子報，2016年9月23日，請參考 http://www.chinatimes.com/realtimenews/20160923004911-260409。
- 陳君碩，「宋楚瑜赴APEC，陸學者：難成行」，中時電子報，2016年10月7日，請參考 http://www.chinatimes.com/newspapers/20161007000816-260301。
- 陳志賢，「王炳忠案，北檢：王以『書』為幣值代稱『一本』1萬元」，中國時報，2018年6月13日，請參考 https://www.chinatimes.com/realtimenews/20180613002099-260503?chdtv。
- 陳言喬，「陸學者：看到蔡英文向大陸表達了善意」，聯合新聞網，2016年5月20日，請參考 https://video.udn.com/news/493758。
- 陳宜加，「陸客急凍、房貸繳不出，觀光業912上街頭」，好房網，2016年9月8日，請參考 https://news.housefun.com.tw/news/article/177280141464.html。
- 陳昀，「洪秀柱：不下架國民黨，台灣變香港」，自由時報，2019年10月8日，請參考 https://news.ltn.com.tw/news/politics/breakingnews/2940739。
- 陳政偉，「就業穩定，106年失業率3.76%創17年最低」，中央通訊社，2018年1月22日，請參考 https://www.cna.com.tw/news/firstnews/201801220215.aspx。
- 陳政錄，「中共第三份歷史決議發布，寫入馬會會、兩岸一家親」，聯合新聞網，2021年11月16日，請參考 https://udn.com/news/story/7331/5895166。
- 陳柏廷，「台灣八縣市農特產品展銷暨旅遊推介洽談會北京登場」，中時電子報，2016年12月24日，請參考 https://www.chinatimes.com/realtimenews/20161224002212-260514?chdtv。
- 陳柏廷，「2020年武統台灣？王在希：台獨加速 統一加速」，中國時報，2017年10月9日，請參考 https://www.chinatimes.com/realtimenews/20171009001481-260409?chdtv。
- 陳重生，「給韓國瑜公開信，蔡詩萍：抹紅不足懼『自我港澳化』才危險」，新頭殼，2019年3月25日，請參考 https://newtalk.tw/news/view/2019-03-25/224393。
- 陳家倫，「中國施壓國際航空公司，始末一次看懂」，中央通訊社，2018年7月26日，請參考

- https://www.cna.com.tw/news/firstnews/201807250316.aspx。
- 陳珮琦、蔡佩芳,「終極統一派？朱立倫：同屬一中,根據憲法」,聯合新聞網,2015年5月5日,請參考 http://udn.com/news/story/7990/882604。
- 陳彩玲,「AIT臉書貼王立強報導媒體連結遭韓粉灌爆,反韓直呼：謝謝美國爸爸」,上報,2019年11月28日,請參考 https://www.upmedia.mg/news_info.php?SerialNo=76351。
- 陳朝福,「北京團：跟贊成九二共識縣市農業合作」,中央通訊社,2016年10月14日,請參考 http://www.cna.com.tw/news/firstnews/201610145016-1.aspx。
- 陳碧芬,「元大寶華上修今年經濟成長預測至2.3%,梁國源：沒想到台商回流效應如此高」,工商時報,2019年9月26日,請參考 https://www.chinatimes.com/newspapers/20190926000225-260202?chdtv。
- 陳慧萍,「蔡英文：中華民國憲政體制下,推動兩岸關係」,自由時報,2015年6月4日,請參考 http://news.ltn.com.tw/news/politics/breakingnews/1338361。
- 麥浩禮,「出席密克羅西亞聯邦年會,蓬佩奧：台灣是民主成功的可靠伙伴」,上報,2019年2月20日,請參考 https://www.upmedia.mg/news_info.php?SerialNo=57950。
- 彭琬馨,「『台灣是實質獨立國家』,提勒森：同意」,自由時報,2017年6月16日,請參考 http://news.ltn.com.tw/news/focus/paper/1111029。
- 彭琬馨,「中美外交安全對話,外交部：美事後將向我簡報」,自由時報,2017年6月22日,請參考 http://news.ltn.com.tw/news/politics/breakingnews/2108250。
- 彭顯鈞、陳仔軒、王寓中,「夏立言想和張志軍熱線被拒」,自由時報,2016年3月18日,請參考 http://news.ltn.com.tw/news/focus/paper/969554。
- 揭仲,「美台軍售案公布,打開台灣自製潛艦20年僵局」,上報,2018年4月18日,請參考 https://theinitium.com/article/20180418-taiwan-submarine/。
- 游凱翔,「關係升溫,台灣軍官著制式迷彩服赴美參訓」,中央通訊社,2019年5月23日,https://www.cna.com.tw/news/aipl/201905230231.aspx。
- 游凱翔、葉允凱,「川普出席美空軍官校畢典,司儀唱名台灣」,中央通訊社,2019年6月1日,請參考 https://www.cna.com.tw/news/firstnews/201905310333.aspx。
- 童倩,「日媒報導和分析習馬會各自謀略」,BBC中文網,2015年11月7日,請參考 http://www.bbc.com/zhongwen/simp/world/2015/11/151107_taiwan_china_meeting_japan。
- 黃仁奎,「中共軍改,揚棄大陸軍主義」,中時電子報,2016年1月3日,請參考 http://www.chinatimes.com/newspapers/20160103000305-260108。
- 黃文杰,「中國新歌聲開唱,李文輝郁慕明共享天籟」,中評社,2017年9月24日,請參考 http://hk.crntt.com/doc/1048/2/3/2/104823214.html?coluid=93&kindid=8110&docid=104823214&mdate=0924155400。
- 黃仲丘,「世衛大會未提『台灣』,台灣國轟林奏延下台」,蘋果日報,2016年5月27日,請參考 http://www.appledaily.com.tw/realtimenews/article/new/20160527/872169/。
- 黃春梅,「李明哲案11日開庭,李淨瑜趕辦證赴陸」,自由亞洲電台,2017年9月7日,請參考 https://www.rfa.org/mandarin/yataibaodao/gangtai/hcm-09072017104624.html。
- 黃健誠,「會面中聯辦主任被『魔鬼交易』,韓國瑜：來賣水果、不是來賣高雄的」,今周刊,2019年3月23日,請參考 https://www.businesstoday.com.tw/article/category/80392/post/201903230005/會面中聯辦主任被指『魔鬼交易』%20%20韓國瑜：來賣水果、不是來賣高雄的。
- 黃婉婷,「蔡英文支持度大贏韓國瑜12個百分點,黃國昌、呂秀蓮參戰吸走綠營選票」,風傳媒,2019年9月23日,請參考 https://www.storm.mg/article/1743824。
- 黃捷,「國台辦年撥款1500萬」,自由時報,2018年1月2日,請參考 https://news.ltn.com.tw/news/politics/breakingnews/2300419。

- 楊幼蘭，「逼陸談判，川普：美不必受一中政策束縛」，中時電子報，2016年12月12日，請參考 http://www.chinatimes.com/realtimenews/20161212000937-260408。
- 楊金城，「後壁黃家古厝中秋晚會，蔡英文、賴清德同場賞樂」，自由時報，2017年10月1日，請參考 https://news.ltn.com.tw/news/life/paper/1139869。
- 楊青之，「安倍晉三與宋楚瑜會晤談兩岸關係：應由當事人直接對話和平解決」，香港01，2017年11月12日，請參考 https://www.hk01.com/中國/132886/安倍晉三與宋楚瑜會晤談兩岸關係-應由當事人直接對話和平解決。
- 楊庭蒝，「韓國瑜嗆小牙籤，澳記者七度獲沃克力獎」，Ettoday新聞網，2019年11月25日，請參考 https://www.ettoday.net/news/20191125/1587642.htm。
- 楊涵之，「一味的靠美很危險..蘇起：美國不會救台灣，蔡政府要趨吉避凶」，信傳媒，2019年12月11日，請參考 https://www.cmmedia.com.tw/home/articles/18957。
- 楊湘鈞、胡宥心，「平均支持率46.2%，洪秀柱民調『破磚』」，聯合報，2015年6月11日，請參考 http://udn.com/news/story/7741/993815-%E5%B9%B3%E5%9D%87%E6%94%AF%E6%8C%81%E7%8E%8746.2%EF%BC%85%E2%80%86%E6%B4%AA%E7%A7%80%E6%9F%B1%E6%B0%91%E8%AA%BF%E3%80%8C%E7%A0%B4%E7%A3%9A%E3%80%8D。
- 楊筱筠，「央行十三次凍息，今年GDP樂觀上修看2.4%」，經濟日報，2019年9月19日，請參考 https://udn.com/news/story/7238/4056978。
- 楊毅，「馬國慶演說諷蔡，沒九二共識『維持現狀』就是空話」，中國時報，2015年10月10日，請參考 https://www.chinatimes.com/realtimenews/20151010002171-260401?chdtv。
- 楊毅，「習近平：不處理台獨，中共會被推翻」，上報，2016年11月2日，請參考 https://www.upmedia.mg/news_info.php?SerialNo=6793。
- 溫貴香，「習近平主導『台灣介選計畫』，打壓蔡政府化解個人政治危機」，中央通訊社，2019年10月17日，請參考 https://www.cna.com.tw/news/firstnews/201909200048.aspx。
- 萬敏婉，「共諜案在台演成連續劇，向心夫妻遭徹夜偵訊後限制出境」，多維新聞網，2019年11月26日，請參考 https://www.dwnews.com/台湾/60158444/共谍案在台演成连续剧向心夫妻遭彻夜侦讯后限制出境。
- 葉子綱、王淑芬，「韓國瑜雲林造勢，拒絕一國兩制堅持和平繁榮」，中央通訊社，2019年6月15日，請參考 https://www.cna.com.tw/news/firstnews/201906150181.aspx。
- 葉素萍，「路透社專訪蔡總統，全文看這裡」，中央通訊社，2017年4月27日，請參考 https://www.cna.com.tw/news/firstnews/201704275025.aspx。
- 葉素萍，「國安內閣人事大異動，總統閣揆中午會面敲定」，中央通訊社，2018年2月23日，請參考 https://www.cna.com.tw/news/firstnews/201802230226.aspx。
- 鄒景雯，「蔡英文：九二歷史事實，推動兩岸關係」，自由時報，2016年1月21日，請參考 http://news.ltn.com.tw/news/focus/paper/951154。
- 廖禹揚，「台商回台投資再添二案，突破7000億大關」，中央通訊社，2019年11月28日，請參考 https://www.cna.com.tw/news/firstnews/201911280261.aspx。
- 廖國安，「溫畢爾已過世，其他遭北韓羈押美國人命運如何？」，上報，2017年6月22日，請參考 http://www.upmedia.mg/news_info.php?SerialNo=19341。
- 廖綉玉、簡恒宇，「『台灣對我們毫無用處！』索羅門總理：中國能抗衡澳洲，是我們更好的外交夥伴！」，風傳媒，2019年9月11日，請參考 https://www.storm.mg/article/1701325。
- 廖漢原，「巴拿馬副總統：盼與兩岸的關係都能堅實」，中央通訊社，2016年5月5日，請參考 https://www.cna.com.tw/news/firstnews/201605050508.aspx。
- 管婺媛，「白宮新幕僚長蒲博思，對台友好堅實挺台」，聯合新聞網，2016年11月14日，請參考 http://udn.com/news/story/10575/2104886。

- 趙丹平,「三問台獨工作者賴清德」,新華網, 2018年4月3日,請參考 http://www.xinhuanet.com/2018-04/03/c_1122632057.htm。
- 趙翊妏,「王炳忠父子等四人收中資以『書』、『本』為代稱,客戶聊時局可拿萬元金」,上報, 2018年6月13日,請參考 https://www.upmedia.mg/news_info.php?SerialNo=42684。
- 劉力仁,「中國迫航空業遵守一個中國,IATA:航空公司自行決定」,自由時報, 2018年6月3日,請參考 https://news.ltn.com.tw/news/life/breakingnews/2446507。
- 劉亞洲,「從釣魚島問題看中日關係」,人民網, 2015年10月8日,請參考 http://world.people.com.cn/n/2015/1008/c187656-27673280.html。
- 劉宜庭,「中國滲透國會,澳洲總理:嚴格管理」,自由時報, 2019年11月26日,請參考 https://news.ltn.com.tw/news/politics/paper/1334697。
- 劉結一,「堅定推進祖國和平統一進程」,人民網, 2019年12月12日,請參考 http://theory.people.com.cn/BIG5/n1/2019/1212/c40531-31502302.html。
- 德國之聲,「中國再援非600億美元,習近平:不附加政治條件」,天下雜誌, 2018年9月4日,請參考 https://www.cw.com.tw/article/5091948。
- 潘姿羽,「主計總處上修今年經濟成長率至2.46%,明年更強勁」,中央通訊社, 2019年8月16日,請參考 https://www.cna.com.tw/news/firstnews/201908165005.aspx。
- 潘維庭,「馬習會三週年,馬英九:不排斥統一、不支持台獨、不使用武力」,旺報, 2018年11月7日,請參考 https://www.chinatimes.com/realtimenews/20181107001706-260407?chdtv。
- 蔡佩芳,「蔡英文聽陸委會簡報,未談九二共識」,聯合新聞網, 2016年4月27日,請參考 http://money.udn.com/money/story/5641/1656864-%E8%94%A1%E8%8B%B1%E6%96%87%E8%81%BD%E9%99%B8%E5%A7%94%E6%9C%83%E7%B0%A1%E5%A0%B1%E3%80%80%E6%9C%AA%E8%AB%87%E4%B9%9D%E4%BA%8C%E5%85%B1%E8%AD%98。
- 蔡孟筑,「『統派加油、打倒台獨、振興中華!』,中國國台辦:高度讚賞新黨兩岸主張」, yahoo新聞, 2017年8月21日,請參考 https://tw.stock.yahoo.com/news/統派加油-打倒台獨-振興中華-中國國台辦-高度讚賞新黨兩岸主張-102000010.html。
- 蔡易軒,「王炳忠涉共諜案,郁慕明吐槽:成事不足敗事有餘」,上報, 2017年12月25日,請參考 https://www.upmedia.mg/news_info.php?SerialNo=31972。
- 蔡浩祥,「中美互釋訊號,陸給美下馬威」,中時電子報, 2016年12月18日,請參考 http://www.chinatimes.com/newspapers/20161218000619-260301。
- 蔡浩祥,「台灣無法參加WHA,國台辦:責任在民進黨」,中時電子報, 2017年5月8日,請參考 http://app01.chinatimes.com/news/e1c9b16a-f631-41b9-9090-e11333955248。
- 蔡曉穎,「周子瑜事件持續發酵,兩岸三地反應強烈」, BBC中文網, 2016年1月16日,請參考 https://www.bbc.com/zhongwen/trad/china/2016/01/160116_taiwan_chou_tzu_yu。
- 鄧佩儒,「蔡英文年終談話:國防預算逐年提升」,台灣英文新聞, 2017年12月29日,請參考 https://www.taiwannews.com.tw/ch/news/3330710。
- 鄧佩儒,「美國務院副助卿訪臺,將出席臺美合辦工作坊」,台灣英文新聞, 2018年10月17日,請參考 https://www.taiwannews.com.tw/ch/news/3554260。
- 鄭仲嵐,「陸推泛藍八縣市旅遊,其他縣市不樂見」, BBC中文網, 2016年10月2日,請參考 https://www.bbc.com/zhongwen/trad/china/2016/10/161002_taiwan_mainland_tourism_mayors。
- 鄭仲嵐,「聯合國大使劉結一轉戰國台辦,罕見安排引發揣測」, BBC中文網, 2017年10月12日,請參考 https://www.bbc.com/zhongwen/simp/chinese-news-41591464。
- 鄭仲嵐,「習近平的十九大報告對台釋出了什麼訊息?」, BBC中文網, 2017年10月18日,請參考 https://www.bbc.com/zhongwen/trad/chinese-news-41674296。

- 鄭仲嵐，「肢體語言豐富，國台辦新主任劉結一初登場突會朱立倫」，BBC中文網，2018年3月30日，請參考 https://www.bbc.com/zhongwen/trad/chinese-news-43592968。
- 鄭宏斌，「專訪／辜寬敏建議蔡英文，總統當四年就好」，聯合新聞網，2016年9月5日，請參考 https://udn.com/news/story/6656/1940990。
- 鄭崇生，「王毅談兩岸關係，盼蔡英文尊重憲政」，中央通訊社，2016年2月26日，請參考 http://www.cna.com.tw/news/firstnews/201602260005-1.aspx。
- 鄭崇生，「美副助卿董雲裳：美讚許也期待蔡英文」，中央通訊社，2016年5月4日，請參考 http://www.cna.com.tw/news/firstnews/201605040288-1.aspx。
- 鄭崇生，「川普：不接電話很失禮，中國別指揮我」，中央通訊社，2016年12月12日，請參考 http://www.cna.com.tw/news/firstnews/201612120004-1.aspx。
- 鄭崇生，「少交集的美中外交與安全對話」，中央通訊社，2017年6月22日，請參考 http://www.cna.com.tw/news/firstnews/201706230166-1.aspx。
- 鄭崇生，「美軍印太司令：一國兩制統一方案非兩岸共同意願」，中央通訊社，2019年3月28日，請參考 https://www.cna.com.tw/news/firstnews/201903280004.aspx。
- 鄭鴻達、楊淳卉，「賴揆：務實台獨主義者」，自由時報，2017年9月27日，請參考 https://news.ltn.com.tw/news/focus/paper/1138762。
- 盧太城，「大陸踩線團：台灣農產可走電子商務」，yahoo新聞，2016年11月22日，請參考 https://tw.news.yahoo.com/大陸踩線團-台灣農產可走電子商務-072525366.html。
- 盧素梅，「宋習會晤成真，他諷藍高層吞曲棍球？」，三立新聞網，2016年11月20日，請參考 https://game.setn.com/game666content.php?newsid=199933。
- 盧素梅，「蔡英文民調強勢反彈，總統府回應了」，yahoo新聞，2019年1月21日，請參考 https://tw.news.yahoo.com/%E8%94%A1%E8%8B%B1%E6%96%87%E6%B0%91%E8%AA%BF%E5%BC%B7%E5%8B%A2%E5%8F%8D%E5%BD%88-%E7%B8%BD%E7%B5%B1%E5%BA%9C%E5%9B%9E%E6%87%89%E4%BA%86-093522180.html。
- 賴于榛，「台語喊出我確實是台獨工作者，賴清德『硬派』回應兩岸題」，東森新聞網，2018年4月4日，請參考 https://www.ettoday.net/amp/amp_news.php?news_id=1144026&from=dx688.net。
- 賴怡君，「蔡英文只做一任！辜寬敏說法再度撩撥小英、賴神互信感」，信傳媒，2018年3月31日，請參考 https://www.cmmedia.com.tw/home/articles/9282。
- 賴景宏，「張志軍：2017年兩岸形勢複雜嚴峻」，聯合新聞網，2017年1月1日，請參考 http://udn.com/news/story/4/2204072。
- 戴瑞芬，「去年進出口雙降...兩岸經貿連結度，面臨弱化」，經濟日報，2016年2月21日，請參考 http://geft.edn.udn.com/files/16-1000-5364.php。
- 環球網，「大限將至三家美航企仍未改涉台標注，日韓越航企耍花樣」，新浪軍事網，2018年7月25日，請參考 http://mil.news.sina.com.cn/china/2018-07-25/doc-ihftenia0460200.shtml。
- 聯合報系民意調查中心，「馬習會，滿意37.1%，不滿意33.8%」，聯合新聞網，2015年11月9日，請參考 http://udn.com/news/story/8935/1302173-%E8%81%AF%E5%90%88%E5%A0%B1%E6%B0%91%E8%AA%BF%EF%BC%8F%E9%A6%AC%E7%BF%92%E6%9C%83-%E6%BB%BF%E6%84%8F37.1%EF%BC%85-%E4%B8%8D%E6%BB%BF%E6%84%8F33.8%EF%BC%85。
- 聯合報系民意調查中心，「馬習會後，朱最能維繫兩岸穩定」，聯合新聞網，2015年11月9日，請參考 http://udn.com/news/story/8935/1302175-%E8%81%AF%E5%90%88%E5%A0%B1%E6%B0%91%E8%AA%BF%EF%BC%8F%E9%A6%AC%E7%BF%92%E6%9C%83%E5%BE%8C%E6%9C%B1%E6%9C%80%E8%83%BD%E7%B6%AD%E7%B9%AB%E5%85%A9%E5%B2%B8%E7%A9%A9%E5%AE%9A。
- 謝佳珍，「吳敦義就任黨主席，誓言振興國民黨」，中央通訊社，2017年8月20日，請參考

https://www.cna.com.tw/news/firstnews/201708200024.aspx。

- 謝莉慧，「為何蔡英文民調贏韓國瑜高達23%？游盈隆進一步提出四點分析」，新頭殼，2019年9月24日，請參考 https://newtalk.tw/news/view/2019-09-24/302658。
- 謝雅柔、蔡孟哲，「韓國瑜2020若戰柯P，他預測票數差距達」，中時電子報，2019年3月7日，請參考 https://www.chinatimes.com/realtimenews/20190307001463-260407?chdtv。
- 謝雅柔，「美允2.8億合約，台北部署愛國者飛彈」，中時電子報，2019年4月8日，請參考 https://www.chinatimes.com/realtimenews/20190408001131-260417?chdtv。
- 鍾智凱、錢利忠，「黃安聲明『沒說揮旗是台獨』，網友起底打臉」，自由時報，2016年1月19日，請參考 https://news.ltn.com.tw/news/life/paper/950356。
- 簡恒宇，「中國軍機越台海中線，『威嚇不會贏得台灣民心！』，白宮國安顧問波頓警告：美國承諾相當明確」，風傳媒，2019年4月2日，請參考 https://www.storm.mg/article/1130120。
- 簡恒宇，「首位白宮國家貿易委員會主任，反中國、挺台灣的納瓦羅是何方神聖？」，風傳媒，2016年12月22日，請參考 http://www.storm.mg/article/204552。
- 簡嘉宏，「川普簽署2018國防授權法，美方將邀台灣參與多國空軍紅旗軍演」，上報，2017年12月13日，請參考 https://www.upmedia.mg/news_info.php?SerialNo=31069。
- 藍孝威、陳柏廷，「說給小英聽！九二共識習近平說了三次」，中時電子報，2016年3月6日，請參考 http://www.chinatimes.com/newspapers/20160306000244-260102。
- 藍孝威，「全國台灣研究會換屆，戴秉國當選會長」，中時電子報，2017年2月17日，請參考 http://www.chinatimes.com/realtimenews/20170217005643-260409。
- 藍孝威，「習川會後，王毅：中方重申三個公報與一中政策」，中國時報，2017年4月8日，請參考 https://www.chinatimes.com/realtimenews/20170408003095-260408?chdtv。
- 藍孝威，「大陸國家能源局副局長鄭柵潔，傳接國台辦常務副主任」，中時電子報，2017年4月25日，請參考 http://www.chinatimes.com/newspapers/20170425000079-260203。
- 藍孝威，「不認九二共識，張志軍：台無出席WHA的基礎」，中時電子報，2017年5月8日，請參考 http://www.chinatimes.com/realtimenews/20170508002121-260409。
- 藍孝威，「外交老手劉結一，網封怒懟天團」，中國時報，2017年10月12日，請參考 https://www.chinatimes.com/newspapers/20171012000329-260108?chdtv。
- 顏振凱，「體諒蔡英文目前處境，達賴喇嘛暫無訪台意願」，風傳媒，2016年9月14日，請參考 http://www.storm.mg/article/166400。
- 羅印冲，「王毅憲法說，張志軍：核心是兩岸同屬一中」，中時電子報，2016年3月1日，請參考 http://www.chinatimes.com/realtimenews/20160301004455-260401。
- 鏡週刊，「四度見習近平，連戰提四點意見」，yahoo新聞，2018年7月13日，請參考 https://tw.news.yahoo.com/4度見習近平-連戰提4點意見-085309317.html。
- 蘇永耀，「美國核准對台軍售3.3億美元，總統府：更有能力確保台海和平穩定」，自由時報，2018年9月25日，請參考 https://news.ltn.com.tw/news/politics/breakingnews/2560862。
- 蘇欣儀，「AIT首度在台置產，11.6億購地自建員工宿舍」，上報，2018年11月29日，請參考 https://www.upmedia.mg/news_info.php?SerialNo=53127。
- 蘋果日報政治中心，「韓朱配39.9%，僅輸蔡3百分點」，Line Today，2019年9月24日，請參考 https://today.line.me/tw/pc/article/韓朱配39+9+僅輸蔡3百分點-6Re18N。
- 黨一馨，「看好度高達52.4%，小英大勝韓國瑜17.4%差距又拉大」，yahoo新聞，2019年10月21日，請參考 https://tw.news.yahoo.com/放言十月總統大選民調-看好度高達52-4-小英大勝韓國瑜17-4-005517058.html。
- 顧荃，「AIT證實，2005年起就有陸戰隊派駐」，中央通訊社，2019年4月3日，請參考2018-2020中美貿

易戰 https://www.cna.com.tw/news/firstnews/201904035004.aspx。
- 「陸委會打臉朱！兩岸一中恐成兩岸同屬中共」，自由時報，2015年5月6日，請參考 http://news.ltn.com.tw/news/politics/breakingnews/1309025。
- 「洪秀柱重申打死不退，中華民國憲法是終極統一」，台灣英文新聞，2015年10月2日，請參考 https://www.taiwannews.com.tw/ch/news/2813792。
- 「小英唱國歌，跳過『吾黨所宗』這一句」，新頭殼，2015年10月10日，請參考 https://newtalk.tw/news/view/2015-10-10/65474。
- 「朱上柱下，國共互信仍在」，旺報，2015年10月19日，請參考 https://www.chinatimes.com/newspapers/20151019000803-260310?chdtv。
- 「張亞中批國民黨走向顯性台獨」，洪秀柱wiki，2015年10月16日，請參考 https://chuchupepper.fandom.com/gan-hant/wiki/張亞中批國民黨_走向顯性獨台。
- 「朱疑蔡維持現狀含台獨、兩國論，網友：不然要統一？」，自由時報，2015年10月18日，請參考 https://news.ltn.com.tw/news/politics/breakingnews/1479677。
- 「啟程馬習會，馬總統：鞏固台海和平」，中央通訊社，2015年11月7日，請參考 http://www.cna.com.tw/news/firstnews/201511070021-1.aspx。
- 「習近平：兩岸共襄民族復興」，文匯報，2015年11月8日，請參考 http://m.wenweipo.com/newsDetail.php?news_id=TW1511080001&category=paper。
- 「馬習會昨落幕，您認為是否有達成兩岸關係實質進展及成果？」，蘋果日報，2015年11月9日，請參考 http://www.appledaily.com.tw/appledaily/article/headline/20151109/36889305/。
- 「英媒:美國防部證實美軍B52轟炸機曾飛近南海島礁」，博訊新聞網，2015年11月8日，請參考 http://www.boxun.com/news/gb/intl/2015/11/201511130924.shtml#.Vk-_MF6hlVc。
- 「台美經濟科技交流，AIT處長參訪國家太空中心」，頻果日報，2015年11月16日，請參考 http://www.appledaily.com.tw/realtimenews/article/new/20151116/733639/。
- 「馬習會：馬英九第三次國際記者會問答全文」，新浪新聞，2015年11月14日，請參考 http://news.sina.com.tw/article/20151114/15539248.html。
- 「周子瑜國旗事件」，維基解密，2020年6月21日，請參考 https://zh.wikipedia.org/wiki/周子瑜國旗事件#cite_note-39。
- 「受撐台獨風波牽連，子瑜取消所有大陸演出」，東網，2016年1月13日，請參考 https://hk.on.cc/tw/bkn/cnt/news/20160113/bkntw-20160113163952775-0113_04011_001.html。
- 「黃安聲明從未說揮舞國旗是台獨，有證據自打臉」，自由時報，2016年1月18日，請參考 https://news.ltn.com.tw/news/politics/breakingnews/1576847。
- 「國台辦談周子瑜事件：有勢力挑撥兩岸民眾感情」，騰訊網，2016年1月17日，請參考 https://ent.qq.com/a/20160116/022603.htm。
- 「選後獨家專訪台灣首位女總統，蔡英文：感受對岸釋出善意」，壹週刊，2016年1月19日，請參考 https://tw.nextmgz.com/realtimenews/news/37020799。
- 「台灣民心動態調查、兩岸現狀與一中民調」，台灣指標民調，2016年3月14日，請參考 http://www.tisr.com.tw/?page_id=700。
- 「民進黨版兩岸協議監督條例：開黑箱或關黑牢」，今日頭條，2016年4月6日，請參考 https://kknews.cc/zh-tw/other/qnl8y.html。
- 「南海態勢緊張，蔡英文籲各方自我克制」，台灣英文新聞，2016年2月17日，請參考 https://www.taiwannews.com.tw/ch/news/2883022。
- 「台灣須透過中國申請加入亞投行？財政部長：有損尊嚴，確定破局」，The News Lens，2016年4月12日，請參考 https://www.thenewslens.com/article/27265。

- 「肯尼亞涉案獲判無罪台灣人遭遣返至中國」，BBC中文版，2016年4月11日，請參考 https://www.bbc.com/zhongwen/trad/china/2016/04/160411_kenya_taiwan_china。
- 「OECD國際鋼鐵大會，台代表團第二天准入獲道歉」，台灣英文新聞，2016年4月19日，請參考 https://www.taiwannews.com.tw/ch/news/2911570。
- 「俞正聲：加強與台灣認同一中的政黨交流」，聯合新聞網，2016年3月7日，請參考 https://udn.com/news/story/4/1547404-。
- 「台灣民心動態調查、兩岸現狀與一中民調新聞稿」，台灣指標民調，2016年3月14日，請參考 http://www.tisr.com.tw/?p=6594。
- 「習近平：黨內存在野心家陰謀家，侵蝕執政基礎，須杜絕後患」，香港明報，2016年5月4日，請參考 http://news.mingpao.com/pns/dailynews/web_tc/article/20160504/s00013/1462298624375。
- 「胡舒立就台海變局發聲，或披露習對台新政策」，大紀元時報，2016年1月20日，請參考 https://www.epochtimes.com/b5/16/1/20/n4620882.htm。
- 「中共國台辦副主任龔清概嚴重違紀被查」，BBC中文網，2016年1月19日，請參考 https://www.bbc.com/zhongwen/trad/china/2016/01/160119_gong_under_investigation。
- 「龔清概疑遭親家舉報落馬，緣起兒媳外遇被抓現行」，搜狐網，2016年1月19日，請參考 http://news.sohu.com/20160119/n435099949.shtml。
- 「鄭立中」，維基百科，2019年7月10日，請參考 https://zh.wikipedia.org/wiki/鄭立中。
- 「中華人民共和國東海防空識別區」，維基百科，2022年1月1日，請參考 https://zh.wikipedia.org/wiki/中华人民共和国东海防空识别区。
- 「中國國防部詳解軍委機關15個職能部門」，中國新聞網，2014年11月1日，請參考 http://www.chinanews.com/mil/2016/01-12/7711637.shtml。
- 「二炮更名火箭軍，成為中國第四大兵種」，端傳媒，2016年1月2日，請參考 https://theinitium.com/article/20160101-dailynews-Huojianjun/。
- 「中國軍改新舉措：七大軍區改為五大戰區」，BBC中文網，2016年2月1日，請參考 https://www.bbc.com/zhongwen/trad/china/2016/02/160201_china_army_reform。
- 「日本啟用與那國島雷達近距離監控東海釣魚島」，BBC中文網，2016年3月28日，請參考 https://www.bbc.com/zhongwen/trad/world/2016/03/160328_japan_east_china_sea。
- 「與那國島」，維基百科，2020年7月28日，請參考 https://zh.wikipedia.org/wiki/與那國島。
- 「日對華咄咄逼人，與那國島或成中日新軍事摩擦點」，壹讀，2016年3月29日，請參考 https://read01.com/Q2ORn5.html#.XyUska0W73A。
- 「日本宮古島導彈部隊正式成立 填補南西諸島防衛空白」，人民網，2020年4月7日，請參考 http://military.people.com.cn/BIG5/n1/2020/0407/c1011-31663749.html。
- 「日本3月29日正式實施新安保法，自衛隊距離戰爭越來越近」，人民網，2016年3月25日，請參考 http://japan.people.com.cn/BIG5/n1/2016/0325/c368223-28227277.html。
- 「台灣爭取加入RCEP！總統的冷笑話？」，風傳媒，2016年10月10日，請參考 https://www.storm.mg/article/175636。
- 「總統就職演說，陸國台辦：沒完成的答卷」，中央通訊社，2016年5月20日，請參考 https://www.chinatimes.com/realtimenews/20160520005504-260409?chdtv。
- 「小英宣誓就職，中國官媒首頁放反國家分裂法」，自由時報，2016年5月20日，請參考 https://news.ltn.com.tw/news/world/breakingnews/1703430。
- 「新華社：台灣新領導人必須放下台獨歷史包袱，回到兩岸同屬一中政治基礎」，風傳媒，2020年5月21日，請參考 https://www.storm.mg/article/121219。
- 「建黨95周年慶祝大會舉行 習近平發表重要講話」，人民網，2016年7月1日，請參考

- http://cpc.people.com.cn/BIG5/n1/2016/0701/c405440-28515997.html。
- 「沒有別的愛遭網友抵制，趙薇終於宣布撤換戴立忍」，人民網，2016年7月17日，請參考 http://media.people.com.cn/BIG5/n1/2016/0717/c40606-28559887.html。
- 「陸客團火燒車26人全罹難，事故始末一次了解」，聯合報，2016年7月19日，請參考 https://theme.udn.com/theme/story/7491/1838574。
- 「雙城論壇登場，今簽署3項合作備忘錄」，鉅亨網，2016年8月23日，請參考 https://news.cnyes.com/news/id/2166251。
- 「沙海林：兩岸城市交流基礎不是不同國家間」，中時電子報，2016年8月23日，請參考 https://www.chinatimes.com/realtimenews/20160823003357-260402?chdtv。
- 「社評：『蹭』國際民航大會，台當局自取其辱」，環球網，2016年9月27日，請參考 http://opinion.huanqiu.com/editorial/2016-09/9487690.html。
- 「沒ICAO邀請函，蔡總統：強烈遺憾不滿」，聯合新聞網，2016年9月23日，請參考 https://udn.com/news/story/1/1979265。
- 「總統接受美國『爾街日報』專訪」，中華民國總統府，2016年10月5日，請參考 http://www.president.gov.tw/Default.aspx?tabid=131&itemid=38112&rmid=514。
- 「蔡英文接受『讀賣新聞』專訪全文：期待台日海洋事務合作對話」，新唐人電視台，2017年2月3日，請參考 http://ca.ntdtv.com/xtr/b5/2016/10/07/a1290453.html。
- 「宋習互動，陸國台辦：自然簡單寒暄」，中時電子報，2016年11月20日，請參考 https://www.chinatimes.com/realtimenews/20161120003337-260514?chdtv。
- 「寒暄1分鐘說成10分鐘，藍營批『習宋會』作大」，蘋果日報，2016年11月24日，請參考 https://hk.appledaily.com/china/20161124/3DBY2H67CBU2SIOV7SOO6LBCGI/。
- 「中國旅遊團不滿購物行程，竟集體搞失蹤」，自由時報，2016年9月9日，請參考 https://news.ltn.com.tw/news/society/breakingnews/1821493。
- 「兩岸和平？洪秀柱訪南京謁陵，男揮中華民國國旗遭逮」，三立新聞網，2016年10月31日，請參考 https://www.setn.com/News.aspx?NewsID=194294。
- 「陸跨線團訪藍八縣市挑農產，經綠縣市不消費，柯P：他們的損失」，蘋果日報，2016年11月22日，請參考 https://tw.appledaily.com/headline/20161122/UH3A62LLS6KFWI5KUCFY6AJCQA/。
- 「北京觀光協會：承認九二共識的台灣縣市優先進口蔬果」，報橘，2016年10月13日，請參考 https://buzzorange.com/2016/10/13/fruits-and-vegetable-associate-with-politics/。
- 「藍八縣市長登陸求商機，張志軍打臉：有難處」，三立新聞網，2016年11月1日，請參考 https://www.youtube.com/watch?v=KSDz_X1al-k。
- 「跨太平洋夥伴全面進步協定(CPTPP)簡介」，中華民國外交部，2020年9月1日，請參考 https://www.mofa.gov.tw/News_Content.aspx?n=5F02B11AD7FC4A1B&sms=37D27039021F6DF7&s=CC43A6356803D49B。
- 「龔清概」，維基百科，2022年1月31日，請參考 https://zh.wikipedia.org/wiki/龔清概。
- 「川普同意習近平要求，尊重『我們的』一中政策」，遠見雜誌，2017年2月10日，請參考 https://www.gvm.com.tw/article/36689。
- 「川普打槍蔡英文來電？路透社報導原文根本沒說！」，三立新聞網，2017年4月28日，請參考 https://www.setn.com/News.aspx?NewsID=247822。
- 「蔡總統想跟川普再來電？川普拒絕：我現在跟習主席非常好」，鉅亨網，2017年4月28日，請參考 https://tw.news.yahoo.com/蔡總統想跟川普-再來電-川普拒絕-我現在跟習主席非常好-035729054.html。
- 「化解半島危機的鑰匙在誰手裡？」，微文庫，2017年5月20日，請參考

https://www.luoow.com/dc_tw/100404559。
- 「朝鮮半島是戰是和？安理會會議激辯」，BBC中文網，2017年4月28日，請參考 https://www.bbc.com/zhongwen/trad/world-39753124。
- 「身陷「『通俄門』案，川普爆氣：史上最大政治獵殺！」，自由時報，2017年5月18日，請參考 http://news.ltn.com.tw/news/world/breakingnews/2072045。
- 「大陸力推一帶一路，海外投資反下滑」，聯合新聞網，2017年5月12日，請參考 https://money.udn.com/money/story/5641/2459002。
- 「葛萊儀：朝核問題促使川普對中國友好」，美國之音，2017年6月22日，請參考 https://www.voachinese.com/a/us-china-north-korea-20170621/3910450.html。
- 「逼中國抗北韓，美今出招」，蘋果日報，2017年6月21日，請參考 http://www.appledaily.com.tw/appledaily/article/international/20170621/37690483/。
- 「合作對付北韓現分歧，中美蜜月期將盡」，鉅亨網，2017年6月23日，請參考 https://tw.money.yahoo.com/合作對付北韓現分歧-中美蜜月期將盡-091116906.html。
- 「談台海，美：非常關切兩岸穩定和平」，聯合新聞網，2017年6月21日，請參考 https://udn.com/news/story/11226/2536847。
- 「美兩架戰機飛越南海，中國：堅決維護主權」，蘋果日報，2017年6月10日，請參考 https://www.voachinese.com/a/us-china-north-korea-20170621/3910450.html。
- 「中美外交安全對話，提勒森：北韓是目前最嚴重的威脅」，東森新聞雲，2017年6月22日，請參考 http://www.ettoday.net/news/20170622/950711.htm?feature=ufo&tab_id=938。
- 「首輪中美外交安全對話在美舉行，美方表示無意遏制大陸」，NowNews，2017年6月26日，請參考 https://www.nownews.com/news/20170626/2574620。
- 「川普推文給中國減壓，中美對話虎頭蛇尾」，萬維讀者網，2017年6月22日，請參考 http://news.creaders.net/us/2017/06/22/1838625.html。
- 「美國制裁丹東銀行，涉嫌為朝鮮核導彈開發洗錢」，日經中文網，6月30日，請參考 http://zh.cn.nikkei.com/politicsaeconomy/politicsasociety/25830-2017-06-30-03-37-46.html。
- 「『G20川習二會』！談北韓…川普感謝習近平的努力」，東森新聞雲，2017年7月9日，請參考 http://www.ettoday.net/news/20170709/962654.htm?t=G20「川習二會」！%E3%80%80談北韓…川普感謝習近平的努力。
- 「美中經濟對話黯然落幕，美媒：危機再現」，中央通訊社，2017年7月20日，請參考 https://udn.com/news/story/7433/2595113。
- 「中國大陸20日起開放美國牛肉進口」，中央通訊社，2017年6月20日，請參考 http://www.cna.com.tw/news/acn/201706200382-1.aspx。
- 「雙方未達成任何協議，中美經貿對立恐加劇」，風傳媒，2017年7月20日，請參考 http://www.storm.mg/article/302010。
- 「遇反彈就腿軟，蒂勒森：不推翻北韓政權，也不歸咎中國」，鉅亨網，2017年8月2日，請參考 http://news.cnyes.com/news/id/3882320。
- 「差別待遇，習近平賀電稱吳敦義為你」，東森新聞雲，2017年5月23日，請參考 https://www.ettoday.net/news/20170523/930273.htm。
- 「解放軍轟6K轟炸機繞台飛行遭台軍IDF戰機攔截」，新浪網，2017年7月20日，請參考 http://dailynews.sina.com.cn/bg/chn/chnmilitary/sinacn/20170720/22487965579.html。
- 「習近平：絕不允許領土分裂，民進黨：恫嚇語言不利兩岸」，自由時報，2017年8月2日，請參考 http://news.ltn.com.tw/news/focus/paper/1123634。
- 「習總巡視部隊軍營航母遼寧號下周訪港賀」，法國國際廣播電台，2017年6月30日，請參考

- https://www.rfi.fr/tw/港澳台/20170630-習總巡視部隊軍營航母遼寧號下周訪港賀回歸。
- 「時力六四聲明，『早日平反、中國民主加油』」，自由時報，2017年6月4日，請參考 https://news.ltn.com.tw/news/politics/breakingnews/2088697。
- 「香港中評社：一中各表絕非兩岸共識，大陸從未接受」，觀察者，2017年7月23日，請參考 https://www.guancha.cn/local/2017_07_23_419515.shtml?s=fwckhfbt?s=fwckhffhxw。
- 「大陸官方證實李明哲涉嫌顛覆國家政權被捕」，端傳媒，2017年5月26日，請參考 https://theinitium.com/article/20170412-dailynews-lee-ming-che/。
- 「李明哲失蹤172天將公開審判，李淨瑜明赴中救夫」，風傳媒，2017年9月6日，起參考 https://today.line.me/tw/v2/article/李明哲失蹤172天將公開審判+李淨瑜明赴中救夫-kOnZYL。
- 「李淨瑜赴中行前記者會：若像劉霞被失蹤，請不要營救我」，上報，2017年9月9日，請參考 https://www.upmedia.mg/news_info.php?SerialNo=24472。
- 「要上課才發現田徑場『被租走』，中國選秀節目損毀台大3380萬新跑道」，The News Lens，2017年9月22日，請參考 https://www.thenewslens.com/article/79331。
- 「賴揆：兩岸政策一定在總統領導下維持現狀」，中央廣播電台，2017年9月29日，請參考 https://www.rti.org.tw/news/view/id/371447。
- 「評台獨答詢，總統：賴揆知分際和政策走向」，中央廣播電台，2017年10月2日，請參考 https://www.rti.org.tw/news/view/id/371887。
- 「中印邊界對峙和平落幕，印度總理出席廈門金磚峰會」，鉅亨網，2017年8月29日，請參考 https://news.cnyes.com/news/id/3904109。
- 「孔鉉佑接替武大偉任朝鮮半島事務特別代表」，看中國，2017年8月16日，請參考 https://www.secretchina.com/news/b5/2017/08/16/832463.html。
- 「習近平特使兩天見不到金正恩，待遇不如前」，新頭殼，2017年11月19日，請參考 https://newtalk.tw/news/view/2017-11-19/104367。
- 「習近平對川普強調：『台灣問題是中美關係最重要、最敏感的核心問題』」，風傳媒，2017年11月10日，請參考 https://www.storm.mg/article/356807。
- 「中國外交部譴責美軍F18戰機降落台南」，BBC中文網，2015年4月2日，請參考 https://www.bbc.com/zhongwen/trad/china/2015/04/150402_china_us_taiwan_f18。
- 「反分裂國家法」，中華人民共和國國防部，2016年2月19日，請參考 http://www.mod.gov.cn/big5/regulatory/2016-02/19/content_4618044.htm。
- 「金正男之死：大馬警方逮捕更多嫌疑人」，BBC中文網，2017年2月16日，請參考 https://www.bbc.com/zhongwen/trad/world-38992523。
- 「2018年4月南北漢高峰會」，維基百科，2021年2月4日，請參考 https://zh.wikipedia.org/wiki/2018%E5%B9%B44%E6%9C%88%E5%8D%97%E5%8C%97%E9%9F%93%E9%AB%98%E5%B3%B0%E6%9C%83. https://zh.wikipedia.org/wiki/2018%E5%B9%B44%E6%9C%88%E5%8D%97%E5%8C%97%E9%9F%93%E9%AB%98%E5%B3%B0%E6%9C%83。
- 「金正恩三度訪華，稱中朝關係史無前例」，BBC中文網，2018年6月19日，請參考 https://www.bbc.com/zhongwen/trad/chinese-news-44531318。
- 「台灣旅行法」，維基百科，2021年3月5日，請參考 https://zh.wikipedia.org/wiki/%E5%8F%B0%E7%81%A3%E6%97%85%E8%A1%8C%E6%B3%95。
- 「美國商務部官員史宜恩3月22日至27日訪問台灣」，美國在台協會，2018年3月22日，請參考 https://www.ait.org.tw/zhtw/united-states-department-commerce-official-ian-steff-visit-taiwan-march-22-27-zh/。

- 「國務卿邁克・蓬佩奧談美國對印度-太平洋地區的經濟願景」，美國在台協會，2018年7月30日，請參考 https://www.ait.org.tw/zhtw/secretary-pompeos-remarks-at-the-indo-pacific-business-forum-zh/。
- 「2019年台灣友邦國際保護及加強倡議法」，維基百科，2021年3月5日，請參考 https://zh.wikipedia.org/wiki/2019%E5%B9%B4%E5%8F%B0%E7%81%A3%E5%8F%8B%E9%82%A6%E5%9C%8B%E9%9A%9B%E4%BF%9D%E8%AD%B7%E5%8F%8A%E5%8A%A0%E5%BC%B7%E5%80%A1%E8%AD%B0%E6%B3%95。
- 「不滿中國搶台灣邦交，美召回多國、薩國與巴拿馬大使」，自由時報，2018年9月8日，請參考 https://news.ltn.com.tw/news/politics/breakingnews/2544905。
- 「台巴斷交一周年，想分一帶一路一杯羹、美國放著後院不管，揭密巴拿馬倒向中國懷抱內幕」，風傳媒，2018年5月27日，請參考 https://www.storm.mg/article/442293?mode=whole。
- 「美國推毒丸條款：在貿易上孤立中國的重型武器」，BBC中文網，2018年10月16日，請參考 https://www.bbc.com/zhongwen/trad/business-45875254。
- 「美軍飛彈巡洋艦安提坦號穿越台灣海峽！太平洋艦隊證實：驅逐艦柯蒂斯．威爾伯號同行，還有多艘中國軍艦尾隨」，風傳媒，2018年10月23日，請參考 https://www.storm.mg/article/562477。
- 「美國為何此時派軍艦通過台海？川普：我不擔憂任何事」，上報，2018年10月24日，請參考 https://www.upmedia.mg/news_info.php?SerialNo=50580。
- 「M503航路事件」，維基百科，2021年2月15日，請參考 https://zh.wikipedia.org/wiki/M503%E8%88%AA%E8%B7%AF%E4%BA%8B%E4%BB%B6。
- 「新聞稿」，大陸委員會，2018年1月4日，請參考 https://www.mac.gov.tw/News_Content.aspx?n=B383123AEADAEE52&s=33E92FA1B3515120。
- 「特朗普首份國家安全戰略報告稱中俄是對手」，BBC中文網，2017年12月18日，請參考 https://www.bbc.com/zhongwen/trad/world-42405842。
- 「大幅降低公投門檻，學者憂有副作用」，中央通訊社，2017年12月12日，請參考 https://www.rti.org.tw/news/view/id/384583。
- 「王炳忠案」，維基百科，2021年3月19日，請參考 https://zh.wikipedia.org/wiki/%E7%8E%8B%E7%82%B3%E5%BF%A0%E6%A1%88。
- 「國防報告書首度公開台美關係合作」，新頭殼，2017年12月26日，請參考 https://newtalk.tw/news/view/2017-12-26/108331。
- 「台當局卡春節加班機害人害己：5萬人次受影響，觀光損失近10億」，中國台灣網，2018年1月30日，請參考 http://www.nagai-nakahira.com/xwzx/la/201801/t20180130_11912402.htm。
- 「邱垂正：暫緩加班機是正告對岸儘速協商」，中央通訊社，2018年1月21日，請參考 https://www.rti.org.tw/news/view/id/391292。
- 「中國東航廈航宣布，取消兩岸春節加班機」，中央通訊社，2018年1月30日，請參考 https://haproxy.rti.org.tw/news/view/id/392841。
- 「處理兩岸關係，蔡總統：不要小看總統意志」，中央通訊社，2018年1月23日，請參考 https://www.cna.com.tw/news/firstnews/201801225013.aspx。
- 「我的男孩」，維基百科，2021年2月1日，請參考 https://zh.wikipedia.org/wiki/%E6%88%91%E7%9A%84%E7%94%B7%E5%AD%A9。
- 「林心如霍建華PO領土圖，被酸去中國領證」，自由時報，2016年7月13日，請參考 https://ent.ltn.com.tw/news/breakingnews/1761606。
- 「宋芸樺道歉引熱議：台灣是我的家鄉，中國是我的祖國」，每日頭條，2018年8月3日，請參考 https://kknews.cc/zh-tw/entertainment/mb35l82.html。
- 「台灣選舉前，金馬獎導演傅榆致辭點燃國家認同舌戰」，BBC中文網，2018年11月18日，請參考

https://www.bbc.com/zhongwen/trad/chinese-news-46251638。

- 「上屆影帝塗們『中國台灣』！蔡阿嘎爆氣怒罵X：這豆腐也吃」，三立新聞網，2018年11月18日，請參考 https://www.setn.com/News.aspx?NewsID=458112&from=y。
- 「袞捲政治紅線！惜別酒會嘸人來，李安無奈表態」，三立新聞網，2018年11月18日，請參考 https://www.setn.com/News.aspx?NewsID=458105。
- 「反台獨！楊丞琳工作室表態：無庸置疑」，三立新聞網，2018年11月19日，請參考 https://game.setn.com/game666content.php?newsid=458506。
- 「發言風波傷金馬獎，兩岸影人都不悅」，環球網，2018年11月18日，請參考 https://opinion.huanqiu.com/article/9CaKrnKeYjC。
- 「惠台31項措施」，彰銀資料，2018年6月1日，請參考 https://www.bankchb.com/chb_2a_resource/leap_do/gallery/1530090861496/67-6(%E9%8A%80%E8%A1%8C%E5%AF%A6%E5%8B%99)%20.pdf。
- 「2017年中國大學畢業生795萬人創新高，起薪水平下降，約人民幣4014元」，微信上的中國，2017年6月3日，請參考 https://chinaqna.com/a/12107。
- 「一項未落實？傳拍扁麵包師中國發展仍落魄」，自由時報，2018年5月21日，請參考 https://today.line.me/tw/v2/article/EGqeEQ。
- 「賴清德重申台獨立場，國台辦批：危險不自量力」，上報，2018年4月2日，請參考 https://today.line.me/tw/v2/article/%E8%B3%B4%E6%B8%85%E5%BE%B7%E9%87%8D%E7%94%B3%E5%8F%B0%E7%8D%A8%E7%AB%8B%E5%A0%B4%20%E5%9C%8B%E5%8F%B0%E8%BE%A6%E6%89%B9%EF%BC%9A%E5%8D%B1%E9%9A%AA%E4%B8%8D%E8%87%AA%E9%87%8F%E5%8A%9B-%E8%B3%B4%E6%B8%85%E5%BE%B7%E9%87%8D%E7%94%B3%E5%8F%B0%E7%8D%A8%E7%AB%8B%E5%A0%B4+%E5%9C%8B%E5%8F%B0%E8%BE%A6%E6%89%B9%EF%BC%9A%E5%8D%B1%E9%9A%AA%E4%B8%8D%E8%87%AA%E9%87%8F%E5%8A%9B-G3Z2J7。
- 「精確打擊賴清德，開創反獨新局面」，環球網，2018年3月31日，請參考 https://opinion.huanqiu.com/article/9CaKrnK7eMc。
- 「港媒：賴清德被國台辦點名，意味『一棍子打死』」，遠見雜誌，2018年4月3日，請參考 https://www.gvm.com.tw/article/43715。
- 「蔡英文醫院探視，受傷陸客：謝謝總統」，風傳媒，2018年2月7日，請參考 https://www.storm.mg/article/396595。
- 「台震後民調：八成三民眾滿意政府表現」，大紀元時報，2018年2月13日，請參考 https://www.epochtimes.com/b5/18/2/12/n10137472.htm。
- 「蔡英文就地震以日文感謝安倍援助，黃智賢諷：民進黨碰日膝蓋就軟」，環球網，2018年12月11日，請參考 https://ppfocus.com/0/ed43c79b6.html。
- 「安倍晉三推文：日本與台灣朋友們同在」，中央廣播電台，2018年2月9日，請參考 https://www.rti.org.tw/news/view/id/394928。
- 「2019年東亞青年運動會」，維基百科，2021年3月16日，請參考 https://zh.wikipedia.org/wiki/2019%E5%B9%B4%E6%9D%B1%E4%BA%9E%E9%9D%92%E5%B9%B4%E9%81%8B%E5%8B%95%E6%9C%83。
- 「薩爾瓦多和台灣斷交，中美台繼續角力拉美」，BBC中文網，2018年8月21日，請參考 https://www.bbc.com/zhongwen/trad/chinese-news-45259391。
- 「中巴的愛恨交纏：巴基斯坦新總理訪華求財」，BBC中文網，2018年11月2日，請參考 https://www.bbc.com/zhongwen/trad/world-46072859。
- 「無力償還債務，斯里蘭卡將戰略港口移交中國」，紐約時報中文網，2017年12月13日，請參考

https://cn.nytimes.com/world/20171213/sri-lanka-china-port/zh-hant/。
- 「怕被債務壓垮，多國抗拒中國一帶一路」，中央通訊社，2018年9月2日，請參考 https://www.cna.com.tw/news/firstnews/201809020157.aspx。
- 「總統針對與薩爾瓦多斷交發表重要談話」，總統府，2018年8月21日，請參考 https://www.president.gov.tw/NEWS/23602。
- 「甲級處以絞刑！大陸網路列台獨戰犯名單」，東森新聞雲，2018年4月26日，請參考 https://dx688.net/html/news/20180426/1157788.htm。
- 「柯宇綸『被台獨』，侯孝賢監製的新戲遭封殺」，看中國網站，2018年3月30日，請參考 https://www.secretchina.com/news/b5/2018/03/30/854125.html。
- 「媒體報導：日本關西機場因燕子颱風重創而關閉後，中國優先派巴士前往關西機場營救受困之中國旅客？」，事實查核中心，2018年9月15日，請參考 https://tfc-taiwan.org.tw/articles/150。
- 「台駐大阪辦事處處長疑自殺身亡」，香港新城廣播，2018年9月14日，請參考 http://www.metroradio.com.hk/news/live.aspx?SearchText=&NewsId=20180914194217&page=0。
- 「劉結一在2018浙江台灣合作週開幕式上的致詞」，中共中央台辦，2018年9月12日，請參考 http://www.gwytb.gov.cn/wyly/201809/t20180913_12059114.htm。
- 「遼寧號就是不如日本出雲號?從艦載機代差見...中國航母完敗?」，風傳媒，2018年12月21日，請參考 https://www.storm.mg/article/736294?page=1。
- 「赴美國會演講，江啟臣：國民黨從來都是親美的」，自由時報，2018年12月5日，請參考 https://news.ltn.com.tw/news/politics/breakingnews/2633539。
- 「美利堅合眾國在台買房，買11.6億元豪宅當員工宿舍」，蘋果日報，2020年4月13日，請參考 https://tw.appledaily.com/property/20210413/4ZEM26HGWBACTENLV5A66GHXUY/。
- 「周泓旭案」，維基百科，2021年5月2日，請參考 https://zh.wikipedia.org/wiki/%E5%91%A8%E6%B3%93%E6%97%AD%E6%A1%88。
- 「周恩來與黨的隱蔽戰線：試談民主革命時期周恩來對我黨情報保衛工作的貢獻」，中國共產黨歷史網，2011年6月3日，請參考 http://cpc.people.com.cn/BIG5/218984/219001/14818714.html。
- 「駐西安石油學院工人宣傳隊遵照毛主席的教導，開展談心活動做深入細緻的思想政治工作」，人民日報，2020年5月4日，請參考 https://www.laoziliao.net/rmrb/1968-10-21-2。
- 「四共諜分工縝密，單線發展好競爭」，蘋果日報，2018年6月13日，請參考 https://tw.appledaily.com/local/20180613/KLWW2NWZP3CVIW4BYU5MESHKAA/。
- 「王炳忠涉共諜案遭起訴，北檢2萬字新聞稿詳述論罪」，東森新聞雲，2018年6月13日，請參考 https://www.ettoday.net/news/20180613/1190005.htm。
- 「終極統一」，維基百科，2022年2月2日，請參考 https://zh.wikipedia.org/wiki/終極統一。
- 「酸十藍委赴中聽訓，學者：國台辦積極行為凸顯內心焦慮」，自由時報，2018年6月2日，請參考 https://news.ltn.com.tw/news/politics/breakingnews/2445647。
- 「海峽論壇，郝大談兩岸一家人」，自由時報，2018年6月7日，請參考 https://news.ltn.com.tw/news/focus/paper/1206893。
- 「一秒激怒台灣人？網友一致認為只要被這樣稱呼…」，自由時報，2018年6月3日，請參考 https://news.ltn.com.tw/news/life/breakingnews/2446516。
- 「大道之行，機不可擋」，中國評論新聞網，2018年7月13日，請參考 https://today.line.me/tw/v2/article/nWyNQD。
- 「2014年中華民國直轄市長及縣市長選舉」，維基百科，2021年4月20日，請參考 https://zh.wikipedia.org/wiki/2014%E5%B9%B4%E4%B8%AD%E8%8F%AF%E6%B0%91%E5%9C%8B%E7%9B%B4%E8%BD%84%E5%B8%82%E9%95%B7%E5%8F%8A%E7%B8%A3%E5%B8%82

- %E9%95%B7%E9%81%B8%E8%88%89。
- 「我國薪資現況、低薪研究及其對策」，行政院，2018年5月14日，請參考 file:///Users/fanshiping/Downloads/%E6%88%91%E5%9C%8B%E8%96%AA%E8%B3%87%E7%8F%BE%E6%B3%81%E3%80%81%E4%BD%8E%E8%96%AA%E7%A0%94%E7%A9%B6%E5%8F%8A%E5%85%B6%E5%B0%8D%E7%AD%96_%E5%AE%9A%E7%89%88_.pdf。
- 「美國在台協會處長酈英傑記者會致詞」，美國在台協會，2018年10月31日，請參考 https://www.ait.org.tw/zhtw/remarks-by-ait-director-brent-christensen-at-press-conference-zh/。
- 「總統迴廊談話，呼籲全民防疫，防止非洲豬瘟傳至台灣境內」，總統府，2018年12月18日，請參考 https://www.president.gov.tw/NEWS/23966。
- 「違法帶肉最高罰100萬元，非洲豬瘟到底有多可怕？」，天下雜誌，2018年12月14日，請參考 https://www.cw.com.tw/article/5093291。
- 「王岐山當選人大代表為何再次引發關注？」，BBC中文網，2018年2月1日，請參考 https://www.bbc.com/zhongwen/trad/chinese-news-42889163。
- 「中華人民共和國憲法」，電子六法全書，2018年3月11日，請參考 https://www.6laws.net/6law/law-gb/%E4%B8%AD%E8%8F%AF%E4%BA%BA%E6%B0%91%E5%85%B1%E5%92%8C%E5%9C%8B%E6%86%B2%E6%B3%95.htm。
- 「中共中央委員會提議將主席『連任不得超過兩屆』從憲法刪除」，BBC中文網，2018年2月25日，請參考 https://www.bbc.com/zhongwen/trad/chinese-news-43188209。
- 「中美貿易戰在即！華春瑩：如果有人逼我們打，一不怕二不躲」，東森新聞雲，2018年3月22日，請參考 https://www.ettoday.net/news/20180322/1135484.htm#ixzz6rEhVtiQI。
- 「還擊美關稅，中國大陸宣布對美128項貨品課關稅」，中央通訊社，2018年4月4日，請參考 https://www.cna.com.tw/news/firstnews/201804020006.aspx。
- 「美國對中國301措施大事紀」，經濟部國際貿易局，2020年7月17日，請參考 https://www.trade.gov.tw/Pages/Detail.aspx?nodeID=4015&pid=636907。
- 「習近平在博鰲亞洲論壇2018年年會開幕式上的主旨演講」，中國共產黨新聞網，2018年月日，請參考 http://cpc.people.com.cn/BIG5/n1/2018/0410/c64094-29917187.html。
- 「特朗普推文感謝習主席博鰲友好講話」，法國國際廣播電台，2018年4月11日，請參考 https://www.rfi.fr/tw/%E4%B8%AD%E5%9C%8B/20180411-%E7%89%B9%E6%9C%97%E6%99%AE%E6%8E%A8%E6%96%87%E6%84%9F%E8%AC%9D%E7%BF%92%E4%B8%BB%E5%B8%AD%E5%8D%9A%E9%B0%B2%E5%8F%8B%E5%A5%BD%E8%AC%9B%E8%A9%B1。
- 「人民日報：中國擴大開放新舉措不適用於違反世貿規則的國家」，財新網，2018年6月10日，請參考 https://china.caixin.com/2018-04-10/101232361.html。
- 「博鰲論壇2018年年會」，新華網，2018年4月11日，請參考 http://news.cn/fortune/boao2018/index.htm。
- 「美國對俄羅斯實施新制裁，中國『躺槍』的緣由」，BBC中文網，2018年9月21日，請參考 https://www.bbc.com/zhongwen/trad/chinese-news-45599222。
- 「美中緊張升溫，中國拒絕美艦訪香港」，中央廣播電台，2018年9月25日，請參考 https://www.rti.org.tw/news/view/id/426116。
- 「『或與習近平友誼不再』，解讀特朗普中國干預選舉論」，BBC中文網，2018年9月27日，請參考 https://www.bbc.com/zhongwen/trad/world-45661954。
- 「中美軍艦南海險撞船！蘭州號逼美艦驅逐艦長轉向，美退役艦長：這非常危險」，風傳媒，2018年10月2日，請參考 https://www.storm.mg/article/522892。
- 「砲轟中國威脅美企，美副總統彭斯演講全文看這裡」，自由時報，2018年10月5日，請參考 https://news.ltn.com.tw/news/politics/breakingnews/2571359。

- 「中國黨媒批浮誇文風,網民吐草『罵自己』」,自由時報,2018年7月4日,請參考 https://news.ltn.com.tw/news/world/breakingnews/2477829。
- 「劉曉波遺孀劉霞抵達柏林」,BBC中文網,2018年7月10日,請參考 https://www.bbc.com/zhongwen/trad/chinese-news-44776137。
- 「風中之燭:國安法陰影中的言論自由」,香港記者協會,2018年7月29日,請參考 https://www.hkja.org.hk/zh/%E6%96%B0%E8%81%9E%E7%A8%BF/%E9%A2%A8%E4%B8%AD%E4%B9%8B%E7%87%AD-%E5%9C%8B%E5%AE%89%E6%B3%95%E9%99%B0%E5%BD%B1%E4%B8%AD%E7%9A%84%E8%A8%80%E8%AB%96%E8%87%AA%E7%94%B1/。
- 「吉林政協掌港『南華早報』,員工憂變紅」,大紀元,2012年2月2日,請參考 https://www.epochtimes.com/b5/12/2/2/n3500856.htm。
- 「香港九七之後爭議事件」,大陸委員會,2020年6月5日,請參考 https://ws.mac.gov.tw/001/Upload/295/relfile/7830/14422/4ff134b4-897e-4397-bfc6-cffbae49305a.pdf。
- 「中共打壓香港媒體,抑制民主聲音」,禁聞網,2014年1月16日,請參考 https://www.bannedbook.org/bnews/zh-tw/sohnews/20140116/222427.html。
- 「星島日報」,維基百科,2021年6月23日,請參考 https://zh.wikipedia.org/wiki/星島日報。
- 「明報前總編輯劉進圖遭人砍傷」,中國時報,2014年2月26日,請參考 https://www.chinatimes.com/realtimenews/20140226002997-260409?chdtv。
- 「打得不亦樂乎?香港NOW記者今早採訪北京維權律師」,法國國際廣播電台,2018年5月16日,請參考 https://www.rfi.fr/tw/中國/20180516-打得不亦樂乎香港now記者今早採訪北京維權律師又被毆。
- 「新聞自由指數」,維基百科,2021年5月25日,請參考 https://zh.wikipedia.org/wiki/新闻自由指数。
- 「習近平提一國兩制『台灣方案』,中國人不打中國人,但不承諾放棄使用武力」,天下雜誌,2019年1月2日, https://www.cw.com.tw/article/article.action?id=5093536。
- 「國台辦新聞發布會輯錄」,中共中央台灣事務辦公室,2019年6月12日,請參考 http://www.gwytb.gov.cn/m/speech/201906/t20190612_12173354.htm。
- 「616遊行全紀錄」,端傳媒,2019年6月17日,請參考 https://theinitium.com/article/20190616-hongkong-extradition-bill-protest-live/。
- 「陳彥霖死亡事件」,維基百科,20121年4月9日,請參考 https://zh.wikipedia.org/wiki/%E9%99%B3%E5%BD%A5%E9%9C%96%E6%AD%BB%E4%BA%A1%E4%BA%8B%E4%BB%B6。
- 「港人聲援新屋嶺被捕受害者,大會宣布5萬人到場」,蘋果日報,2019年9月27日,請參考 https://tw.appledaily.com/international/20190927/GX7YOI4WOVBLW2UZJUV3DMKMKI/。
- 「美AI權威曝恐怖內幕:假港警借助AI性侵滅口示威者」,Media To Share,2021年6月5日,請參考 https://mediatoshare.info/2019/10/12/ai-hk-suicide/。
- 「中大女生除口罩,哭訴被捕學生新屋嶺遭警察性暴力、性侵『校長,你願唔願意與學生同行譴責警方施暴?』」,眾新聞,2019年10月11日,請參考 https://www.hkcnews.com/article/24105/%E6%96%B0%E5%B1%8B%E5%B6%BA%E6%8B%98%E7%95%99%E4%B8%AD%E5%BF%83-%E8%AD%A6%E6%9A%B4-%E5%90%B3%E5%82%B2%E9%9B%AAsonia-24106/。
- 「港警向南韓電視台爆料『陳彥霖死因離奇』,至少有兩起『警方性侵示威者』案例!官方斥冒牌警員惡意中傷」,風傳媒,2019年11月13日,請參考 https://www.storm.mg/article/1941194?page=1。
- 「全球『反極權』大遊行聲援香港,何韻詩台灣遭潑漆」,BBC中文網,2019年9月29日,請參考 https://www.bbc.com/zhongwen/trad/chinese-news-49870424。
- 「中聯辦無權代表香港,韓國瑜不應到訪中聯辦」,獨立媒體,2019年3月22日,請參考

- https://www.inmediahk.net/node/1063071。
- 「黃之鋒公開信批韓國瑜，迎合中共統戰、台灣終招損失」，蘋果日報，2019年3月22日，請參考 https://tw.appledaily.com/new/realtime/20190322/1538238/。
- 「韓國瑜進中聯辦，吳介民痛批:很敢！直接認可一國兩制」，新頭殼，2019年3月23日，請參考 https://newtalk.tw/news/view/2019-03-23/223836。
- 「美國國務院副助理國務卿庫克訪台」，美國在台協會，2019年3月29日，請參考 https://www.ait.org.tw/zhtw/deputy-assistant-secretary-of-state-for-international-organization-affairs-nerissa-j-cooks-visit-to-taiwan-zh/。
- 「北美事務協調委員會自本(108)年6月6日起更名為台灣美國事務委員會並舉行隆重揭牌典禮」，外交部，2019年6月6日，請參考 https://www.mofa.gov.tw/News_Content.aspx?n=8742DCE7A2A28761&s=A687C95064EF2FE6。
- 「美眾議院無異議通過台灣保證法，支持對台軍售常態化」，民報，2019年5月8日，請參考 https://www.peoplenews.tw/news/f2e1e277-8211-45f9-8d10-b31599932cd8。
- 「2019年第三度，美軍艦昨穿越台灣海峽」，自由時報，2019年3月25日，請參考 https://news.ltn.com.tw/news/world/breakingnews/2737777。
- 「挑戰中國！川普政府將台灣列入『國家』名單」，自由時報，2019年6月7日，請參考 https://news.ltn.com.tw/news/politics/breakingnews/2814951。
- 「美國防部公告15.4億對台軍售，翻修艦艇雷達」，中央通訊社，2019年4月9日，請參考 https://www.cna.com.tw/news/firstnews/201904090129.aspx。
- 「美售台坦克『陸戰之王』有多強」，大紀元時報，2019年7月26日，請參考 https://hk.epochtimes.com/news/2019-07-26/84310376。
- 「美國務院批准售台66架F-16戰機等軍備」，法國國際廣播電臺，2019年8月21日，請參考 http://www.rfi.fr/tw/港澳台/20190821-美國務院批准售台66架f-16戰機等軍備。
- 「美國首辦全球部長級會議推動宗教自由」，美國之音，2018年7月26日，請參考 https://www.voacantonese.com/a/World-Ministerial-To-Advance-Religious-Freedom-Opens-In-DC-20180725/4498929.html。
- 「高碩泰出席打擊伊斯蘭國全球聯盟部長會議，肯定台灣貢獻」，美國之音，2019年2月8日，請參考 https://www.voacantonese.com/a/taiwan-us-global-coalition-to-defeat-isis-20190208/4778306.html。
- 「艾江山」，維基百科，2021年1月3日，請參考 https://zh.wikipedia.org/wiki/%E8%89%BE%E6%B1%9F%E5%B1%B1。
- 「英國報摘：魔鬼交易員，美國担心蔡英文」，BBC中文網，2011年9月16日，請參考 https://www.bbc.com/zhongwen/trad/press_review/2011/09/110916_press_review。
- 「徐斯儉次長和白宮國安會博明資深主任同框友邦索羅門群島，共商臺美合作」，駐波士頓台北經濟文化辦事處，2019年3月27日，請參考 https://www.roc-taiwan.org/usbos/post/3770.html。
- 「美國怒了！索羅門與台灣斷交，彭斯拒見索國總理」，自由時報，2019年9月18日，請參考 https://news.ltn.com.tw/news/politics/breakingnews/2918985。
- 「只為搶索羅門？大陸掀南太戰爭，背後藏巨大陷阱」，聯合報，2019年9月15日，請參考。 https://theme.udn.com/theme/story/6775/4047594。
- 「2018-2020中美貿易戰」，維基百科，2020年3月9日，請參考 https://zh.wikipedia.org/wiki/2018－2020年中美贸易战。
- 「習近平視察江西稀土企業，意欲何為」，美國之音，2019年5月20日，請參考 https://www.voacantonese.com/a/xi-visits-rae-earth-minerals-facility-amid-talk-of-use-as-weapon-in-us-china-trade-war-20190520/4924723.html。

- 「美中對抗！習近平再提要走自力更生路，李克強示警要過緊日子」，中央廣播電台，2020年10月13日，請參考 https://www.rti.org.tw/news/view/id/2082128。
- 「利用中國稀土製造產品遏制中國發展，妄想！」，新華社，2019年5月29日，請參考 http://www.xinhuanet.com/politics/2019-05/29/c_1124554207.htm。
- 「美方不要低估中方反制能力」，人民日報，2019年5月29日，請參考 https://kknews.cc/zh-tw/world/lmenq8g.html。
- 「中美貿易戰之華府亮刀：美國司法部正式起訴『華為』、孟晚舟」，聯合報，2019年1月29日，請參考 https://global.udn.com/global_vision/story/8662/3620351。
- 「加拿大人在華涉毒被捕，孟晚舟事件是否持續發酵」，BBC中文網，2019年7月15日，請參考 https://www.bbc.com/zhongwen/trad/chinese-news-48992971。
- 「台灣製造回來了，星展銀提三大現象」，Ettoday新聞網，2019年10月1日，請參考 https://www.ettoday.net/news/20191001/1547455.htm。
- 「關於進一步促進兩岸經濟文化交流合作的若干措施」，人民網，2019年11月5日，請參考 http://finance.people.com.cn/BIG5/n1/2019/1105/c1004-31438474.html。
- 「王立強接受澳洲節目專訪，重申參與滲透」，中央通訊社，2019年11月25日，請參考 https://www.cna.com.tw/news/firstnews/201911240200.aspx。
- 「澳媒再爆中國付2000萬滲透國會，澳安全情報組織罕見發聲明」，yahoo新聞，2019年11月25日，請參考 https://tw.news.yahoo.com/澳媒再爆中國付-2000-萬滲透國會-澳安全情報組織罕見發聲明-014920708.html。
- 「中國間諜投誠澳洲，曝砸60億投資台灣電視圈」，芋傳媒，2019年11月23日，請參考 https://taronews.tw/2019/11/23/538303/。
- 「鄭文傑失蹤事件」，維基百科，2021年4月13日，請參考 https://zh.wikipedia.org/wiki/%E9%84%AD%E6%96%87%E5%82%91%E5%A4%B1%E8%B9%A4%E4%BA%8B%E4%BB%B6。
- 「李佳芬訪星遭卡原因曝光」，上報，2019年11月26日，請參考 https://today.line.me/tw/v2/article/%E6%9D%8E%E4%BD%B3%E8%8A%AC%E8%A8%AA%E6%98%9F%E9%81%AD%E5%8D%A1%E5%8E%9F%E5%9B%A0%E6%9B%9D%E5%85%89%E3%80%80%E6%96%B0%E5%8A%A0%E5%9D%A1%EF%BC%9A%E4%B8%8D%E5%85%81%E8%A8%B1%E9%80%B2%E8%A1%8C%E4%BB%96%E5%9C%8B%E6%94%BF%E6%B2%BB%E5%8B%9F%E6%AC%BE-o3Z5oo。
- 「澳警證實：王立強受蔡正元、孫天群威脅利誘」，中央通訊社，2020年1月9日，請參考 https://www.cna.com.tw/news/firstnews/202001095005.aspx。
- 「起底向心與中共軍方的三大關係網」，大紀元時報，2019年12月3日，請參考 https://www.epochtimes.com/b5/19/12/2/n11695734.htm。
- 「王立強的『老闆』上面還有老闆？『聶力』中國第一位女中將」，新頭殼，2019年11月26日，請參考 https://today.line.me/tw/article/王立強的「老闆」上面還有老闆？+「聶力」中國第一位女中將-Q92pO3。
- 「總統大選震撼彈！李遠哲等四獨派大老發表公開信要蔡英文放棄競選連任」，風傳媒，2019年1月3日，請參考 https://www.storm.mg/article/782451。
- 「2020大選結果」，聯合報，2020年1月13日，請參考 https://opinion.udn.com/opinion/story/10763/4284347。
- 「韓國瑜支持度35.1%，贏蔡英文、柯文哲」，世界日報，2019年2月20日，請參考 https://www.worldjournal.com/6140135/article-對比式民調-韓國瑜支持度35-1-贏蔡英文、柯文哲/。
- 「遠見雜誌：2020台灣民意大調查結果出爐」，看中國網站，2019年12月13日，請參考 https://www.secretchina.com/news/b5/2019/12/13/916572.html。

- 「台灣民心動向大調查」，遠見雜誌，2019年12月30日，請參考 https://www.gvm.com.tw/tags/%E5%8F%B0%E7%81%A3%E6%B0%91%E5%BF%83%E5%8B%95%E5%90%91%E5%A4%A7%E8%AA%BF%E6%9F%A5。
- 「馬英九痛批蔡英文：『反中』成執政無能遮羞布，200萬觀光業者成民進黨當局『祭品』」，環球網，2019年10月5日，請參考 http://www.myzaker.com/article/5d9829248e9f094b6d58b5ab/。
- 「韓國瑜稱香港『動亂』 黃創夏：怎麼和中聯辦同調」，自由時報，2019年8月5日，請參考 https://news.1tn.com/tw/news/Taipei/breakingnews/2874711。
- 「邱進益呼籲：兩岸建立『新共識』擘畫統一時程」，優傳媒，2019年12月9日，請參考 https://www.umedia.world/news_details.php?n=201912091155366095。
- 「新書提中國攻台引誤會，易思安：台灣是安全的」，蘋果日報，2017年10月5日，請參考 https://tw.appledaily.com/international/20171005/FEOUVQS74S3FMI2EDSNQTKUWRA/。
- 「中華民國國軍」，維基百科，2022年3月28日，請參考 https://zh.wikipedia.org/wiki/中華民國國軍。

지은이

판스핑(范世平)
- 국립대만정치대학 정치학과 졸업, 동 대학 동아연구소 석·박사
- 현재 국립대만사범대학교 동아학과 교수
  국방대학교 중공군사사무연구소 겸임교수
  해협교류기금회 고문
  국책연구원 선임고문
  중화홍콩마카오우호협회 및 당대일본연구학회이사
- 전 국립금문대학국제사무과 조리교수겸 학과장, 중국대륙연구소 부교수 겸 소장, 국립대만사범대학정치학연구소 교수 겸 소장, 대륙위원회 자문위원, 일본게이오기주쿠대학 및 한국외국어대학 방문학자, 일본방위성 방위연구소 석좌교수 역임
- 연구분야 : 중국정치경제발전, 미중대 삼각관계와 중국의 대대만 정책
- 저서 : 시진핑의 대대만 정책과 차이잉원의 도전(2015) 등

옮긴이
김명진 국립대만사범대학 국제사회과학원 동아학과 박사 졸업
한성현 성균관대학교 정치외교학과 박사과정 수료
전소민 대만정치대학교 동아연구소 석사 졸업

기로에 선 대만
미중 패권경쟁 시대 대만의 전략

초판 1쇄 발행 2024년 1월 5일

지은이 판스핑(范世平)
옮긴이 김명진·한성현·전소민
펴낸이 이창형
펴낸곳 GDC미디어
주 소 서울시 서대문구 신촌로 25, 3~4층
이메일 gdcmedia@naver.com
등록번호 제 2021-000004호
ISBN 979-11-982320-3-8 03340

* 책값은 뒤표지에 있습니다.

※ 이 책은 저작권법에 따라 보호를 받는 저작물이므로 무단 전재와 무단 복제를 금지하며,
   이 책 내용의 전부 또는 일부를 이용하려면 반드시 저작권자와 GDC미디어의 서면 동의를 받아야 합니다.